U0112683

全本　全注　全译

史記

〔汉〕司马迁　著 · 杨燕起　译注

七

列传（二）

岳麓書社 · 长沙

史记卷八十一

廉颇蔺相如列传第二十一

原文

廉颇者，赵之良将也。赵惠文王十六年，廉颇为赵将伐齐，大破之，取阳晋，拜为上卿，以勇气闻于诸侯。[1]蔺相如者，赵人也，为赵宦者令缪贤舍人。[2]

译文

廉颇是赵国的优秀将领。赵惠文王十六年，廉颇为赵国领兵攻打齐国，大败齐军，夺取了阳晋，被任命为上卿，以有勇气而闻名于诸侯各国。蔺相如是赵国人，是赵国宦者令缪贤家中的门客。

注释　**1** 赵惠文王十六年：即公元前283年。　阳晋：齐邑名，在今山东郓城西。依《年表》，当作“淮北”，事在十五年。　拜：授予官职。　**2** 宦者令：宦官的头目。　缪：姓，音 miào。

赵惠文王时，得楚和氏璧[1]。秦昭王闻之，使人遗赵王书，愿以十五城请易璧。[2]赵王与大将军廉

赵惠文王在位时，得到了楚国的和氏璧。秦昭王听说了，派人送信给赵王说，愿以十五座城换和氏璧。赵王与大将军廉颇等计议：若把和氏璧给秦国，秦国的十五座城

颇诸大臣谋：欲予秦，秦城恐不可得，徒见欺；[3] 欲勿予，即患秦兵之来。[4] 计未定，求人可使报秦者，未得。宦者令缪贤曰："臣舍人蔺相如可使。"王问："何以知之？"对曰："臣尝有罪，窃计欲亡走燕，[5] 臣舍人相如止臣，曰：'君何以知燕王？'臣语曰：'臣尝从大王与燕王会境[6]上，燕王私握臣手，曰"愿结友"。以此知之，故欲往。'相如谓臣曰：'夫赵强而燕弱，而君幸[7]于赵王，故燕王欲结于君。今君乃亡赵走燕，燕畏赵，其势必不敢留君，而束[8]君归赵矣。君不如肉袒伏斧质请罪，则幸得脱矣。[9]'臣从其计，大王亦幸赦臣。臣窃以为其人勇士，有智谋，宜可使。"于是王召见，问蔺相如曰："秦王以十五城请易

恐怕得不到，赵国只会被欺骗；若不把和氏璧给秦国，又担心秦兵来到。给还是不给，一时难以定下来。于是就想找一位可以出使秦国的使者，但没有找到。时任宦者令的缪贤说："我的舍人蔺相如可以出使。"赵王问："怎么知道他可以出使？"缪贤回答说："臣曾经犯过罪，私下谋划逃往燕国，我的舍人蔺相如制止我，说：'您凭什么了解燕王？'我对他说：'我曾经跟从大王和燕王在边境上相会，燕王私下握着我的手，说"希望结为朋友"。凭这点我了解他，所以想到他那里去。'相如对我说：'赵国强大而燕国虚弱，而您又受到赵王宠幸，所以燕王想结交您。如今您是从赵国逃亡到了燕国，燕国畏惧赵国，在这种形势下燕王一定不敢把您收留下来，而是要把您捆绑起来还给赵国。您不如袒露肩膊伏在砧板上请求赵王宽恕，或许会有幸得到赦免呢。'我听从了他的计策，大王也开恩赦免了我。我私下认为这个人是勇士，有智谋，派他出使应该是合适的。"于是赵王就召见蔺相如问道："秦王拿十五座城来交换我的宝玉，可不可以给他？"相如说："秦

寡人之璧，可予不[10]？”相如曰：“秦强而赵弱，不可不许。”王曰：“取吾璧，不予我城，柰何？”相如曰：“秦以城求璧而赵不许，曲[11]在赵。赵予璧而秦不予赵城，曲在秦。均之二策，宁许以负秦曲。[12]”王曰：“谁可使者？”相如曰：“王必无人，臣愿奉[13]璧往使。城入赵，而璧留秦；城不入，臣请[14]完璧归赵。”赵王于是遂遣相如奉璧西入秦。

国强大而赵国弱小，不可以不答应他。”赵王说：“取走了我的宝玉，不给我城邑，怎么办？”相如说：“秦国拿城邑来求宝玉而赵国不答应，赵国理亏。赵国给了宝玉但秦国不给赵国城邑，秦国理亏。衡量一下这两种对策，最好是答应秦国，让他承担负约的责任。”赵王说：“哪个人可以派到秦国去？”相如说：“您若无人可派，我愿意捧着和氏璧出使秦国。秦国把城邑划给赵国，我就把宝玉留在秦国；若秦国没把城邑划给赵国，我会把和氏璧完好地带回赵国。”赵王于是就派遣蔺相如捧着和氏璧西使秦国。

注释　1 和氏璧：楚国人卞和发现的一块璞，经雕琢而成一块宝玉，后人名之为“和氏璧”。《韩非子·和氏》篇中有记载。　2 秦昭王：秦国国君，名则，一名稷，公元前307—前251年在位。　遗(wèi)：送。　3 徒：白白地。　见：被。　4 即：则，又。　患：担心。　5 窃：私下。　亡走：逃跑。　6 境：指边境。　7 幸：宠幸，宠爱。　8 束：捆绑。　9 肉袒：脱衣露出上肢。　斧质：古刑具，置人于砧板上以斧砍之。质，通“锧”，铁砧板。　10 不：同“否”。　11 曲：理亏，不在理。　12 均：衡量。　负：使……担当责任。　13 奉：捧。　14 请：副词，本句话中表示请您允许我做某事。

秦王坐章台见相如，相如奉璧奏[1]秦王。秦王大喜，传以示美人及左右，左右皆呼万岁。[2]相如视秦王无意偿赵城，乃前曰："璧有瑕，请指示王。"[3]王授璧，相如因持璧却立，倚柱，怒发上冲冠，谓秦王曰："大王欲得璧，使人发书至赵王，赵王悉召群臣议，皆曰秦贪，负[4]其强，以空言求璧，偿城恐不可得。议不欲予秦璧。臣以为布衣之交[5]尚不相欺，况大国乎！且以一璧之故逆[6]强秦之欢，不可。于是赵王乃斋戒五日，使臣奉璧，拜送书于庭。[7]何者？严大国之威以修敬也。[8]今臣至，大王见臣列观，礼节甚倨；[9]得璧，传之美人，以戏弄臣。臣观大王无意偿赵王城邑，

秦王坐在章台上接见相如，相如捧着宝玉进献给秦王。秦王特别高兴，把宝玉传递给妃嫔姬妾和身边的近侍们观看，左右的人都呼喊着万岁。相如看出秦王没有把城邑抵偿给赵国的意思，就向前说："宝玉有小斑点，请允许我指给您看。"秦王授给他宝玉，相如于是手拿着宝玉站起来退后几步，倚靠着柱子，愤怒得头发往上竖起来顶起帽子，对秦王说："大王想得到宝玉，送信到赵王那里，赵王把全体大臣都召在一起商议，都说秦国贪婪，仰仗它的强大，拿空话来求宝玉，抵偿的城邑恐怕不可能得到。商议着不想给秦国宝玉。我认为一般平民间的交往尚且不互相欺骗，更何况是大国呢！而且因为一块宝玉而触犯强大的秦国，是不应该的。于是赵王就斋戒了五天，派我捧着宝玉，叩拜着在朝堂上送出国书。为什么呢？尊重大国的威严来表示敬意啊。如今我来到秦国，大王在台观接见我，礼节上特别傲慢；得到了宝玉，传递给妃嫔姬妾们看，来戏弄我。我观察大王没有要把城邑抵偿给赵国的意思，所以我重新取回宝玉。大王一定想逼迫我，我的头如

故臣复取璧。大王必欲急臣，臣头今与璧俱碎于柱矣！”相如持其璧睨[10]柱，欲以击柱。秦王恐其破璧，乃辞谢固请，召有司案图，指从此以往十五都予赵。[11]相如度秦王特以诈详为予赵城[12]，实不可得，乃谓秦王曰：“和氏璧，天下所共传宝也，赵王恐，不敢不献。赵王送璧时，斋戒五日，今大王亦宜斋戒五日，设九宾[13]于廷，臣乃敢上璧。”秦王度之，终不可强夺，遂许斋五日，舍相如广成传。[14]相如度秦王虽斋，决负约不偿城，乃使其从者衣褐，怀其璧，从径道亡，归璧于赵。[15]

今要和宝玉一起都碎在这柱子上了！”相如手拿宝玉斜视柱子，想用它来撞击殿柱。秦王担心他毁坏了宝玉，就道歉着一再请求，召来有关部门的主管官员查看地图，指出把从这里到那里的十五个都邑划给赵国。相如估计秦王只不过是用欺诈手段假装给赵国城邑，实际上不可能得到，就对秦王说：“和氏璧是天下共同传颂的宝物，赵王害怕，不敢不献出来。赵王送出宝玉的时候，斋戒了五天，如今大王也应该斋戒五天，在朝堂上设置九宾传呼的礼仪，我才敢献上宝玉。”秦王度量着，最终不能够强行夺取，就答应斋戒五天，把相如安排在广成驿馆住宿。相如估计秦王虽然答应斋戒，一定会违背约定不给抵偿城邑，就派他的随从穿着粗布衣服，怀藏着那块宝玉，从小路上逃走，把宝玉送回了赵国。

注释 1 奏：进献。 2 美人：指妃嫔、姬妾。 左右：指秦王的近侍。 3 偿：抵偿，补偿。 瑕：玉上的小斑点。 指示：指出来给人看。 4 负：依仗。 5 布衣之交：平民间的友谊交往。 6 逆：违背，触犯。 7 斋戒：古人为表示对神的虔诚，或对某事的重视，在举行祭祀前沐浴更衣，戒酒戒荤，并戒女色，总称斋戒。　拜：叩拜。　书：国书，赵王的复信。　庭：通“廷”，朝廷。　**8** 严：尊重。　修：表示。　**9** 列观：一般的台观。　倨(jù)：傲慢。　**10** 睨(nì)：斜视。　**11** 辞谢：道歉。　固请：一再请求。　有司：有关部门主管官吏。　案：审视，指划。　**12** 度(duó)：推测，估计。　特：只，不过。　详：通“佯”。　**13** 九宾：古代外交上最隆重的礼节。由九个迎宾礼官依次传呼，接引使者上殿，故云九宾。　**14** 舍：让……住在。　广成：接待外宾的馆驿名。　传(zhuàn)：馆舍，驿站。　**15** 负：背弃。　衣褐：穿着粗布衣服。　径道：小路，便道。

秦王斋五日后，乃设九宾礼于廷，引赵使者蔺相如。相如至，谓秦王曰：“秦自缪公以来二十余君，未尝有坚明约束者也。[1]臣诚恐见欺于王而负赵，故令人持璧归，间至赵矣。[2]且秦强而赵弱，大王遣一介之使[3]至赵，赵立奉璧来。今以秦之强而先割十五都予赵，赵岂敢留璧而得罪于大王乎？臣知欺大王之罪当诛，臣请就汤镬，唯大王与群臣孰计议之。[4]”秦王与群臣相视而嘻[5]。左右或欲

秦王斋戒五天以后，就在朝堂上设置了九宾大礼，召见赵国使者蔺相如。相如来到，对秦王说：“秦国自从穆公以来的二十多位国君，未曾有过坚决明确地遵守盟约的表现。我实在是害怕被您欺骗而辜负了赵国，所以让人带着宝玉，抄偏僻小路回赵国去了。况且秦国强大而赵国弱小，大王派遣一个小小的使臣到赵国，赵国会马上把宝玉捧来。如今以秦国的强大而先割出十五座都邑给赵国，赵国难道敢留下宝玉而得罪大王吗？我知道欺骗大王的罪过应当被诛杀，我请受滚水烹煮的刑罚，希望大王和各位大臣仔细商量这件事。”秦王和群臣面面相觑并发出惊怒的声音。侍从中有人想把相如拉出去，秦王于是说：“如今杀了相如，

引相如去，秦王因曰："今杀相如，终不能得璧也，而绝秦赵之欢，不如因而厚遇之，使归赵，赵王岂以一璧之故欺秦邪！"卒廷见相如，毕礼[6]而归之。

终归不能得到宝玉，反而断绝了秦赵两国的交情，不如借这个机会优厚地款待他，让他回赵国去，赵王难道会因为一块宝玉的缘故欺骗秦国吗？"最终在朝堂上接见了相如，进行完全部礼仪后让他回去了。

相如既归，赵王以为贤大夫使不辱于诸侯，拜相如为上大夫[7]。秦亦不以城予赵，赵亦终不予秦璧。

相如回国以后，赵王认为他是一位贤能的大夫，出使秦国而没有使赵国蒙受耻辱，任命相如做上大夫。秦国也不把城邑划给赵国，赵国最终也没有给秦国宝玉。

其后秦伐赵，拔石城。明年，复攻赵，杀二万[8]人。

这以后秦攻伐赵国，攻下石城。第二年，又一次攻打赵国，杀了两万人。

注释 1 缪(mù)公：即穆公。缪，通"穆"。 坚明：坚决明确地遵守。 约束：规约，盟约。 2 见……于：被。 负：辜负，对不起。 间(jiàn)：间道，乘间。即偏僻的小路。 3 一介之使：一个使臣。"一介"在这里表明使者的身份之低和礼数之简，意即"只需要一个小小的使臣"。介，通"芥"，小草，表示微不足道。 4 汤镬(huò)：煮着滚水的大锅，古代烹人的刑具。 孰："熟"的古字，仔细。 5 嘻：《史记索隐》："音希。乃惊而怒之辞也。" 6 礼：指所设九宾之礼仪。 7 上大夫：大夫中最高的一级爵位，仅次于卿。 8 二万：《史记志疑》："《表》作'三万'。"

秦王使使者告赵王，欲与王为好会于西河外渑池。[1]赵王畏秦，欲毋

秦王派出使者告诉赵王，想和赵王在西河南部的渑池城邑进行友好会见。赵王畏惧秦国，不想成行。

行。廉颇、蔺相如计曰："王不行，示赵弱且怯也。"赵王遂行，相如从。廉颇送至境，与王诀曰："王行，度道里会遇之礼毕，还，不过三十日。[2]三十日不还，则请立太子为王，以绝秦望。"王许之，遂与秦王会渑池。秦王饮酒酣，曰："寡人窃闻赵王好音，请奏瑟。"[3]赵王鼓瑟。秦御史[4]前书曰："某年月日，秦王与赵王会饮，令赵王鼓瑟。"蔺相如前曰："赵王窃闻秦王善为秦声，请奏盆缻[5]秦王，以相娱乐。"秦王怒，不许。于是相如前进缻，因跪请秦王。[6]秦王不肯击缻。相如曰："五步之内，相如请得以颈血溅大王矣！"左右欲刃相如，相如张目叱之，左右皆靡。[7]于是秦王不怿[8]，为一击缻。相如顾召赵御史书曰："某

廉颇、蔺相如计议："君王不成行，是表示赵国软弱而且胆怯。"赵王于是成行，相如跟从着。廉颇送到国境上，和赵王长别说："您成行，估计路程与相互会见的礼仪进行完毕，返回来，不会超过三十天。三十天不返回，就请允许我拥立太子为王，以便断绝秦国的妄想。"赵王答应了，就和秦王在渑池进行了会见。秦王饮酒到沉酣畅快的时候，说："寡人私下听说赵王喜好音乐，请弹瑟吧。"赵王弹了瑟。秦国的御史向前记下说："某年某月某日，秦王和赵王相会饮酒，令赵王弹了瑟。"蔺相如向前说："赵王私下听说秦王擅长演奏秦地土乐，请让我给秦王进上盆缶，以互相娱乐。"秦王发怒，不答应。这时相如向前递上盆缶，趁势跪下请秦王敲击。秦王不肯敲击盆缶。相如说："在五步的距离之内，我蔺相如能把颈项里的血溅到大王的身上了！"左右的侍从想杀相如，相如张大眼睛呵斥他们，左右侍从们都吓得倒退。秦王不高兴，只好敲击了一下盆缶。相如回过头召唤赵国的御史记下说："某年某月某日，

年月日，秦王为赵王击瓴。”秦之群臣曰：“请以赵十五城为秦王寿[9]。”蔺相如亦曰：“请以秦之咸阳为赵王寿。”秦王竟酒[10]，终不能加胜于赵。赵亦盛设兵以待秦，秦不敢动。

秦王为赵王敲击盆缶。”秦国的群臣说：“请拿赵国十五座城邑向秦王献礼。”蔺相如也说：“请拿秦国的咸阳向赵王献礼。”秦王一直到酒宴完毕，始终也没能在赵国面前取胜一筹。赵国又陈设了大量兵力来防备秦国，秦国不敢轻举妄动。

注释　1 为好会：为了友好而进行会见。　外：《史记索隐》：“在西河之南，故云‘外’。”　2 诀(jué)：决绝，长别。赵王此行有可能遇险，故作此语。　道里：路程。　3 酣(hān，旧读 hán)：尽兴饮酒而心情畅快。　好(hào)音：喜好音乐。　瑟：古弦乐器名。　4 御史：职官名，战国时职掌图书文籍，记载国家大事，同后世之史官。　5 盆瓴(fǒu)：《史记集解》：“《风俗通义》曰‘缶者，瓦器，所以盛酒浆，秦人鼓之以节歌也’。”瓴，同“缶”。　6 前进：上前进献。　请：此处表示请对方做某事。　7 刃：杀。此处为动词。　叱(chì)：喝骂。　靡：后退，溃散。　8 怿：高兴，痛快。　9 寿：向人进酒或献礼。　10 竟酒：直至酒宴完毕。

既罢归国，以相如功大，拜为上卿，位在廉颇之右[1]。廉颇曰：“我为赵将，有攻城野战之大功，而蔺相如徒以口舌为劳，而位居我上，且相如素贱人，吾羞，不忍为之下。[2]”

会见结束后赵王回到赵国，以相如功劳大，任命他为上卿，官位在廉颇之上。廉颇说：“我担任赵国将领，有攻夺城邑征战旷野的大功劳，但蔺相如只是凭借口舌辩说立了点功劳，官位却处在我的上面。而且相如原本是个地位低贱的人，我感到羞耻，不能忍受处在他的下面。”还

宣言[3]曰："我见相如，必辱之。"相如闻，不肯与会。相如每朝时，常称病，不欲与廉颇争列[4]。已而相如出，望见廉颇，相如引[5]车避匿。于是舍人相与谏曰："臣所以去亲戚而事君者，徒慕君之高义也。[6]今君与廉颇同列，廉君宣恶言而君畏匿之，恐惧殊甚，且庸人[7]尚羞之，况于将相乎！臣等不肖[8]，请辞去。"蔺相如固止之，曰："公之视廉将军孰与[9]秦王？"曰："不若也。"相如曰："夫以秦王之威，而相如廷叱之，辱其群臣，相如虽驽[10]，独畏廉将军哉？顾[11]吾念之，强秦之所以不敢加兵于赵者，徒以吾两人在也。今两虎共斗，其势不俱生。吾所以为此者，以先国家之急而后私仇也。"廉颇闻之，肉袒负荆[12]，因宾客至蔺相如门谢

扬言说："我要是见到了相如，一定要侮辱他。"相如听说了，不愿意和他相会。相如在每次上朝的时候，常常称说有病，不想同廉颇争位次。不久相如外出，在途中望见了廉颇，相如就引车躲避起来。这时门客们共同规劝说："我们之所以离开亲属来侍奉您，只是因为仰慕您的高节大义。如今您位处廉颇之上，廉将军放出恶言，您却畏惧躲藏，惧怕得特别厉害，就是一般人都尚且感到羞愧，更何况是将军丞相呢！我们这些人没有才能，请允许我们告辞离去。"蔺相如坚决制止他们，说："依你们看廉将军和秦王哪个更厉害？"舍人说："不如秦王。"相如说："凭秦王的威势，相如却在朝堂上叱责他，羞辱他的大臣们，相如虽说笨拙，唯独害怕廉将军吗？但我考虑到，强大的秦国不敢对赵国用兵的原因，只是因为我们两个人在啊。如今两虎争斗，情势发展必定不能共存。我之所以这样的忍让，是把国家的急难摆在前面而把个人的恩怨摆在后面啊。"廉颇听说了，裸露肩背，背着荆条，通过宾客到蔺相如的家门来道歉

罪。曰:"鄙贱之人,不知将军宽[13]之至此也。"卒相与欢,为刎颈之交[14]。

认罪。他说:"我是个鄙俗低贱的人,想不到将军如此宽宏大量。"两个人终于交欢和好,结成了生死与共的朋友。

注释　1 右:上。古代究竟以左为尊还是以右为尊,各个时期、各个国家并不一致。《史记索隐》:"董勋《答礼》曰'职高者名录在上,于人为右;职卑者名录在下,于人为左,是以谓下迁为左'。"《史记正义》:"秦汉以前用右为上。"　2 素:向来,本来。　贱:指出身低贱。　3 宣言:扬言。　4 列:位次。　5 引:导引。　6 相与:共同,一起。　高义:高尚的品节、大义凛然的行为。　7 庸人:一般人。　8 不肖:不贤,没出息。　9 孰与:在句中表示比较,即哪一个更厉害。　10 驽(nú):本指劣马,此引申为愚笨、无能。　11 顾:但。　12 负荆:背着荆条,表示愿受责罚。　13 宽:宽宏大度。　14 刎颈之交:急难时可以互相为之死的朋友。

是岁,廉颇东攻齐,破其一军。居二年,廉颇复伐齐幾[1],拔之。后三年[2],廉颇攻魏之防陵、安阳,拔之。后四年,蔺相如将而攻齐,至平邑而罢。其明年,赵奢破秦军阏与下。

这一年,廉颇往东去进攻齐国,打败了齐国一支军队。过了两年,廉颇又去攻打齐国的幾地,攻下了。以后三年,廉颇进攻魏国的防陵、安阳,攻下了。四年以后,蔺相如统领军队去进攻齐国,到了平邑就收兵了。第二年,赵奢在阏与城下打败了秦军。

注释　1 幾:齐地名,在今河北大名东南。《史记志疑》:"幾是魏邑……此作'齐幾',误。裴骃谓或属齐,非也。先是楼昌攻幾不能取,故云复伐。又'居二年'乃'居三年'之误。"　2 后三年:《史记志疑》:"当作'后一年',乃惠文王二十四年事也。"

赵奢者,赵之田部吏[1]也。收租税,而平原君家不肯出。赵奢以法治之,杀平原君用事者[2]九人。平原君怒,将杀奢。奢因说曰:"君于赵为贵公子,今纵君家而不奉公则法削,法削则国弱,国弱则诸侯加兵,诸侯加兵是无赵也,君安得有此富乎?[3]以君之贵,奉公如法则上下平,上下平则国强,国强则赵固,而君为贵戚,岂轻于天下邪?[4]"平原君以为贤,言之于王。王用之治国赋,国赋大平,民富而府库实。

赵奢是赵国征收田赋的下级官吏。在收取租税的时候,平原君家却不肯交纳租赋。赵奢根据法令加以惩治,杀了平原君家九个当权管事的人员。平原君发怒,将要杀死赵奢。赵奢趁机去劝告说:"您在赵国是贵公子,如今纵容您家而不遵奉公家的税制,法令的权威就会被削弱,法令权威被削弱则国家会衰弱,国家衰弱则别国军队就会来侵犯,别国军队来侵犯则赵国会灭亡,您怎么能够有这等富足呢?凭借您的高贵,奉公守法那么贵族平民就一样公平,贵族平民一样公平就会使国家强盛,国家强盛就会使赵国稳固,而您作为贵戚,难道会被天下人轻视吗?"平原君认为他贤能,把他推荐给赵王。赵王任用他治理国家赋税,全国赋税的收取特别公平,民众富有且府库充实。

注释　**1** 田部吏:征收田赋的官吏。　**2** 用事者:当权管事的人。**3** 纵:纵容,放纵。　奉公:遵奉公家的税制。　**4** 上下:此指贵族与平民。　平:公平。　轻:轻视,小看。

秦伐韩,军[1]于阏与。王召廉颇而问曰:"可救不?"对曰:"道远险狭,难

秦国攻打韩国,驻扎在阏与。赵王召来廉颇询问说:"可不可以援救?"廉颇回答说:"道路遥远、险峻、

救。”又召乐乘而问焉，乐乘对如廉颇言。又召问赵奢，奢对曰：“其道远险狭，譬之犹两鼠斗于穴中，将勇者胜。”王乃令赵奢将，救之。

兵去邯郸三十里，而令军中曰：“有以军事谏者死。”秦军军武安西，秦军鼓噪勒兵，武安屋瓦尽振。军中候[2]有一人言急救武安，赵奢立斩之。坚壁，留二十八日不行，复益增垒[3]。秦间[4]来入，赵奢善食而遣之。间以报秦将，秦将大喜曰：“夫去国三十里而军不行，乃增垒，阏与非赵地也。”赵奢既已遣秦间，乃卷甲[5]而趋之，二日一夜至，令善射者去阏与五十里而军。军垒成，秦人闻之，悉甲[6]而至。军士许历请以军事谏，赵奢曰：“内[7]之。”许

狭窄，很难援救。”又召来乐乘询问这件事，乐乘的回答和廉颇的话是一样的。又召来赵奢询问，赵奢回答说：“那里道路遥远、险峻、狭窄，就像是两只老鼠在穴窟中争斗，只有勇猛的一方能够取胜。”赵王于是命令赵奢领兵，去援救阏与。

赵军离开邯郸三十里，赵奢就在军中下达命令说：“有对用兵作战的事进谏的要处死。”秦军驻扎在武安西部，秦军击鼓操练统领的士兵，喊声使得武安城中的屋瓦全都震动起来。军队中有一个负责侦察敌情的小吏来说要紧急援救武安，赵奢马上把他斩了。赵军加固营垒，留在原地二十八天不向前开行，又一次增强营垒。秦国的间谍混进来了，赵奢用好的饮食招待后放了他。间谍把看到的情况报告给秦将，秦将特别高兴说：“像这样离开国都三十里军队就不前行，还加强营垒，阏与不是赵国的土地了。”赵奢放走了秦国间谍以后，就收起铠甲急速行军，两天一夜就到了，命令善于射箭的人在距离阏与五十里的地方驻扎下来。军中营垒刚刚建成，秦国人听说了，全军倾巢而至。军士许历请求

历曰:“秦人不意[8]赵师至此,其来气盛,将军必厚集其阵以待之。不然,必败。”赵奢曰:“请受令。”许历曰:“请就铁质[9]之诛。”赵奢曰:“胥后令邯郸。”[10]许历复请谏,曰:“先据北山上者胜,后至者败。”赵奢许诺,即发万人趋之。秦兵后至,争山,不得上,赵奢纵兵击之,大破秦军。秦军解而走,遂解阏与之围而归。

进谏用兵作战的事,赵奢说:“让他进来。”许历说:“秦国人没有料到赵国军队会来到这里,其来势很盛,将军一定要集中兵力坚守阵地等待。不这样做的话,一定会失败。”赵奢说:“我接受您的指教。”许历说:“请把我处死。”赵奢说:“应当等待赵王的命令。”许历再次请求进谏,说:“最先占据北山顶上的一方会取胜,后到达的会失败。”赵奢答应去做,随即出动一万人急速上去。秦兵在后面到达,争夺山顶,不能上去,赵奢指挥军队进行攻击,把秦军打得大败。秦军瓦解后撤退,赵军解除了秦军对阏与的包围而返回。

注释 1 军:驻扎。 2 候:侦察敌情的军吏。 3 壁:营垒。 4 间(jiàn):间谍。 5 卷甲:收起铠甲。 6 悉甲:全军。 7 内:同“纳”,接纳。 8 不意:没料到。 9 铁质:即“铁锧”,古代斩人的刑具。 10 胥:通“须”,等待。《史记志疑》钱宫詹曰:“‘胥后令邯郸’是五字句。赵都邯郸,谓当待赵王之令也。”此解甚惬。

赵惠文王赐奢号为马服君,以许历为国尉[1]。赵奢于是与廉颇、蔺相如同位。

后四年,赵惠文王卒,子孝成王[2]立。七年,秦与

赵惠文王封赵奢为马服君,任命许历做国尉。赵奢从此和廉颇、蔺相如地位相等。

四年以后,赵惠文王去世,儿子孝成王继位。七年,秦国和赵国的军队在长平相持对抗,这时赵奢

赵兵相距长平，时赵奢已死，而蔺相如病笃，赵使廉颇将攻秦，秦数败赵军，赵军固壁不战。[3]秦数挑战，廉颇不肯。赵王信秦之间。秦之间言曰："秦之所恶[4]，独畏马服君赵奢之子赵括为将耳。"赵王因以括为将，代廉颇。蔺相如曰："王以名使括，若胶柱[5]而鼓瑟耳。括徒能读其父书传，不知合变也。[6]"赵王不听，遂将之。

已死，蔺相如又病得很重，赵国派廉颇领兵攻打秦兵，秦兵多次打败了赵军，赵军加固营垒不出战。秦兵多次挑战，廉颇不肯应战。赵王相信秦国间谍散布的谣言。秦国间谍散布谣言说："秦国所忌恨的，只怕马服君赵奢的儿子赵括来做将军。"赵王因此任命赵括做将军，代替廉颇。蔺相如说："您根据虚名委派赵括，就好像用胶粘死弦柱来弹瑟。赵括只是能读他父亲的兵书，不懂得随机应变。"赵王不听从，还是委派赵括领兵。

注释　**1** 国尉：位次于将军的军官。　**2** 孝成王：赵国国君，公元前265—前245年在位。　**3** 七年：《史记志疑》："乃'八年'之误。"　距：通"拒"，对抗。　长平：赵邑名，在今山西高平西北。　笃：重。　**4** 恶：憎恨，畏忌。　**5** 胶柱：用胶把瑟的弦柱粘死，无法调松紧。柱，指瑟上用以卷弦的短轴，调节音调高低。　**6** 书传：书本。　合变：应合变化。

赵括自少时学兵法，言兵事，以天下莫能当[1]。尝与其父奢言兵事，奢不能难，然不谓善。括母问奢其故，奢曰："兵，死地也，而括易言之。[2]使赵不

赵括从年轻时就学习兵法，谈论起战事来，自认为天下没有谁能敌过他。他曾经和他父亲赵奢谈论用兵作战的事，赵奢不能难倒他，但是并不说他有本事。赵括的母亲问赵奢其中的缘故，赵奢说："作战，是把人置于绝境的事，但是赵括把它说

将括即[3]已，若必将之，破赵军者必括也。”及括将行，其母上书言于王曰：“括不可使将。”王曰：“何以？”对曰：“始妾事其父，时为将，身所奉饭饮而进食者以十数，所友者以百数，大王及宗室所赏赐者尽以予军吏士大夫，受命之日，不问家事。[4]今括一旦为将，东向而朝，军吏无敢仰视之者，王所赐金帛，归藏于家，而日视便利田宅可买者买之。[5]王以为何如其父？父子异心，愿王勿遣。”王曰：“母置[6]之，吾已决矣。”括母因曰：“王终遣之，即有如不称，妾得无随坐[7]乎？”王许诺。

得太容易了。如果赵国不任用括为将军也就罢了，假若一定任用他做将军，打败赵军的一定是赵括了。”等到赵括将要领兵出行，他母亲给赵王呈上书说：“不可以让赵括为将军。”赵王说：“为什么？”赵括的母亲回答说：“当初我侍奉他父亲，他父亲当时做将军，多次亲自捧着饭菜和水送给士卒，结交了几百个朋友，把大王和宗室所赏赐给他的钱物都给了军吏和僚属，接受命令的时候，不过问家中事务。如今赵括刚一做了将军，就面向东坐着接见部下，军吏们没有一个敢抬头来看他的，您所赐的金帛，他都送到家中收藏起来，并且平日看到有利的田土屋宅可以购买的就买下来。您认为他哪里能与他父亲相比？父子二人的心地是不同的，希望您不要派他领兵。”赵王说：“老母亲放下这件事吧，我已经决定了。”赵括的母亲趁此问：“您最终要派遣他，假若他不称职，我能够不受连坐吗？”赵王答应了。

注释　**1** 当：抵敌。　**2** 兵：打仗，作战。　死地：绝境。　易：轻易，轻率。　**3** 即：就，便。　**4** 妾：古代妇女自称的谦词。　奉：亲自送。　所友者：结交的朋友。　**5** 东向而朝：面向东而接受部下的参见。古代除正式坐殿升堂以南向为尊外，一般集会宴饮以东向为尊。 便利：方便有利。 6 置：搁置，放弃。 7 随坐：连坐。

赵括既代廉颇，悉更约束，易置军吏。[1]秦将白起闻之，纵奇兵，详败走，而绝其粮道，分断其军为二，士卒离心。[2]四十余日，军饿，赵括出锐卒自搏战[3]，秦军射杀赵括。括军败，数十万之众遂降秦，秦悉坑[4]之。赵前后所亡凡四十五万。明年，秦兵遂围邯郸，岁余，几不得脱。赖楚、魏诸侯来救，乃得解邯郸之围。赵王亦以括母先言，竟不诛也。

赵括代替了廉颇以后，把原来的纪律号令全都变更了，原来的下级官吏也都撤换了。秦将白起听说了，派出奇兵，假装着失败逃跑，却断绝赵军的运粮通道，把赵括的军队分割成两部分，使他们的士卒军心涣散。经过四十多天，赵军饥饿，赵括出动精锐的士卒亲自领着去拼搏战斗，秦军射杀了赵括。赵括军队失败，几十万兵众投降了秦国，秦国把他们都活埋了。赵国前前后后所亡失的兵士总计四十五万。第二年，秦兵就包围了邯郸，一年多时间，几乎不能解围。依靠楚、魏等诸侯国前来援救，才得以解除对邯郸的包围。赵王也因为赵括母亲先前说的话，竟没有诛杀她。

注释 1 约束：纪律，号令。 易置：撤换。 军吏：所属下级军官。 2 纵：派出。 详：通“佯”。 3 搏战：搏斗，作战。 4 坑：活埋。

自邯郸围解五年，而燕用栗腹之谋，曰“赵壮者尽于长平，其孤未壮”，举

自从邯郸的围困解除五年，燕国采用栗腹的计谋，说“赵国的壮年人全都死在长平，这些人的遗孤

兵击赵。[1]赵使廉颇将，击，大破燕军于鄗[2]，杀栗腹，遂围燕。燕割五城请和，乃听之。赵以尉文封廉颇为信平君，为假[3]相国。

还没有长成”，发兵攻击赵国。赵国派廉颇统兵，进击，在鄗邑把燕军打得大败，杀了栗腹，于是包围了燕国。燕国割出五座城邑请求讲和，赵国依允。赵王把尉文封给廉颇，称他为信平君，做了代理相国。

廉颇之免长平归也，失势之时，故客尽去。及复用为将，客又复至。廉颇曰：“客退矣！”客曰：“吁！君何见之晚也？[4]夫天下以市道交[5]，君有势，我则从君，君无势则去，此固其理也，有何怨乎？”居六年，赵使廉颇伐魏之繁阳，拔之。

廉颇从长平免职回来，失掉权势的时候，从前的宾客全都离去。等到他重新被启用做了将军，宾客又再次来到。廉颇说：“客人们回去吧！”宾客说：“哎！您的见解为什么这样落后？天下的人都是按做生意的原则交朋友，您有权势，我就依从您，您没有权势就离去，这是理所当然的，有什么可怨恨的呢？”过了六年，赵国派廉颇攻打魏国的繁阳，攻下了。

注释 1 五年：《史记志疑》：“乃‘七年’之误。” 孤：指长平之战中死去将士的遗孤。 2 鄗(hào)：赵邑名，在今河北柏乡北。 3 假：代理。 4 吁(xū)：感叹之词，表示不解。 见：见解。 晚：迟钝，落后。 5 市道交：把市场上的商品买卖交换关系用到交朋友上。

赵孝成王卒，子悼襄王[1]立，使乐乘代廉颇。廉颇怒，攻乐乘，乐乘走。廉颇遂奔魏之大梁。其明

赵孝成王去世，儿子悼襄王继位，派乐乘代替廉颇。廉颇发怒，攻击乐乘，乐乘逃跑。廉颇就奔往魏国的大梁。第二年，赵国就任命李

年[2],赵乃以李牧为将而攻燕,拔武遂、方城。

廉颇居梁久之,魏不能信用。赵以数困于秦兵,赵王思复得廉颇,廉颇亦思复用于赵。赵王使使者视廉颇尚可用否。廉颇之仇郭开多与使者金,令毁之。[3]赵使者既见廉颇,廉颇为之一饭斗米,肉十斤,被[4]甲上马,以示尚可用。赵使还报王曰:"廉将军虽老,尚善饭,然与臣坐,顷之三遗矢[5]矣。"赵王以为老,遂不召。

楚闻廉颇在魏,阴使人迎之。廉颇一为楚将,无功,曰:"我思用赵人[6]。"廉颇卒死于寿春。

牧做将领去进攻燕国,攻占了武遂、方城。

廉颇居住在魏国很久了,魏国不信任他。赵国由于多次被秦兵所困,赵王想着重新得到廉颇,廉颇也想着重新在赵国受到任用。赵王派出使者去观察廉颇还可不可以任用。廉颇的仇人郭开送给使者不少金钱,让他说廉颇的坏话。赵国使者见到廉颇以后,廉颇一顿饭吃了一斗米,十斤肉,披着甲胄跨上马,以显示自己还可以被任用。赵国使者回来报告国王说:"廉将军虽然老了,还很能吃饭,但是和我坐在一起,一会儿就拉了三次屎。"赵王认为他老了,就不召用他。

楚国听说廉颇在魏国,暗中派人迎接他。廉颇担任了楚国将领,没有功劳,说:"我想统帅赵国士兵。"廉颇最后死在寿春。

注释 **1** 悼襄王:赵国国君,公元前245—前236年在位。 **2** 其明年:《史记志疑》:"当作'后二年',盖廉颇奔魏在孝成卒年,李牧攻燕在悼襄二年也。" **3** 郭开:赵王宠臣。 毁:诋毁,说坏话。 **4** 被:通"披"。 **5** 遗矢:拉屎。矢,通"屎"。 **6** 思用赵人:想统帅赵国军队。

李牧者，赵之北边良将也。常居代雁门[1]，备匈奴。以便宜置吏，市租皆输入莫府，为士卒费。[2]日击数牛飨士，习射骑，谨烽火，多间谍，厚遇战士。[3]为约曰："匈奴即入盗，急入收保，有敢捕虏者斩。"匈奴每入，烽火谨，辄入收保，不敢战。[4]如是数岁，亦不亡失。然匈奴以李牧为怯，虽赵边兵亦以为吾将怯。赵王让[5]李牧，李牧如故。赵王怒，召之，使他人代将。

岁余，匈奴每来，出战。出战，数不利，失亡多，边不得田畜[6]。复请李牧。牧杜门不出，固称疾。赵王乃复强起使将兵。牧曰："王必用臣，臣如前，乃敢奉令。"王许之。

李牧是赵国北部边境的优秀将领。经常驻守在代地的雁门郡，防备匈奴。他依据实际需要设置官吏，城市的租税都送到将军府署，作为士兵的费用。每日击杀几头牛犒劳士兵，练习骑马射箭，谨慎地察看烽火台，增加刺探情报的人员，优厚地对待作战的士兵。还立下规定说："匈奴如果进来抢夺，就迅速收兵进入营垒，有敢捕获敌兵的，要斩首。"匈奴每次入侵，烽火台就谨慎报警，士兵立即进入营垒守御，不出击战斗。像这样过了几年，也没有伤亡损失。然而匈奴认为李牧胆怯，即使是赵国边境的士兵也认为自己的统帅胆怯。赵王责备李牧，李牧依然如故。赵王发怒，召回他，派其他人代替他做将领。

一年多，匈奴每次来侵犯，就出营战斗。在作战中，有多次失利，损失伤亡很多，边境不能够耕种放牧。赵王又请李牧复职。李牧闭门不出，一直称说有病。赵王又一次强令他统领兵众。李牧说："您一定要任用我，同意我采取原来的策略，这样我才敢接受任命。"赵王答应了。

注释 1 代雁门:即代地的雁门郡。《史记正义》:"今雁门县。在代地,故云代雁门也。" 2 便宜:按实际需要灵活处置。 莫府:幕府。莫,通"幕"。 3 飨(xiǎng):用酒食款待人。 谨:谨慎地察看,留意。 4 辄(zhé):立即。 收保:收兵进入营垒。保,通"堡",营垒。 5 让:指责,责备。 6 田畜:耕作和畜牧。

李牧至,如故约。匈奴数岁无所得。终以为怯。边士日得赏赐而不用,皆愿一战。于是乃具选车得千三百乘,选骑得万三千匹,百金之士五万人,彀者十万人,悉勒习战。[1] 大纵畜牧,人民满野。匈奴小入,详北不胜,以数千人委之。[2] 单于闻之,大率众来入。李牧多为奇陈[3],张左右翼击之,大破杀匈奴十余万骑。灭襜褴[4],破东胡,降林胡,单于奔走。其后十余岁,匈奴不敢近赵边城。

李牧到了边境,执行像从前一样的规定。匈奴好几年没有得到什么。最终还是认为他胆怯。边境的士兵每日得到赏赐但没有用武的场所,都愿意进行一场战斗。李牧于是精选了一千三百辆战车,挑选了战骑一万三千匹,曾获百金奖赏的勇士五万人,能拉硬弓的射手十万人,都组织起来演习战法。把大量的牲畜引出去放牧,满山遍野布设民众。匈奴小规模入侵,他们假装失败不能取胜,把几千人丢弃给匈奴。单于得知后,大规模地统率部众来入侵。李牧设置很多的奇妙阵法,张开左右两侧的军队攻击匈奴,把匈奴打得大败,杀死十多万骑兵。灭掉了襜褴,打败了东胡,降服了林胡,单于逃跑。这以后十多年,匈奴不敢接近赵国的边境城邑。

注释 1 选:精选。 百金之士:曾获百金奖赏的士兵。彀(gòu)者:能拉硬弓的射手。彀,拉满弓。 勒:率领,组织。 2 详:通"佯"。 北:

败退。 委：抛弃，丢给。 3 陈："阵"之古字。 4 襜褴(chān lán)：又名澹林，当时活动在代地以北的部族。

赵悼襄王元年[1]，廉颇既亡入魏，赵使李牧攻燕，拔武遂、方城。居二年，庞煖破燕军，杀剧辛。[2]后七年，秦破杀赵将扈辄于武遂，斩首十万。[3]赵乃以李牧为大将军，击秦军于宜安，大破秦军，走秦将桓齮。封李牧为武安君。居三年，秦攻番吾，李牧击破秦军，南距韩、魏。[4]

赵悼襄王元年，廉颇逃亡进入魏国以后，赵国派出李牧去进攻燕国，夺取了武遂、方城。过了两年，庞煖攻破燕军，杀了剧辛。这以后七年，秦国攻破武遂杀死了赵将扈辄，斩杀敌人十万。赵国就任命李牧为大将军，在宜安攻击秦军，把秦军打得大败，赶跑了秦将桓齮。赵王封李牧为武安君。过了三年，秦国进攻番吾，李牧攻击并打败了秦军，在南面和韩、魏两国相对抗。

注释 1 赵悼襄王元年：即公元前244年。《史记志疑》："当作'二年'。" 2 居二年：《史记志疑》："'二'当作'一'。" 庞煖(xuān)：赵国将领。 剧辛：原本是赵国人，后为燕将。 3 后七年：当作"后八年"。 武遂：或作"武城"。 4 居三年：当作"居一年"。 距：通"拒"。

赵王迁七年，秦使王翦攻赵，赵使李牧、司马尚御之。[1]秦多与赵王宠臣郭开金，为反间，言李牧、司马尚欲反。赵王乃使赵葱及齐

赵王迁七年，秦国派王翦进攻赵国，赵国派李牧、司马尚抵御秦军。秦国把很多黄金给了赵王的宠臣郭开，让他施行反间计，造谣说李牧、司马尚想造反。赵王就派赵葱和齐将颜聚替代李牧。李

将颜聚代李牧。[2]李牧不受命，赵使人微捕得李牧，斩之。[3]废司马尚。后三月[4]，王翦因急击赵，大破杀赵葱，虏赵王迁及其将颜聚，遂灭赵。

牧不接受命令，赵王派人暗中捕获了李牧，把他斩了。同时罢免了司马尚。三个月以后，王翦趁机紧急攻击赵国，大败赵军，杀死了赵葱，俘虏了赵王迁以及将领颜聚，灭亡了赵国。

注释　1 赵王迁七年：即公元前229年。赵王迁，赵国国君，公元前235—前228年在位。　司马尚：赵国将领。　2 赵葱：赵国王族成员。　颜聚：原为齐将，后归赵。　3 微：暗中。《史记志疑》："牧之死，《策》言其北面再拜，衔剑自刺，《史》言其不受命捕斩之，二说迥异……盖郭开、韩仓比共陷牧，而《列女传》又谓迁母谮牧，使王诛之也。"　4 后三月：《战国策》作"后五月"。

太史公曰：知死必勇，非死者难也，处[1]死者难。方蔺相如引璧睨柱，及叱秦王左右，势不过诛，然士或怯懦而不敢发。[2]相如一奋其气，威信敌国，退而让颇，名重太山，其处智勇，可谓兼之矣！[3]

太史公说：明知要去死而勇敢地去面对，并不是去死是难事，如何对待死却是难事。当初蔺相如把璧玉取过来眼睛斜视着殿柱，同时叱责秦王的左右近侍，从形势上看也不过是被诛杀，然而有些士人因为胆怯懦弱就不敢把勇气表现出来。相如猛一振奋出他的刚强气节，就威慑了敌国，回国后又避让廉颇，因此声名比泰山还重，他正确地对待智谋和勇敢，可以称得上是智勇双全的人！

注释　1 处：处理，对待。　2 方：当。　引：取过来。　发：发作，表现。　3 威信(shēn)敌国：用威势震住或压住敌国。信，通"伸"。　太山：即泰山。

史记卷八十二

田单列传第二十二

原文

田单者，齐诸田疏属也。[1]湣王时，单为临菑市掾，不见知。[2]及燕使乐毅伐破齐，齐湣王出奔，已而保莒城。燕师长驱平齐，而田单走安平，令其宗人尽断其车轴末而傅铁笼。[3]已而燕军攻安平，城坏，齐人走，争涂，以輻折车败，为燕所虏，唯田单宗人以铁笼故得脱，东保即墨。[4]

燕既尽降齐城，唯独莒、即墨不下。燕军闻齐王在莒，并兵攻之。淖齿

译文

田单是齐国田氏王族的旁支亲属。齐湣王的时候，田单担任临菑管理市场的小官，不被人重视。燕国派乐毅打败齐国后，齐湣王从国都逃亡，不久便退守莒城。后来燕军长驱直入要平定齐国，田单逃往安平，叫他的族人把车轴两端突出的部分统统锯断而裹上铁皮。不久，燕军攻到安平，城池被攻破，齐国人逃跑，争先抢路，由于车轴撞断，车子毁坏，所以被燕军俘虏了，只有田单的族人因为有铁箍包住车轴，得以逃脱，向东退守即墨。

燕军已经降服了齐国的全部城邑，只有莒城和即墨还未攻下。燕军听说齐王在莒城，于是调集兵力来攻打。淖齿在莒城中杀了齐湣王以后，

既杀湣王于莒，因坚守，距燕军，数年不下。[5]燕引兵东围即墨，即墨大夫[6]出与战，败死。城中相与推田单，曰："安平之战，田单宗人以铁笼得全，习[7]兵。"立以为将军，以即墨距燕。

便坚守城池，抵抗燕军，使莒城几年仍没有被攻下。燕军只好转移兵力向东围攻即墨，即墨大夫出城迎战，战败阵亡。城里人共同推举田单做首领，说："安平那一仗，田单的族人因为有铁箍包住车轴而得以保全，这是他熟悉军事的体现。"就立他做将军，据守即墨来抵抗燕军。

注释　1 诸田：指齐王族田姓各支。　疏属：旁支亲属，远宗。　2 湣王：一作闵王，齐国国君，名地，公元前 301—前 284 年在位。　掾(yuàn)：属官。　3 傅铁笼：用铁箍裹住。傅，裹住。铁笼，即铁帽，铁箍。　4 涂：通"途"，道路。　軎(wèi)：车轴头。　5 淖(zhuō)齿：楚将。楚使其统兵救齐，湣王任他为国相，后与燕通，谋杀湣王于莒。　距：通"拒"。　6 即墨大夫：即墨的行政长官。　7 习：熟悉。

顷之，燕昭王卒，惠王立，与乐毅有隙。[1]田单闻之，乃纵反间[2]于燕，宣言曰："齐王已死，城之不拔者二耳。乐毅畏诛而不敢归，以伐齐为名，实欲连兵南面而王齐。[3]齐人未附[4]，故且缓攻即墨以待其事。齐人所惧，唯恐他将之来，即墨残[5]

不久，燕昭王去世，惠王继位，他和乐毅有矛盾。田单听到这种情况，就派人到燕国去行反间计，扬言说："齐王已经死了，齐国城池没有被攻下的只有两座而已。乐毅是怕国君要杀他而不敢回国，以攻打齐国为名，实际上是想拖延战争而在齐国称王。齐国的民心尚未归顺，所以姑且缓攻即墨，以便等待时机再称王。齐国人所害怕且唯一担心的是燕国调派其他将领来，那即墨就要

矣。”燕王以为然,使骑劫[6]代乐毅。

被攻破了。”燕王认为讲得有理,就派骑劫去取代乐毅。

注释 1 顷之:不久。 燕昭王:燕国国君,名平,公元前311—前279年在位。 惠王:燕国国君,公元前279—前272年在位。 隙:缝隙,指矛盾。 2 反间:派间谍到敌方内部活动使其中计。 3 南面:古代以坐北朝南为尊位,故帝王诸侯见群臣,或卿大夫见僚属,皆面向南而坐,因用以指居帝王或诸侯、卿大夫之位。 王(wàng):称王。动词。 4 附:归附,归顺。 5 残:毁坏,残破。 6 骑劫:燕将。

乐毅因归赵[1],燕人士卒忿。而田单乃令城中人食必祭其先祖于庭,飞鸟悉翔舞城中下食。燕人怪之。田单因宣言曰:“神来下教我。”乃令城中人曰:“当有神人为我师。”有一卒曰:“臣[2]可以为师乎?”因反[3]走。田单乃起,引还,东乡坐,师事之。[4]卒曰:“臣欺君,诚[5]无能也。”田单曰:“子勿言也!”因师之。每出约束[6],必称神师。乃宣言曰:“吾唯惧燕军之劓[7]

乐毅由于免职就投奔赵国,燕军官兵都忿忿不平。田单就命令城里的居民,每到吃饭时一定要先在庭院中祭祀祖先,以致飞鸟都在城上空盘旋飞翔,下来啄食祭品。燕军对这种现象感到奇怪。田单趁机扬言说:“有神人下来指导我。”于是告诉城中人说:“一定会有神人出现来做我的军师。”有个士兵说:“我可以做军师么?”说完转身就跑。田单马上站起来,拉他回来,请他面向东坐着,像对老师那样侍奉他。那位士兵说:“我骗了您,其实我没什么本事。”田单说:“您不要说了!”于是尊奉他为师。每次出去发布号令,一定要宣称是神师的主意。又扬言说:“我们只害怕燕军将俘虏的齐兵的鼻子割掉,

所得齐卒，置之前行，与我战，即墨败矣。”燕人闻之，如其言。城中人见齐诸降者尽劓，皆怒，坚守，唯恐见得[8]。单又纵反间曰：“吾惧燕人掘吾城外冢墓，僇先人，可为寒心。[9]”燕军尽掘垄[10]墓，烧死人。即墨人从城上望见，皆涕泣，俱欲出战，怒自十倍。

把他们安排在队伍的前面来和我们交战，那样即墨城就不保了。”燕军听了，就照着所说的去做。城里人看到那些投降的齐国人全都被割了鼻子，都很愤怒，更加坚定防守，惟恐被燕军俘虏。田单再次施展反间计说：“我们害怕燕人挖掘我们在城外的坟墓，使祖宗蒙受侮辱，这真是让我们感到恐惧。”燕军就把所有的坟墓挖开，还焚烧尸骨。即墨人从城头上望见这种情景，都伤心落泪，想出城决战，愤怒的情绪陡然增长了十倍。

注释　1 归赵：回归赵国。乐毅原是赵国人，此时投奔赵国，故称归赵。 2 臣：古人表示谦卑的自称，多见于秦汉以前。 3 反：同“返”，转身，回身。 4 引：牵引，拉。 乡：通“向”。 5 诚：确实。 6 约束：号令，指挥。 7 劓(yì)：割鼻。古代的一种肉刑。 8 见得：被俘。 9 冢墓：隆起的坟墓。 僇(lù)：侮辱。 寒心：恐惧，战栗。 10 垄：坟墓。

田单知士卒之可用，乃身操版插，与士卒分功，妻妾编于行伍之间，尽散饮食飨士。[1]令甲卒皆伏，使老弱女子乘城，遣使约降于燕，燕军皆呼万岁。[2]田单又收民金，

田单知道士兵可以作战了，就亲自操持版筑、铁锹，和士兵们分担劳作，又把自己的妻妾都安排进军队中，拿出所有的饮食犒劳士兵。他命令披甲的士兵都隐藏起来，让老弱残兵和妇女登上城头防守，派遣使者到燕军去投降，燕军听说后都高喊万岁。田单还收集民间的黄金，得到一千镒，让

得千溢，令即墨富豪遗燕将，[3]曰："即墨即降，愿无虏掠吾族家妻妾，令安堵[4]。"燕将大喜，许之。燕军由此益懈。

即墨城中有钱的人前去送给燕军将领，说："即墨马上要投降了，希望不要掳掠我们家中的妻妾，让我们得以安居。"燕将十分高兴，答应了这些请求。燕军的戒备从此日益松懈了。

注释 1 身：亲身。 操：操持。 版插：建筑用具。版，筑墙用的夹板。插，掘壕的工具，亦作"锸"。 分功：分担劳作。功，通"工"。 行(háng)伍：古代军队编制，五人为"伍"，二十五人为"行"。此泛指军队。 飨(xiǎng)：以酒食款待人。 2 甲卒：披甲的士卒。 伏：埋伏。 乘城：登城守卫。乘，登。 3 溢：通"镒"，古代重量单位，二十两为一镒。一说二十四两为一镒。 遗(wèi)：送给。 4 安堵：安居。

田单乃收城中得千余牛，为绛缯衣，画以五彩龙文，束兵刃于其角，而灌脂束苇于尾，烧其端。[1]凿城数十穴，夜纵牛，壮士五千人随其后。牛尾热，怒而奔燕军，燕军夜大惊。牛尾炬火[2]光明炫耀，燕军视之皆龙文，所触尽死伤。五千人因衔枚击之，而城中鼓噪从之，老弱皆击铜器为

田单于是从城中收集了一千多头牛，给它们披上大红绸子衣服，上面画满五彩龙形花纹，在牛角上系上刀刃，又把渍满油脂的芦苇捆在牛尾上，点燃它的末梢。在城墙上凿了几十个洞，夜里放牛冲出去，五千名精壮士兵紧随火牛后面。牛尾烧得发烫，那些火牛发狂似地冲向燕军，燕军在夜间大为惊慌失措。牛尾上的火把光亮耀眼，燕军看见它们身上都有龙纹，一碰上非死即伤。那五千名壮士乘势衔枚攻来，而城里的人们擂鼓呐喊跟着他们，老弱之

声，声动天地。[3]燕军大骇，败走。齐人遂夷[4]杀其将骑劫。燕军扰乱奔走，齐人追亡逐北，所过城邑皆畔燕而归田单，兵日益多，乘胜，燕日败亡，卒至河上，而齐七十余城皆复为齐。[5]乃迎襄王于莒，入临菑而听政[6]。

人也都击打铜器以助声威，杀声震天动地。燕军大为惊慌，败溃逃跑。齐人于是杀死了他们的主将骑劫。燕军混乱中纷纷逃命，齐国人紧紧追击亡命的敌兵，所经过的城邑都背叛燕军而归顺田单，田单的士兵日益增多，乘着战胜的余威追击燕军，燕军逐渐溃败逃亡，终于退到了黄河岸边，而齐国的七十多座城池都回到齐国手里。于是他们到莒城迎接齐襄王，使他进入临菑来主持国政。

襄王封田单，号曰安平君。

齐襄王封赏田单，赐其爵号为安平君。

注释 1 绛缯衣：红色帛绢制成的衣服。绛，红色。缯，古代丝织品的总称。 文：花纹。 束：捆绑。 脂：动物的油脂，古人用以为燃料。 2 炬火：火把。 3 衔枚：横衔枚于口中，以防喧哗或叫喊。枚，形如筷子，两端有带，可系于颈上。 鼓噪：古代出战时擂鼓呐喊。 4 夷：诛杀。 5 追亡逐北：追赶逃敌。亡，逃跑。北，败逃。 畔：通“叛”。 河上：黄河边。当时黄河流经今山东德州、河北沧州，往北由天津入海，这一带为齐国西北部边境。 6 襄王：齐湣王之子法章，湣王死，莒人推为齐国国君。公元前283—前265年在位。

太史公曰：兵以正合，以奇胜。[1]善之者，出奇无穷。奇正还相生，如环之

太史公说：用兵作战一面要进行正面交锋，一面要运用奇兵取胜。善于用兵的人，运用奇兵的战术变

无端。[2]夫始如处女，適人开户；后如脱兔，適不及距[3]：其[4]田单之谓邪！

化无穷。奇正两方面循环相互转化，就像圆环一样没有端口。用兵开始要像处女那样显示柔弱，诱使敌人敞开门户；然后就像脱逃狂奔的兔子那样迅捷，使敌人来不及抵挡：这大概说的就是田单吧！

注释 1 正：用兵常法，如对阵交锋。 奇：用兵变法，如设计邀截、袭击。 2 环：圆环。以上诸句引自《孙子·兵势篇》，文字略有出入。 3 適(dí)：通“敌”。此句话出自《孙子·九地篇》。 4 其：大概，应该。表示揣测。

初，淖齿之杀湣王也，莒人求湣王子法章，得之太史嬓之家，为人灌园。[1]嬓女怜而善遇之。后法章私以情告女，女遂与通。[2]及莒人共立法章为齐王，以莒距燕，而太史氏女遂为后，所谓“君王后”也。

燕之初入齐，闻画邑人王蠋[3]贤，令军中曰“环画邑三十里无入”，以王蠋之故。已而使人谓蠋曰：“齐人多高[4]子之义，吾以子为将，封子万家。”蠋固谢。

当初，淖齿杀死了齐湣王，莒城人就寻找湣王的儿子法章，在太史嬓的家里找到了他，他在替人家浇灌园地。太史嬓的女儿同情他，待他很好。后来法章偷偷地把自己的身世告诉了她，她就和法章私定儿女婚姻。等到莒城人一同拥立法章做了齐王，据守莒城来抵抗燕军时，太史嬓的女儿就成了王后，就是人们所说的“君王后”。

燕军刚刚攻入齐国的时候，听说画邑人王蠋贤良，就命令军队说“画邑方圆三十里内不得进入”，这是因为王蠋的缘故。不久，燕国派人来对王蠋说：“齐国有很多人都称颂您的品德，我要任用您做将

燕人曰:“子不听,吾引[5]三军而屠画邑。”王蠋曰:“忠臣不事二君,贞女不更[6]二夫。齐王不听吾谏,故退而耕于野。国既破亡,吾不能存;今又劫之以兵为君将,是助桀为暴也。[7]与其生而无义,固不如亨[8]!”遂经其颈于树枝,自奋绝脰而死。[9]齐亡大夫闻之,曰:“王蠋,布衣也,义不北面于燕,况在位食禄者乎![10]”乃相聚如[11]莒,求诸子,立为襄王。

军,封给您一万户的领地。”王蠋坚决谢绝。燕人说:“您不听从,我就带领大军来屠平画邑。”王蠋说:“忠义的臣子不会侍奉两个君主,贞烈的女子不会再嫁。齐王不听从我的进谏,所以我就隐居起来在乡间耕种。国家已经破亡了,我不能使它复存;如今又用武力来威逼我做你们的将军,这是叫我帮助夏桀来作恶啊。与其活着做不义的事,还不如受烹刑去死好!”于是就把脖子吊缚在树枝上,自己奋力扭断了脖子而死去。齐国逃亡的大夫们听说这事,说:“王蠋是一个平民,尚且能坚守道义,不肯臣服燕国,更何况享受国家俸禄的在位官员呢?”于是相约聚集前往莒城,寻找齐湣王的儿子,拥立他为齐襄王。

注释 1 初:起初,当初。 2 情:真实情况。 通:男女私通。 3 王蠋(zhú):齐国高士。 4 高:认为高尚。5 引:率领。 6 更:更换。此指再嫁。 7 劫:威逼,胁迫。 助桀为暴:比喻以恶济恶。桀,夏代最末的君主,暴虐荒淫,后被商汤击败而死,夏朝灭亡。 8 亨:古代用鼎镬煮人的酷刑。 9 经:缠缚。 脰(dòu):脖子。 10 北面:古代君王南面而坐,人臣须面北朝拜。引申为臣服于人。 食禄者:指当官的人。 11 如:往,去。

史记卷八十三

鲁仲连邹阳列传第二十三

原文

鲁仲连者，齐人也。好奇伟俶傥之画策，而不肯仕宦任职，好持高节。[1]游于赵。

赵孝成王时，而秦王使白起破赵长平之军前后四十余万，秦兵遂东围邯郸。[2]赵王恐，诸侯之救兵莫敢击秦军。魏安釐王使将军晋鄙救赵，畏秦，止于荡阴不进。[3]魏王使客将军新垣衍间入邯郸，因平原君谓赵王曰[4]："秦所为急围赵者，前与齐湣王争强为帝，已而复归帝；[5]今齐已益弱，方今唯秦雄天下，此非必贪邯郸，其意欲复求

译文

鲁仲连是齐国人。喜好出令人意想不到的奇计，但不肯出仕做官，喜好保持高尚的节操。他在赵国游历。

赵孝成王的时候，秦王派白起在长平打败赵军前后共四十多万人，秦军便东进包围了邯郸。赵王恐惧，诸侯的救兵也没有谁敢进攻秦军。魏安釐王派将军晋鄙援救赵国，晋鄙畏惧秦军，驻扎在荡阴一带按兵不动。魏王派客将军新垣衍秘密进入邯郸城，通过平原君见到赵王，说："秦军之所以急着围攻赵国，是因为先前与齐湣王争强而称帝，不久又取消了帝号；现在齐国愈加衰弱，当今只有秦国在天下称雄，秦国这

为帝。赵诚发使尊秦昭王为帝,秦必喜,罢兵去。”[6]平原君犹预[7]未有所决。

次进攻赵国,不一定是贪图邯郸,其意图只是想再次称帝。如果赵国果真派遣使者去尊奉秦昭王为帝,秦昭王必定高兴,就会撤军离开赵国。”平原君犹豫不决。

注释 1 俶(tì)傥:同“倜(tì)傥”,卓异豪爽,洒脱不拘。文中若按此意来解释,不通。 高节:高尚的节操。 2 赵孝成王:赵国国君赵丹,公元前265—前245年在位。 白起:秦国重要将领,因军功封武安君。 3 魏安釐(xī)王:即魏国国君魏圉(yǔ),公元前276—前243年在位。 晋鄙:魏国将军。 4 客将军新垣衍:新垣,复姓。新垣衍非魏国人,故魏人称他为客将军。 间(jiàn)入:秘密进入。 因:通过。 平原君:即战国四公子之一的赵胜,赵国相国,善养士。 5 齐湣王:齐国国君田地,公元前301—前284年在位。 复归帝:指复归帝号,即取消帝号。 6 秦昭王:秦国国君嬴则,公元前307—前251年在位。《史记志疑》:“‘湣’字衍,是时齐王建也。‘昭’字亦衍。并《史》仍《策》之误。” 7 犹预:即犹豫。

此时鲁仲连适游赵,会秦围赵,闻魏将欲令赵尊秦为帝,[1]乃见平原君曰:“事将柰何?”平原君曰:“胜也何敢言事!前亡四十万之众于外,今又内围邯郸而不能去。魏王使客将军新垣衍令赵帝秦,今其人在是。[2]胜也何敢

鲁仲连这时候正好在赵国游历,碰到秦军围攻赵都邯郸,听说魏国将军想让赵国尊奉秦王为帝,便前去见平原君,说:“这件事将怎么办?”平原君说:“我赵胜怎么敢谈论这件大事!前不久在国外损失了四十万大军,现在秦军又攻入国内,包围了邯郸,不撤去。魏王派遣将军新垣衍让赵国尊奉秦王为帝,现在这个人就在这里。我怎么敢谈论

言事！”鲁仲连曰：“吾始以君为天下之贤公子也，吾乃今然后知君非天下之贤公子也。梁客[3]新垣衍安在？吾请为君责而归之。”平原君曰：“胜请为绍介[4]而见之于先生。”平原君遂见新垣衍曰：“东国[5]有鲁仲连先生者，今其人在此，胜请为绍介，交之于将军。”新垣衍曰：“吾闻鲁仲连先生，齐国之高士也。衍，人臣也，使事有职[6]，吾不愿见鲁仲连先生。”平原君曰：“胜既已泄[7]之矣。”新垣衍许诺。

这件大事！”鲁仲连说：“我先前认为您是天下的贤明公子，从今天这件事上才知道您不是天下的贤明公子。魏国使者新垣衍在哪儿？请您准许我替您指责他，让他回国去。”平原君说：“请您准许我赵胜当介绍人，使他和您相见。”平原君便去见新垣衍说：“齐国有一位鲁仲连先生，现在这个人正在这儿，请您允许我赵胜当介绍人，使他和将军结交。”新垣衍说：“我听说鲁仲连先生是齐国志行高尚的人士。而我新垣衍是魏国臣子，担任使者，有分内应做的事，我不愿见鲁仲连先生。”平原君说：“我已经把您在这儿的事透露给他了。”新垣衍只得答应了。

注释　1 适：正好。　会：遇上。　2 帝秦：尊秦为帝。　是：这，此。　3 梁客：魏国以大梁为都城，故称魏使者为梁客。　4 绍介：介绍。　5 东国：齐国在东方，故称为东国。　6 职：分内应做之事。　7 泄：透露，泄露。

鲁连见新垣衍而无言。新垣衍曰：“吾视居此围城之中者，皆有求于平原君者也；今吾观先生

鲁仲连见了新垣衍后不说话。新垣衍说：“我看留在这座被围困城邑中的人，都是有求于平原君的人；现在我看先生的尊容，不是有求于平

之玉貌，非有求于平原君者也，曷为久居此围城之中而不去？[1]”鲁仲连曰：“世以鲍焦为无从颂而死者，皆非也。[2]众人不知[3]，则为一身。彼秦者，弃礼义而上首功之国也，权使其士，虏使其民。[4]彼即肆然而为帝，过而为政于天下，则连有蹈东海而死耳，吾不忍为之民也。[5]所为见将军者，欲以助赵也。”

原君的人，为什么长期留在这座被围困的城邑中而不离开呢？”鲁仲连说：“世人都认为鲍焦没有宽宏的气量而自杀，他们都错了。大家都不理解鲍焦，他是因为耻于活在污秽不堪的世道而死，而不是只考虑自己而死的。秦国，是抛弃礼义而崇尚杀敌立功的国家，用权术驱使自己的士人，把自己的人民当奴隶使用。如果秦王肆无忌惮地称了帝，进而统治了整个天下，那么我鲁仲连就只有投东海而死，我不忍心甘为秦王的子民。我之所以前来见将军，是想借此帮助赵国啊。”

注释　1 玉貌：容貌如玉，对他人容貌的尊称。　曷为：为何。曷，何，什么。　2 鲍焦：《庄子》《韩诗外传》中所载周朝隐士，当子贡说他既然对周不满，就不应活在周土时，他便抱木而死。　从(cóng)颂：从容不迫，此指气量宽宏。颂，通“容”。　3 不知：不识鲍焦之意。鲍焦因耻居浊世而避之，不是为自己一人而忧死。　4 上：通“尚”，崇尚。　首功：杀敌斩首之功。　权使：用权势役使。　虏使：或为“虐使”。　5 肆然：放肆的样子。　过：王念孙认为：“过，犹甚也。”过而，谓“进而”。

新垣衍曰：“先生助之将奈何？”鲁连曰：“吾将使梁及燕助之，齐、楚则固[1]助之矣。”新垣衍

新垣衍说：“先生将如何帮助赵国呢？”鲁仲连说：“我将让魏国和燕国帮助赵国，齐国、楚国本来就在帮助赵国了。”新垣衍说：“燕国，那我认为会听从您的；至于魏国，我就是魏

曰："燕则吾请以从[2]矣；若乃梁者，则吾乃梁人也，先生恶[3]能使梁助之？"鲁连曰："梁未睹秦称帝之害故耳。使梁睹秦称帝之害，则必助赵矣。"

新垣衍曰："秦称帝之害何如？"鲁连曰："昔者齐威王[4]尝为仁义矣，率天下诸侯而朝周。周贫且微[5]，诸侯莫朝，而齐独朝之。居岁余，周烈王崩，齐后往，周怒，赴于齐曰[6]：'天崩地坼，天子下席。东藩之臣因齐后至，则斫[7]。'齐威王勃然怒曰：'叱嗟，而母婢也！[8]'卒[9]为天下笑。故生则朝周，死则叱之，诚不忍其求也。[10]彼天子固然，其无足怪。"

国人，先生怎么能让魏国帮助赵国呢？"鲁仲连说："魏国没有看到秦王称帝的危害罢了。若让魏国看到了秦王称帝的危害，魏国就必定会帮助赵国。"

新垣衍说："秦王称帝有什么危害？"鲁仲连说："从前齐威王曾经身体力行仁义，率领天下诸侯朝拜周天子。当时周天子既贫穷又弱小，没有哪个诸侯去朝拜，只有齐威王单独去朝拜他。过了一年多，周烈王逝世，齐国没有早点儿去吊丧，周天子发怒，送讣文到齐国说：'天崩地裂，刚继位的天子也都离开居室睡在草席上守丧。东方藩臣田齐吊丧来晚，当斩。'齐威王勃然大怒说：'呸呸，你母亲是个婢女！'最终被天下人所讥笑。因此，周天子生前，齐威王去朝拜他；周天子死后，齐威王却斥骂继位的周天子，实在是忍受不了周天子的苛求。继位的周天子毕竟是天子，本该如此，他如此苛求并不值得奇怪。"

注释　1 固：本来，早已。　2 从：跟随，听从。　3 恶：怎么。　4 齐威王：齐国国君田因齐，公元前 357—前 320 年在位。　5 微：国势弱小。

6 周烈王:当时的周天子姬喜,公元前 376—前 369 年在位。 崩:天子之死称“崩”。 赴:报丧,讣告。 7 斫(zhuó):斩杀。 8 勃然:发怒变色的样子。 叱嗟:怒喝声。 9 卒:最终。 10 诚:确实,实在。 求:苛求。

新垣衍曰:“先生独不见夫仆乎?十人而从一人者,宁力不胜而智不若邪[1]?畏之也。”鲁仲连曰:“呜呼!梁之比于秦若仆邪?”新垣衍曰:“然。”鲁仲连曰:“吾将使秦王烹醢[2]梁王。”新垣衍怏然[3]不悦,曰:“噫嘻,亦太甚矣先生之言也!先生又恶能使秦王烹醢梁王?”鲁仲连曰:“固也,吾将言之。昔者九侯、鄂侯、文王,纣之三公也。[4]九侯有子而好,献之于纣,纣以为恶,醢九侯。[5]鄂侯争之强,辩之疾,故脯[6]鄂侯。文王闻之,喟然而叹,故拘之牖里之库[7]百日,欲令之死。曷为与人

新垣衍说:“先生难道没有看见那些奴仆吗?十个人而跟随一个人,难道是他们的力量和智慧比不上主人吗?是畏惧主人啊。”鲁仲连说:“唉!和秦王相比魏王像个仆从吗?”新垣衍说:“是。”鲁仲连说:“我将要让秦王把魏王煮了,把魏王剁成肉酱。”新垣衍很不高兴地说:“噫嘻,先生的话也太过分了!先生又怎么能使秦王把魏王煮了,把魏王剁成肉酱呢?”鲁仲连说:“当然能,我将说出这里面的道理。从前九侯、鄂侯和文王是商纣王的三公。九侯有个女儿很漂亮,九侯将女儿献给纣王,但纣王认为她长得丑,于是将九侯剁成了肉酱。鄂侯强谏,和纣王激烈争辩,纣王因此杀死了鄂侯,把他风成肉干了。文王听说后,感慨而叹,纣王因此将文王在牖里拘禁了一百天,想把他困死。魏王、鄂侯都是王,为何最终却落到被剁成肉酱、风成肉干的地步呢?齐湣王到鲁国

俱称王，卒就脯醢之地？齐湣王将之鲁，夷维子为执策而从，谓鲁人曰：‘子将何以待吾君？[8]’鲁人曰：‘吾将以十太牢待子之君。[9]’夷维子曰：‘子安[10]取礼而来待吾君？彼吾君者，天子也。天子巡狩，诸侯辟舍，纳管籥，摄衽抱机，视膳于堂下，天子已食，乃退而听朝也。[11]’鲁人投其籥，不果[12]纳。不得入于鲁，将之薛，假途于邹。当是时，邹君死，湣王欲入吊，夷维子谓邹之孤曰：‘天子吊，主人必将倍殡棺，设北面于南方，然后天子南面吊也。[13]’邹之群臣曰：‘必若此，吾将伏剑而死。’固不敢入于邹。邹、鲁之臣，生则不得事养，死则不得赙襚[14]，然且欲行天子之礼于邹、鲁，邹、

去，夷维子替他执鞭驾车做随从，他对鲁国人说：‘你们将怎样接待我国国君？’鲁国人说：‘我们将用十套太牢的礼仪来接待您的国君。’夷维子说：‘你们是根据哪里的礼仪来接待我国国君？我们的国君是天子。天子巡视到诸侯国，诸侯国君要迁出正宫，交出锁钥，撩起衣襟，摆好几桌，站在堂下侍候天子饮食，直到天子用膳完毕，诸侯才能退下去处理国政。’鲁国人关闭城门上好锁，竟然拒不让齐湣王入城。齐湣王不能进入鲁国，将要到薛国去，向邹国借道。这时候，邹国国君刚逝世，齐湣王想进城吊唁，夷维子对邹君的遗孤说：‘天子吊唁诸侯，主人应当将灵棺更换成坐南朝北的方向，然后便于天子坐北朝南进行吊唁。’邹国的大臣们说：‘一定要这样办的话，我们情愿伏剑自杀。’齐湣王始终不敢进入邹国。邹、鲁两国的大臣，在国君活着时不能侍奉供养，当国君死后又未能送财物衣被助葬，但是当齐湣王想在邹、鲁面前实行天子大礼的时候，邹、鲁两国的大臣竟然拒不答应。现在秦国是拥有万乘兵车的大国，魏国也是拥有万乘兵车的大国。同样是万乘大国，各有

鲁之臣不果纳。今秦万乘[15]之国也，梁亦万乘之国也。俱据万乘之国，各有称王之名，睹其一战而胜，欲从而帝之，是使三晋[16]之大臣不如邹、鲁之仆妾也。且秦无已而帝，则且变易诸侯之大臣。[17]彼将夺其所不肖[18]而与其所贤，夺其所憎而与其所爱。彼又将使其子女谗妾[19]为诸侯妃姬，处梁之宫。梁王安得晏然[20]而已乎？而将军又何以得故宠乎！”

称王的名号，看到秦国打了一次胜仗，就想要跟随他国尊奉秦王为帝，这就使三晋之国的大臣比不上邹、鲁两国的奴仆、婢妾了。况且秦王的贪心没有止境，他称帝之后，就要调换诸侯国的大臣。他将要撤掉他认为的不贤之臣而任用他认为贤能的人，撤掉他所憎恶的人而把职位让给他所喜爱的人。他还将要使他的女儿、进谗言的姬妾作为诸侯的妃嫔，住到魏国的王宫中。魏王怎么能安然太平呢？将军你又怎么能得到往日那样的宠幸呢?！”

注释 1 邪:语气助词。 2 醢(hǎi):剁成肉酱，古代酷刑之一。 3 怏然:不满意的样子。 4 九侯:商纣时诸侯。 鄂侯:商纣时诸侯。 文王:商纣时诸侯，周王朝的奠基者。 5 子:女儿。 好:漂亮。 恶:貌丑。 6 脯:将人杀死，风干。古代酷刑之一。 7 库:监狱。 8 之:往。 夷维子:济人，以邑为姓。夷维，地名，在今山东潍坊。子，男子的美称。 策:马鞭。 9 太牢:盛牲的食器为牢，其大者称“太牢”。太牢盛牛、羊、豕三牲，遂称此三牲之祭品为太牢。 10 安:哪有，如何。 11 辟舍:迁出所居正宫。辟，通“避”。 管籥:锁匙。 摄衽:撩起衣襟。 机:通“几”，几桌。 视膳:人子侍养长辈的礼节。 12 果:指实施某种行为。 13 吊:吊唁。 孤:指邹国的新君，父死称孤。 倍:通“背”。 14 赙襚(fù suì):赙，用财物帮助他人办丧事。襚，赠送给死人的衣被。 15 万乘(shèng):万辆兵车,指实力雄厚的大诸侯国。 16 三晋:指从原晋国分化出的赵、魏、韩三个诸侯国。此实指魏。 17 无已:不止。句中谓秦王贪心不止。 变易:改变,重新设置。 18 不肖:不贤。 19 谗妾:进谗言之妾。 20 晏然:安然,平静。

于是新垣衍起,再拜,谢曰[1]:"始以先生为庸人,吾乃今日知先生为天下之士[2]也。吾请出,不敢复言帝秦。"秦将闻之,为却军五十里。[3]适会魏公子无忌夺晋鄙军以救赵,击秦军,秦军遂引[4]而去。

于是平原君欲封鲁连,鲁连辞让者三,终不肯受。平原君乃置酒,酒酣,起,前以千金为鲁连寿。[5]鲁连笑曰:"所贵于天下之士者,为人排患释难解纷乱而无取也。即有取者,是商贾之事[6]也,而连不忍为也。"遂辞平原君而去,终身不复见。

于是新垣衍站了起来,行过两次拜礼后,道歉说:"先前我认为先生是个庸人,现在我才知道先生是全天下最杰出的人士啊。请您允许我离开此地,我不敢再说尊秦为帝的话了。"秦军将领听说了这件事以后,就领军后撤了五十里。恰好这时魏国公子无忌夺了晋鄙的军权,率领军队来救援赵国,进击秦军,秦军便撤退离开了邯郸。

于是平原君想封赏鲁仲连,鲁仲连再三推辞,始终不肯接受。平原君便摆设酒席,酒兴正浓时,平原君站起来,上前向鲁仲连祝酒,并赠送千金。鲁仲连笑着说:"对于天下杰出的人士来说,最可贵的是为他人排除患难、解决纷争而一无所取啊。假如接受了礼物,这就是商贾之人的行为,我鲁仲连不忍心做这样的事。"于是告辞平原君,离开了赵国,终生再未与他见面。

注释 1 再:两次。 拜:跪下后双手至地,低头至手,古代大礼之一。 谢:道歉。 2 天下之士:全天下最杰出的人士。 3 却:退。《通鉴考异》曰:“仲连所言,不过论秦之利害耳,使新垣衍惭作而去则有之,秦将何预而退军五十里乎? 此游谈者之夸大也。” 4 引:撤退。 5 酒酣:酒兴正浓时。 寿:祝酒。 6 商贾之事:商贾之人金钱交换的行为。

其后二十余年,燕将攻下聊城,聊城人或谗之燕,燕将惧诛,因保守聊城,不敢归。[1]齐田单[2]攻聊城岁余,士卒多死而聊城不下。鲁连乃为书,约之矢以射城中,遗燕将。[3]书曰:

吾闻之,智者不倍时而弃利,勇士不却死而灭名,忠臣不先身而后君。[4]今公行一朝之忿,不顾燕王之无臣,非忠也;杀身亡聊城,而威不信于齐,非勇也;功败名灭,后世无称焉,非智也。[5]三者世主不臣,说士不载,故智者不再计,勇士不怯死。[6]今死生

二十多年以后,燕国一位将军攻克了齐国的聊城,有一个聊城人向燕国国君说燕国将军将不利于燕国的坏话,燕国将军害怕被诛杀,便固守在聊城,不敢回燕国。齐国田单攻打聊城一年多,死伤了许多士卒,还是未能收复聊城。鲁仲连便写了一封信,系在箭上,射进城中,送给燕将。信中写道:

我听说,明智的人不违背时机而放弃利益,勇敢的人不回避死亡而毁坏名声,忠臣不先考虑自身而后考虑君主。现在您发泄一时的怒气,不顾及燕王没有臣下,这不是忠臣;聊城被攻破,将军身死,您的威名也不能在齐国传播,这不是勇敢;功劳毁败,名声扫地,您在后世得不到称颂,这不是明智。有这三种声名的人,当世君主不会用他为臣,游说之士不会引用他的事迹,因此明智的人对此不能犹豫不决,勇敢的人不会贪生怕死。现在就是生死荣辱、贵贱尊卑的关头,这

荣辱，贵贱尊卑，此时不再至，愿公详计而无与俗同。

种时机不会再出现第二次，希望您仔细考虑而不要像俗人那样一般见识。

注释 1 二十余年：《史记志疑》按："《古史》作'十余年'是。" 聊城：齐邑名，在今山东聊城西北。 2 田单：齐国著名将领，曾以火牛阵大破燕军，收复齐国失地。 3 约：用绳系在某物上。 遗(wèi)：送。 4 倍：通"背"。 却：避。 身：指自己。 5 公：对人之尊称。 信：通"伸"。 称：称颂。 6 世主：当世君主。 说士：游说之士。 再计：犹豫不决。

且楚攻齐之南阳，魏攻平陆，而齐无南面之心，以为亡南阳之害小，不如得济北之利大，故定计审处之。[1] 今秦人下兵，魏不敢东面；衡秦之势成，楚国之形危；[2] 齐弃南阳，断右壤[3]，定济北，计犹且为之也。且夫齐之必决于聊城，公勿再计。今楚、魏交[4]退于齐，而燕救不至。以全齐之兵，无天下之规，与聊城共据期年之敝，则臣见公之不能得也。[5] 且燕国

况且楚军进攻齐国的南阳，魏军进攻齐国的平陆，但齐国都没有向南反击的计划，认为失去南阳的危害小，不如得到济北地区的好处大，因此审察利害之后做出了收回济北地区的决定。现在秦国出兵东向，魏国不敢东进；齐、秦连横的形势已经形成，楚国形势危急起来；齐国决定放弃南阳，抛弃西部的土地，以收复济北地区，已经定计，将会全力以赴地实施。对于齐国决心收复聊城的事，您不要再犹豫观望了。如今楚军、魏军先后从齐国撤退了，而燕国的救兵又没有到。凭齐国全部兵力，不再窥伺他国而一心要收复聊城，您却要困守被包围一年而已经困乏的聊城，那我看您是不能做到的。况且燕国大乱，君臣失策，

大乱，君臣失计，上下迷惑，栗腹以十万之众五折于外，以万乘之国被围于赵，壤削主困，为天下僇笑。[6]国敝而祸多，民无所归心。今公又以敝聊之民距全齐之兵，是墨翟之守也。[7]食人炊骨，士无反外之心，是孙膑[8]之兵也。能见于天下。虽然，为公计者，不如全车甲以报[9]于燕。车甲全而归燕，燕王必喜；身全而归于国，士民如见父母，交游攘臂而议于世，功业可明。[10]上辅孤主以制群臣，下养百姓以资说士，矫国更俗，功名可立也。[11]亡意亦捐燕弃世，东游于齐乎？[12]裂地定封，富比乎陶、卫，世世称孤，与齐久存，又一计也。[13]此两计者，显名厚实也，愿公详计而审处一焉。

上下昏惑，栗腹率领十万大军对外作战，连败五次，一个有万乘兵车的国家却遭到赵军的围困，国土被侵夺，君主困顿不堪，被天下人耻笑。燕国疲敝而多灾难，民众不知归附谁。如今您又率领疲敝的聊城民众抗拒齐国的全部兵力，这就得像墨翟一样善于防守。拿人肉当食物，用人骨当柴烧，但士兵没有叛离之心，这就得像孙膑一样善于带兵。您的能力已表现在天下人面前。虽然如此，我为您考虑，不如保全战车甲兵用来报答燕国。战车甲兵完整地回到燕国，燕王必定高兴；性命保全而回到燕国，士民像见了父母那样，朋友们神情兴奋地评议，您的功劳业绩能为世人所知。上可以辅佐君主控制群臣，下可以养育百姓并资助游说之士，改变燕国不良的政治和习俗，功业、声名就可以建立。如果没有这样的志向，就离开燕国隐居，何不到东边的齐国来游历呢？齐国割地分封，您的财富可与陶、卫等人相比，世代称孤，和齐国长存，这是又一条计策。这两条计策，一条显扬名声，一条得到丰厚的财富，希望您仔细考虑和审视，选择其中一条计策。

注释 1 南阳:齐邑名,在今山东邹城西北。 平陆:齐邑名,在今山东汶上北。 南面之心:指向南攻打楚军。 济北:指济水之北的聊城地区。 审处:审察利害作出决定。 2 下兵:秦在西,地势较东部诸国高,故称秦人出兵东攻为“下兵”。 东面:指向东攻打齐国。 衡秦:衡,通“横”,指与秦国“连横”。 3 右壤:西部的土地,指平陆。右,指西部。 4 交:交互,先后。 5 规:通“窥”,窥伺,非分的贪求。 期年:整年。 6 栗腹:燕国国相。 折:指兵败。 僇笑:辱笑。 7 距:通“拒”。 墨翟:先秦墨家学派创始人,善为守城器具,此处指像墨子那样善于守城。 8 孙膑:战国时齐国将领,善于用计作战,管理士兵。 9 报:报答。 10 交游:交往的朋友。 攘臂:捋衣露臂,表示神情振奋。 11 资:助。 矫国更俗:改变国内不良政治和习俗。 12 捐:弃,指离开。 弃世:隐居。 13 卫:指秦相商鞅,商鞅原为卫国人。一说陶,指陶朱公;卫,指卫公子荆。 孤:当时君主之类的自称,此处谓独自为尊,不受制于人。

且吾闻之,规小节者不能成荣名,恶小耻者不能立大功。[1]昔者管夷吾射桓公中其钩,篡也;[2]遗公子纠不能死,怯也;束缚桎梏,辱也。[3]若此三行者,世主不臣而乡里不通。乡使[4]管子幽囚而不出,身死而不反于齐,则亦名不免为辱人贱行矣。臧获[5]且羞与之同名矣,况世俗乎!故管子不耻身在

而且我还听说,拘泥于小节的人不能成就美好的名声,厌恶小耻的人不能成就大功劳。从前管仲射桓公时,箭中桓公的衣带钩,这是犯上;遗弃公子纠,不能死节,这是胆怯;手脚上了刑具被囚禁起来,这是耻辱。有这三种行为的人,当代君主不用他做臣子,乡邻们也不和他来往。假使当初管仲幽禁不出,到死都不返回齐国,那么也难免得到一个受过侮辱、行为卑贱的名声。奴婢仆妾都不愿和他有一样的名声,何况世俗之人呢!因此管

缧绁之中而耻天下之不治，不耻不死公子纠而耻威之不信于诸侯，故兼三行之过而为五霸首，名高天下而光烛邻国。[6]曹子为鲁将，三战三北，而亡地五百里。[7]乡使曹子计不反顾，议不还踵[8]，刎颈而死，则亦名不免为败军禽将矣。曹子弃三北之耻，而退与鲁君计。桓公朝天下，会诸侯，曹子以一剑之任，枝桓公之心于坛坫之上，颜色不变，辞气不悖，三战之所亡一朝而复之，天下震动，诸侯惊骇，威加吴、越。[9]若此二士者，非不能成小廉[10]而行小节也，以为杀身亡躯，绝世灭后，功名不立，非智也。故去感忿之怨，立终身之名；弃忿悁[11]之节，定累世之功。是以业与三王争流，而名与天壤

子不以身遭监禁为耻，而以天下没有得到治理为耻；不以不为公子纠死节为耻，而以不能在诸侯中树立威信为耻，因此管仲身兼犯上、胆怯、耻辱三种行为的过失，而使齐桓公成为五霸之首，名声高于天下之人，光彩照耀到邻国。曹沫担任鲁国将军，率军作战，三战三败，丧失了五百里的国土。假使当初曹沫不全面考虑问题，只抱定誓不回头的想法，割脖子自杀身死，那也难免得到败军战俘的名声。曹沫抛弃三败的耻辱，回国后和鲁国国君商议收复失地之事。当齐桓公称霸天下大会诸侯时，曹沫只用一把剑，在诸侯会盟台上指向齐桓公的心口，脸不变色，说话有理，三次战败损失的国土一下子就收复回来了，天下人都受到震动，诸侯们都感到惊惧，使鲁国的威名提升到吴、越等国之上。像这两位士大夫，不是不能做到一般的清白高洁等小节，而是认为身死之后，家世中绝，又不能建立功名，不是明智的行为。因此他们排除了一时的愤怨的情感，建立起终生的名声；抛弃了偏激狭隘的气节，成就了世代不绝的功劳。因此他们的功业和夏商周三代的开国之君竞相流传，

相毙也。愿公择一而行之。

名声与天地一样永垂不朽。希望您选择其中的一个方案去实行吧。

注释 1 规:法度,准则,指以……为准则,引申作"拘泥"。 恶(wù):厌恶。 2 管夷吾:齐国贤臣管仲。 桓公:齐公子小白,与下文公子纠争立为齐国国君。 钩:衣带钩。 篡:以强力夺取,此处指管仲犯上的行为。 3 遗:遗弃。 公子纠:齐国诸公子之一。 桎梏:脚镣手铐。指管仲被囚禁。 4 乡使:假如,假使。乡,通"向"。 5 臧获:奴婢。 6 缧绁:捆罪犯的绳子,引申作"监禁"。 五霸:指春秋时五位霸主。 烛:照,照耀。 7 曹子:指春秋时鲁国的曹沫。 北:败。 8 还(xuán)踵:转过身。踵,脚后跟。 9 枝:一说作"拟",即用剑比划,逼近。一说通"支",作"持"解。前说较通。 坛坫(diàn):土台。 10 廉:清白高洁。 11 忿悁:怨怒,愤恨。

燕将见鲁连书,泣三日,犹豫不能自决。欲归燕,已有隙[1],恐诛;欲降齐,所杀虏于齐甚众,恐已降而后见辱。喟然叹曰:"与人刃我,宁自刃。"乃自杀。聊城乱,田单遂屠聊城。归而言鲁连,欲爵[2]之。鲁连逃隐于海上,曰:"吾与富贵而诎于人,宁贫贱而轻世肆志焉。[3]"

燕国将军看到鲁仲连的信后,哭了好几天,一直犹豫不决,不知怎么办才好。想返回燕国,已经和国君产生了矛盾,怕被诛杀;想投降齐国,在齐国杀死虏掠的人又太多,怕投降后受到侮辱。燕国将军长叹后说:"与其让他人来杀我,不如自杀。"他便自杀了。聊城一片混乱,田单便血洗了聊城。田单回朝后向齐国国君谈到了鲁仲连,齐国国君想封爵位给鲁仲连。鲁仲连逃到海边隐居起来,说:"我与其富贵而屈从于人,不如贫贱而轻视世俗、随心所欲。"

注释 1 隙:隔阂,矛盾。 2 爵:封赏爵位。 3 与……宁:与其……不如……,《史记新证》:“商山四皓歌曰:‘富贵之畏人兮,不若贫贱之肆志。’伪托者盖本于此。”

邹阳者,齐人也。游于梁,与故吴人庄忌夫子、淮阴枚生之徒交。[1]上书而介于羊胜、公孙诡之间。[2]胜等嫉邹阳,恶之梁孝王。[3]孝王怒,下之吏,将欲杀之。邹阳客游,以谗见禽,恐死而负累,[4]乃从狱中上书曰:

臣闻忠无不报,信不见疑,臣常以为然,徒[5]虚语耳。昔者荆轲慕燕丹之义,白虹[6]贯日,太子畏之;卫先生为秦画长平之事,太白蚀昴,而昭王疑之。[7]夫精变天地而信不喻两主,岂不哀哉![8]今臣尽忠竭诚,毕议愿

邹阳是齐国人。在梁国游历时,和原吴国人庄忌夫子、淮阴枚乘等人交往。邹阳上书梁王,受到赏识,地位与羊胜、公孙诡并列。羊胜等人嫉妒邹阳,在梁孝王面前说邹阳的坏话。梁孝王恼怒,把邹阳交给狱吏治罪,想要处死他。邹阳到梁国寄居游历,因为遭受诽谤被抓了起来,他怕死了之后还要背上罪名,便在狱中写信给梁孝王,说:

我听说忠心的人没有得不到回报的,诚信的人不会被人猜疑,我常认为这是对的,现在看来只是一句空话罢了。从前荆轲仰慕燕太子丹的义气去刺秦王,尽管天空显示出白虹贯穿太阳的天象,太子丹还是怕荆轲不去刺秦王;卫先生为秦国谋划长平的战事,太白星遮掩了昴星宿,但是秦昭王却怀疑卫先生。荆轲、卫先生的精诚使天地显示出征兆,但他们的忠信却不被太子丹和秦昭王所理解,难道不是悲哀的事吗!如今我竭尽忠诚,献上我全部的建议,希望大王采纳,您身边的侍臣不明白我的心意,以致让我被狱吏审讯,使世上的

知，左右[9]不明，卒从吏讯，为世所疑，是使荆轲、卫先生复起，而燕、秦不悟也。愿大王孰[10]察之。

人都怀疑我，这种情况即使是荆轲、卫先生再生，而燕太子丹、秦昭王还是不能醒悟。希望大王仔细考虑这些情况。

注释 **1** 庄忌夫子：会稽人，姓庄，字夫子。后避汉明帝讳，改姓严。 淮阴：县名，在今江苏淮安西南。 枚生：名乘，字叔，其子皋，《汉书》并有传。盖以衔枚氏而得姓。 **2** 羊胜、公孙诡：均为梁孝王门客，汉廷大臣袁盎阻止景帝立孝王为汉嗣，二人谋杀袁盎，后被发觉，追查中孝王命二人自杀。 间：厕身其间。 **3** 恶(wù)：说……坏话。 梁孝王：汉景帝同母弟刘武，文帝十二年（前 168）封为梁王。 **4** 禽：通“擒”。 累：过失。 **5** 徒：只是。 **6** 白虹：白色长虹。 **7** 卫先生：长平之战后，秦将白起派至秦昭王处的谋士。他建议追加兵粮，乘胜灭赵，但被范雎所阻，秦昭王没有听取卫先生的建议。 太白：金星名。主西方，此象征秦国。 昴(mǎo)：星宿名，二十八宿之一，其对应的分野为赵国。太白星侵犯昴宿，象征赵国将遭受秦国打击。 **8** 精：精诚，忠心。 喻：明白，理解。 **9** 左右：梁孝王侍臣，实指梁孝王。 **10** 孰：“熟”的古字，仔细，周密。

昔卞和献宝，楚王刖之；李斯竭忠，胡亥极刑。[1]是以箕子详狂，接舆辟世，恐遭此患也。[2]愿大王孰察卞和、李斯之意，而后[3]楚王、胡亥之听，无使臣为箕

从前卞和向楚王献宝，楚王不识宝，反而将卞和处以刖刑；李斯竭力尽忠，秦二世却将李斯处以极刑。因此，箕子装疯，接舆隐居，都是怕遭受这样的灾难。希望大王仔细考察卞和、李斯的心意，而不要像楚王、秦二世那样听信谗言，不要让我被箕子、接舆等人所耻笑。我听说比干被剖心，子胥被杀后

子、接舆所笑。臣闻比干剖心，子胥鸱夷，臣始不信，乃今知之。[4]愿大王孰察，少加怜焉。

装入皮袋，我当初还不相信，如今知道这样的事是真的。希望大王仔细审察，稍微给我一点儿怜悯。

注释 1 卞和：楚国人，得到一块未经雕琢的璞玉献给楚王。楚王不识宝，认为卞和骗他，便将卞和处以刖（砍脚）刑。　李斯：秦丞相。《史记志疑》："以李斯自况，而称其竭忠，邹阳之失言也。" 2 箕子：名胥余，商纣王的叔父，见纣王昏暴，又不纳谏，装疯避难。　接舆：春秋时楚国隐士。　辟：通"避"。 3 后：放在……后，引申为"不要采纳"。 4 比干：商纣王的叔父（一说堂兄），因直谏纣王暴虐，而被剖心。　子胥：即伍员，原为楚臣，后因父、兄为楚王所杀而奔吴，使吴国强盛起来，被吴王赐剑自杀，其尸装入鸱夷（皮袋），被丢弃江中。

谚曰："有白头如新，倾盖如故。[1]"何则？知与不知也。故昔樊於期[2]逃秦之燕，借荆轲首以奉丹之事；王奢[3]去齐之魏，临城自刭以却齐而存魏。夫王奢、樊於期非新于齐、秦而故于燕、魏也，所以去二国死两君者，行合于志而慕义无穷也。是以苏秦不信于天下，而为燕

谚语说："有的人相处到老仍然像新交的朋友，有的人在路上相遇就像老朋友一样。"这是什么原因呢？是由于相知和不相知的缘故。因此从前樊於期由秦逃亡到燕国，把自己的头借给荆轲去成就燕太子丹刺秦王的计划；王奢离开齐国逃亡到魏国，在城头自杀使齐军撤退以保全魏国。那王奢、樊於期和齐、秦两国国君不是新交，而同燕、魏两国国君也不是旧交，他们之所以离开齐、秦而为燕、魏两国国君效死，是因为燕、魏两国国君的行动符合他们的志向，他们仰慕道义之心是无比深厚的。因此苏秦不被天下信任，但却是燕王

尾生;[4]白圭[5]战亡六城,为魏取中山。何则?诚有以相知也。苏秦相燕,燕人恶之于王,王按剑而怒,食以駃騠;[6]白圭显于中山,中山人恶之魏文侯[7],文侯投之以夜光之璧。何则?两主二臣,剖心坼肝相信,岂移于浮辞哉![8]

最信得过的人;白圭做中山国的将领,丢失了六座城池,后来却替魏国攻下了中山国。这是什么原因呢?因为彼此相知的缘故。苏秦担任燕国相国,燕国有人在燕王面前说苏秦的坏话,燕王对此人按剑发怒,同时杀死名马给苏秦食用;白圭在中山国显贵以后,中山国有人在魏文侯面前说白圭的坏话,魏文侯却将夜光璧赏赐给了白圭。这是什么原因呢?这两位国君和这两位大臣,彼此之间能够做到推心置腹、深信不疑,难道会因为听到流言蜚语而动摇吗?

注释 1 新:新交的朋友。 倾盖:谓乘车相遇,停车叙谈,以致挤歪车盖。盖,车盖。 故:老朋友。 2 樊於期:秦国将领,因被谗逃到燕国。燕太子丹请荆轲刺杀秦王,樊於期自杀献出首级,使荆轲向秦王献首级时行刺。 3 王奢:齐国人,因罪逃亡魏国。齐军攻魏,王奢自杀,以免牵连魏国。 4 苏秦:战国说客,提倡"合纵"战略,受到燕王赏识。 尾生:尾生与一女子约会于桥下,女子未及时到来,河水上涨,尾生守信不走,被水淹死。这里指守信的人。 5 白圭:战国时中山国将领,战败失地,逃往魏国,后受魏国重用,为魏国打下了中山国。 6 食(sì):给人吃。一说为"赐"字之误。 駃騠:良马。 7 魏文侯:魏国国君魏斯,重贤用能,使魏国强盛起来。公元前445—前396年在位。 8 坼(chè):裂。 浮辞:无根据的流言。

故女无美恶，入宫见妒；士无贤不肖，入朝见嫉。昔者司马喜[1]髌脚于宋，卒相中山；范雎[2]摺胁折齿于魏，卒为应侯。此二人者，皆信必然之画，捐朋党之私，挟孤独之位，故不能自免于嫉妒之人也。[3]是以申徒狄自沈于河，徐衍负石入海。[4]不容于世，义不苟取，比周[5]于朝，以移主上之心。故百里奚乞食于路，缪公委之以政；宁戚饭牛车下，而桓公任之以国。[6]此二人者，岂借宦[7]于朝，假誉于左右，然后二主用之哉？感于心，合于行，亲于胶漆[8]，昆弟不能离，岂惑于众口哉？故偏听生奸，独任成乱。昔者鲁听季孙之说而逐孔子，宋信子罕之计而囚墨翟。[9]夫以孔、墨之辩，不能自免于谗

所以女子不论美和丑，进入后宫就遭到妒忌；士人不论贤和不贤，入朝为官就遭到嫉恨。从前司马喜在宋国受到膑刑，最终在中山国做了国相；范雎在魏国被打断肋骨、牙齿，最终被秦国封为应侯。这两个人，都相信必定能实现自己的谋略，抛弃朋党的勾当，处于孤独的地位，因此不能免遭嫉妒之人的中伤。因此，申徒狄投河自杀，徐衍背石投海。不被世人容忍，却坚守道义，不贪图眼前私利，在朝廷结党营私，来改变国君的心意。所以百里奚在道路上乞讨食物，秦穆公委任他掌管国政；宁戚在车下喂牛，齐桓公交给他国家重任。这两个人，难道是利用在朝为官的机会，借助国君左右近臣的赞誉，才得到秦穆公、齐桓公重用的吗？心灵相感召，行为相契合，像兄弟那样亲密不能分离，难道会因为有众多小人的谗言而迷惑吗？所以听信片面的话会产生奸邪，只重用一个人会造成祸乱。从前鲁国国君听信季孙的话而驱逐了孔子，宋国国君听信子罕的计策囚禁了墨翟。凭孔子、墨子的辩才，都不能免于谗谀之言的危害，使得鲁、宋两国

谀,而二国以危。何则?众口铄金,积毁销骨也。是以秦用戎人由余而霸中国,齐用越人蒙而强威、宣。[10]此二国,岂拘于俗,牵于世,系阿偏[11]之辞哉?公听并观[12],垂名当世。故意合,则胡越为昆弟,由余、越人蒙是矣;不合,则骨肉出逐不收,朱、象、管、蔡是矣。[13]今人主诚能用齐、秦之义,后宋、鲁之听,则五伯[14]不足称,三王易为也。

发生危乱。这是什么原因呢?众多小人的谗言足以熔化金属,毁谤的言论积聚多了也能杀人。因此,秦国任用戎人由余而称霸中原,齐国任用越人蒙而使齐威王、宣王两代富强起来。这两个国家,难道拘泥于流俗,牵累于世风,受制于阿谀偏激的言论吗?多方面地听取意见、观察事物,可以传名于当世。所以意见相合,即使是胡人和越人,也可以亲如兄弟,由余、越人蒙就是这样的例子;意见不合,就是骨肉之亲也会放逐而不留用,丹朱、象、管、蔡就是这样的例子。如今国君果真能按齐、秦之道处理事情,不要像宋、鲁国君那样偏听偏信,那么五霸的威名不值得称道,三王的功业也容易达到了。

注释 1 司马喜:战国时人,相传在宋国遭受膑(bìn,挖去膝盖骨)刑,后到中山,三次被任为国相。 2 范雎(jū):魏国人,在魏国被打断肋骨、打掉牙齿,后到秦国,被任为国相,封为应侯。 3 捐:抛弃。 朋党:为私利而相互勾结。 4 申徒狄:申徒,复姓,一作申屠。申徒狄,殷末人,据传他不忍见纣乱而抱石投河而死。 徐衍:周末人,不满乱世,背石投海而死。 5 比周:谓结党营私。比,勾结。周,合。 6 百里奚:春秋时虞国人,虞亡后沦为奴仆,逃亡楚国。秦穆公闻其贤名,将他赎回,委以重任。 宁戚:春秋时卫国人,怀才隐居于市,齐桓公知其贤才,用为重臣。 饭:喂食。 7 借宦:借官,指在朝为官。《汉书》《文选》“借”即作“素”。 **8** 胶漆:胶漆结合之后,不可再分开。此处喻情意密切,不能被离间。 **9** 季孙:指鲁国执政大夫季桓子。 子罕:宋子罕(姓乐名喜)之后人,亦柄国政,囚墨翟之事,诸传不载。 **10** 由余:春秋时晋国人,因事逃亡西戎而为其臣。秦穆公用计使由余留在秦国而为重臣。 蒙:古籍无载。《汉书》作“子臧”,或谓“子臧”为“蒙”之字。 威、宣:齐威王、齐宣王。 **11** 阿偏:偏私,不公正。 **12** 公听并观:多方面地听取意见和观察事物。 **13** 朱:丹朱,唐尧之子。尧因为丹朱不贤,未将帝位传给他而传给舜。 象:舜的弟弟,为人不肖,多次想谋害舜。 管、蔡:周武王的弟弟。武王死后,管、蔡二人借口周公不利于成王而起兵,被周公镇压。 **14** 五伯:指春秋五位霸主。

是以圣王觉寤,捐子之之心,而能不说于田常之贤;[1] 封比干之后,修孕妇[2]之墓,故功业复就于天下。何则? 欲善无厌也。夫晋文公[3]亲其仇,强霸诸侯;齐桓公[4]用其仇,而一匡天下。何则? 慈仁殷勤,诚加于心,不可以虚辞借也。

所以圣明的君主清醒地认识这些道理,能摒弃子之的野心,能不赏识田常的贤能;封赏比干的后代,修整孕妇的坟墓,他们的功业就能遍及整个天下。这是什么原因呢? 因为他们永远不满足于自己的善政。晋文公亲近自己过去的仇人,在诸侯中成为强大霸主;齐桓公任用自己过去的仇人,从而将天下纳入了正轨。这是什么原因呢? 心地仁慈,情意深厚,真诚对待人,这是不能够用虚假的言辞来代替的。

注释 **1** 子之:战国时燕王哙的国相,以权术骗取国君之位而使燕国大乱。 田常:齐国大臣,后杀死国君,自任相国,最后田氏家族夺取政权。 **2** 孕妇:商纣王暴虐,曾剖孕妇之腹察看胎儿。周武王灭纣之后,为此孕妇之墓培土整修,以示其仁。 **3** 晋文公:晋国国君,名重耳,为公子时,流亡国外,后回国执政,善待曾追杀过他的勃鞮,靠勃鞮的揭发而挫败了一起叛乱事变。 4 齐桓公:齐国国君,名小白,任用曾企图射死他的管仲,而使齐国成为霸主。

至夫秦用商鞅[1]之法,东弱韩、魏,兵强天下,而卒车裂之;越用大夫种之谋,禽劲吴,霸中国,而卒诛其身。[2]是以孙叔敖三去相而不悔,於陵子仲辞三公为人灌园。[3]今人主诚能去骄傲之心,怀可报之意,披心腹,见情素,堕肝胆,施德厚,终与之穷达,无爱于士,则桀之狗可使吠尧,而跖之客可使刺由;[4]况因万乘[5]之权,假圣王之资乎?然则荆轲之湛七族,要离之烧妻子,岂足道哉![6]

至于秦国采用了商鞅制定的法律,削弱了东方的韩国、魏国,军事力量称雄于天下,但最终对商鞅用了车裂之刑;越国采用大夫文种的谋略,制服了强大的吴国,称霸于中原,但最终诛杀了文种。因此,孙叔敖三次被免去相国之职而不后悔,於陵子仲谢绝三公之位而替人家挑水灌园。如今君主果真能去掉骄傲的心态,怀着有功必报的思想,开诚布公,肝胆相照,厚施恩德,始终和士人同甘共苦,对士人不吝啬,那么,可以使桀养的狗去咬尧,可以使跖的门客去刺杀许由;何况凭着大国的权势,又借助圣明君主的恩泽呢?既然如此,那么荆轲不惜毁灭自己的亲族,要离甘愿烧死自己的妻子儿女,难道有什么值得称道的吗?

注释 1 商鞅:即公孙鞅,卫国人,入秦为相,封于商,故称商鞅。后遭诬陷谋反,受车裂而死。 2 大夫种:即文种,越国大夫,辅佐越王勾践灭亡了吴国。后被勾践赐剑自杀。 禽:通"擒"。 3 孙叔敖:楚国贤大臣,曾三次就职令尹(相当于中原各国之相),三次离职,皆不喜亦不悲。 於(wū)陵子仲:於陵,地名;子仲,齐国人。楚王想用他为相(三公之一),他带着妻子离家出走,为人挑水灌园。 **4** 情素:衷诚。 堕(duò):输,送。 穷达:困迫与显达。 爱:吝啬。 跖:春秋时奴隶起义领袖。 由:即许由,传说尧要将君主之位让给他,他认为受到污辱,到水边洗耳朵。 **5** 万乘:万乘兵车,文中指大国。 **6** 湛:通"沉"。 七族:上至曾祖,下至曾孙,此泛指亲族。 要离:吴王聘请的刺客,为行刺吴公子庆忌,要离行苦肉计,让吴王砍下自己的右手,烧死自己的妻儿,终于接近庆忌刺死了他。

臣闻明月之珠,夜光之璧,以暗投人于道路,人无不按剑相眄[1]者。何则?无因[2]而至前也。蟠木根柢,轮囷离诡,而为万乘器者。[3]何则?以左右先为之容[4]也。故无因至前,虽出随侯之珠[5],夜光之璧,犹结怨而不见德。故有人先谈,则以枯木朽株树功而不忘。今夫天下布衣穷居之士,身在贫贱,虽蒙尧、舜之术,挟伊、管之辩,怀龙逢、比干之意,欲尽忠当世之君,而素无根柢之容,虽竭精思,欲开忠信,辅人主之

我听说在黑暗中将明月珠、夜光璧向走在道上的人投去,没有哪一个不是警觉地按剑斜视。这是什么原因呢?因为宝物无缘无故地到了面前。蟠木树根奇形怪状,但能成为君主玩赏之器物。这是什么原因呢?这是因为君主身边的人事先把它雕饰美化过。所以无缘无故地出现在面前,即使送出随侯珠、夜光璧,还是会结下怨恨而得不到他人的感谢。因此,若有人事先对其美言一番,就是枯木朽株般的东西,也能为搞好关系立功,对方也不会忘记你曾送过枯木朽株。如今天下的平民、未曾显达的士人,身处贫贱地位,即使有尧、舜那样的治国主张,伊尹、管仲那样的雄辩才能,关龙逢、比干那样的真诚心意,想要为当代君主尽忠竭力,但平素没有人像

治,则人主必有按剑相眄之迹,是使布衣不得为枯木朽株之资也。[6]

美化树根那样先替他们游说,即使他们竭尽精力,想展示忠信,辅佐君主治理国家,那么君主也必定会按剑斜视,这就使平民不能像枯木朽株那样发挥作用。

注释　1 眄(miǎn):斜视。　2 因:原因,缘故。　3 蟠(pán):盘曲而伏。　柢:树根。　轮囷(qūn):屈曲的样子。　离诡:奇怪的形状。　万乘:指国君。　4 容:雕饰。　5 随侯之珠:传说春秋时随(一作"隋")侯救了一条大蛇,蛇衔来明珠报答他。又称隋珠。　6 布衣:平民。　穷居:未显达。　伊:即伊尹,曾辅助汤打败夏桀夺取了天下。　管:即管仲,曾辅佐齐桓公称霸天下。　龙逢:即关龙逢,夏桀的忠臣,因进谏被杀。

是以圣王制世御俗,独化于陶钧[1]之上,而不牵于卑乱之语,不夺于众多之口。故秦皇帝任中庶子蒙嘉之言,以信荆轲之说,而匕首窃发;[2]周文王猎泾、渭,载吕尚[3]而归,以王天下。故秦信左右而杀,周用乌集[4]而王。何则?以其能越挛拘之语,驰域外之议,独观于昭旷之道也。[5]

因此圣明君主治理国家民众,像陶匠转动陶轮那样独用己意,而不被卑下小人的胡言乱语所牵制,不被众人的意见所动摇。秦始皇帝听用了中庶子蒙嘉的话,相信了荆轲,结果匕首从暗中刺出;周文王到泾、渭河边打猎,载着吕尚同车而回,结果统一了天下。秦始皇听信左右近臣而遭刺杀,周文王任用偶然相遇的人而统一天下。这是什么原因呢?因为周文王能摆脱左右之人的言论,施用境外之人的谋议,独自观察那恢宏的治国大道。

注释 1 陶钧:制陶器时用的圆轮。 2 中庶子:职掌诸侯卿大夫庶子的教育管理等事务。 蒙嘉:秦始皇宠臣,因收燕国太子丹厚礼,促使秦始皇接见荆轲。 3 吕尚:怀才隐居,与周文王相遇后被委以军国大事,成为周的开国大功臣。 4 乌集:犹乌合。指吕尚与文王偶遇。 5 挛拘:拘泥,拘束。 昭旷:宽宏豁达。

今人主沈于谄谀之辞,牵于帷裳之制,使不羁之士与牛骥同皂,此鲍焦所以忿于世而不留富贵之乐也。[1]

臣闻盛饰[2]入朝者不以利污义,砥厉名号者不以欲伤行,故县名胜母而曾子不入,邑号朝歌而墨子回车。今欲使天下寥廓之士,摄于威重之权,主于位势之贵,故回面污行以事谄谀之人而求亲近于左右,则士伏死堀穴岩薮之中耳,安肯有尽忠信而趋阙下者哉![3]

书奏梁孝王,孝王使人出之,卒为上客。[4]

如今的君主沉溺于谄谀的言辞之中,受到近侍姬妾的牵制,使不拘泥于世俗的士人与牛马处于同等地位,这就是鲍焦之所以对世俗怨忿、不留恋富贵之乐的原因啊。

我听说盛装上朝的人不因为贪图利禄而污损道义,追求美名善誉的人不因为放纵私欲而伤害品行,如今县城的名称叫作“胜母”,曾子不进入此城;城邑的名称号为“朝歌”,墨子将车调头而离开。如果想要让天下志向高远的士人,被威严的权势所吓倒,被高位的显贵所主宰,因此而改变志向、玷污品行去侍奉谄谀的人,以求巴结上君主左右的人,那么士人只会死于隐居的岩穴乡野之中罢了,难道能有肯竭尽忠诚而急忙来到君王身边的人吗?!

这封信呈奏给梁孝王,孝王派人把邹阳从狱中放出来,最终尊他为贵宾。

注释 1 帷裳:车旁的布幔,以帷障车之傍如裳,故称帷裳。引申作“妇人之车”,暗指人主之姬妾。 皂:马槽。 2 盛饰:盛装,指庄重严整的在朝官员。 3 寥廓:高远宽广。 摄:通“慑”,畏惧。 堀(kū):同“窟”。 阙下:宫阙之下,指人君所居之处。 4 奏:进,上。 卒:最终。

太史公曰:鲁连其指意虽不合大义,然余多其在布衣之位,荡然肆志,不诎于诸侯,谈说于当世,折卿相之权。[1]邹阳辞虽不逊,然其比物连类,有足悲者,亦可谓抗直不桡矣,吾是以附之列传焉。[2]

太史公说:鲁仲连的说辞虽然不合大义,但我却推重他身为平民,坦荡地施展自己的志向,不向诸侯屈服,在当时进行游说,折服了有权势的将相。邹阳的言辞虽然不够谦逊,但他将同类的人物和事件进行比较,有感人的地方,也可以称得上是耿直不屈啊,因此我也将他附在这篇列传里。

注释 1 指:通“旨”。 多:推重,赞美。 诎:屈服。 2 比:并列,排比。 桡(náo):弯曲。

史记卷八十四

屈原贾生列传第二十四

原文

屈原者，名平，楚之同姓[1]也。为楚怀王左徒。[2]博闻强志，明于治乱，娴于辞令。[3]入则与王图议国事，以出号令；出则接遇宾客，应对诸侯。王甚任之。

上官大夫与之同列，争宠而心害其能。[4]怀王使屈原造为宪令，屈平属草稿未定。[5]上官大夫见而欲夺之，屈平不与，因谗之曰："王使屈平为令，众莫不知，每一令出，平伐[6]其功，曰以为'非

译文

屈原名平，和楚国王室是同一个族姓。他做了楚怀王的左徒。闻见广博，记忆力强，了解国家治乱兴衰的道理，熟练掌握了处事的辞令。在朝中为楚王谋划计议国家大事，由此制定出政令；在朝外接待宾客，酬答诸侯国之间的交往事务。楚王特别信任他。

上官大夫和屈原职位相同，他嫉妒屈原的才能，与屈原争宠。怀王让屈原制定国家法令，屈平写了草稿还没有修改完成。上官大夫看见了就想把它夺走，屈平不给他，他因而向怀王进谗言说："您让屈平制定法令，众人没有不知道的，每一道法令制定出来，屈平就夸耀他的功劳，认为'除了我，其他人谁也不能制定出来'。"楚

我莫能为'也。"王怒而疏屈平。

王很生气，就疏远了屈平。

注释 1 楚之同姓：屈原的祖先屈瑕是楚武王熊通的儿子，因受封于屈地，而为屈氏，屈氏与昭氏、景氏同为楚王族之一支。《史记正义》王逸云："楚王始都，是生子瑕，受屈为卿，因以为氏。" 2 楚怀王：楚国国君，公元前329—前299年在位。 左徒：楚国职官名，参预政事，为国家要职。 3 强志：记忆力强。 娴(xián)：熟练。 4 上官大夫：一说即靳尚，上官为其复姓；一说上官为其复姓，其名不详。楚国大臣。 同列：朝班位次相同，即职位相同。 害：嫉妒。 5 宪令：国家法令。 属(zhǔ)：作，写作。 6 伐：夸耀。

屈平疾王听之不聪也，谗谄之蔽明也，邪曲之害公也，方正之不容也，故忧愁幽思而作《离骚》。[1]离[2]骚者，犹离忧也。夫天者，人之始也；父母者，人之本也。人穷则反本，故劳苦倦极，未尝不呼天也；[3]疾痛惨怛[4]，未尝不呼父母也。屈平正道直行，竭忠尽智以事其君，谗人间[5]之，可谓穷矣。信而见[6]疑，忠

屈平对楚王听闻失聪而不能明辨是非，让谗害谄媚的言论蒙蔽得见事不明，以致邪恶伤害了公正，方刚正直的人不为朝廷所容而感到痛心，所以忧愁苦闷而写成了《离骚》。离骚的意思，就是遭遇了忧患。上天，是人的起始；父母，是人的本原。人处境窘迫就会追念本始，所以劳累困苦疲倦到极点的时候，没有不呼叫上天的；在疾病痛苦非常忧伤的时候，没有不呼喊父母的。屈平坚持原则率直行事，竭尽忠诚和智慧来侍奉他的国君，谗害的人却从中挑拨离间，可以说得上是处境窘迫了。因为诚信反被怀疑，因为忠直反被诽谤，怎能没有悲愤呢？屈平写作《离骚》，大概是出自于悲愤。《国风》描写男女情

而被谤，能无怨乎？屈平之作《离骚》，盖自怨生也。《国风》好色而不淫，《小雅》怨诽而不乱。[7]若《离骚》者，可谓兼之矣。上称帝喾，下道齐桓，中述汤武，以刺世事。[8]明道德之广崇，治乱之条贯，靡不毕见。[9]其文约，其辞微，其志洁，其行廉，其称文小而其指极大，举类迩而见义远。[10]其志洁，故其称物芳[11]。其行廉，故死而不容[12]。自疏濯淖污泥之中，蝉蜕于浊秽，以浮游尘埃之外，不获世之滋垢，皭然泥而不滓者也。[13]推此志也，虽与日月争光可也。

爱但不过度，《小雅》有对朝政怨愤指责的言辞但不失宗旨。像《离骚》这部作品，可说是两方面兼而有之。往上称扬到帝喾，往下谈论了齐桓公，中间叙述了商汤、周武王，用来讥刺当世的政事。阐明道义德政的伟大崇高，治乱兴衰的条理规律，无不全部体现。它的文字简约，它的辞义微妙，它表现的志向高洁，它称扬的品行廉直，它文中记述的是花鸟草木的小事物，但它包含的旨意却极其博大，举出的是眼前习见的一类事物，但可以窥见的含义却非常深远。因为它表现的志向高洁，所以它称许的事物多是香花芳草。因为它称扬的品行廉直，所以至死也不容许自己离开楚国。身处污泥之中却能清洗涤除沾染的污垢，就像蝉能从混浊污秽中解脱出来一样，浮游于尘埃之外，不被世事的污浊所玷污，清白高洁，出自污泥而不染。他的这种心志，即使和日月来争光辉也是可以的。

注释　1 聪：听觉灵敏，此意指明辨是非。　邪曲：邪恶，不正常。　幽思：苦闷深思。《史记志疑》引《古史》曰“太史公言《离骚》作自怀王之世，原始见疏而作”。按：《离骚》之文斥刺子兰，宜在怀王末年，顷襄王世。

2 离:通"罹",遭受。此为一解。还有将"离"释为"脱离"。亦有将"离骚"谐音为"牢骚"。 3 穷:走投无路,处境窘迫。 反本:返其所自出。反,同"返"。 4 惨怛(dá):痛苦,忧伤。 5 间(jiàn):离间。 6 见:被。 7《国风》好色而不淫:《国风》多写男女之间的爱情,但并不过分。《国风》是《诗经》风、雅、颂三部分之一。淫,过分。 《小雅》怨诽而不乱:《小雅》有批评、指责当时朝政过失的言辞,但不叛逆而失去原则。《小雅》,《诗经》中"雅"分为"大雅""小雅"。怨诽,责备,诽谤。 8 帝喾(kù):传说中的"五帝"之一,号高辛氏。 汤武:即商汤王和周武王。 9 明:阐明。 广崇:伟大崇高。 条贯:条理,规律。 靡:没有。 见:呈现。 10 约:简要。 微:深奥,微妙。 称文小:指《离骚》中所称述的是一些花鸟草木等小事物。 指:通"旨",含义。 迩(ěr):近。指眼前习见的事物。 11 称物芳:描写的事物多为香花、芳草。 12 不容:不容许。 13 疏:疏远。 濯(zhuó):洗涤。 淖(nào):污垢。 滋:本作"兹",黑。 皭(jiào)然:洁白的样子。 滓:污染。

屈平既绌,其后秦欲伐齐,齐与楚从亲,惠王患之,乃令张仪详去秦,厚币委质事楚,曰:"秦甚憎齐,齐与楚从亲,楚诚能绝齐,秦愿献商、於之地六百里。[1]"楚怀王贪而信张仪,遂绝齐,使使如秦受地。张仪诈之曰:"仪与王约六里,不闻六百里。"楚使怒去,归告

屈平被罢免后,秦国想攻打齐国,齐国和楚国合纵亲善,秦惠王忧虑这件事,就让张仪假装脱离秦国,拿厚重的礼物来侍奉楚国,说:"秦国特别憎恨齐国,齐国和楚国合纵亲善,楚国果真能和齐国断绝关系,秦国愿意献出商、於地区的六百里土地。"楚怀王贪地,相信了张仪,就断绝了和齐国的友好关系,派出使者到秦国接受土地。张仪欺诈使者说:"我和楚王约定的是六里,不曾听说是六百里。"楚国使者生气地离去,回

怀王。怀王怒,大兴师伐秦。秦发兵击之,大破楚师于丹、淅,斩首八万,虏楚将屈匄,遂取楚之汉中地。怀王乃悉发国中兵以深入击秦,战于蓝田。魏[2]闻之,袭楚至邓。楚兵惧,自秦归。而齐竟怒不救楚,楚大困。

明年,秦割汉中地与楚以和。楚王曰:“不愿得地,愿得张仪而甘心[3]焉。”张仪闻,乃曰:“以一仪而当汉中地,臣请往如楚。”如楚,又因厚币用事者臣靳尚,而设诡辩于怀王之宠姬郑袖。[4]怀王竟听郑袖,复释去张仪。是时屈平既疏,不复在位,使于齐,顾反[5],谏怀王曰:“何不杀张仪?”怀王悔,追张仪不及。

其后诸侯共击楚,大破之,杀其将唐眛[6]。

国报告怀王。怀王发怒,出动大量军队攻打秦国。秦国派出士卒进行攻击,在丹水、淅水地区把楚军打得大败,斩杀了八万楚军,俘虏了楚国将领屈匄,夺取了楚国的汉中地区。怀王又发动国内全部兵力深入腹地去攻击秦国,在蓝田交战。魏国听说了,偷袭了楚国的邓邑。楚军害怕了,从秦国撤回来。这时齐国因为恼怒,竟没有援救楚国,楚国处境非常困难。

第二年,秦国割出汉中地区来同楚国和好。楚王说:“不希望获得土地,只想得到张仪就称心了。”张仪听说了,就说:“拿我一个张仪而能抵得上一片汉中土地,请允许我前往楚国。”到了楚国,张仪又通过送厚礼给掌权的大臣靳尚,又用诡辩之辞诱惑怀王宠姬郑袖。怀王竟然听从了郑袖,又放走了张仪。这时屈平已经被罢免,不再担任重要职位,去出使齐国了,等到返回时,向怀王进谏说:“为什么不杀了张仪?”怀王后悔了,去追张仪,没有赶上。

这以后各诸侯国共同攻击楚国,把楚军打得大败,杀了楚国大将唐昧。

时秦昭王与楚婚，欲与怀王会。怀王欲行，屈平曰："秦虎狼之国，不可信，不如毋行。"怀王稚子子兰劝王行："柰何绝秦欢！"怀王卒行。入武关，秦伏兵绝其后，因留怀王，以求割地。怀王怒，不听。亡走赵，赵不内。复之秦，竟死于秦而归葬。

这时秦昭王和楚国结为姻亲，想和怀王相会。怀王想前往，屈平说："秦是个虎狼一样的国家，不可轻信，不如不要前往。"怀王的幼子子兰劝楚王成行："为什么要拒绝秦国的好意！"怀王终于成行。进入武关，秦国埋伏的军队断绝了他的后路，因而扣留下怀王，以此要求割让土地。怀王生气，不听从。他逃到赵国，赵国不接纳他。又来到秦国，最终死在秦国，被送回楚国安葬。

长子顷襄王立，以其弟子兰为令尹。楚人既咎[7]子兰以劝怀王入秦而不反也。

怀王的长子顷襄王继位，任命他的弟弟子兰做令尹。楚国人责怪子兰，因为是他劝说怀王进入秦国而没有返回的。

注释 1 绌(chù)：通"黜"，罢免。 从亲：合纵，友好。从，通"纵"。 详：通"佯"。 厚币：丰厚的礼品。 委质：臣下向君主献礼，表示献身。质，通"贽"，即旧时所谓"见面礼"。一说"质"指形体，委质指归顺之意。 2 魏：《史记志疑》："'魏'当作'韩'。" 3 甘心：称心，快意。 4 用事者：执政者。 靳尚：一说即上官大夫。楚国人，与张仪有私交。 郑袖：楚怀王之爱妃。亦名南后。 5 顾反：等到回转、返回。反，同"返"，归，还，引申为回转。 6 唐昧(mò)：楚国将领。 7 咎：指责，责怪。

屈平既嫉之，虽放流，眷顾楚国，系心怀

屈平痛恨这件事，虽然被流放，还眷恋着楚国，内心牵挂着怀王，没有忘

王，不忘欲反，冀幸君之一悟，俗之一改也。[1] 其存君兴国而欲反覆之，一篇之中三致志焉。[2] 然终无可柰何，故不可以反，卒以此见怀王之终不悟也。人君无愚智贤不肖，莫不欲求忠以自为，举贤以自佐，然亡国破家相随属，而圣君治国累世而不见者，其所谓忠者不忠，而所谓贤者不贤也。怀王以不知忠臣之分[3]，故内惑于郑袖，外欺于张仪，疏屈平而信上官大夫、令尹子兰。兵挫地削，亡其六郡[4]，身客死于秦，为天下笑。此不知人之祸也。《易》曰："井泄不食，为我心恻，可以汲。[5] 王明，并受其福。[6]" 王之不明，岂足福哉！

令尹子兰闻之大怒，卒使上官大夫短屈原于顷

记返回朝廷，总侥幸希望国君能突然悔悟，败坏的政俗能有所改革。他渴望着保全国君，兴盛国家，并企图扭转局势，所以在一篇文字中多次表达了这种志向。然而最终无可奈何，不可能重新返回朝廷，最后看出了怀王最终也不能醒悟。作为人君无论是愚蠢智慧贤能与否，没有谁不想求得忠臣来保卫自己，举拔贤能来辅佐自己，然而亡国破家的事接连不断地发生，而圣明的国君治理好国家的情况连续多少代都看不见，就是因为所谓的忠臣不忠诚，所谓的贤臣不贤能的缘故。怀王因为不知晓忠臣的职分，所以在内受郑袖迷惑，在外被张仪欺骗，疏远屈平而信任上官大夫、令尹子兰。军队被挫败，土地被割削，亡失了六个郡，自身客死在秦国，被天下所耻笑。这就是不能识人带来的祸患。《易经》上说："井下的污泥已淘尽，却没有好工具取井水饮用，实在令人心痛，井水本是可以汲用的。若国君英明，所有的人都会蒙受他的福泽。" 国君要是不英明，哪里能享受到充分的福泽呢?!

令尹子兰听说了大为恼怒，让上官大夫在顷襄王面前说屈原的坏话，

襄王,顷襄王怒而迁之。[7]

顷襄王发怒,就把他放逐了。

注释 1 嫉:憎恨。 眷:眷恋。 系心:内心牵挂,关心。 冀幸:侥幸希望。 2 反覆:拔乱反正,颠倒。 致:表达。 志:即“意”。 3 分(fèn):职分。 4 六郡:指汉中一带地区。 5 泄:排泄,淘尽污泥。 恻:伤悲,痛心。《史记集解》张璠曰:“可为恻然,伤道未行也。”《史记索隐》:“张璠亦晋人,注《易》也。” 6《史记集解》引《易象》曰:“求王明,受福也。”《史记索隐》:“京房《章句》曰:‘上有明王,汲我道而用之,天下并受其福,故曰“王明,并受其福”也。’” 7 短:揭短,说坏话。 迁:放逐。《史记集解》引《离骚序》曰:“迁于江南。”《史记志疑》据《读史漫录》及《日知录》,以为此段文字当在下段之后。

屈原至于江滨,被[1]发行吟泽畔。颜色憔悴,形容枯槁。渔父见而问之曰:“子非三闾大夫[2]欤?何故而至此?”屈原曰:“举世混浊而我独清,众人皆醉而我独醒,是以见[3]放。”渔父曰:“夫圣人者,不凝滞[4]于物而能与世推移。举世混浊,何不随其流而扬其波?众人皆醉,何不餔其糟而啜其醨?[5]何故怀瑾握瑜而自令见放为?[6]”

屈原来到江边,披散着头发,在草泽旁边行走边长吟。他面容憔悴,形体枯槁。一位渔翁见到他询问说:“您不是三闾大夫吗?什么缘故到了这里?”屈原说:“整个社会的人都污浊,只有我一个人清白;大家都像醉了一样昏沉,只有我一个人清醒,因此被放逐了。”渔翁说:“凡是一个圣人,不会被某种事物拘泥而能和社会推移变化。整个社会的人都污浊,为什么不随其潮流而扬起波浪?大家都像醉了一样昏沉,为什么不食用他们的酒渣并饮他们的淡酒?为什么要怀藏着瑾而手握着瑜让自己被流放?”屈原说:

屈原曰："吾闻之，新沐者必弹冠，新浴者必振衣，人又谁能以身之察察，受物之汶汶者乎！[7]宁赴常流而葬乎江鱼腹中耳，又安能以皓皓之白而蒙世俗之温蠖乎！[8]"

"我听说，刚刚洗完头的人一定会弹一下帽子，刚刚洗过澡的人一定会振动一下衣裳，人当中又有谁能以洁白的身躯，去接受昏暗的现实呢？我宁愿投入常流的江水并葬身到鱼腹当中，又怎么能使皓皓明亮的品节蒙受世俗中尘渣的污染呢？"

乃作《怀沙》[9]之赋。其辞曰：

于是写作了一篇《怀沙》赋。其中的文辞说：

注释 1 被：通"披"。 2 三闾大夫：掌管楚国昭、屈、景三姓王族事务的官。 3 见：被。 4 凝滞：固执，拘泥。 5 餔(bū)：吃。 糟：酒渣。 啜(chuò)：饮。 醨(lí)：淡酒。 6 瑾、瑜：均指美玉。这里比喻人的美德纯洁。 7 沐：洗头。 浴：洗澡。 察察：洁白的样子。 汶汶：昏暗的样子。 8 常流：指江水。 皓皓：洁白，光明。 温蠖(huò)：灰尘渣子堆积的样子。 9《怀沙》：是屈原所著《九章》里的第五篇。《史记索隐》："《楚词》《九怀》曰'怀沙砾以自沈'，此其义也。"释此为屈原的绝命词。近有人认为，沙，指长沙，是楚祖先熊绎的封地，为怀念长沙而作。

陶陶孟夏兮，草木莽莽。[1]伤怀永哀兮，汩徂南土。[2]眴兮窈窈，孔静幽墨。[3]冤结纡轸兮，离愍之长鞠；[4]抚情效志

暖洋洋的四月啊，草木茂盛地生长。内心悲伤且长久地哀痛啊，急速前往南方。眼前看到的是一片茫茫啊，特别寂静而毫无声响。心头郁结着悲痛啊，遭遇忧伤的日子实在太长；抚心反省着情志啊，受到了冤屈而强自克制。

兮,俯诎以自抑。[5]

刓方以为圜兮,常度未替;易初本由兮,君子所鄙。[6]章画职墨兮,前度未改;[7]内直质重兮,大人所盛。[8]巧匠不斫兮,孰察其揆正?[9]玄文幽处兮,蒙谓之不章;[10]离娄微睇兮,瞽以为无明。[11]变白而为黑兮[12],倒上以为下。凤皇在笯兮,鸡雉翔舞。[13]同糅玉石兮,一概而相量。[14]夫党人之鄙妒兮,羌不知吾所臧。[15]

想把方木削成圆的啊,固有的法度不可以改变;抛弃当初的道路啊,将为君子所鄙弃。明确规范并明识法度啊,从前的谋划不会改变;内心厚道而品德敦厚啊,为贤人君子所赞美。巧匠不挥动斧子砍削,谁能端详出是否准确?黑色的花纹放在黑暗的地方,盲人会说花纹不鲜明;离娄扫一眼就看清楚了啊,盲人反而说他眼睛失明。把白变成了黑的啊,将上方倒置成了下方。凤凰被关在竹笼啊,野鸡却在飞翔欢舞。把宝玉和沙石混杂在一起啊,却因此将二者同等评价。营私结党的人卑鄙嫉妒啊,全然不了解我的美好情操。

注释 1 陶陶:原文作“滔滔”,天气和暖的样子。 孟夏:夏季的头一个月,即夏历四月。 莽莽:草木茂盛的样子。 2 永:长。 汩(yù):急速。 徂(cú):往,到。 3 眴(shùn):眨眼,看。 窈窈:原文作“杳杳”,幽深而无所见的样子。 孔:很,非常。 幽墨:原文作“幽默”,静寂。 4 冤结:原文作“郁结”。 纡(yū):委曲。 轸:悲痛。 离:通“罹”,遭遇。 愍(mǐn):忧伤。 鞠:穷困。 5 抚:按,循。 效:检查,反省。 俯诎:原文作“冤屈”。 6 刓(wán):削。 圜(yuán):同“圆”。 常度:固有的法则。度,法则。 替:废弃。 易初本由兮:原文作“易初本迪兮”,意即改变自己本来的道路。迪,道也。 7 章:显著,明确。 画:规划。 职:通“识”,明识,认识。 墨:本指木工用的墨线,引申为准

则。 前度未改:原来为“前图未改”。 **8** 内直质重兮:原本为“内厚质正兮”,意即内心厚道,品质敦厚。 大人:此指贤人君子。 盛:赞美。《史记集解》王逸曰:“言人质性敦厚,心志正直,行无过失,则大人君子所盛美也。” **9** 巧匠:原本作“巧垂”。 斫(zhuó):砍,削。 孰察其揆(kuí)正:原本为“孰察其拨正”,意为“谁审查他端详得是否准确”。揆正,端详得准确。揆,尺度。 **10** 玄文幽处兮:原本作“玄文处幽兮”,意即黑色的花纹放在黑暗的地方。 蒙(méng)谓之不章:原本作“蒙瞍之不章”,意即盲人说它没有文采,或指不鲜明。蒙,盲人。 **11** 离娄:古代传说中的人名,据说能在百步之外看到秋毫之末。 睇(dì):斜视,扫一眼。 瞽(gǔ):盲人。 **12** 变白而为黑兮:原本为“变白以为黑兮”。 **13** 皇:“凰”的本字。 笯(nú):竹笼。楚地方言。 鸡稚翔舞:原本为“鸡鹜翔舞”。稚,野鸡。 **14** 糅(róu):混杂。 一概而相量:一律用斗升来量,意谓同等评价。概,量粮食用以刮平的斗板。《史记集解》王逸曰:“忠佞不异。” **15** 夫党人之鄙妒兮:原本为“夫惟党人之鄙固兮”。党人,此指勾结为朋党的小人。鄙,卑鄙。 羌不知吾所臧:原本为“羌不知余之所臧”。羌,当时楚地常用的发语词。臧,善,好。《史记集解》王逸曰:“莫昭我之善意。”

任重载盛兮,陷滞而不济;[1] 怀瑾握瑜兮,穷不得余所示。[2] 邑犬群吠兮[3],吠所怪也;诽骏疑桀兮,固庸态也。[4] 文质疏内兮,众不知吾之异采;[5] 材朴委积兮,莫知余之所有。[6] 重仁袭义兮,谨厚以为丰;[7]

负担重而装载多啊,陷没沉滞而不能渡过;怀藏着瑾而手握着瑜啊,处境穷困不能把我的才华向人展示。城镇的群狗乱叫啊,吠的是少见多怪;诽谤英俊而疑忌豪杰啊,这本来就是庸人的丑态。外表粗疏而内在木讷啊,众人不知道我的独异风采;未加雕饰的木料堆积起来啊,没有谁知道我的才能。我积聚着仁德和仁义啊,谨慎敦厚地还在不断加强;舜帝不可能再

重华不可牾兮，孰知余之从容！[8]古固有不并兮，岂知其故也？[9]汤禹久远兮，邈[10]不可慕也。惩违改忿兮，抑心而自强；[11]离湣而不迁兮，愿志之有象。[12]进路北次兮，日昧昧其将暮；[13]含忧虞哀兮，限之以大故。[14]

遇到啊，谁知道我言行的踏实镇定！古代明君贤臣本就不能并世而生，怎么能了解其中的缘故？商汤夏禹距今已经久远啊，遥远渺茫已是不可攀慕。克制忿恨的情绪，抑制内心使自己更加坚强；遭受祸难却不改变气节啊，希望我的志向将有人会视作榜样。向北方行进作短暂停留啊，太阳暗淡就将要日暮；舒展忧思转哀为乐啊，死亡标志着人生的极限。

注释　1 盛：多，过量。　陷滞：陷没沉滞。　济：渡。　2 穷不得余所示：原文作"穷不知所示"，意即得不到一个让人看看自己才华的机会。示，给人看。　3 邑犬群吠兮：原文作"邑犬之群吠兮"。邑，城镇。　4 诽骏疑桀兮：原文作"非俊疑杰兮"。诽，毁谤。桀，通"杰"。　固：本来。　庸态：庸人之常态。《史记集解》王逸曰："千人才为俊，一国高为桀也。庸，厮贱之人也。"　5 文：外表。　质：内在，实质。　疏：粗疏。　内：通"讷(nè)"，木讷，不善言辞。　众不知吾之异采：原文作"众不知余之异采"。6 材：有用的木料。　朴：未经加工成器的木料。　委积：堆积。　所有：具有的才能。　7 重(zhòng)仁袭义：仁上加仁，义而又义。重，加上，加重。袭，重叠。　丰：富足，充实。　8 重华：即虞舜，重华为其名，舜是其谥。　牾(wǔ)：遇。原文为"重华不可逻兮"。　从容：言自己的言行踏实而镇定。　9 不并：不能并世而生，意指贤臣不能遇明君。　岂知其故也：原文作"岂知其何故也"。　10 邈：遥远渺茫。　11 惩：克制，制止。　违：恨，怨恨。　忿：忿恨的情绪。　12 湣：通"愍"，祸难，原文作"愍"。　迁：改，移。　象：法式，榜样。　13 次：路途中的短暂停留。　昧昧：昏暗的样子。　14 含忧虞哀兮：原文作"舒忧娱哀兮"。意即舒展忧思，转哀为乐。　限之以大故：意即死而后已。限，极限。大故，死亡。

乱曰：浩浩沅、湘兮，分流汩兮。[1]修路幽拂兮，道远忽兮。[2]曾吟恒悲兮，永叹慨兮。[3]世既莫吾知[4]兮，人心不可谓兮。怀情抱质兮，独无匹兮。[5]伯乐既殁兮，骥将焉程兮？[6]人生禀命兮，各有所错兮。[7]定心广志，余何畏惧兮？[8]曾伤爰哀，永叹喟兮[9]。世溷不吾知，心不可谓兮。[10]知死不可让兮，愿勿爱兮。[11]明以告君子兮，吾将以为类兮。[12]

尾声：浩荡奔腾的沅水、湘水啊，分别奔流翻涌着波浪。漫长的道路上草树遮掩啊，前途遥远而又渺茫。不尽的吟唱经常悲伤啊，长久不息地慨然叹息。世上既已没有谁了解我啊，心中有话不可以去诉说。怀抱着高洁的思想品质，独自一人而没有同志。伯乐已经去世啊，千里马将由谁来考察？人生的寿命是天定的啊，各人的结局都有所安排。坚定信心发挥才能，我有什么畏惧呢？不尽的吟唱哀哭不止，长久不息地喟然怅叹。世上浑浊不了解我啊，人心叵测不可以去倾诉。知道死是不可避让的啊，想着对自己的生命不必太爱惜。明白地告诉君子们啊，我将去做后人的榜样。

注释　1 乱：辞赋篇末总括全篇旨要之语。《史记索隐》王师叔曰："乱者，理也。所以发理辞指，撮总其要，而重理前意也。"　沅、湘：即今湖南境内的沅江、湘江。　2 修路幽拂兮：原文作"修路幽蔽"。意即漫长的道路上草树遮掩。修，长。幽拂，草树遮掩的样子。　忽：遥远渺茫的样子。3 曾吟：不尽的吟叹。曾，通"层"，重叠。"曾吟"以下二十一字，原本《楚辞·怀沙》篇中没有。　4 莫吾知：即"莫知吾"。　5 怀情抱质：原文为"怀质抱情"。情，思想。质，品质。　匹：匹配，指志同道合的人。　6 伯乐:春秋时人,以善相马著称。 殁(mò):死。 骥:千里马。 焉:怎么,谁。 程:衡量,考察。 骥将焉程:原文作“骥焉程兮”。 **7** 人生禀命兮:原文作“民生禀命”。意即人生本来的寿数、命运。禀,天生的,固有的。 错:通“措”,安排。 **8** 定心广志:坚定信心,发挥才能。 余何畏惧兮:原文作“余何所畏惧兮”。 **9** 曾伤爰哀:意同上文“曾吟恒悲”。爰,哀也,哭泣不止。 **10** 世溷(hùn)不吾知,心不可谓兮:此句原文为“世溷浊莫吾知,人心不可谓兮”。溷,浑浊。 **11** 让:辞让,避。 爱:吝惜。 **12** 类:准则,榜样。此两句原文为“明告君子,吾将以为类兮”。

于是怀石遂自投汨罗[1]以死。

屈原既死之后,楚有宋玉[2]、唐勒、景差之徒者,皆好辞而以赋见称;然皆祖屈原之从容辞令,终莫敢直谏。[3]其后楚日以削,数十年竟为秦所灭。

自屈原沈汨罗后百有余年,汉有贾生,为长沙王太傅,过湘水,投书以吊屈原。[4]

于是怀抱着石头沉入汨罗江而死。

屈原死后,楚国又出了宋玉、唐勒、景差一班人,都喜好辞令而以擅长作赋被称道;然而他们只是效法屈原运用辞令的从容自如,终究没有人敢于直言进谏。这以后楚国日渐削弱,几十年后楚国最终竟被秦国灭亡了。

自屈原沉于汨罗江后一百多年,汉朝出了个贾生,做了长沙王的太傅,经过湘江,写了篇文章投到江里悼念屈原。

注释 **1** 汨(mì)罗:即汨罗江,在今湖南东北部。时为湘江的支流。 **2** 宋玉:楚国人,相传为屈原的学生。宋玉和下文的唐勒、景差均为同一时期的辞赋家。 **3** 祖:学习,效法。 从容辞令:指运用辞令从容自如。

4 贾生：即下文之贾谊。 长沙王：指汉初功臣吴芮的四世孙吴差。 太傅：辅导长沙王太子的官，又名太子太傅。 吊：悼念。

贾生名谊，雒阳[1]人也。年十八，以能诵诗属书[2]闻于郡中。吴廷尉为河南守，闻其秀才，召置门下，甚幸爱。[3]孝文皇帝初立，闻河南守吴公治平为天下第一，故与李斯同邑而常学事焉，乃征为廷尉。[4]廷尉乃言贾生年少，颇通诸子百家之书。文帝召以为博士[5]。

贾生名叫谊，是雒阳人。十八岁时，就因为能诵读诗书撰写文章在郡中闻名。吴廷尉做了河南郡守，听说他有杰出才能，召来安置在自己的门下，特别宠幸喜爱他。孝文皇帝刚刚继位，听说河南郡守吴公政治清明公平，业绩在全国属第一，从前和李斯是同乡并曾学习侍奉过李斯，就征召他做廷尉。廷尉就推荐说贾生年轻，通晓诸子百家的学说。文帝召他来担任博士。

注释 1 雒阳：即“洛阳”，都邑，在今河南洛阳市。 2 属(zhǔ)书：作文章。 3 吴廷尉：姓吴的廷尉，史失名。廷尉，官名，九卿之一，掌管司法。 河南：郡名，治所在洛阳。 秀才：杰出的才能。 4 治平：政治清明公平。 征：征召。 5 博士：学官名，教授弟子。

是时贾生年二十余，最为少。每诏令议下，诸老先生不能言，贾生尽为之对，人人各如其意所欲出。诸生于是乃以为能不及也。孝文帝说之，超迁，

这时候贾生二十多岁，在朝廷算最年轻的。每次下诏命令讨论的事项，各位老先生都不能发表意见，贾生全都替他们对答了，每一个人都觉得说出了自己所想要说的话。各博士因此认为他很有才能，自己比不上他。孝文帝喜欢贾生，破格提拔他，

一岁中至太中大夫。

贾生以为汉兴至孝文二十余年，天下和洽，而固当改正朔，易服色，法制度，定官名，兴礼乐，乃悉草具其事仪法，色尚黄，数用五，为官名，悉更秦之法。[1]孝文帝初即位，谦让未遑[2]也。诸律令所更定，及列侯悉就国，其说皆自贾生发之。[3]于是天子议以为贾生任公卿[4]之位。绛、灌、东阳侯、冯敬之属尽害之，乃短贾生曰[5]："雒阳之人，年少初学，专欲擅权，纷乱诸事。"于是天子后亦疏之，不用其议，乃以贾生为长沙王太傅。

他一年内就做到了太中大夫。

贾生认为汉朝建国到孝文帝已有二十多年，天下太平和洽，应当改定年历的正朔，更换服饰的颜色，确定各项制度，规范官职名称，制定礼法音乐，他于是起草了上述各项仪制法规，确定颜色崇尚黄色，数字重用五，重定官名，变更了秦朝的全部法规。孝文帝刚刚登天子之位，主张谦恭退让，也还没有闲暇的时间。法律条令的变更，以及让列侯都回到自己的封地去，这些主张都是由贾生提出来的。于是天子就和大臣们商议，想任命贾生担当公卿职位。绛侯、灌婴、东阳侯、冯敬一班人都忌妒他，就讲贾生的坏话说："这位雒阳人，年纪轻轻任职不久，就一心想着独揽大权，把各项政事搞得纷杂混乱。"天子从这以后也就疏远了他，不采纳他的意见，任命贾生做长沙王太傅。

注释　1 正(zhēng)朔：历法。原本指一年的第一天。正，一年的开始；朔，一个月的开始。古时改朝换代，都要重定正朔，后即通指帝王新颁之历法。　服色：古时指每个王朝所定车马、祭牲服饰的颜色。　法：制定。　草具：草拟，起草。　尚：崇尚。　数：指官印之字数。　2 遑(huáng)：闲暇，功夫。　3 悉就国：都到各自的封地。　发：提出。　4 公卿：三公九卿的简称，后亦泛指高官。　5 绛：指绛侯周勃。　灌：指颍阴侯灌婴。东阳侯:指张相如。冯敬:汉初大臣,当时为御史大夫。害:忌妒。

贾生既辞往行,闻长沙卑湿,自以寿不得长,又以適去,意不自得。[1]及渡湘水,为赋[2]以吊屈原。其辞曰:

共承嘉惠兮,俟罪长沙。[3]侧闻[4]屈原兮,自沈汨罗。造托湘流兮,敬吊先生。[5]遭世罔极兮,乃陨厥身。[6]呜呼哀哉,逢时不祥!鸾凤伏窜兮,鸱枭翱翔。[7]阘茸[8]尊显兮,谗谀得志;贤圣逆曳兮,方正倒植。[9]世谓伯夷贪兮,谓盗跖廉;[10]莫邪为顿兮,铅刀为铦。[11]于嗟嚜嚜兮,生之无故![12]斡弃周鼎兮宝康瓠,腾驾罢牛兮骖蹇驴,骥垂两耳兮服盐车。[13]章甫荐屦兮,渐不可久;[14]嗟苦先生兮,独离此咎![15]

贾生已经辞行前往长沙,听说长沙低洼潮湿,就自认为年寿不会很长,又因为是贬职离去的,自己的心情不愉快。等到渡过湘水,就写了一首赋来凭吊屈原。赋文说:

恭敬地承受皇帝的诏命啊,到长沙来供职。传闻中听说过屈原啊,自己沉没在汨罗江。寄托于湘江的流水啊,恭敬地凭吊先生。遭逢世俗的混乱无常啊,才夺去了您的生命。实在伤心哀痛啊,碰上了时代的不幸!鸾凤隐藏起来啊,鸱枭却在自由飞翔。无才的小人得到尊重显贵啊,谗言谄谀的人非常得志;贤圣的人心意不顺啊,方刚正直的人屈居下位。世人们竟称伯夷贪婪啊,却说盗跖廉洁;莫邪是钝剑啊,铅刀反而很锋利。可叹是太不幸了啊,先生竟无端受害!抛弃了周鼎啊竟把康瓠当宝贝,用疲牛驾车驰骋啊让跛驴相助,却使骏马垂两耳啊驾盐车。把礼帽当鞋垫啊,这种欺诈的日子怎么会长久;唉呀,真苦了先生啊,唯独您遭受这等灾祸!

注释 1 卑湿:低洼潮湿。 適(zhé):通“谪”,贬职。 2 赋:此赋即《吊屈原赋》,《文选》作《吊屈原文》。 3 共:通“恭”。他本即作“恭”。 嘉惠:美好的恩惠。此指皇帝让他做长沙王太傅的诏命。 俟罪:此指做官,谦词。 4 侧闻:侧耳而闻。 5 造:到……去。 托:寄托。 6 罔极:意即混乱无常。罔,无。极,准则。 陨:陨落,死亡。他本作“殒”。 厥:其。7 伏窜:隐藏。 鸱(chī):即猫头鹰。 枭(xiāo):外形似猫头鹰的一种猛禽。鸱、枭,古人以为都是不祥之鸟。 8 阘茸(tà róng):无能、下贱的人。阘,小门。茸,小草。《史记索隐》:“应劭、胡广云‘阘茸,不才之人,无六翮翱翔之用而反尊贵’。” 9 逆曳(yè):倒拉着走。 植:立。10 世谓伯夷贪兮,谓盗跖(zhí)廉:此句他本为“世谓随夷为溷兮,谓跖、跻为廉”。伯夷,商末贤臣,后同其弟叔齐饿死于首阳山。盗跖,传说为春秋时代的大盗,故名“盗跖”。 11 莫邪(yé):春秋时出自吴国的宝剑名。相传分为雌雄二剑,分别以铸剑夫妻二人干将和莫邪的名字命名。 顿:通“钝”。他本即为“钝”。 铅刀:用铅做成的刀。 铦(xiān):锋利。12 此句他本为“吁嗟默默,生之无故兮”。 嚜嚜:不得意。 生:指屈原。 无故:指无端受害。 13 斡(wò):旋转,此为抛弃之意。 周鼎:周朝传国的宝鼎。 康瓠(hù,旧读 hú):破旧的空瓦器。康,空。瓠,通“壶”。 腾:乘。 罢:通“疲”。 骖:本指拉车时驾在外侧的马,此活用为动词,即让……相助。 蹇(jiǎn)驴:跛足驴。 垂两耳:马负重过于吃力,就要低头垂耳。 服:驾,拉。《史记索隐》引《战国策》曰:“夫骥服盐车上太山,中阪迁延,负辕不能上,伯乐下车哭之也。”以上三句句中之“兮”,他本均在句末。 14 章甫:殷代的一种礼帽。 荐:垫。 屦(jù):鞋。 渐(jiān):欺诈。 15 离:遭受。 咎:灾祸。

讯曰:已矣,国其莫我知,独堙郁兮其谁语?[1] 凤漂漂其高逝兮,夫固自

尾声:算了吧,国人没有谁了解我,独自抑郁啊有谁可以诉说?凤鸟飘飘高飞远远地离去啊,本应像

缩而远去。[2]袭九渊之神龙兮，沕深潜以自珍。[3]弥融爚以隐处兮，夫岂从蚁与蛭螾？[4]所贵圣人之神德[5]兮，远浊世而自藏。使骐骥可得系羁兮，岂云异夫犬羊！[6]般纷纷其离此尤兮，亦夫子之辜也！[7]瞝九州而相君兮，何必怀此都也？[8]凤皇翔于千仞之上兮，览德辉而下之；[9]见细德之险征兮，摇增翮逝而去之。[10]彼寻常之污渎兮，岂能容吞舟之鱼！[11]横江湖之鳣鲟兮，固将制于蚁蝼。[12]

这样自行隐退远离尘世。效法深渊下的神龙啊，深加潜藏而自我珍爱。远远地收藏光明而隐处啊，怎能依从蝼蚁、蚂蟥和蚯蚓？所高贵的是圣人的非凡品德啊，远离浊世而自行隐藏。假若骐骥可以被束缚，怎能说它和犬羊是两样！徘徊在乱世而遭到这样的罪祸啊，也有先生自身的缘故！历视九州去选择可辅佐的国君啊，何必老眷恋这个故都呢？凤凰在千仞的高空飞翔啊，看到了人君的德辉才下来栖息；要是看到卑鄙小人的险恶征兆啊，就振动翅膀高翔而远远地飞走了。它那个小小的污水沟渠啊，怎么能容得下吞舟的大鱼！横搁在江湖上的大鱼啊，必然将会受制于蝼蚁。

注释　1 讯曰：相当于楚辞里的“乱曰”，是全篇的结束语。讯，告。《史记索隐》：“谇曰。李奇曰：‘谇，告也，音信。’张晏曰：‘讯，《离骚》下章谇乱也。’刘伯庄音素对反。讯犹宣也，重宣其意。周成《解诂》音碎也。”　国其莫我知，独堙(yīn)郁兮其谁语：此句他本为“国其莫我知兮，独壹郁其谁语”。堙郁，闷塞，气不舒出。　2 此二句他本为“凤漂漂其高逝兮，固自引而远去”。　漂漂：犹“飘飘”，风吹貌，飞翔貌。　遰(shì)：同“逝”，往。　3 袭：因袭。此引申为效法。　九渊：九重渊，极深的渊。《史记索隐》：“袭，复也。《庄子》曰‘千金之珠，必在九重之渊而骊龙颔下’，故云‘九渊之神龙’也。” 沕(mì):深潜貌。 4 此二句他本为“偭蟂獭以隐处兮,夫岂从蟥与蛭蚓”。 弥:远。 融爚(yuè):光明,明亮。融,明亮。爚,光。 蛭(zhì):水蛭,俗称蚂蟥。 螾:同“蚓”,蚯蚓。 5 神德:美德,非凡的品德。 6 使:假使。 系羁:束缚,羁绊。 7 般:盘桓,徘徊。 纷纷:紊乱的样子。 离:遭遇。 尤:祸患。 辜:通“故”,原因。他本此即写作“故”。《史记索隐》引李奇曰:“亦夫子不如麟凤翔逝之故,罹此咎也。” 8 瞝(chī):视,历观。 相(xiàng):辅助,帮助。 9 凤皇:即凤凰。 仞(rèn):古代长度单位,相当于今七尺或八尺。 德辉:人君道德之光辉。 10 此二句之后一句,他本为“遥曾击而去之”。 细德:卑鄙之德。 征:征兆。 摇:通“遥”,遥远。 增(céng):通“层”,高。 翮(hé):本指羽毛中间的茎状部分,此指鸟。 11 寻:八尺。 常:十六尺。 污:停积不流的水。 渎(dú):小沟渠。 岂能容吞舟之鱼:他本为“岂能容夫吞舟之巨鱼”。 12 横:断绝。 鳣(zhān):鲟鳇鱼的古称。 鲟(xún):鲟鱼。鳣、鲟,此泛指江、湖里的大鱼。 蚁蝼:此泛指小动物,引申为谗贼小臣。《史记索隐》引《庄子》云:“庚桑楚谓弟子曰:‘吞舟之鱼,荡而失水,则蝼蚁能制之。’”《战国策》齐人说靖郭君亦同。

贾生为长沙王太傅三年,有鸮飞入贾生舍,止于坐隅。[1]楚人命鸮曰“服”。贾生既以適居长沙,长沙卑湿,自以为寿不得长,伤悼之,乃为赋以自广。[2]其辞曰:

单阏之岁兮,四月孟夏,庚子日施兮,服集予

贾生任长沙王太傅的第三年,有只鸮鸟飞进贾生的住宅,停在他的座位旁边。楚地人把鸮鸟叫“服”。贾生因为已经贬职住在长沙,长沙低洼潮湿,自认为年寿不会很长,悲痛伤感,就写了一篇赋来宽慰自己。赋文说:

丁卯年啊,四月初夏,庚子日太阳已西斜啊,服鸟飞进了我的房舍,停止在我的座位旁啊,状貌非常

舍，止于坐隅，貌甚闲暇。[3]异物来集兮，私怪其故，发书占之兮，策言其度。[4]曰“野鸟入处兮，主人将去”。请问于服兮：“予去何之？吉乎告我，凶言其灾。淹数之度兮，语予其期。[5]”服乃叹息，举首奋翼，口不能言，请对以意[6]。

的安闲自在。怪鸟前来栖止啊，私下疑怪其中的缘故，打开占卦的书啊，策数说明了它的度验。说“野鸟进屋来居处啊，主人将会离开家”。请问服鸟啊：“我要去到何处？是吉利就告诉我，是凶祸也告诉我是什么殃灾。生死迟速有定数啊，请告诉我期限。”服鸟于是叹息起来，抬着头振动翅膀，口不能说，请允许我用胸中所想来回答。

注释　1 鸮(xiāo)：猫头鹰之类的猛禽，古人以为不祥。　坐隅：座位的旁边。　2 適：通“谪”。　自广：宽慰自己。　3 单阏(chán yān)：岁阴名，卯年的别称。此年为文帝六年，岁在丁卯。　孟夏：夏季的头一个月，即四月。　施(yí)：太阳西斜。施，通“迤”，斜行。　服：通“鹏”。梁萧统所编《文选》有此赋，名《鹏鸟赋》。　集：栖止。　4 发：打开。　策：用以占卜的蓍草。　度：数。指吉凶之定数。　5 淹数：迟速。此指生死或灾祸之迟速。　语(yù)：告诉。　6 意：指自己胸中所想。

万物变化兮，固无休息[1]。斡流[2]而迁兮，或推而还。形气转续兮，变化而嬗。[3]沕穆无穷兮，胡可胜言！[4]祸兮福所倚，福兮祸所伏；[5]忧喜聚门兮，吉凶同域。彼吴强大兮，夫差以

万物不断变化啊，本来就没有停止。在运转和迁动啊，有时推移有时回旋。有形无形转化接续啊，如蝉一般演变。精微深远没有穷尽啊，怎么可以说尽！祸啊其中依托着福，福啊其中潜伏着祸；忧愁喜悦同聚一门啊，吉祥凶祸同处一域。那个吴国强大啊，夫差因此而

败;越栖[6]会稽兮,句践霸世。斯游遂成兮,卒被五刑;[7]傅说胥靡兮,乃相武丁。[8]夫祸之与福兮,何异纠纆[9]。命不可说兮,孰知其极?水激则旱兮,矢激则远。[10]万物回薄[11]兮,振荡相转。云蒸雨降兮,错缪相纷。[12]大专槃物兮,坱轧无垠。[13]天不可与虑兮,道不可与[14]谋。迟数有命兮,恶识其时?[15]

失败;越国困守在会稽山啊,勾践后来称霸当世。李斯游学终于成功啊,最后遭受腰斩酷刑;傅说始做劳役刑徒啊,终于辅佐商王武丁。那祸和福的关系啊,与拧在一起的绳索有什么差别。天命不可以解说啊,谁能知道它的究竟?水势激荡就会凶猛啊,箭受强激射出就远。万物往返循环相迫啊,彼此振荡互相推转。云气蒸发雨水下降啊,纠缠错杂纷纷繁繁。大自然化生万物啊,云雾气味弥漫无边。上天的变化不可以预先思虑啊,天道的深远不可以预先忖度。死生的迟速有命数啊,怎能测知它的来时?

注释 1 休息:停止。 2 斡流:迁转,运转。 3 形:有形的。 气:无形的。 转续:转化接续。 嬗(shàn):演变,蜕化。 4 沕(wù)穆:精微深远的样子。 胡:何,怎么。 胜:尽。 5 倚:依托。 伏:潜伏。 6 栖:栖息,此句意为困守。 7 斯:李斯。 被:遭遇,受到。 五刑:古代的五种轻重不等的刑罚,有墨、劓、刖、宫、大辟。此指李斯最后受到腰斩的酷刑。 8 傅说(yuè):商朝大臣,曾为相辅佐商王武丁。 胥靡:古代服劳役的刑徒。 武丁:商王朝第二十三代国王。 9 纠纆(mò):由多股绳拧成的绳索。纆,绳索。 10 旱:通"悍",迅猛。 11 薄:迫近。 12 错缪:互相纠缠错杂。 纷:纷繁。 13 大专:即大钧,指天、大自然。 槃:他本作"播"。 坱轧(yǎng yà):弥漫。 垠(yín):边际。 14 与(yù):通"预",预先。 15 迟数:即迟速。数,通"速"。 恶(wū):怎么。

且夫天地为炉兮，造化为工；[1]阴阳[2]为炭兮，万物为铜。合散消息兮，安有常则；[3]千变万化兮，未始有极。忽然为人兮，何足控抟；[4]化为异物[5]兮，又何足患！小知[6]自私兮，贱彼贵我；通人大观兮，物无不可。[7]贪夫徇[8]财兮，烈士徇名；夸者死权兮，品庶冯生。[9]怵迫之徒兮，或趋西东；[10]大人不曲兮，亿变齐同。[11]拘士系俗兮，㩴如囚拘；[12]至人遗物兮，独与道俱。[13]众人或或兮，好恶积意；[14]真人淡漠兮，独与道息。[15]释知遗形兮，超然自丧；[16]寥廓忽荒兮，与道翱翔。[17]乘流则逝兮，得坻[18]则止；纵躯[19]委命兮，不私与己。其生若浮[20]兮，其死若休；澹乎若深渊之

再说天地是座洪炉啊，大自然的创造化育就是炉工；阴阳二气是冶炼的炭啊，万物是供铸造的铜。聚合离散消灭生息，哪里有固定的法则；千变万化啊，未尝有终极。偶然成为了人啊，哪里值得贪恋珍惜；死去化作异物啊，又哪里值得忧虑？小智之人只顾自己啊，鄙贱别人看重自我；通达之人心胸开阔啊，万物于他无所不宜。贪夫为财而死啊，烈士为名而死；贪求虚名的人死于权势啊，一般人贪生怕死。为利所诱迫于贫贱之人啊，有的趋向东而有的趋向西；和天地合德之人不为物欲所屈啊，万般变化而品德认识始终一致。愚夫为世俗所拘束啊，拘束得如同囚犯；至德之人遗弃物累啊，独自和大道一同存在。众人惑乱啊，喜好憎恶积聚在胸臆；得天地之道的真人淡漠无求啊，独自和大道一同止息。抛却智虑遗弃形骸啊，超然物外忘记了自我；寥廓的天空元气未分啊，和大道一起翱翔。乘着流水去奔逝啊，遇到了小洲就停止；放纵身体将它委给命运啊，不看成一己的私物。人生在世，虚浮不定啊，死去就像长时间的休息；内心宁静就像平静无波的深渊，漂浮游荡就像一只没有拴住的小舟。

静，泛乎若不系之舟。[21] 不以生故自宝兮，养空而浮；[22] 德人无累兮，知命不忧。[23] 细故慸葪兮，何足以疑！[24]

不因活着的缘故就珍视自己的生命啊，要涵养空性随它去浮沉；有上德的人心中没有物累啊，乐天知命没有忧累。一些细微的鲠刺之事，哪里值得去顾虑！

注释 1 此句源自《庄子·大宗师》，原文云："今一以天地为大炉，以造化为大冶，恶乎往而不可哉！"造化，指自然的创造化育。 2 阴阳：此泛指天地、日月、昼夜、男女、气血等。古人以为万物皆阴阳化生。 3 消息：此指消灭与生息。 常则：固定的法则。 4 对这两句，《史记索隐》云："故晋灼云'或然为人，言此生甚轻耳，何足引物量度己年命之长短而爱惜乎！'" 忽然：偶然。 控抟(tuán)：引持，把握。此为贪恋珍惜之意。 5 化为异物：《史记索隐》："谓死而形化为鬼，是为异物也。" 6 知：通"智"。 7 通人：《文选》本为"达人"。通达之人。 大观：心胸开阔，眼界洞达透彻。 8 徇：通"殉"，为……而死。 9 夸者：贪图虚荣喜好权势之人。 品庶：众人，一般人。 冯生：贪生。冯，通"凭"，此为贪恋之意。 10 怵(chù)：诱惑，引诱。 迫：为……所迫。《史记集解》孟康曰："怵，为利所诱怵也。迫，迫贫贱，东西趋利也。" 11 大人：品德高尚之人。《史记索隐》张机云："德无不包，灵府弘旷，故名'大人'也。" 亿变：万般变化。 齐同：指品德、看法始终一致。 12 拘士：《文选》本为"愚士"。 系俗：为习俗所拘束。 攌(huǎn)：拘禁。《文选》本为"窘"。 13 至人：同上文之"达人""大人"。《史记索隐》张机云："体尽于圣，德美之极，谓之至人。" 遗：捐弃。 14 或或：《文选》本作"惑惑"，迷惑。 好恶(wù)：喜好与憎恶。 意：指胸臆。 15 真人：得天地之道者。《史记索隐》引《吕氏春秋》曰："精气日新，邪气尽去，反其天年，谓之真人也。" 息：生息，此指存在。 16 知：《文选》本为"智"。 自丧：忘却自我。 17 寥廓：旷远，广阔。 忽荒：形容混沌未分之元气，泛指天空。 18 坻(chí):水中小洲。 19 纵躯:放纵自己的身体。 20 浮:虚浮。 21 澹(dàn):安静。 泛:漂浮游荡。 22 自宝:自贵。 养空而浮:《史记索隐》:“言体道之人,但养空性而心若浮舟也。” 23 德人:具有高尚道德之人。至人、真人、德人,皆道家概念。《史记索隐》:“德人谓上德之人,心中无物累,是得道之士也。” 24 细故:细微之事。 蔕薊(dì jiè):同“蒂芥”,鲠刺,比喻想不通。此亦指服鸟入室的惊怪。

后岁余,贾生征见。孝文帝方受釐,坐宣室。[1]上因感鬼神事,而问鬼神之本[2]。贾生因具[3]道所以然之状。至夜半,文帝前席[4]。既罢,曰:“吾久不见贾生,自以为过之,今不及也。”居顷之,拜贾生为梁怀王[5]太傅。梁怀王,文帝之少子,爱,而好书,故令贾生傅之。

一年多以后,贾生被召回长安朝见天子。孝文皇帝正坐在宣室,接受神灵的降福。皇上因为被鬼神之事所触动,而向贾生询问鬼神的来源。贾生乘机详细讲述之所以会发生鬼神之事的种种情况。一直说到半夜,文帝听得不断向前挪动。交谈完后,文帝说:“我很久没见到贾生,自认为超过了他,现在知道比不上他。”过了不久,任命贾生做梁怀王太傅。梁怀王是文帝的小儿子,文帝很喜欢他,因他喜好读书,所以让贾生去做他的老师。

注释 1 受釐(xī):祭礼后,将祭余之肉归致皇帝,以示受福,叫受釐。釐,祭余之肉。 宣室:即汉未央宫中之宣室殿,是皇帝斋戒的地方。
2 本:来源,起因。 3 具:详细。 4 前席:移坐而前。席,座位。
5 梁怀王:名刘揖,文帝少子。

文帝复封淮南厉王子四人皆为列侯[1]。贾生谏，以为患之兴自此起矣。贾生数上疏，言诸侯或连数郡，非古之制，可稍[2]削之。文帝不听。

文帝重新分封淮南厉王刘长的四个儿子都为列侯。贾生进谏，认为祸患的发生从这里就开始了。贾生多次呈上奏疏，说明诸侯王的封地有的好几个郡相连，不符合古代制度的规定，可以逐渐加以削弱。文帝不听从。

居数年，怀王骑，堕马而死，无后。贾生自伤为傅无状[3]，哭泣岁余，亦死。贾生之死时年三十三矣。及孝文崩，孝武皇帝立，举贾生之孙二人至郡守，而贾嘉最好学，世其家，与余通书。[4]至孝昭[5]时，列为九卿。

过了几年，怀王骑马，从马上坠下来摔死了，怀王没有后代。贾生为自己做太傅没尽到责任而伤感，哭泣了一年多，也死去了。贾生死的时候才三十三岁。等到孝文帝去世，一直到孝武皇帝继位，选拔贾生的两个孙子做了郡守，其中贾嘉最为好学，继承了贾生的家业，和我有书信往来。到了孝昭帝的时候，贾嘉位列九卿。

注释　1 列侯:原称彻侯，后称通侯，爵位中最高的一级。 2 稍:逐渐。 3 无状:无功劳，无成绩。 4 孝武:即指汉武帝刘彻。此疑为后人妄加。 世:继承。 余:我，指作者自己。 通书:有书信往来。 5 孝昭:即汉昭帝刘弗陵。司马迁未活到昭帝时，此文亦为后人妄加。

太史公曰:余读《离骚》《天问》《招魂》《哀郢》，悲其志。[1]适长沙，观屈原所自沈渊，未尝不

太史公说:我读了《离骚》《天问》《招魂》《哀郢》，对他的志向不能实现感到悲痛。来到长沙，考察了屈原自沉的汨罗江，没有不流泪感叹的，由

垂涕，想见其为人。[2]及见贾生吊之，又怪屈原以彼其材，游诸侯，何国不容，而自令若是。读《服鸟赋》，同死生，轻去就，又爽然自失矣。[3]

此推想到他的为人。等到看见了贾生凭吊屈原的赋作，又责怪屈原本可以凭借他的才能，到诸侯各国游历，哪个国家不可以容身，却把自己弄到这个地步。读了《服鸟赋》，发现他把生和死等量齐观，把任官和去职看得很轻，我的悲痛之情就消失了。

注释　1《离骚》《天问》《招魂》《哀郢》：皆为屈原所作的楚辞篇名。《哀郢》为《九章》中之一篇。　2《史记索隐》："《荆州记》云'长沙罗县，北带汨水。去县四十里是原自沉处，北岸有庙也'。"　3 同：同等看待。　去就：去留，离职与就职。　爽然：默然。

史记卷八十五

吕不韦列传第二十五

原文

吕不韦者，阳翟大贾人也。[1]往来贩贱卖贵，家累千金。

秦昭王四十年[2]，太子死。其四十二年，以其次子安国君[3]为太子。安国君有子二十余人。安国君有所甚爱姬，立以为正夫人，号曰华阳夫人[4]。华阳夫人无子。安国君中男名子楚，子楚母曰夏姬，毋爱。[5]子楚为秦质子[6]于赵。秦数攻赵，赵不甚礼子楚。

译文

吕不韦是阳翟的大商人。他往来各地，低价买进，高价卖出，家产积累有上千金。

秦昭王四十年，太子死了。到四十二年，昭王把他的第二个儿子安国君立为太子。安国君有二十多个儿子。安国君有个特别喜爱的姬妾，就把她立为正夫人，号称华阳夫人。华阳夫人没有儿子。安国君有个排行在中间的儿子叫子楚，子楚的母亲叫夏姬，不受宠爱。子楚作为秦国的质子被派到赵国。秦国多次攻打赵国，赵国因此慢待子楚。

注释　1 阳翟(dí)：韩邑名，在今河南禹州。《史记索隐》：“《战国策》

以不韦为濮阳人,又记其事迹亦多与此《传》不同。班固虽云太史公采《战国策》,然为此传当别有所闻见,故不全依彼说。或者刘向定《战国策》时,以已异闻改彼书,遂令不与《史记》合也。” 大贾(gǔ):大商人。贾,做买卖。 2 秦昭王四十年:即公元前267年。秦昭王在位五十七年。 3 安国君:名柱,后为秦孝文王,在位时间很短。 4 华阳夫人:史失其姓,以封邑称。华阳,在今陕西商洛商州区。 5 中男:排行居中的儿子。 毋:不,表示否定。 6 质子:古代派往别处或别国去做抵押的人质。多为王子或世子。

子楚,秦诸庶孽孙,质于诸侯,车乘进用不饶,居处困,不得意。[1]吕不韦贾邯郸,见而怜之,曰“此奇货可居[2]”。乃往见子楚,说[3]曰:“吾能大子之门。”子楚笑曰:“且自大君之门,而乃大吾门!”吕不韦曰:“子不知也,吾门待子门而大。”子楚心知所谓,乃引与坐,深语。[4]吕不韦曰:“秦王老矣,安国君得为太子。窃闻安国君爱幸华阳夫人,华阳夫人无子,能立適嗣者独华阳夫人耳。[5]今子兄弟二十余人,子又居中,不甚见幸[6],

子楚是秦昭王众多庶出子孙中的一个,又在诸侯国做人质,车乘和日常用度都不充裕,生活困窘,很不如意。吕不韦到邯郸做买卖,看到子楚很怜爱他,说“这件稀有的货物可以囤积起来”。于是去拜见子楚,游说道:“我能够使您的门第高大起来。”子楚笑着说:“你暂且还是先去光大你自己的门第吧,再来光大我的门第!”吕不韦说:“您不明白,我的门第要靠您的门第来光大。”子楚心里明白了吕不韦说的意思,就请他和自己坐在一起,深入交谈。吕不韦说:“秦王年纪大了,安国君被立为太子。我私下听说安国君宠爱华阳夫人,华阳夫人没有儿子,而能够选立嫡子的,只有华阳

久质诸侯。即大王薨，安国君立为王，则子毋幾得与长子及诸子旦暮在前者争为太子矣。[7]”子楚曰：“然。为之柰何？”吕不韦曰：“子贫，客于此，非有以奉献于亲及结宾客也。不韦虽贫，请以千金为子西游，事安国君及华阳夫人，立子为適嗣。”子楚乃顿首曰：“必[8]如君策，请得分秦国与君共之。”

夫人。如今你们兄弟二十多人，您又排在中间，不怎么受宠爱，长时间在诸侯国做人质。如果大王死了，安国君被立为君王，那么您就没有机会和长兄以及早晚侍奉在父亲跟前的兄弟们竞争做太子了。”子楚说：“是这样。那么该怎么办呢？”吕不韦说：“您很贫穷，在这里做客，没有东西用来奉献给亲戚和结交宾客。我吕不韦虽然也不富裕，但愿意拿出千金替您往西到秦国游说，去侍奉安国君和华阳夫人，让他们立您做继承人。”子楚于是叩头说：“果真能像您谋划的那样，我愿意和您共同分享秦国。”

注释 1 庶孽(niè)孙：妃妾所生之子孙。 进用：供给的财用。 饶：富足，满足。 2 居：囤积。 3 说(shuì)：游说，劝说。 4 引：拉，延引。 深语：深谈，坦诚相谈。 5 適(dí)：通“嫡”。 嗣：儿子，子孙。 6 见幸：被宠爱。 7 薨(hōng)：诸侯死称“薨”。 毋幾(jī)：没有机会。幾，幾微，希望，机会。 8 必：果真。

吕不韦乃以五百金与子楚，为进用，结宾客；而复以五百金买奇物玩好，自奉[1]而西游秦，求见华阳夫人姊，而皆以其物献华阳夫

吕不韦就拿出五百金送给子楚，作为他日常用度和结交宾客的花销；而又拿出五百金购买珍奇和玩赏的物品，自己带上往西游历秦国，求见了华阳夫人的姐姐，把带来的东西全都献给华阳夫人。吕

人。因言子楚贤智，结诸侯宾客遍天下，常曰“楚也以夫人为天[2]，日夜泣思太子及夫人”。夫人大喜。不韦因使其姊说夫人曰：“吾闻之，以色事人者，色衰而爱弛。今夫人事太子，甚爱而无子，不以此时蚤自结于诸子中贤孝者，举立以为適而子之，夫在则重尊，夫百岁之后，所子者为王，终不失势，此所谓一言而万世之利也。不以繁华时树本，即色衰爱弛后，虽欲开一语，尚可得乎？[3]今子楚贤，而自知中男也，次不得为適，其母又不得幸，自附夫人，夫人诚以此时拔以为適，夫人则竟世有宠于秦矣。[4]”华阳夫人以为然，承太子间，从容言子楚质于赵者绝贤，来往者皆称誉之。[5]乃因涕泣曰：“妾幸得充后宫，不幸无子，愿得子楚立以为

不韦趁机谈到子楚贤能聪明，结交的诸侯宾客遍布天下，子楚还经常说“我子楚把夫人当作天，日日夜夜流泪思念太子和夫人”。华阳夫人十分高兴。吕不韦于是让她姐姐去游说华阳夫人道：“我听说，凭姿色侍奉人的人，一旦容颜衰老，宠爱就会减退。如今夫人您侍奉太子，十分受宠爱，但自己没有儿子，不趁早主动在众多儿子中结交有才能又孝顺的，推举他为嫡子，认做亲子，这样，丈夫在的时候地位显赫尊贵，要是丈夫去世了，所认的儿子做了君王，始终不会失势，这就是所谓的一句话就能得到万代的利益。不在容貌秀美时培植根基，到了容颜衰老宠爱减退以后，即使想进一言，还可能么？如今子楚贤能，而他自己知道是排行在中间的儿子，按次序不能立为嫡子，他的母亲又不被宠幸，因而主动地依附夫人，夫人如果能在这时提拔他做为嫡子，那么夫人就一生都能在秦国受到恩宠了。”华阳夫人认为她说得对，就趁太子方便的时候，委婉地谈起在赵国做质子的子楚特别贤能，来往的人都称赞他。

适嗣,以托妾身。”安国君许之,乃与夫人刻玉符[6],约以为适嗣。安国君及夫人因厚馈遗[7]子楚,而请吕不韦傅之,子楚以此名誉益盛于诸侯。

接着又流着泪说:“我有幸能充列后宫,不幸没有儿子,希望能得到子楚,立他为嫡子,来作为我的依靠。”安国君答应了她,就和华阳夫人刻写玉符作为凭证,约定立子楚为嫡子。安国君和华阳夫人于是送给子楚很多财物,并请吕不韦做他的老师,因此,子楚的名声在诸侯间更加显扬了。

注释 1 奉:携带。 2 天:古代称所仰赖以生存的叫“天”。 3 繁华:花朵繁盛,比喻人的盛年。 树本:培植根本。 4 诚:果真,如果。 竟世:终生,一辈子。 5 间:空子,可乘的机会。 从容:舒缓,委婉。 6 刻玉符:安国君把许诺子楚为嫡嗣的誓言刻在玉符上,以作日后的凭证。《史记会注考证》中井积德曰:“时昭王在焉,故太子不能显定计议立名号,故阴刻符为约耳。” 7 馈遗(kuì wèi):赠送财物。

吕不韦取邯郸诸姬绝好善舞者与居,知有身。[1]子楚从不韦饮,见而说之,因起为寿,请之。[2]吕不韦怒,念业已破家为子楚,欲以钓奇[3],乃遂献其姬。姬自匿有身,至大期时,生子政。[4]子楚遂立姬为夫人。

秦昭王五十年,使王

吕不韦从邯郸的众多姬妾中选取了一位最漂亮而又擅长歌舞的,和她同居,知道她有了身孕。子楚跟吕不韦饮酒,看到那位女子而喜欢上了她,于是站起来向吕不韦敬酒祝寿,请求得到她。吕不韦很生气,但想到自己已经为子楚破费了很多家财,想用这种手段来钓取巨利,于是就献出了自己的这个姬妾。赵姬自己隐瞒了有身孕的事,到了产期时,生下了儿子名叫政。子楚就立赵姬做夫人。

龄围邯郸，急[5]，赵欲杀子楚。子楚与吕不韦谋，行金六百斤予[6]守者吏，得脱，亡赴秦军，遂以得归。赵欲杀子楚妻子，子楚夫人，赵豪家女也，得匿，以故母子竟得活。秦昭王五十六年，薨，太子安国君立为王，华阳夫人为王后，子楚为太子。赵亦奉子楚夫人及子政归秦。

秦昭王五十年，派王龄围攻邯郸，情况很危急，赵国想杀掉子楚。子楚和吕不韦谋划，送了六百斤黄金给守城的官吏，得以脱身，逃奔到秦军的营地，才得以回到秦国。赵国想要杀死子楚的妻子和儿子，因子楚夫人是赵国有钱有势的人家的女儿，得以躲藏起来，因此母子最终能活下来。秦昭王五十六年，昭王去世了，太子安国君继位做了君王，华阳夫人当了王后，子楚成了太子。赵国也送子楚夫人和儿子嬴政回到秦国。

注释 1 绝好：最好，最美。 有身：怀孕。 2 说：通“悦”。 为寿：祝寿。 请：求。 3 钓奇：谋取巨利。 4 大期：指妇女足月分娩的日期。 政：即秦始皇嬴政。 5 急：危急，紧急。 6 予：给。

秦王立一年，薨，谥[1]为孝文王。太子子楚代立，是为庄襄王。庄襄王所母华阳后为华阳太后，真母[2]夏姬尊以为夏太后。庄襄王元年，以吕不韦为丞相，封为文信侯，食河南雒阳十万户。[3]

庄襄王即位三年，薨，太子政立为王，尊吕不韦为相

秦王继位一年，去世了，谥号是孝文王。太子子楚继位，这就是庄襄王。庄襄王所认的母亲华阳王后就成了华阳太后，生母夏姬被尊为夏太后。庄襄王元年，任命吕不韦做丞相，封为文信侯，将河南雒阳十万户作为他的食邑。

庄襄王即位三年，去世了，太子嬴政继位，尊奉吕不韦为相

国，号称“仲父[4]”。秦王年少[5]，太后时时窃私通吕不韦。不韦家僮万人。

国，称他为“仲父”。秦王年纪还小，太后常常暗地里和吕不韦私通。吕不韦家中的僮仆多达万人。

注释 1 谥(shì)：古代帝王或高级官吏死后，统治阶级所给予的含有褒贬意义的称号。 2 真母：生母。 3 食：享受租税。其土地称为食邑，是指古代君主赐予臣下作为世禄的封地，臣下靠封邑租税生活。 河南：郡名，在今河南洛阳东北。 4 仲父：亚父，次父。 5 年少：秦王政继位时，只有十三岁。

当是时，魏有信陵君，楚有春申君，赵有平原君，齐有孟尝君，皆下士喜宾客以相倾。[1]吕不韦以秦之强，羞不如，亦招致士，厚遇之，至食客三千人。是时诸侯多辩士，如荀卿[2]之徒，著书布天下。吕不韦乃使其客人人著所闻，集论[3]以为八览、六论、十二纪，二十余万言。以为备天地万物古今之事，号曰《吕氏春秋》[4]。布咸阳[5]市门，悬千金其上，延诸侯游士宾客有能增损一

这时，魏国有信陵君，楚国有春申君，赵国有平原君，齐国有孟尝君，他们都谦恭地对待士人，喜欢结交宾客，并借此来互相竞争。吕不韦认为秦国这样强大，羞愧自己不如他们，也开始招揽士人，优厚地款待他们，以至于门客达到三千人。当时诸侯国中有很多能言善辩的人，例如荀卿这类人，著书立说，流布天下。吕不韦于是让他的门客各自记下所见所闻，汇集编成八览、六论、十二纪，共二十多万字。自认为这已经包罗了天地万物和古今之事，号称《吕氏春秋》。把它刊布在咸阳市的城门，并悬挂一千金在上面，邀请各国游士宾客，声称如果有人能对这书增减一个字，就奖给他

字者予千金。

一千金。

注释 1 信陵君:即魏无忌,魏安釐王的弟弟,号信陵君,有食客三千人。 春申君:即黄歇,楚国贵族,有食客三千人。 平原君:即赵胜,赵惠文王的弟弟,有食客数千人。 孟尝君:即田文,齐国贵族,有食客数千人。《史记志疑》:“平原已卒于赵孝成王十五年,为秦昭五十六年,孟尝卒于齐襄王世,在秦昭二十五六年间,距是时三十六七年,《正义》言之矣。此盖统说四公子,非当时事。” 下士:对士子谦恭有礼。 倾:超越,压倒。 2 荀卿:即荀况,战国时思想家、教育家。著有《荀子》。 3 论:编次,编辑。 4《吕氏春秋》:吕不韦招揽门客所撰,又名《吕览》。此书属杂家学说,保存了许多先秦旧说和史料。 5 咸阳:秦都城,在今陕西咸阳东北。

始皇帝益壮,太后淫不止。吕不韦恐觉祸及己,乃私求大阴人嫪毐以为舍人,时纵倡乐,使毐以其阴关桐轮而行,令太后闻之,以啖太后。[1] 太后闻,果欲私得之。吕不韦乃进嫪毐,诈令人以腐罪[2]告之。不韦又阴[3]谓太后曰:“可事诈腐,则得给事中。[4]”太后乃阴厚赐主腐者吏,诈论[5]之,拔其须眉为宦者,

秦始皇日渐长大,太后还淫乱不止。吕不韦害怕事情被发觉,灾祸会降临到自己身上,于是暗中找来个阴茎粗大的人嫪毐做门客,经常让演员们歌舞取乐,让嫪毐用他的阴茎穿过桐木制的车轮,转动而行,故意让太后听说这件事,来引诱太后。太后听到后,果然想私下里得到嫪毐。吕不韦就进献嫪毐给太后,假装让人用应当受宫刑的罪名来告发嫪毐。吕不韦又暗中对太后说:“可以假装对他行了宫刑,他就能在宫中供职了。”太后就暗中赏赐给主持宫刑的官吏很丰厚的财物,

遂得侍太后。太后私与通,绝爱之。有身,太后恐人知之,诈卜当避时,徙宫居雍。[6]嫪毐常从,赏赐甚厚,事皆决于嫪毐。嫪毐家僮数千人,诸客求宦为嫪毐舍人千余人。

假装论定嫪毐行了宫刑,拔去他的胡须而冒充阉人,于是嫪毐得以侍奉太后。太后暗中和他通奸,十分喜欢他。结果她有了身孕,又怕别人知道,就假称经过占卜,应当去躲避一段时间,就搬到雍宫去居住。嫪毐常常跟随着她,接受的赏赐十分丰厚,所有的事情都由嫪毐来决定。嫪毐的家僮有几千人,那些为了求官而做了嫪毐门客的有一千多人。

注释 1 阴:男女生殖器的通称。 嫪毐(lào ǎi):人名。 舍人:战国及汉初王公贵人私门之官。 关:通“贯”,贯穿。 桐轮:以桐木做成的小车轮。 啖(dàn):引诱。 2 腐罪:古代刑罚的一种,受宫刑的罪。阉割掉睾丸。 3 阴:暗地里,私下。 4 给事:供职。 中:宫中。一说给事中为官名。 5 论:论罪,定罪。 6 避时:躲避一段时间。 雍:秦都邑名,在今陕西凤翔南。

始皇七年[1],庄襄王母夏太后薨。孝文王后曰华阳太后,与孝文王会葬寿陵[2]。夏太后子庄襄王葬芷阳,故夏太后独别葬杜东,曰“东望吾子,西望吾夫。后百年,旁当有万家邑”。[3]

秦始皇七年,庄襄王的母亲夏太后去世了。孝文王的王后为华阳太后,和孝文王合葬在寿陵。夏太后的儿子庄襄王葬在芷阳,所以夏太后独自葬在杜邑的东面,她说“向东可望见我的儿子,向西可望见我的丈夫。一百年以后,这一带会成为有万户人家的城邑”。

注释 1 始皇七年:即公元前240年。 2 寿陵:秦孝文王陵,在今陕西西安东北。 3 芷(zhǐ)阳:秦邑名,在今陕西西安东北。 杜:秦邑名,在今陕西西安西南。

始皇九年,有告嫪毐实非宦者,常与太后私乱,生子二人,皆匿之。与太后谋曰"王即[1]薨,以子为后"。于是秦王下吏治,具得情实,事连相国吕不韦。[2]九月,夷嫪毐三族,杀太后所生两子,而遂迁太后于雍。[3]诸嫪毐舍人皆没[4]其家而迁之蜀。王欲诛相国,为其奉先王功大,及宾客辩士为游说者众,王不忍致法[5]。

秦王十年十月,免相国吕不韦。及齐人茅焦说秦王,秦王乃迎太后于雍,归复咸阳,而出文信侯就国河南。[6]

秦始皇九年,有人告发嫪毐其实不是阉官,他常常和太后私通淫乱,生下了两个儿子,将他们都藏了起来。嫪毐和太后密谋说"秦王假若去世,就用我们的儿子继位"。于是秦王命令法官查办,得知了全部真相,案情牵连到相国吕不韦。九月,秦王下令诛灭了嫪毐的三族,杀死了太后所生的两个儿子,并把太后移居到雍邑棫阳宫。嫪毐家的门客都被抄没了家产,迁徙到蜀地。秦王想诛杀相国,但因为他侍奉先王的功劳很大,又有很多宾客辩士替他说情,所以秦王不忍心将他治罪。

秦始皇十年十月,罢免了相国吕不韦。后齐人茅焦劝说秦王,秦王才到雍邑去迎接太后回到咸阳,而遣文信侯到他的封地河南去。

注释 1 即:假若,假如。 2 治:治罪,惩处。 具:通"俱"。 情实:实情,真相。 3 夷:诛灭。 雍:秦昭王时,在雍邑建造了棫阳宫,指迁太后于此宫。 4 没:没入。旧时刑罚的一种。没收财物入官。 5 致法:以法治罪。 6 茅焦:齐国说士。 出:使……出。使动用法。

岁余,诸侯宾客使者相望于道,请[1]文信侯。秦王恐其为变,乃赐文信侯书曰:"君何功于秦?秦封君河南,食十万户。君何亲于秦?号称仲父。其与家属徙处蜀![2]"吕不韦自度稍侵,恐诛,乃饮鸩而死。[3]秦王所加怒吕不韦、嫪毐皆已死,乃皆复归嫪毐舍人迁蜀者。

始皇十九年,太后薨,谥为帝太后,与庄襄王会葬茝阳。[4]

一年多后,各诸侯国的宾客使者在道路上络绎不绝,来问候文信侯。秦王担心他会发生变乱,就给文信侯写了封信说:"你对秦国有什么功劳?而秦国封你在河南,享有十万户的封地。你和秦国有什么亲缘关系?而你号称仲父。你应该和家属一起迁徙到蜀地去居住!"吕不韦估计自己会逐渐受到逼迫,害怕被诛杀,就喝毒酒自杀了。秦王所恼怒的吕不韦、嫪毐都已经死了,就让蜀地的嫪毐的门客全都迁回来。

秦始皇十九年,太后去世,谥号为帝太后,和庄襄王合葬在芷阳。

注释 1 请:问候,访问。 2 其:应当,应该。 徙:迁徙,迁移。 处:居住。 3 度(duó):估计,推测。 稍:逐渐地。 侵:侵迫,迫害。 鸩(zhèn):毒酒。传说中一种有剧毒的鸩鸟,喜食蛇,羽毛紫绿色,放在酒中,能毒杀人。 4 谥为帝太后:《史记索隐》:"王劭云:'秦不用谥法,此盖号耳',其义亦当然也。始皇称皇帝之后,故其母号为帝太后,岂谓诔列生时之行乎!" 茝(zhǐ)阳:即"芷阳",在今陕西西安东北。

太史公曰:不韦及嫪毐贵,封号文信侯。[1]人之告嫪毐,毐闻之。秦

太史公说:吕不韦显贵时,提携嫪毐,被封为文信侯。有人告发嫪毐,嫪毒听说了。秦王通过身边的人来查证,

王验左右，未发。[2] 上之雍郊，毐恐祸起，乃与党谋矫太后玺发卒以反蕲年宫。[3] 发吏攻毐，毐败亡走，追斩之好畤[4]，遂灭其宗。而吕不韦由此绌[5]矣。孔子之所谓"闻"者[6]，其吕子乎？

没有公开披露这件事。秦王到雍地去祭天，嫪毐害怕祸患要发生，就和党羽谋划，伪造太后的玉玺调动士兵在蕲年宫造反。秦王发动官兵攻打嫪毐，嫪毐失败逃跑，在好畤被官兵追到并被斩杀了，秦王于是诛灭了他的宗族。而吕不韦也从此受到贬斥。孔子所说的"欺世盗名，表里不一"的人，大概是指吕不韦这种人吧？

注释　1 及：连及，连带。　文信侯：《史记索隐》认为应作"长信侯"，是嫪毐的封号，因为此赞中说嫪毐得宠贵是由于吕不韦的引荐。《史记志疑》亦持此说。　2 验：验证，查证。　发：打开，暴露。　3 之：到，往。　郊：郊祭，祭祀上天。　矫：伪造，假借。　蕲年宫：秦宫名，秦惠公所筑。在今陕西凤翔南。　4 好畤：秦邑名，在陕西乾县东。　5 绌(chù)：贬退，排斥。　6 孔子之所谓"闻"者：典出《论语·颜渊》。原文为：子曰："夫闻也者，色取仁而行违，居之不疑。在邦必闻，在家必闻。"闻，此指骗取名声，表里不一。《史记集解》马融曰："此言佞人也。"

史记卷八十六

刺客列传第二十六

原文

曹沫者，鲁人也，以勇力事鲁庄公。[1]庄公好力。曹沫为鲁将，与齐战，三败北[2]。鲁庄公惧，乃献遂邑[3]之地以和。犹复以为将。

译文

曹沫是鲁国人，凭借勇敢有力而侍奉鲁庄公。庄公喜好有气力的人。曹沫担任鲁国将军，和齐国交战，三次战败。鲁庄公恐惧，就献出遂邑来讲和。还是再次任命曹沫做将军。

注释 1 曹沫(huì)：人名。《左传》《穀梁》并作“曹刿(guì)”，此篇事约《公羊》，然彼仅直云“曹子”。《史记·管晏列传》作“曹沬(mò)”。《左传·鲁庄公十年》记载，战于长勺，用曹刿谋败齐，无劫桓公事。 勇力：勇敢有气力。 鲁庄公：鲁国国君姬同，鲁桓公之子。 2 败北：战败逃跑。 3 遂邑：地名，在今山东宁阳西北。

齐桓公许与鲁会于柯而盟。[1]桓公与庄公既盟于坛上，曹沫执匕首劫齐桓公[2]，桓公左右莫敢

齐桓公答应和鲁国在柯邑相会，订立盟约。桓公和庄公在盟坛上订立盟约，曹沫拿着匕首劫持齐桓公，桓公的左右侍从没有谁敢采取行动，

动，而问曰：“子将何欲？”曹沫曰：“齐强鲁弱，而大国侵鲁亦以甚矣。今鲁城坏即压齐境，君其图之。[3]”桓公乃许尽归鲁之侵地。既已言，曹沫投其匕首，下坛，北面就群臣之位，颜色不变，辞令如故。[4]桓公怒，欲倍[5]其约。管仲[6]曰：“不可。夫贪小利以自快[7]，弃信于诸侯，失天下之援，不如与之。”于是桓公乃遂割鲁侵地，曹沫三战所亡地尽复予鲁[8]。

就询问曹沫说：“您想要干什么？”曹沫说：“齐国强大，鲁国弱小，然而大国侵害鲁国也太过分了。如今鲁国都城的城墙塌下来就压着齐国的边境，您还是考虑一下吧。”桓公就答应把侵占鲁国的全部土地归还给鲁国。说出了这句话，曹沫便扔掉了手中的匕首，走下盟坛，面朝北站立在大臣的位置中，容貌神态毫无变化，从容谈吐如同之前。桓公大怒，想违背刚才做出的约定。管仲说：“不可以。要是贪图局部利益来求得自己心情舒展，就会在诸侯面前背弃信义，失却了天下的援助，不如把土地还给鲁国。”于是桓公就把侵占的鲁国土地割给鲁国，曹沫多次作战所失亡的土地全部重新回到了鲁国。

其后百六十有[9]七年而吴有专诸之事。

曹沫之后的一百六十七年，在吴国发生了专诸之事。

注释　**1** 齐桓公：齐国国君姜小白，公元前685—前643年在位。春秋之首霸。　柯：邑名，在今山东东阿西南。　**2** 匕首：短剑。《盐铁论》以为长尺八寸，其头类匕，故云“匕首”。　劫：劫持，要挟。　**3** 鲁城坏即压齐境：言齐之入侵已很深入。鲁城，指鲁国都城（曲阜）。　图：考虑，谋划。　**4** 颜色：指容貌神情。　辞令：谈吐。　**5** 倍：通“背”，违背。　**6** 管仲：管夷吾，齐桓公重要谋臣。　**7** 自快：自我的心意得到舒展、满足，指不归还侵占的鲁国土地。　**8** 曹沫三战所亡地尽复予鲁：杨伯峻《春秋左传注》言:"《左传》此年既无齐伐鲁之事,且长勺之役,鲁胜齐败,更无曹刿之三败。然《史记》所述,颇流行于战国……然而诸书所言,无不有破绽可寻……叶适《习学记言序目》卷十曰:'是时东迁未百年,人材虽陋,未至便为刺客。'卢文弨《钟山札记》谓曹沫劫桓公事出于战国之人所撰造,但以耳目所见,施之上世,而不知其有不合,诚哉是言也。司马迁不取《左传》曹刿论战,而取其劫齐桓,已载之《年表》与《齐世家》《鲁世家》,复为之作《刺客列传》,盖亦好奇之过。" 9 有(yòu):通"又"。

专诸者,吴堂邑[1]人也。伍子胥之亡楚而如吴也,知专诸之能。[2]伍子胥既见吴王僚[3],说以伐楚之利。吴公子光曰:"彼伍员父兄皆死于楚而员言伐楚,欲自为报私仇也,非能为吴。"吴王乃止。伍子胥知公子光之欲杀吴王僚,乃曰:"彼光将有内志,未可说以外事。[4]"乃进[5]专诸于公子光。

专诸是吴国堂邑人。伍子胥从楚国逃亡到吴国,知道专诸有本领。伍子胥见到了吴王僚,拿攻打楚国的好处去游说他。吴国公子光说:"这个伍员,父亲、兄长都死在楚国,而伍员提出攻打楚国,是想替自家报私仇,并不是真替吴国着想。"吴王就没有考虑这件事。伍子胥知道公子光想杀掉吴王僚,就说:"这个公子光将有在国内谋求君位的志向,不可以拿对外用兵的事去游说他。"伍子胥于是把专诸推荐给公子光。

注释 1 堂邑:地名,在今江苏南京六合区西北。 2 伍子胥:名员,楚国人。楚平王杀其父伍奢、兄伍尚,他逃入吴,助吴攻楚,后受奸臣陷害被赐剑自杀,为春秋时重要政治家。 如:往,到。 3 吴王僚:吴国国君姬僚,公元前527—前515年在位。 4 内志:志在国内政事,指谋求自立为国君。 外事:指出兵攻伐他国。 5 进:推荐。

光之父曰吴王诸樊[1]。诸樊弟三人:次曰余祭,次曰夷眜,次曰季子札。[2]诸樊知季子札贤而不立太子,以次传三弟,欲卒致国于季子札。[3]诸樊既死,传余祭。余祭死,传夷眜。夷眜死,当传季子札;季子札逃不肯立,吴人乃立夷眜之子僚[4]为王。公子光曰:"使以兄弟次邪,季子当立;必以子乎,则光真適嗣,当立。[5]"故尝阴养谋臣以求立。[6]

公子光的父亲是吴王诸樊。诸樊有三个弟弟:第一个叫余祭,第二个叫夷眜,第三个叫季子札。诸樊知道季子札贤能,就不立太子,想挨着次序把君位传给三个弟弟,最终把掌国的大权传给季子札。诸樊死了以后,传位给余祭。余祭死了,传位给夷眜。夷眜死了,应当传位给季子札;季子札逃掉了不肯继位,吴国人就拥立夷眜的儿子僚做国王。公子光说:"假若依据兄弟相传的次序,季子应当继位;一定要传给儿子的话,那么我光是真正的嫡传继承人,应当继位。"所以常常秘密地供养一些有智谋的臣下以谋求继位做国君。

注释 1 诸樊:吴国国君,公元前 560—前 548 年在位。 2 余祭(zhài):吴国国君,公元前 548—前 531 年在位。 夷眜(mò):吴国国君,为余祭之弟,季札之兄。 季子札:吴王寿梦第四子,故称季札;又因后封于延陵(今江苏常州),亦称延陵季子,春秋时有名的让国者、贤人。 3 卒:最终。 致国于:把国家大权即君位传递给……。 4 僚:吴国国君姬僚,公元前 527—前 515 年在位。 5 以兄弟次:依兄弟相传的次序。 適嗣:正妻所生的长子。適,通"嫡"。 6 尝:通"常",常常,时常。 阴养:秘密地供养。

光既得专诸，善客待之。九年而楚平王死。[1]春，吴王僚欲因楚丧，使其二弟公子盖余、属庸将兵围楚之灊[2]；使延陵季子于晋，以观诸侯之变。楚发兵绝吴将盖余、属庸路，吴兵不得还。于是公子光谓专诸曰："此时不可失，不求何获[3]！且光真王嗣，当立，季子虽来，不吾废也。"专诸曰："王僚可杀也。母老子弱，而两弟将兵伐楚，楚绝其后。方今吴外困于楚，而内空无骨鲠[4]之臣，是无如我何。"公子光顿首曰："光之身，子之身也。"

公子光得到专诸以后，像宾客一样很好地对待他。吴王僚十二年，楚平王死了。第二年春天，吴王僚想借着楚国有丧事，派他的两个弟弟公子盖余、属庸率领军队去包围楚国的灊邑；派延陵季子到晋国，以便观察各诸侯国的动静。楚国派出军队断绝吴国将领盖余、属庸的后路，吴国军队不能回国。这时公子光对专诸说："这个时机不可以错失，不去追求哪里能获得王位！况且我公子光是真正的王位继承人，应当继位，季子即使回来了，也不会把我废除。"专诸说："王僚是可以杀掉的。他母亲老，儿子弱，两个弟弟领着军队在攻打楚国，楚国断绝了他们的后路。当今吴兵在外边被楚兵围困，并且国内空虚没有刚直忠良的臣子，这样王僚不能拿我们怎么样。"公子光在地上叩头说："我公子光的身躯，就是您的身躯，您身后的事全包在我身上了。"

注释　1 九年：《春秋》"楚子居卒"，在鲁昭公二十六年，即吴王僚十一年，非九年。据《左传》楚平王卒于是年九月，故下文"春"，则为吴王僚十二年。　楚平王：楚国国君熊居，公元前528—前516年在位。　2 灊(qián)：即楚之潜邑，在今安徽霍山东北。　3 获：指获取王位。　4 骨鲠(gěng)：刚直，刚劲。

四月丙子，光伏甲士于窟室中，而具酒请王僚。[1]王僚使兵陈自宫至光之家，门户阶陛左右，皆王僚之亲戚也。[2]夹立侍，皆持长铍[3]。酒既酣，公子光详为足疾，入窟室中，使专诸置匕首鱼炙之腹中而进之。[4]既至王前，专诸擘[5]鱼，因以匕首刺王僚，王僚立死。左右亦杀专诸，王人扰乱，公子光出其伏甲以攻王僚之徒，尽灭之，遂自立为王，是为阖闾[6]。阖闾乃封专诸之子以为上卿[7]。

其后七十余年[8]而晋有豫让之事。

四月丙子日，公子光在地下室埋伏身着铠甲的武士，备办着酒席宴请王僚。王僚让士兵陈列在从王宫到公子光家里的路上，门户台阶的两旁全是王僚的亲兵。士兵夹在两旁站立侍卫，皆手拿着长矛。酒喝到兴致正浓的时候，公子光假装有脚病，进入了地下室，派专诸把匕首藏在烹熟的全鱼肚子里献上来。专诸到了王僚跟前，分开鱼肚，拿着匕首刺杀王僚，王僚即刻死去。王僚的左右侍从也杀死了专诸，王僚的随从人员一片混乱，公子光让他埋伏着的武士出来进攻王僚的部下，把他们全都消灭了，就自己继位做了君王，这就是阖闾。阖闾封专诸的儿子为上卿。

专诸之后的七十多年在晋国有豫让之事。

注释 1 甲士：身着铠甲的武士。 窟室：亦作“堀室”，地下室。 具酒：备办酒宴。 2 陈：陈列。 阶陛：台阶。 亲戚：此指亲信、亲兵。 3 铍(pī)：长矛。 4 酣：酒兴正浓，沉酣畅快。 详：通“佯”，假装。 鱼炙：烹熟的全鱼。 进：献上。 5 擘(bò)：剖，分开。 6 阖闾：吴国国君，公元前515—前496年在位。 7 上卿：春秋战国时高级执政官或爵位名。 8 七十余年：“七”乃“六”字之误。《史记集解》徐广曰：“阖闾元年至三晋灭智伯六十二年。”

豫让者，晋人也，故尝事范氏及中行氏[1]，而无所知名。去而事智伯[2]，智伯甚尊宠之。及智伯伐赵襄子，赵襄子[3]与韩、魏合谋灭智伯，灭智伯之后而三分其地。赵襄子最怨智伯，漆其头以为饮器[4]。豫让遁逃山中，曰："嗟乎！士为知己者死，女为说己者容。[5]今智伯知[6]我，我必为报仇而死，以报智伯，则吾魂魄不愧矣。"乃变名姓为刑人，入宫涂厕，中挟匕首，欲以刺襄子。[7]襄子如厕，心动，执问涂厕之刑人，则豫让，内持刀兵，曰："欲为智伯报仇！"左右欲诛之。襄子曰："彼义人也，吾谨避之耳。且智伯亡无后，而其臣欲为报仇，此天下之贤人也。"卒醳[8]去之。

豫让是晋国人，过去曾经侍奉过范氏和中行氏，没有什么名声。离开他们去侍奉智伯，智伯特别尊重宠爱他。等到智伯攻打赵襄子的时候，赵襄子和韩氏、魏氏联合谋划灭掉了智伯，三家分割了他的封地。赵襄子最怨恨智伯，把他的头颅用漆涂上做成饮酒器具。豫让逃跑到山林里，说："哎呀！士人要替了解信任自己的人去效死，女子要为喜爱自己的人装扮。如今智伯了解信任我，我一定要替他报仇而死，来报答智伯，那么我的魂魄就不会感到惭愧了。"于是豫让改变姓名化装成一个受过刑而服罪从事劳役的人，进入宫中整修厕所，贴身挟带着匕首，想用它来刺杀赵襄子。襄子上厕所，突感不安，就拘执审问整修厕所的受过刑在服劳役的这个人，那就是豫让，衣服里面带了利刃，说："想替智伯报仇！"赵襄子身边的侍从人员想诛杀他。赵襄子说："他是一个讲道义的人，我谨慎地避开他就是了。况且智伯灭亡以后没有后代，而智伯的臣子想替他报仇，这是一位天下的贤德之人。"最终把他释放让他离去了。

注释 1 范氏及中行(háng)氏:春秋时晋有六卿即范氏、中行氏、智氏、韩氏、赵氏、魏氏。先是智氏灭范氏、中行氏,后韩氏、赵氏、魏氏灭智氏,最终形成韩、赵、魏三家分晋。 2 智伯:晋国大夫荀林父弟荀首之后,智襄子荀瑶。六卿中,智氏势力最强。 3 赵襄子:晋国大夫赵毋卹。智氏继向韩氏、魏氏求地后,向赵氏求地,赵氏不许,纠合韩氏、魏氏灭智氏。 4 饮器:饮具。有以为溲溺器者。《史记正义》刘云:"酒器也,每宾会设之,示恨深也。"按:诸先儒说恐非。 5 说:通"悦"。 容:修饰打扮。 6 知:了解,信任。 7 刑人:受过肉刑,形体亏损而服劳役的罪人。 涂厕:整修厕所。涂,以泥抹墙。 8 醳(shì):通"释",释放。

居顷之,豫让又漆身为厉,吞炭为哑,使形状不可知,行乞于市。[1]其妻不识也。行见其友,其友识之,曰:"汝非豫让邪?"曰:"我是也。"其友为泣曰:"以子之才,委质而臣事襄子,襄子必近幸子。[2]近幸子,乃为所欲,顾[3]不易邪?何乃残身苦[4]形,欲以求报襄子,不亦难乎!"豫让曰:"既已委质臣事人,而求杀之,是怀二心以事其君也。且吾所为者极难耳!

过了不久,豫让把漆涂在身上变成癞疮,吞食炭火变成哑巴,使得人家辨认不出来自己,在街市上乞讨。他的妻子不认识他了。在行路中见到了他的朋友,他朋友认出了他,说:"您不是豫让吗?"豫让说:"是我。"他朋友替他流着眼泪说:"凭您的才能,求见并送上礼物去做臣子侍奉赵襄子,赵襄子一定会亲近宠幸您。亲近宠幸您,再去干您所想干的事情,不是很容易吗?何必这样残毁身体,丑化形象,想通过这样的办法来报复赵襄子,这不是更困难吗?"豫让说:"既然已经求见并送上了礼物对人家称臣侍奉,又寻找机会去杀他,这样做是怀着异心去侍奉他的君主。而且我知道现在这样去做是非常困难

然所以为此者，将以愧天下后世之为人臣怀二心以事其君者也。”

的！然而我之所以要这样去做，是为了用我的行动让后世那些做了臣子却怀着异心去侍奉其他君主的人感到惭愧。”

注释 1 顷之：不久。 厉(lài)：通“癞”。《史记索隐》：“凡漆有毒，近之多患疮肿，若癞病然，故豫让以漆涂身，令其若癞耳。” 知：辨认。 2 委质：臣子向君主献礼，表示献身。质，通“贽”，所送之礼物。 近幸：亲近宠爱。 3 顾：反而。 4 苦：丑化。

既去，顷之，襄子当出，豫让伏于所当过之桥[1]下。襄子至桥，马惊，襄子曰：“此必是豫让也。”使人问之，果豫让也。于是襄子乃数[2]豫让曰：“子不尝事范、中行氏乎？智伯尽灭之，而子不为报仇，而反委质臣于智伯。智伯亦已死矣，而子独何以为之报仇之深也？”豫让曰：“臣事范、中行氏，范、中行氏皆众人遇我，我故众人[3]报之。至于智伯，国士遇我，我故国士[4]报之。”襄子喟然叹息而泣曰：“嗟乎

离开后，不久，赵襄子正赶上外出，豫让埋伏在他将通过的一座桥下。赵襄子到了桥上，马突然受惊，赵襄子说：“这一定是豫让。”派人询问，果然是豫让。于是赵襄子就列举罪过责备豫让说：“您不是曾经侍奉过范氏、中行氏吗？智伯全都把他们消灭了，而您不去替他们报仇，却反过来求见并送礼做了智伯的臣下。智伯已经被杀死了，而您为什么惟独要替他报仇呢？”豫让说：“我侍奉范氏、中行氏，范氏、中行氏都把我当一般人对待，我因此就按一般人回报他们。至于智伯，他是按国内杰出人士对待我，我因此要按国内杰出人士来回报他。”赵襄子颇有感触地叹气并流着眼泪说：“哎呀豫子！您为了替智伯报仇，名声

豫子！子之为智伯，名既成矣，而寡人赦子，亦已足矣。子其自为计，寡人不复释子！”使兵围之。豫让曰：“臣闻明主不掩人之美，而忠臣有死名之义，前君已宽赦臣，天下莫不称君之贤。今日之事，臣固伏诛，然愿请君之衣而击之，焉以致报仇之意，则虽死不恨。[5]非所敢望也，敢布腹心[6]！”于是襄子大义之[7]，乃使使持衣与豫让。豫让拔剑三跃而击之，曰：“吾可以下报智伯矣！”遂伏剑自杀。死之日，赵国志士闻之，皆为涕泣。

其后四十余年而轵有聂政之事。[8]

已经成就了，而我宽赦了您的罪过，也已仁至义尽了。您还是自己看着办吧，我不能再次释放您！”襄子于是派兵把他围起来。豫让说：“我听说英明的君主不掩饰别人的美德，而忠直的臣子就有死于英名的道义原则，这以前您已经宽待释放了我，天下没有谁不称颂您的贤明。今日发生的事情，我本当接受死罪，然而希望能够得到您的衣服，用剑刺击几下，这样也就达到了我报仇的意愿，那么我虽然死了，也不会悔恨。这不是我敢奢望的，只是斗胆说出我的心里话！”赵襄子认为他特别讲义气，就派人拿着自己的衣服给了豫让。豫让拔出剑多次跳起来去刺击衣服，说：“我可以下到黄泉报答智伯了！”就引剑自杀了。他死的那天，赵国的有志之士听说了，都替他流泪哭泣。

豫让之后的四十多年，在轵邑发生了聂政之事。

注释 1 桥：指晋阳东的汾水桥，在今山西太原南。 2 数：列举罪状进行责备。 3 众人：指一般人。 4 国士：国中的杰出人士。 5 固：本当。 伏诛：接受死罪。 焉：这样，于是。 6 布腹心：披露心里话。

7 大义之：认为他特别讲义气。 8 四十余年："四"当为"五"。《史记集解》："自三晋灭智伯至杀侠累五十七年。" 轵：邑名，属南阳地区，在今河南济源东南。

聂政者，轵深井里[1]人也。杀人避仇，与母、姊如齐，以屠为事。

久之，濮阳严仲子事韩哀侯，与韩相侠累有郤。[2]严仲子恐诛，亡去，游求人可以报侠累者。至齐，齐人或言聂政勇敢士也，避仇隐于屠者之间。严仲子至门请，数反，然后具酒自畅聂政母前。[3]酒酣，严仲子奉黄金百溢，前为聂政母寿[4]。聂政惊怪其厚，固谢严仲子。严仲子固进，而聂政谢曰："臣幸有老母，家贫，客游以为狗屠，可以旦夕得甘毳[5]以养亲。亲供养备[6]，不敢当仲子之赐。"严仲子辟[7]人，因为聂政言曰："臣有仇，而行

聂政是轵邑深井里的人。他杀了人，为躲避仇敌，和母亲、姐姐一同来到齐国，以屠宰牲畜为业。

过了很久，濮阳城里严仲子侍奉韩哀侯，和韩国国相侠累之间有嫌隙。严仲子担心被诛杀，逃亡离去了，到处游历寻求可以替他报仇的人。到了齐国，齐国有人告诉他聂政是个勇敢之士，躲避仇人隐藏在屠夫中间。严仲子登门拜访，多次往返，后备办了酒席亲自向聂政的母亲敬酒。喝酒正兴浓的时候，严仲子奉上一百镒黄金，向前祝福聂政的母亲健康长寿。聂政一惊，奇怪他拿出这么厚重的礼物，坚决推辞不接受。严仲子坚持要进献，聂政就辞谢说："我庆幸有位老母亲健在，家中虽然贫穷，但我在客地游历以屠狗谋生，可以早晚赚得甘甜松脆的食物来供养母亲。对母亲的供养还算齐备，不敢承受您的赠赐。"严仲子避开其他人，趁机对聂政说："我有仇人，因而出行游历了

游诸侯众矣；然至齐，窃闻足下义甚高，故进百金者，将用为大人粗粝之费，得以交足下之欢，岂敢以有求望邪！[8]”聂政曰：“臣所以降志辱身居市井屠者，徒幸以养老母；老母在，政身未敢以许人也。”[9]严仲子固让，聂政竟不肯受也。然严仲子卒备宾主之礼而去。

很多诸侯国；然而一到齐国，私下就听说了您非常讲义气，之所以要进献上百镒黄金，就是想用它作为您母亲粗茶淡饭的费用，能够借此和您交个朋友，哪里还敢有什么要求希望呢！”聂政说：“我之所以要降低志向屈辱自身居住在街市上从事屠宰，只是希望借这个职业来供养老母；老母还健在，我还不敢答应人去替他办事。”严仲子执意要赠送，聂政终究不肯接受。不过这次见面还是尽到了宾主双方各自的礼数。

注释　1 深井里：轵邑之里名。　2 濮阳：卫国都城，在今河南濮阳南。　严仲子：名遂，字仲子。　韩哀侯：韩国国君，公元前377—前375年在位。　侠累：姓韩名傀。《史记索隐》：“《战国策》云：‘韩傀相韩，严遂重于君，二人相害也。严遂举韩傀之过，韩傀叱之于朝，严遂拔剑趋之，以救解。’是有郤之由也。”　郤：嫌隙，隔阂。　3 数反：多次往返。　畅：《战国策》作“觞”，敬酒之意。　4 寿：祝人长寿。　5 甘毳(cuì)：甘甜松脆。毳，通“脆”。　6 备：齐备。　7 辟：通“避”。　8 大人：此为对聂政母亲的尊称。《史记正义》：“韦昭云：‘古者名男子为丈夫，尊妇妪为大人。’”　粗粝：粗糙的粮食，此处为谦词。　9 降志辱身：降低志向，屈辱自身。　许人：指答应替人办事。

久之，聂政母死。既已葬，除服[1]，聂政曰："嗟乎！政乃市井之人，鼓刀以屠；而严仲子乃诸侯之卿相也，不远千里，枉车骑而交臣。[2]臣之所以待之，至浅鲜[3]矣，未有大功可以称者，而严仲子奉百金为亲寿，我虽不受，然是者徒深知政也。夫贤者以感忿睚眦之意而亲信穷僻之人，而政独安得嘿然而已乎！[4]且前日要[5]政，政徒以老母；老母今以天年终，政将为知己者用。"乃遂西至濮阳，见严仲子曰："前日所以不许仲子者，徒以亲在；今不幸而母以天年终。仲子所欲报仇者为谁？请得从事[6]焉！"严仲子具告曰："臣之仇韩相侠累，侠累又韩君之季父也，宗族盛多，居处兵卫甚设，臣欲使人刺之，终莫

过了很久，聂政的母亲死了。安葬完毕，服丧期满后聂政脱去了丧服，说："哎！聂政只是个街市上的生意人，仅能操刀屠宰；但严仲子是位诸侯国的卿相，不怕千里路远，屈尊和我相交。我对待他的态度太浅薄了，我没有什么大的功劳值得称扬，而严仲子却奉献出百镒黄金为我母亲祝寿，我虽然没有接受，然而仅凭这一点就说明他是特别了解我的。像他这位贤能卿相出于愤怒仇恨之意肯于亲近并信任穷乡僻壤的人，我怎么能够只是沉默就算了呢？况且前些时候他来请求我，我只是因为老母还在才未答应；老母如今天年享尽，我将要替了解自己的人去出力了。"于是他就往西到达濮阳城，见到严仲子说："前些时候没有答应您，只是因为我母亲还在；如今我母亲已享尽天年辞世了。您想向谁报仇？请让我去办这件事吧！"严仲子详细告诉他说："我的仇人是韩国国相侠累，侠累又是韩国国君的叔父，他家势力大，人口多，居住的处所士兵防卫特别严密，我想派人去刺杀他，始终没有能够成功。如今承蒙您答应了我，请允许我

能就。今足下幸而不弃，请益其车骑壮士可为足下辅翼[7]者。”聂政曰：“韩之与卫，相去中间不甚远，今杀人之相，相又国君之亲，此其势不可以多人，多人不能无生得失，生得失则语泄，语泄是韩举国而与仲子为仇，岂不殆哉！[8]”遂谢车骑人徒。

聂政乃辞，独行杖[9]剑至韩，韩相侠累方坐府上，持兵戟而卫侍者甚众。聂政直入，上阶刺杀侠累，左右大乱。聂政大呼，所击杀者数十人，因自皮面决眼[10]，自屠出肠，遂以死。

为您备办车骑，招募壮士协助您。”聂政说：“韩国和卫国，中间相去不是特别遥远，如今要去刺杀人家的国相，国相又是国君的亲属，这势必不能动用很多的人，人多了就难免闪失，一有闪失，那么计划就会泄露，计划泄露了就会使整个韩国与您结仇，这岂不是很危险？”他就拒绝了车骑和徒众。

聂政于是告辞，手持着剑独自到达韩国，韩国国相侠累正坐在相府之上，拿着武器侍立护卫的人非常多。聂政径直跨入相府，登上台阶刺杀了侠累，侠累身边的侍卫乱成一团。聂政大声呼叫，被他击中杀死的有几十人，并借机自己割破面皮挖出眼睛，自行剖腹拉出肠子，因此而死去。

注释　1 除服：脱去丧服，指服丧期满。　2 市井：指街市买卖之处。《史记正义》：“古者相聚汲水，有物便卖，因成市，故云‘市井’。”　鼓刀：操刀。　枉：委曲，屈就。　3 鲜：少。　4 睚眦(yá zì)：发怒时瞪大眼睛，意指仇恨。　嘿(mò)：同“默”。　5 要：邀请。　6 从事：指帮助报仇。7 辅翼：助手，帮忙的人。　8 不甚远：《史记索隐》高诱曰：“韩都颍川阳翟，卫都东郡濮阳，故曰‘间不远’也。”　得失：偏义复词，此重在“失”。　殆：危险。　9 杖：持，携。　10 皮面决眼：割破面皮，挖出眼睛。

韩取聂政尸暴于市，购问莫知谁子。[1]于是韩县[2]购之，有能言杀相侠累者予千金。久之莫知也。

政姊荣闻人有刺杀韩相者，贼不得，国不知其名姓，暴其尸而县之千金，乃於邑曰[3]："其是吾弟与？嗟乎，严仲子知吾弟！"立起，如韩，之市，而死者果政也，伏尸哭，极哀，曰："是轵深井里所谓聂政者也。"市行者诸众人皆曰："此人暴虐[4]吾国相，王县购其名姓千金，夫人不闻与？何敢来识之也？"荣应之曰："闻之。然政所以蒙污辱自弃于市贩之间者，为老母幸无恙[5]，妾未嫁也。亲既以天年下世，妾已嫁夫，严仲子乃察举吾弟困污之中而交之，泽厚矣，

韩国将聂政的尸体暴露在街市上，出赏钱查问也没有人知道其名姓。于是韩国公开悬赏，有能知道刺杀相国侠累的赏给黄金千斤。过了很久还是没有谁知道。

聂政的姐姐聂荣听说有人刺杀了韩国国相，刺客没能被活捉，国内人不知道刺客的姓名，把他的尸体暴露出来并公开悬赏千斤黄金，就悲伤抽泣着说："难道这是我弟弟吗？哎呀，严仲子了解我弟弟！"她立刻起身，前往韩国，跑到街市上，死者果真是聂政，就爬在尸体上哭得特别悲哀，说："这就是轵邑深井里所说的那个聂政。"街市上很多行人都说："这个人凶残地杀害了我国的国相，国君悬赏千斤黄金来查问他的姓名，夫人没有听说吗？为什么敢来认尸呢？"聂荣回答说："这些我听说了。然而聂政之所以蒙受羞辱生活在街市商贩之中，是因为老母亲有幸平安无事，我还没有出嫁。母亲既然享尽天年辞世了，我又已经出嫁，严仲子把我弟弟从困迫污秽的处境中挑选出来和他相交，恩泽很厚重了，我弟弟还能怎么办！士人本来就该为了解信任自己的人去献身的，如今就因

可柰何！士固为知己者死，今乃以妾尚在之故，重自刑以绝从，妾其柰何畏殁身之诛，终灭贤弟之名！[6]”大惊韩市人。乃大呼天者三，卒於邑悲哀而死政之旁。

为我还活着的缘故，他就严重毁坏自己的容貌以避免使我牵连受罪，我还怎么能畏惧死亡的诛罚，最终泯灭贤弟的名声呢！”这番话大大地惊动了韩国都城街市上的人们。聂荣就大喊三声上天，终于因为极度抽泣悲哀而死在了聂政的旁边。

晋、楚、齐、卫闻之，皆曰：“非独政能也，乃其姊亦烈女也。乡使政诚知其姊无濡忍之志，不重暴骸之难，必绝险千里以列其名，姊弟僇于韩市者，亦未必敢以身许严仲子也。[7]严仲子亦可谓知人能得士矣！”

晋、楚、齐、卫各国听说了，都说：“不仅仅聂政能耐大，就是他姐姐也是一位烈女。假使聂政果真知道他姐姐没有柔忍的心志，不会顾惜暴露骸骨的危难，一定会越过千里艰险来显扬他的名声，姐弟都被杀戮在韩国都城街面上这种情况，也未必敢于拿他自身来许诺严仲子呢！严仲子也可以称得上是能知人得士的人啊！”

其后二百二十余年[8]秦有荆轲之事。

这以后二百二十多年秦国发生了荆轲之事。

注释　1 暴(pù)：暴露。　购问：悬赏征询。　2 县：同“悬”。　3 贼：刺杀的人。杀人为贼。　不得：指没有能活捉。　於邑(wū yì)：亦作“於悒”，犹呜咽，低声哭泣。　4 暴虐：残暴杀害。　5 恙：忧患，病痛。　6 重自刑：指严重地损坏自身容貌形体。　以绝从：指断绝可能给别人带来的牵累。从，牵连治罪。一说，从即“踪”字，指踪迹，线索。　殁身：死亡。　7 濡(rú)忍：柔忍，含忍。濡，柔顺。　不重：不顾惜。　绝：渡，越。　列：公开，显扬。　僇：通“戮”，杀戮。　8 二百二十余年：《史记集解》徐广曰:"聂政至荆轲百七十年尔。"

荆轲者,卫人也。其先乃齐人,徙于卫,卫人谓之庆卿[1]。而之燕,燕人谓之荆卿。

荆卿好读书击剑,以术说卫元君,卫元君[2]不用。其后秦伐魏,置东郡,徙卫元君之支属于野王[3]。

荆轲尝游过榆次,与盖聂论剑,盖聂怒而目之。[4]荆轲出,人或言复召荆卿。盖聂曰:"曩者吾与论剑有不称者,吾目之;[5]试往,是[6]宜去,不敢留。"使使往之主人,荆卿则已驾[7]而去榆次矣。使者还报,盖聂曰:"固去也,吾曩者目摄[8]之!"

荆轲游于邯郸,鲁句践与荆轲博,争道,鲁句践怒而叱之,荆轲嘿而逃去,遂不复会。[9]

荆轲是卫国人。他的祖先是齐国人,迁居到卫国,卫国人称他叫庆卿。后来到了燕国,燕国人称他叫荆卿。

荆卿喜好读书和击剑,凭着剑术去游说卫元君,卫元君不任用他。这以后秦国攻打魏国,设置了东郡,把卫元君的旁友亲属迁徙到了野王。

荆轲曾经在游历时经过榆次,同盖聂谈论剑术,盖聂发怒瞪大眼睛逼视着他。荆轲离开了,有人建议重新把荆卿召回来。盖聂说:"从前我和他比试剑术有不称意的地方,我瞪大眼睛逼视他;你前去看看,他应该离去了,不敢留下来。"结果派人前往荆轲居住之地的主人家,他果然已经乘车离开榆次了。派出的人回来报告,盖聂说:"本来就该离去,我之前瞪大眼睛逼视过他。"

荆轲游历到了邯郸,鲁句践同荆轲博戏,争执着谁该走,鲁句践发怒而叱责他,荆轲不声不响地逃走了,两人就再也没有相见。

注释　1 庆卿:《史记索隐》:“轲先齐人,齐有庆氏,则或本姓庆。春秋庆封,其后改姓贺。此亦至卫而改姓荆。荆、庆声相近,故随在国而异其号耳。卿者,时人尊重之号,犹如相尊美亦称‘子’然也。” 2 卫元君:卫国国君。 3 野王:都邑名,在今河南沁阳。徙野王者包括卫元君,不仅是他的旁友亲属。 4 盖(gě)聂:可能为赵国人,生平不详。 论剑:比试剑术,实即相互较量比试高低。 目:瞪着眼睛逼视。 5 曩(nǎng)者:从前。 称(chèn):合适。 6 是:这种情况下。 7 驾:乘车。 8 摄:通“慑”,威慑。 9 鲁句践:人名,姓鲁,名句践,生平不详。 博:古代的一种赌输赢的棋戏。 争道:争执着法技艺。

荆轲既至燕,爱燕之狗屠及善击筑者高渐离。[1]荆轲嗜酒,日与狗屠及高渐离饮于燕市,酒酣以往[2],高渐离击筑,荆轲和而歌于市中,相乐也,已而相泣,旁若无人者。荆轲虽游于酒人乎,然其为人沈深[3]好书;其所游诸侯,尽与其贤豪长者[4]相结。其之燕,燕之处士[5]田光先生亦善待之,知其非庸人也。

荆轲到了燕国以后,和燕国的屠狗商人以及善于弹奏筑乐的高渐离要好。荆轲嗜好饮酒,每日和屠狗商人和高渐离在燕都街市上饮酒,酒兴正浓以后,高渐离击筑,荆轲和着筑乐在街市上唱起歌来,以此为乐,过了一会儿又相对哭泣,旁若无人的样子。荆轲虽然在饮酒人中间游耍,但是他的为人深沉稳重,喜好读书;他游历诸侯国时,总是和那些贤能豪杰、德高望重的长者结交。他来到燕国,燕国的处士田光先生也善待他,知道他不是一个庸妄无能的人。

注释　1 狗屠:以屠狗为职业的人。 筑:古乐器名。 高渐离:战国末燕国人,曾刺杀秦始皇未遂而被杀。 2 以往:以后。 3 沈深:性格稳重，见事深刻。 4 贤豪长者：贤能豪杰及德高望重之人。 5 处士：隐居不仕之贤者。

居顷之，会燕太子丹[1]质秦亡归燕。燕太子丹者，故尝质于赵，而秦王政生于赵，其少时与丹欢。及政立为秦王，而丹质于秦。秦王之遇[2]燕太子丹不善，故丹怨而亡归。归而求为报秦王者，国小，力不能。其后秦日出兵山东以伐齐、楚、三晋，稍蚕食诸侯，且至于燕，燕君臣皆恐祸之至。[3]太子丹患之，问其傅[4]鞠武。武对曰："秦地遍天下，威胁韩、魏、赵氏，北有甘泉、谷口之固，南有泾、渭之沃，擅巴、汉之饶，右陇、蜀之山，左关、崤之险，民众而士厉，兵革有余。[5]意有所出[6]，则长城之南，易水以北，未有所定也。奈何以见陵之怨，欲

过了不久，碰上燕国的太子丹在秦国做质子，逃回了燕国。燕国的太子丹，过去曾经在赵国当人质，秦王政生在赵国，他年轻时和丹友好。等到政继位做了秦王，丹到了秦国当人质。秦王对待太子丹很不友好，丹心怀怨恨，逃亡回国了。回国以后就寻求报复秦王，但国家弱小，力量达不到。这以后秦国经常出兵到崤山以东来攻打齐、楚、韩、魏、赵各国，逐渐像蚕吃桑叶一样吞食诸侯各国的土地，将要逼近燕国了。燕国的君主和大臣们都恐惧祸患来临。太子丹忧患起来，询问他的老师鞠武。鞠武回答说："秦国的土地遍布天下，威胁着韩、魏、赵各家，它北边有甘泉、谷口的险要地带，南边有泾水、渭水的肥沃田野，独占了巴郡、汉中的富饶，右边有陇山、蜀山，左边有函谷关、崤山的天险，人民众多，士卒奋勇，武器装备充足有余。只要有向外扩展的意图，那么长城以南，易水以北，将不得安宁了。怎么可以由于被欺侮的怨恨，

批其逆鳞哉！[7]”丹曰：“然则何由？”对曰：“请入[8]图之。”

就想去触怒秦王如龙的逆鳞一样凶暴的本性呢？”太子丹说：“那么有什么办法呢？”鞠武回答说：“请您深入考虑一下。”

注释　1 太子丹：燕王喜之子，名丹。　2 遇：对待。　3 稍：逐渐。　且：将。　4 傅：师傅，老师。　5 甘泉：甘泉山，在今陕西淳化北。　谷口：又名瓠口，险要之地，在今陕西淳化南。　泾、渭：泾水、渭水。　擅：拥有，专有。　汉：郡名，地当今陕西南部，治所南郑，今汉中。　陇：陇山，在今陕西陇县西。　关：此指函谷关。　厉：奋勇。　兵革：武器装备。　6 意有所出：意图有向外的打算。　7 见陵：被欺侮。陵，侵犯，欺侮。　批：攻击，触及。　逆鳞：传说龙颈长有逆生之鳞甲，触动了它龙就要咬人。此指秦国凶暴。　8 入：深入，进一步。

居有间，秦将樊於期得罪于秦王，亡之燕，太子受而舍之。[1]鞠武谏曰：“不可。夫以秦王之暴而积怒于燕，足为寒心[2]，又况闻樊将军之所在乎？是谓‘委肉当饿虎之蹊’也，祸必不振矣！[3]虽有管、晏[4]，不能为之谋也。愿太子疾遣樊将军入匈奴以灭口[5]。请西约三晋，南连齐、楚，北购于单于，其后乃可

过了一段时间，秦国将领樊於期得罪了秦王，逃亡到燕国，太子接纳了他，并让他居住下来。鞠武劝告说：“不行。秦王的凶暴和对燕国的怨恨，已经很让人胆战心寒，更何况听说樊将军居住在这里呢？这就叫作‘把肉弃置在饥饿的老虎正要经过的小路上’，祸患一定是无可挽救了！即使有了管仲、晏婴，也不能替你消除祸患。希望太子赶快遣送樊将军前往匈奴来消除秦国进攻的借口。请求你往西去和三晋订立盟约，往南去联合齐国、楚国，往北去和单于讲和，这样做之后才可以想

图也。[6]”太子曰:“太傅之计,旷日弥久,心惛然,恐不能须臾。[7]且非独于此也,夫樊将军穷困于天下,归身于丹,丹终不以迫于强秦而弃所哀怜之交,置之匈奴,是固丹命卒之时也。[8]愿太傅更虑之。”鞠武曰:“夫行危欲求安,造祸而求福,计浅而怨深,连结一人之后交[9],不顾国家之大害,此所谓‘资怨而助祸’矣。夫以鸿毛[10]燎于炉炭之上,必无事矣。且以雕鸷[11]之秦,行怨暴之怒,岂足道哉!燕有田光先生,其为人智深而勇沈,可与谋。”太子曰:“愿因太傅而得交于田先生,可乎?”鞠武曰:“敬诺。”出见田先生,道:“太子愿图国事于先生也”。田光曰:“敬奉教。”乃造[12]焉。

办法对付秦国。”太子说:“老师的计谋,做起来旷日持久,我心里忧闷纷乱,恐怕不能坚持片刻。而且还不仅仅是这样,樊将军在天下遭遇窘困,投奔于我,我终究不能因受到强秦的逼迫而抛弃值得同情的朋友,把他安置到匈奴去,除非我死了。希望老师重新考虑一下。”鞠武说:“选择危险的行动而想谋求平安,制造出祸患却要祈求幸福,计谋浅陋而所积的怨恨深刻,为了交结一个新朋友,不顾及国家的大祸害,这就是所说的‘积蓄怨恨而助长祸患’了。拿一片大雁的羽毛放在炉火上去烧,必定是一下子就完事了。况且像雕鸷一样的秦国,发泄出由怨恨而生的暴怒,其后果难道还需要说出来吗?燕国有位田光先生,他为人智慧深刻并且勇敢沉着,可以同他一起谋划。”太子说:“希望通过老师的介绍而能和田先生结交,可以吗?”鞠武说:“遵命。”鞠武去拜会田先生,说:“太子希望和先生一起谋划国家大事。”田光说:“恭敬承奉指教。”就去登门拜访太子。

注释 1 樊於(wū)期(jī):战国末秦国将领,因得罪于秦王政而逃亡至燕。 舍:居住。 2 寒心:胆战心寒。《史记索隐》:"凡人寒甚则心战,恐惧亦战。今以惧譬寒,言可为心战。" 3 委:弃置。 蹊:小道。 振:振救,挽救。 4 管、晏:指管仲、晏婴。 5 灭口:消除秦国进攻燕国的借口。 6 购:通"媾",和好。 单(chán)于:匈奴君王之称号。 7 旷日弥久:时间久远。 惛(mèn):通"闷",忧闷纷乱。 能:通"耐",忍耐,坚持。 须臾:片刻。 8 弃所哀怜之交:抛弃所同情的朋友。 卒:死。 9 连结一人之后交:交结一个新朋友。 10 鸿毛:大雁羽毛。此形容燕国的弱小。 11 雕鸷(zhì):本指两种凶猛的鸟,此形容秦的凶猛。 12 造:登门拜访。

太子逢迎,却行为导,跪而蔽席。[1]田光坐定,左右无人,太子避席而请曰:"燕秦不两立,愿先生留意也。"[2]田光曰:"臣闻骐骥[3]盛壮之时,一日而驰千里;至其衰老,驽马[4]先之。今太子闻光盛壮之时,不知臣精[5]已消亡矣。虽然[6],光不敢以图国事,所善荆卿可使也。"太子曰:"愿因先生得结交于荆卿,可乎?"田光曰:"敬诺。"即起,趋[7]出。太子送至门,戒[8]曰:"丹所报,先生

太子上前迎接,退着走充当引导,跪下来掸拂座席。田光坐定了,左右没有旁人,太子离开自己的座位请教说:"燕国和秦国誓不两立,希望先生放在心上。"田光说:"我听说骐骥在盛壮的时候,一日可以奔驰千里;等到它衰老了,劣等马会跑在它前头。如今太子听说了我盛壮时候的事情,不知道我的精力已经衰竭了。既然这样,我不敢来谋划国家大事,但我的好友荆轲可以承担这个使命。"太子说:"希望通过先生的介绍而和荆卿结交,可以吗?"田光讲:"遵命。"随即起身,快步走出去。太子送到门口,告诫着

所言者，国之大事也，愿先生勿泄也！”田光俯而笑曰：“诺。”偻[9]行见荆卿，曰：“光与子相善，燕国莫不知。今太子闻光壮盛之时，不知吾形已不逮也，幸而教之曰‘燕秦不两立，愿先生留意也’。[10]光窃不自外，言足下于太子也。[11]愿足下过太子于宫。”荆轲曰：“谨奉教。”田光曰：“吾闻之，长者为行[12]，不使人疑之。今太子告光曰‘所言者，国之大事也，愿先生勿泄’，是太子疑光也。夫为行而使人疑之，非节侠[13]也。”欲自杀以激荆卿，曰：“愿足下急过太子，言光已死，明不言[14]也。”因遂自刎而死。

说：“我所讲的，先生所谈到的，是国家的大事，希望先生不要泄露出去！”田光俯身笑着说：“好。”弯着腰行走去见荆卿，说：“我和您相友善，燕国没有谁不知道。如今太子听说了我盛壮时候的事，不知道我的身体已经赶不上从前了，他对我说‘燕国和秦国誓不两立，希望先生放在心上’。我私下不把您当外人，把您推荐给了太子。希望您到宫中去拜访太子。”荆轲说：“恭谨承奉指教。”田光说：“我听说，有贤德的长者行事，不让人怀疑他。如今太子告诫我说‘所谈论的问题，是国家的大事，希望先生不要泄露’，这是太子怀疑我田光。一个人有所行事而被人怀疑，不是有节操讲义气的人。”想自杀来激励荆卿，说：“希望您赶紧去拜访太子，说我已经死去，以表明事情不会泄露。”因而就自刎而死。

注释　1 却行：退着走。　蔽席：掸拂座席。　2 避席：离开自己的座席。　留意：放在心上。　3 骐骥：千里马。　4 驽马：劣等马。　5 精：精神，精力。　6 虽然：已经这样。　7 趋：快步走。　8 戒：告诫。　9 偻(lóu)：曲背弯腰。　10 形：身体。　逮：及。　11 窃：谦词，私下。　不自外：不把自己当外人。　12 长者为行：贤德之人办事。　13 节侠：

有节操、讲侠义之人。 **14** 不言：不会泄露。

荆轲遂见太子，言田光已死，致光之言。太子再拜而跪，膝行流涕，有顷而后言曰："丹所以诫田先生毋言者，欲以成大事之谋也。今田先生以死明不言，岂丹之心哉！"荆轲坐定，太子避席顿首曰："田先生不知丹之不肖，使得至前，敢有所道，此天之所以哀燕而不弃其孤也。[1]今秦有贪利之心，而欲不可足也。非尽天下之地，臣海内之王者，其意不厌。[2]今秦已虏韩王，尽纳[3]其地。又举兵南伐楚，北临赵。王翦将数十万之众距漳、邺，而李信出太原、云中。[4]赵不能支秦，必入臣[5]，入臣则祸至燕。燕小弱，数困于兵，今计举国不足以当

荆轲就去拜见太子，告知田光已经死去，转达了田光所说的话。太子拜了两拜跪下来，双膝着地前行，痛哭流泪，过了一会儿说："我告诫田先生不要泄露的原因，是想因此成就大事。如今田先生通过死表明他不会泄露，这难道是我的意愿吗？"荆轲坐定，太子避离座席叩头说："田先生不了解我是不才之人，使得我能够在您的面前，冒昧地有所叙说，这是上天要通过这个办法来哀怜燕国并且不抛弃啊。如今秦国有贪求利益之心，它的欲望是不可能满足的。不占有天下的全部土地，使海内的诸侯王臣服，它的欲望就不会满足。如今秦国已经俘虏了韩王，占领了韩国全部的土地。又出动军队往南攻打楚国，往北逼临着赵国。王翦统率几十万兵众抵达了漳水、邺县，李信出兵到了太原郡、云中郡。赵国不能抵抗住秦国，一定会向秦国称臣，如果赵国向秦国称臣，那么祸患就会降临燕国。燕国弱小，多次被战争所困迫，我估量调动全国的力量也不足以抵挡秦国。诸侯

秦。诸侯服秦，莫敢合从[6]。丹之私计，愚以为诚得天下之勇士使于秦，窥[7]以重利；秦王贪，其势必得所愿矣。诚得劫秦王，使悉反[8]诸侯侵地，若曹沫之与齐桓公，则大善矣；则[9]不可，因而刺杀之。彼秦大将擅兵于外而内有乱，则君臣相疑，以其间[10]诸侯得合从，其破秦必矣。此丹之上愿，而不知所委命[11]，唯荆卿留意焉。”久之，荆轲曰：“此国之大事也，臣驽下，恐不足任使。”太子前顿首，固请毋让，然后许诺。于是尊荆卿为上卿，舍上舍。太子日造门下，供太牢具，异物间进，车骑美女恣荆轲所欲，以顺适其意。[12]

国畏服秦国，没有谁敢于联合。我私下有个计策，我愚蠢地认为果真能得到天下的勇士出使秦国，向他炫示出厚重的利益；秦王贪婪，从情势看一定能达到我们的愿望。果真能劫持秦王，让他归还侵占诸侯国的所有土地，像曹沫胁迫齐桓公一样，那就太好了；如果不可能，乘机就刺杀了他。他们秦国的大将在外面独揽兵权而国内出了乱子，那么君臣间就会互相怀疑，乘着这个空隙诸侯国就能联合，打败秦国就是必然的了。这是我最大的愿望，但不知道把这个使命委托给谁，希望荆卿考虑一下这件事。”过了好久，荆卿说：“这是国家的大事，我的才能低劣，恐怕不足以承担这个使命。”太子上前叩头，坚决请求他不要辞让，荆轲就答应了。于是太子就尊奉荆轲为上卿，让他住在上等宅第。太子每日到荆轲的住所问候，供给他牛、羊、猪三牲都具备的宴席，不时地进送奇异的物品，车骑美女任凭他享受，来顺适他的心意。

注释　**1** 不肖：不贤，不才。　使得至前：使我能够到达你面前。　孤：太子丹自称。　**2** 臣海内之王者：使天下之诸侯王臣服。　厌：满足。

3 纳:收缴。 4 距:抵达。 漳:漳水,位于今河北南部。 李信:秦国将领。 5 入臣:称臣。 6 合从:即合纵。下文同此。 7 窥:炫示。 8 反:同“返”,交还。 9 则:表示转折,如果。 10 间:间隙。 11 所委命:使命所委托之人。 12 太牢具:牛、羊、猪三牲皆备的宴席。 间进:不时地送进。

久之,荆轲未有行意。秦将王翦破赵,虏赵王,尽收入其地,进兵北略地至燕南界。太子丹恐惧,乃请荆轲曰:“秦兵旦暮[1]渡易水,则虽欲长侍足下,岂可得哉!”荆轲曰:“微太子言,臣愿谒之。[2]今行而毋信,则秦未可亲也。夫樊将军,秦王购之金千斤,邑万家。诚得樊将军首与燕督亢[3]之地图,奉献秦王,秦王必说见臣,臣乃得有以报。”太子曰:“樊将军穷困来归丹,丹不忍以己之私而伤长者之意,愿足下更虑之!”

过了很久,荆轲还没有启程的意思。秦将王翦攻破了赵国国都,俘虏了赵王,占领了整个赵国,向北进兵略地到达了燕国南部边界。太子丹恐惧起来,就去请求荆轲说:“秦兵早晚就要渡过易水了,那样即使我想长久地侍奉您,难道还有可能吗?”荆轲说:“即便您不说,我也希望谒见您。如今想起程却没有可以让秦王相信的物品,那么秦王就不可能和我亲近。考虑到樊将军,秦王悬赏千斤黄金和万家食邑捉拿他。果真能得到樊将军的首级和燕国督亢的地图,进献给秦王,秦王一定会乐意接见我的,我才能有机会来报效您。”太子说:“樊将军窘困时来归服我,我不忍心因为自己的私利去伤害这位长者,希望您想想别的办法!”

注释 1 旦暮:早晚间,很快。 2 微:如果没有。 谒:请见,禀告。 之:

指代太子。 3 督亢:地区名,当时燕国南部的富庶地区,在今河北易县、涿县、固安一带。

荆轲知太子不忍,乃遂私见樊於期曰:“秦之遇将军可谓深矣,父母宗族皆为戮没。今闻购将军首金千斤,邑万家,将柰何?”於期仰天太息[1]流涕曰:“於期每念之,常痛于骨髓,顾计不知所出耳!”荆轲曰:“今有一言可以解燕国之患,报将军之仇者,何如?”於期乃前曰:“为之柰何?”荆轲曰:“愿得将军之首以献秦王,秦王必喜而见臣,臣左手把其袖,右手揕其匈,然则将军之仇报而燕见陵之愧除矣。[2]将军岂有意乎?”樊於期偏袒扼捥而进曰[3]:“此臣之日夜切齿腐心[4]也,乃今得闻教!”遂自刭。太子闻之,驰往,

荆轲知道太子不忍心杀了樊於期,于是就私自去会见樊於期说:“秦国对待将军可以说是太刻毒了,父母、家族都被杀尽。如今听说秦国悬赏千斤黄金和万家食邑来求取将军的首级,您打算怎么办?”樊於期头朝着天叹息流泪说:“於期每思念起这件事,常常痛入骨髓,只是不知道怎么办罢了!”荆轲说:“如今有一句话可以解除燕国的祸患,报将军的仇恨,怎么样?”樊於期就上前说:“该怎么办?”荆轲说:“希望得到将军的头颅来献给秦王,秦王必定高兴并接见我,我就左手把着他的衣袖,右手用剑刺进他的胸中,那么将军的仇恨报了,而燕国被欺凌的羞愧也涤除了。将军可有这个心意?”樊於期脱下一边衣袖露出肩膀,一只手紧紧握住另一只手腕,走近荆轲说:“这是我日日夜夜切齿碎心的恨事,今天才能听到指教!”他于是自杀了。太子听说了,驾车奔驰前往,伏在樊於期尸体上痛哭,极其悲哀。既然已经无可奈何,就把

伏尸而哭,极哀。既已不可柰何,乃遂盛樊於期首函封之。[5]

樊於期的首级盛在匣子里密封起来。

注释 1 太息:叹息。 2 揕(zhèn):用刀剑刺。 匈:同“胸”。 3 偏袒:脱去一边衣袖,露出半边肩膀。 掔:“腕”的古字,手腕。 4 腐心:心碎若裂。 5 盛(chéng):装,放进。 函封:用匣子封装。

于是太子豫求天下之利匕首,得赵人徐夫人匕首,取之百金,使工以药淬之,以试人,血濡缕,人无不立死者。[1]乃装[2]为遣荆卿。燕国有勇士秦舞阳,年十三,杀人,人不敢忤视。[3]乃令秦舞阳为副。荆轲有所待,欲与俱;其人居远未来,而为治行[4]。顷之,未发,太子迟之[5],疑其改悔,乃复请曰:“日已尽矣,荆卿岂有意哉?丹请得先遣秦舞阳。”荆轲怒,叱太子曰:“何太子之遣?往而不返者,竖子也!且提一匕首入不测之强秦,

于是太子寻求天下锋利的匕首,得到赵国人徐夫人的一把匕首,用百斤黄金购过来让工匠用毒药水淬它,用人做试验,凡是匕首伤破了皮肤,略有一点血渗到丝缕上,人没有不马上就死的。太子就为荆轲整理行装送他出发。燕国有个勇士叫秦舞阳,年纪十三岁,杀过人,别人都不敢迎面看他。太子就让秦舞阳做副手。荆轲在等着另外一个人,想和他一起去;这个人住得很远还没有来到,荆轲替他准备了行装。过了些时候,还没有出发,太子认为荆轲行动迟缓,怀疑他改变主意后悔了,就再次请求说:“出发的时间马上就到了,您可有动身的打算?请允许我能先派秦舞阳出发。”荆轲发怒了,叱责太子说:“为什么太子要这样派遣?只想着去但不想着能完成使命回来,这是没出息的小子!更何况提着一把匕首进入不可预测的

仆所以留者，待吾客与俱。今太子迟之，请辞决[6]矣！”遂发。

秦国。我还滞留的原因，是等着我的一个友人以便一同前往。如今太子认为我行动迟缓，那就此辞别吧！”就出发了。

注释 1 豫：通“预”，预先。 徐夫人：《史记集解》徐广曰：“徐，一作陈。”《史记索隐》：“徐，姓；夫人，名。谓男子也。” 以药淬(cuì)之：将烧红的匕首放到毒药水里浸蘸。淬，以燃炽的金属放入水中，使之坚硬。 血濡(rú)缕：只要有一点血渗到丝缕上。濡，浸。 2 装：整理行装。 3 秦舞阳：燕王贤将秦开之孙。 忤(wǔ)视：《史记索隐》：“不敢逆视，言人畏之甚也。” 4 为治行：替人准备行装。 5 迟之：认为荆轲行动迟缓。 6 决：通“诀”，诀别。

太子及宾客知其事者，皆白衣冠以送之。至易水之上，既祖，取道，高渐离击筑，荆轲和而歌，为变徵之声，士皆垂泪涕泣。[1]又前而为歌曰：“风萧萧[2]兮易水寒，壮士一去兮不复还！”复为羽声慷慨，士皆瞋目，发尽上指冠。[3]于是荆轲就车而去，终已不顾。[4]

太子和宾客中有人知道这件事的，都穿戴着白色衣帽来送别他。到达易水旁边，祭过路神以后，准备上路，高渐离击筑，荆轲和着歌唱起来，开始采用的是变徵曲调，听了后士人都落泪哭泣。接着前进唱着歌：“风萧萧兮易水寒，壮士一去兮不复还！”再采用羽声曲调慷慨悲歌。送行的人都瞪大了眼睛，感动得头发都竖起来顶起了帽子。于是荆轲登车而去，始终连头也不回。

注释 1 祖：即祭祖，祭路神，古人出远门时常举行此种仪式。 取道：上路。 变徵(zhǐ)之声：古代音律分为宫、商、角、变徵、徵、羽、变宫七声，大致相当于今之C、D、E、F、G、A、B七调。变徵音调凄凉，适于悲歌。羽声音调高亢，适于表达激昂慷慨之情。 **2** 萧萧：象声词，风吹之声音。 **3** 瞋(chēn)目：瞪大眼睛。 发尽上指冠：头发全部竖着，顶起了帽子。比喻愤怒至极。 **4** 就车：登车。 顾：回头。

遂至秦，持千金之资币物，厚遗秦王宠臣中庶子蒙嘉。[1]嘉为先言于秦王曰："燕王诚振怖大王之威，不敢举兵以逆军吏，愿举国为内臣，比诸侯之列，给贡职如郡县，而得奉守先王之宗庙。[2]恐惧不敢自陈，谨斩樊於期之头，及献燕督亢之地图，函封，燕王拜送于庭，使使以闻大王，唯大王命之。[3]"秦王闻之，大喜，乃朝服，设九宾，见燕使者咸阳宫。[4]荆轲奉樊於期头函，而秦舞阳奉地图柙，以次进。[5]至陛[6]，秦舞阳色变振恐，群臣怪之。荆轲顾笑舞阳，前谢曰："北蕃蛮夷之鄙人，未尝见天子，故振慑。[7]愿

于是到了秦国，荆轲拿着价值千金的礼物，赠送给了秦王宠幸的臣子中庶子蒙嘉。蒙嘉预先向秦王介绍说："燕国真是害怕大王的威严，不敢出动兵众来迎战秦国军队，愿意全国上下做秦国的臣民，排在诸侯国的行列当中，如同郡县一样供给贡品赋税，只希望能够遵奉并保住先王的宗庙。恐惧得不敢自己来陈述，谨此砍下了樊於期的头，以及献上用匣子密封着的燕国督亢一带的地图，燕王在朝廷上举行了拜送仪式，派遣使者来禀报给大王，希望大王下达命令。"秦王听说了，非常高兴，就穿着朝服设下九宾大礼，在咸阳宫接见燕国使者。荆轲捧着装有樊於期头颅的匣子，秦舞阳捧着盛地图的匣子，依照正副使的次序前进。到了宫廷台阶前，秦舞阳神色突变，恐惧得战栗起来，群臣们都感到奇怪。荆轲回过头笑秦舞阳，上前谢罪说："北方藩属蛮夷

大王少假借之，使得毕使于前。[8]”秦王谓轲曰：“取舞阳所持地图。”轲既取图奏之秦王，发图，图穷而匕首见。[9]因左手把秦王之袖，而右手持匕首揕之。未至身，秦王惊，自引[10]而起，袖绝。拔剑，剑长，操其室[11]。时惶急，剑坚[12]，故不可立拔。荆轲逐秦王，秦王环柱而走。群臣皆愕，卒起不意，尽失其度。[13]而秦法，群臣侍殿上者不得持尺寸之兵；诸郎中[14]执兵皆陈殿下，非有诏召不得上。方急时，不及召下兵，以故荆轲乃逐秦王。而卒惶急，无以击轲，而以手共搏之。是时侍医夏无且以其所奉药囊提荆轲也。[15]秦王方环柱走，卒惶急，不知所为，左右乃

地区的粗野人，从来不曾见过天子，所以害怕得发抖。希望大王稍稍宽容一下，让他在大王面前能够完成使命。”秦王对荆轲说：“把秦舞阳所带的地图拿过来。”荆轲取来地图上奏秦王，他展开地图，地图展开到最后，匕首显现出来。荆轲乘势左手抓住秦王的衣袖，用右手持匕首去刺秦王。匕首还没有接触到秦王的身体，秦王一惊，自己抽身从座上起来，只把衣袖割断了。秦王要拔剑，剑太长，就操起了剑鞘。当时惶恐危急，剑套得又很紧，所以不能够马上拔出剑来。荆轲就追逐秦王，秦王绕着殿柱逃跑。群臣全都大惊失色，因为突发意外事变，大家都失去了常态。秦国的法律规定，侍立在宫廷上的群臣不能够携带兵器；各位郎中持着武器都陈列在宫廷下面，没有国君的诏令不能上殿。情况紧急，秦王来不及召唤宫廷下面的卫兵，因此荆轲才可以追逐秦王。又突然间惶恐危急，拿不到别的武器回击荆轲，就用手和他相互搏斗。这时随身医官夏无且用他所捧着的药袋掷击了荆轲。秦王正在绕着殿柱逃跑，正是惶恐危急，不知道该怎么办的时候，左右侍从喊道：“大王把剑推到背后！”秦王把剑

曰:“王负剑[16]!”负剑,遂拔以击荆轲,断其左股。荆轲废,乃引其匕首以擿秦王,不中,中桐柱。[17]秦王复击轲,轲被八创。[18]轲自知事不就,倚柱而笑,箕踞[19]以骂曰:“事所以不成者,以欲生劫之,必得约契以报太子也。”于是左右既前杀轲,秦王不怡者良久。已而论功,赏群臣及当坐者各有差,而赐夏无且黄金二百溢,曰:“无且爱我,乃以药囊提荆轲也。[20]”

推到了背后,就拔出了剑来回击荆轲,砍断了他的左腿。荆轲瘫倒了,就举起他的匕首来投刺秦王,没有投中,投中了铜殿柱。秦王再次击打荆轲,荆轲身上受到八处创伤。荆轲自己知道事情不可能成功了,倚靠着殿柱笑起来,跨出两腿骂着说:“事情没有成功的原因,是由于想活着劫持你,一定要得到契约以便回报太子。”这时侍卫们上前杀死了荆轲,秦王有好长时间心里不畅快。随后论功,奖赏群臣以及应当惩处的各有差别,赐给夏无且二百镒黄金,说:“无且爱护我,才拿药袋掷击荆轲。”

注释 1 资:价值。 币物:礼物。 遗(wèi):赠送。 中庶子:官名,掌管诸侯卿大夫庶子的教育。 2 振怖:恐怖。振,通“震”。 逆:迎击,抵抗。 比:排列,等同。 给(jǐ):供给。 贡职:贡品赋税。职,赋税。 3 陈:陈述。 庭:通“廷”。 4 朝服:穿上上朝之礼服。 九宾:极其隆重的外交礼节。 咸阳宫:秦朝朝仪正宫。 5 奉:捧。 柙(xiá):盒子。 6 陛:宫前台阶。 7 北蕃:北方藩属。蕃,通“藩”。 鄙人:粗野之人。 振慑(shè,旧读 zhé):震恐。慑,畏惧。 8 少:稍。 假借:宽容。 毕使:完成使命。 9 发:打开。 图穷:图圈展到最后。 10 引:抽身。 11 室:剑鞘。 12 剑坚:指剑与鞘套得很紧固。 13 卒(cù):同“猝”,突然。 度:常态。 14 郎中:皇帝的侍卫人员。 15 侍医:随身医官。　且:音 jū。　提:掷击。　**16** 负剑:把剑推到背后。　**17** 废:瘫倒。　擿(zhì):同“掷”。　**18** 被:受。　创(chuāng):伤,伤口。**19** 箕踞:伸出两腿,像簸箕口似地坐着。古人以此为倨傲不敬的表现。**20** 坐者:在座的。　差:差别,等次。

于是秦王大怒,益发兵诣赵,诏王翦军以伐燕。十月而拔蓟城[1]。燕王喜、太子丹等尽率其精兵东保于辽东。秦将李信追击燕王急,代王嘉[2]乃遗燕王喜书曰:“秦所以尤追燕急者,以太子丹故也。今王诚杀丹献之秦王,秦王必解,而社稷幸得血食。[3]”其后李信追丹,丹匿衍水[4]中,燕王乃使使斩太子丹,欲献之秦。秦复进兵攻之。后五年,秦卒灭燕,虏燕王喜。

于是秦王大发雷霆,增派兵力前往赵国,诏令王翦的军队去攻打燕国。十月攻克了蓟城。燕王喜、太子丹等人带领他们的全部精兵向东退守于辽东。秦将李信迅速前去追击燕王,代王嘉就写了一封信给燕王喜说:“秦国追击燕国特别紧急,是由于太子丹的缘故。现在您如果杀了太子丹,把他的首级献给秦王,秦王一定会宽容燕国,您的社稷侥幸还能得到祭祀。”其后李信追击太子丹,丹藏匿在衍水河中,燕王就派人斩杀了太子丹,想把他的首级献给秦国。秦国再次进兵攻打燕国。五年后,秦国终于灭掉了燕国,俘虏了燕王喜。

注释　**1** 蓟城:邑名,当时为燕都,在今北京。　**2** 代王嘉:即指赵悼襄王的嫡长子,赵公子嘉。赵国灭亡后公子嘉逃至代,后被赵残余势力立为代王。　**3** 解(xiè):松弛,宽容。　血食:享受祭祀。　**4** 衍水:古水名,即今辽东太子河,因太子丹匿于此而得名。

其明年，秦并天下，立号为皇帝。于是秦逐太子丹、荆轲之客，皆亡。高渐离变名姓为人庸保[1]，匿作于宋子。久之，作苦，闻其家堂上客击筑，傍偟不能去。[2]每出言曰："彼有善[3]有不善。"从者以告其主，曰："彼庸乃知音，窃言是非。"家丈人召使前击筑，一坐称善，赐酒。[4]而高渐离念久隐畏约[5]无穷时，乃退，出其装匣中筑与其善衣，更容貌而前。举坐客皆惊，下与抗礼[6]，以为上客。使击筑而歌，客无不流涕而去者。宋子传客之[7]，闻于秦始皇。秦始皇召见，人有识者，乃曰："高渐离也。"秦皇帝惜其善击筑，重赦之，乃矐其目[8]。使击筑，未尝不称善。稍益近之，高渐离乃以铅置筑中，复进得近，举筑朴秦

第二年，秦王吞并了天下，立号为皇帝。于是秦国追逐太子丹、荆轲的门客，他们都逃亡了。高渐离变换姓名替人家当酒保，躲藏在宋子城里劳作。过了很久，在劳作很辛苦的时候，听到主人家厅堂内有客人击筑，他在外面徘徊不愿离去。每次听了以后就发出话说："那位客人有弹击得好的地方，也有弹击得不好的地方。"侍候的人把这话告诉他家主人，说："那个酒保还懂得音乐，私下里评论着筑乐弹击的好坏。"主人召高渐离前去击筑，满座都称赞他弹击得好，赐酒给他。高渐离担心长久隐藏起来会一直贫困下去，就退下，取出装在匣子里的筑和他的好衣服，重新整理了着装、修饰了面容来到了堂上。满座的宾客都感到惊奇，走下座位来和他平等施礼，把他尊奉为上宾。宾客让他击筑歌唱，客人听了没有不感动得流着眼泪离去的。宋子城里轮流请他做客，这件事让秦始皇听说了。秦始皇召他进见，有人认识他，就说："这人是高渐离。"秦始皇因他善于击筑而怜惜他，赦免了他的死罪，但熏瞎了他的眼睛。让他击筑，

皇帝，不中。[9] 于是遂诛高渐离，终身不复近诸侯之人。

鲁句践已闻荆轲之刺秦王，私曰："嗟乎，惜哉其不讲[10]于刺剑之术也！甚矣吾不知人也！曩者吾叱之，彼乃以我为非人[11]也！"

不曾有哪一次不称赞他击得好的。他逐渐得以接近秦始皇，于是就把铅放在筑里，再次接近秦始皇的时候，他举起筑扑击秦皇帝，没有击中。于是始皇就诛杀了高渐离，此后再也不敢亲近诸侯各国的人。

鲁句践听说荆轲刺杀秦王的事，私下说："哎呀，可惜他不讲究刺剑的技术呀！我太不了解人了！从前我叱责他，自认为我和他不是同一类的人！"

注释 1 庸保：犹今之"仆佣""伙计"。 2 作苦：劳作辛苦。 傍偟：徘徊。 3 善：指击奏得好。 4 丈人：主人。 坐：通"座"。 5 约：贫困俭约。 6 抗礼：平等的礼节。 7 传客之：轮流地请他做客。 8 矐(huò)：熏瞎。《史记索隐》："说者云以马屎熏令失明。" 9 稍：逐渐地。 朴：通"扑"，扑击。 10 讲：讲究，此指精通。 11 非人：不是同类人。

太史公曰：世言荆轲，其称太子丹之命，"天雨粟，马生角"也，太过。[1] 又言荆轲伤秦王，皆非也。始公孙季功、董生与夏无且游，具知其事，为余道之如是。[2] 自曹沫至荆轲五人，此

太史公说：社会上谈论荆轲刺秦王的事，有人说太子丹接受了天命，使得"天空落下了粟粒，马头长出了两角"，太离奇了。又说荆轲刺伤了秦王，都是不对的。当初公孙季功、董生和夏无且交游，详细了解这件事的经过，对我说起的就是我这里记载的。从曹沫到荆轲五个人，这些人的义举有的成功，有的失败，然而他们的意图都很

其义或成或不成，然其立意较然，不欺其志，名垂后世，岂妄也哉！[3]

明确，没有背离自己的志向，声名流传到后代，难道是虚妄的吗?!

注释 **1**“世言荆轲”二句：指当时流传的荆轲刺秦王的故事中，有称太子丹得天命之事。《史记索隐》引《燕丹子》曰：“丹求归，秦王曰‘乌头白，马生角，乃许耳’。丹乃仰天叹，乌头即白，马亦生角。” 太过：太过分，太离奇。 **2** 公孙季功：人名，生平不详。 董生：即董仲舒。 **3** 自曹沫至荆轲五人：即指本列传中记载的曹沫、专诸、豫让、聂政、荆轲五人。 义：义举，此指刺杀活动。 较：明白。

史记卷八十七

李斯列传第二十七

原文

李斯者,楚上蔡[1]人也。年少时,为郡小吏,见吏舍厕中鼠食不洁,近人犬,数惊恐之。[2]斯入仓,观仓中鼠,食积粟,居大庑之下,不见人犬之忧。[3]于是李斯乃叹曰:“人之贤不肖譬如鼠矣,在所自处[4]耳!”

译文

李斯是楚国上蔡人。年轻的时候,在郡里做一个掌管乡文书的小官,看到吏府厕所的老鼠吃的是脏东西,只要有人和狗走近,总是受惊吓。李斯走进粮仓,观察粮仓中的老鼠,吃的是积存的粮食,住在大房屋下面,不担心被人和狗所惊扰。于是李斯叹息说:“一个人有出息还是没有出息,就如同老鼠一样,只在于让自己处在一个什么样的环境中而已!”

注释 1 上蔡:楚邑名,在今河南上蔡西南。 2 郡小吏:据《史记索隐》,为“掌乡文书”的小官。 近人犬:只要接近人和狗。 数(shuò):屡次,多次。 3 大庑(wǔ):大的房屋。 忧:惊扰。 4 在所自处:在于处在一个什么样的环境中。

乃从荀卿学帝王之术[1]。学已成,度楚王不足事,而六国皆弱,无可为建功者,欲西入秦。[2]辞于荀卿曰:"斯闻得时无怠,今万乘方争时,游者主事。[3]今秦王欲吞天下,称帝而治,此布衣驰骛之时而游说者之秋也。[4]处卑贱之位而计不为者,此禽鹿视肉,人面而能强行者耳。[5]故诟[6]莫大于卑贱,而悲莫甚于穷困。久处卑贱之位,困苦之地,非世而恶利,自托于无为,此非士之情也。[7]故斯将西说[8]秦王矣。"

李斯跟从荀卿学习帝王统治天下的谋略和方法。学业完成之后,他估计楚王不值得侍奉,并且东方六国都衰弱,没有哪一国可以去替他们建功立业,就想往西进入秦国。向荀卿告辞说:"李斯听说得到时机就不要懈怠,当今是各诸侯强国正在争斗的时候,游说之士掌握着实权。如今秦王想吞并天下,建立帝业来统治天下,这正是平民出身的活动家和从事游说的人们驰骋奔走施展才能的好时机。处在卑贱的地位而打算什么也不做的人,不过是如同禽兽看到现成的肉才会张开嘴去吃一样,徒具一张面孔而能勉强直立行走罢了。所以最大的耻辱莫过于卑贱,而最可悲伤的事莫过于穷困。长久处在卑贱的地位,困苦的境遇,非难当世而厌恶利禄,把自己寄托于与世无争之中,这不是士子的本意。所以李斯将要西去游说秦王了。"

注释 1 帝王之术:帝王统治天下的谋略和办法。 2 度(duó):估计,考虑。 足:值得。 3 时:时机。 怠:松懈,错过。 万乘(shèng):指当时各诸侯大国。 4 驰骛(wù):奔走。骛,跑,奔驰。 秋:机会,时机。 5 计不为:打算什么也不做。 禽鹿:禽兽。 6 诟(gòu):耻辱。 7 非世而恶(wù)利:非难当世而厌恶利禄。 情:意愿。 8 说(shuì):游说。

至秦，会庄襄王[1]卒，李斯乃求为秦相文信侯吕不韦舍人；不韦贤之，任以为郎[2]。李斯因以得说，说秦王曰："胥人者，去其幾也。[3]成大功者，在因瑕衅[4]而遂忍之。昔者秦穆公之霸，终不东并六国者，何也？诸侯尚众，周德未衰，故五伯迭兴，更尊周室。[5]自秦孝公以来，周室卑微，诸侯相兼，关东为六国，秦之乘胜役诸侯，盖六世矣。[6]今诸侯服秦，譬若郡县。夫以秦之强，大王之贤，由灶上骚除，足以灭诸侯，成帝业，为天下一统，此万世之一时也。[7]今怠而不急就[8]，诸侯复强，相聚约从，虽有黄帝之贤，不能并也。"秦王乃拜斯为长史，听其计，阴遣谋士赍[9]持金玉以游说诸侯。诸侯

到了秦国，正碰上庄襄王去世，李斯就寻求做秦相文信侯吕不韦家的舍人；吕不韦认为他贤能，委派他做宫廷侍卫官。李斯因此就有了进言的机会，游说秦王说："胥人不识机微，失去了时机。成就大功业的人，在于乘着少有的空隙并因此下狠心干事。从前秦穆公称霸的时候，最终没有在东方并吞六国，是为什么呢？因为诸侯国还很多，周室的德望还没有衰落，所以五位霸主相迭兴起，更替着尊崇周王室。从秦孝公以来，周王室衰落了，诸侯国之间互相兼并，函谷关以东地区分化成六国，秦国乘着胜势奴役诸侯各国，已经有六代了。如今诸侯各国顺服秦国，如郡县服从朝廷一样。凭借秦国的强大，大王的贤明，就好比从灶上扫除灰尘一样，完全可以灭掉诸侯国家，成就帝业，完成天下统一，这是万世难逢的一次好机会。现在如果懈怠而不抓紧成事的话，诸侯各国重新强大起来，聚在一起相约合纵，即使有黄帝那样的贤能，也不能吞并它们了。"秦王就任命李斯做长史，听从他的计策，暗中派遣谋士带着金玉去游说诸侯。诸侯国家的知名之士能用财物

名士可下[10]以财者，厚遗结之；不肯者，利剑刺之。离其君臣之计，秦王乃使其良将随其后。[11]秦王拜斯为客卿[12]。

收买的，就送许多钱财拉拢他们；不肯接受钱财的，就用利剑刺杀他们。在执行离间他们君臣关系计策的同时，秦王也派出优秀将领跟随在谋士后面进行攻击。秦王任命李斯做客卿。

注释 1 庄襄王：秦国国君，公元前250—前247年在位。 2 郎：宫廷侍卫官。 3 胥人：《史记索隐》："胥人犹胥吏，小人也。" 幾：时机，机会。 4 瑕衅：空隙，矛盾。 5 伯：通"霸"。 更：更相。 6 卑微：衰落。 六世：指秦孝公、惠文王、武王、昭王、孝文王、庄襄王。 7 由灶上骚除：如同扫除灶上的灰尘。由，通"犹"。骚，通"扫"。 万世之一时：万代难逢的一次好机会。 8 就：成就，完成。 9 赍(jī)：带着。 10 下：收买，收服。 11 离：离间。 计：计划。 12 客卿：用他国人为卿大夫，故曰客卿。

会韩人郑国来间秦，以作注溉渠，已而觉。[1]秦宗室大臣皆言秦王曰："诸侯人来事秦者，大抵为其主游间于秦耳，请一切[2]逐客。"李斯议亦在逐中[3]。斯乃上书曰：

臣闻吏议逐客，窃以为过矣。[4]昔缪公求士，西取由余于戎，东得百里奚

正赶上韩国人郑国做间谍来到秦国，郑国让秦国修筑灌溉渠，企图耗费秦国财才，不久被发觉。秦国的宗室大臣们都向秦王进言说："诸侯各国的人来侍奉秦国的，大都不过是替各自的国君到秦国来游说并做间谍罢了，请将客卿一律驱逐。"议论中李斯也被列在被驱逐人员的名单里面。李斯于是上书说：

听说官吏们议论驱逐客卿，我私下认为这样做是错的。从前穆公招揽贤士，西面从戎族取得由余，

于宛，迎蹇叔于宋，来丕豹、公孙支于晋。[5] 此五子者，不产于秦，而缪公用之，并国二十，遂霸西戎[6]。孝公用商鞅之法，移风易俗，民以殷盛，国以富强，百姓乐用，诸侯亲服，获楚、魏之师，举地千里，至今治强。[7] 惠王用张仪之计，拔三川之地，西并巴、蜀，北收上郡，南取汉中，包九夷，制鄢郢，东据成皋之险，割膏腴之壤，遂散六国之从，使之西面事秦，功施到今。[8] 昭王得范雎，废穰侯，逐华阳，强公室，杜私门，蚕食诸侯，使秦成帝业。[9] 此四君者，皆以客之功。由此观之，客何负于秦哉！向使四君却客而不内，疏士而不用，是使国无富利之实而秦无强大之名也。[10]

东面从宛地得到百里奚，从宋国迎来了蹇叔，从晋国招徕了丕豹、公孙支。这五位先生，不是出生在秦国，但是穆公任用他们，吞并了二十个小国，在西部戎族地区称霸了。孝公采用商鞅的新法，移风易俗，民众因此而殷实兴盛，国家因此而富足强大，百姓乐于替国家效力，诸侯国也都来亲善顺服，打败了楚、魏两国的军队，攻占了千里之地，直到今日都安定而强盛。惠王采用张仪的计策，攻占了三川地带，西边兼并了巴、蜀，北边占领了上郡，南边夺取了汉中，囊括了九夷，控制了鄢郢，东边占据了险要的成皋，割取了肥沃的土地，因而解散了六国的合纵，让他们面向西来侍奉秦国，功劳延续到如今。昭王得到范雎，废免了穰侯，逐走了华阳君，加强了公室的威权，杜绝了私门的干扰，对诸侯各国进行蚕食，为秦国建立帝王之业奠定了根基。这四位国君，都是依靠了客卿的力量。由此看来，客卿有什么地方对不起秦国呢！假若这四位国君拒绝客卿而不接受他们，疏远贤士而不加任用，这样就会使国家没有财利富足的实力而秦国也就没有强大的名声。

注释 1 郑国:人名,韩国人,水利家。 间:当间谍。 作注溉渠:郑国提出一项引泾注洛,于关中平原的北山南麓修筑灌溉渠的方案。 2 一切:一概,一律。 3 议亦在逐中:议定也在被逐之列。 4 窃:谦词,私下。 过:错误。 5 缪公:即秦穆公。 由余:原晋国人,后逃入戎,秦使反间计得之,佐秦穆公并戎国十二,开地千里,使秦称霸。 百里奚:原为虞国大夫,虞国灭亡后为晋所虏为奴,潜逃至宛,秦以五张黑羊皮从楚换回,任以国政,佐秦穆公称霸。 蹇(jiǎn)叔:百里奚之好友,曾寓居宋,为百里奚所推荐,秦穆公任为上大夫。 来:亦作"徕",招致,招徕。 丕豹:晋国大臣丕郑之子,其父被杀奔秦,被任为大将,攻晋夺河西八邑。 公孙支:岐人,曾在晋国居住,后来秦国任为上大夫。 6 西戎:泛指当时函谷关以西、陕西西部、陇中地区。 7 殷盛:殷实,富强。 举:攻占。 治强:安定而强盛。 8 惠王:秦国国君,公元前338—前311年在位。秦国由此始称王,亦称惠文王。 西面:面向西,即向秦投降。 施(yì):延续。 9 昭王:即秦昭王嬴稷。 穰侯:魏冉,昭王之外戚。 华阳:即华阳君芈戎,昭王之外戚。 杜:杜绝,堵塞。 10 向使:以前假使。 却:拒绝。

今陛下致昆山之玉,有随、和之宝,垂明月之珠,服太阿之剑,乘纤离之马,建翠凤之旗,树灵鼍之鼓。[1]此数宝者,秦不生一焉,而陛下说之,何也?必秦国之所生然后可,则是夜光之璧不饰朝廷,犀象之器不为玩

如今陛下罗致了昆岗产的美玉,得到了随侯、卞和的璧宝,垂挂着明月珠,佩带着太阿剑,骑乘着纤离马,竖起翠凤旗,制作了灵鼍鼓。这几种宝物,没有一种是秦国出产的,而陛下喜欢它们,这是为什么呢?一定要是秦国所出产的才可以用,那么夜光之璧不会装饰在朝廷,犀角象牙的器物不会供人玩赏,郑、卫的美女不会充满后宫,并且駃騠宝马也不会填

好，郑、卫之女不充后宫，而骏良駃騠不实外厩，江南金锡不为用，西蜀丹青不为采。[2] 所以饰后宫充下陈娱心意说耳目者，必出于秦然后可，则是宛珠之簪，傅玑之珥，阿缟之衣，锦绣之饰不进于前，而随俗雅化佳冶窈窕赵女不立于侧也。[3] 夫击瓮叩缶弹筝搏髀，而歌呼呜呜快耳者，真秦之声也；[4]《郑》《卫》《桑间》《昭》《虞》《武》《象》者，异国之乐也。[5] 今弃击瓮叩缶而就《郑》《卫》，退弹筝而取《昭》《虞》，若是者何也？快意当前，适观而已矣。[6] 今取人则不然。不问可否，不论曲直，非秦者去，为客者逐。然则是所重者在乎色乐珠玉，而所轻者在乎人民也。此非所以跨海内制诸侯之术也。

塞马棚，江南产的金锡不能动用，西蜀产的丹青不能采集。用来装饰后宫使姬妾心情耳目娱悦的各种人和物，一定要是出产在秦国的才可以用，那么宛珠制的簪子，装饰着珍珠的耳饰，东阿白丝织的衣裳，锦缎刺绣的饰物就不能进献在您面前，而能随着风俗闲雅变化容貌身段的美丽的赵国女子就不会站立在您的两旁。而那些敲打着瓦坛瓦罐，弹着秦筝，拍着大腿，呜呜地歌唱喊叫，听起来痛快的，是真正的秦地音乐；《郑》《卫》《桑间》《昭》《虞》《武》《象》等舞曲，那是别国的音乐。如今放弃敲打瓦坛瓦罐而来采用《郑》《卫》之声，废除弹筝却选取《昭》《虞》之乐，像这样做是为什么呢？只不过是为了在眼前使心情舒适畅快，愉悦官能而已。如今选人却不这样。不问可用不可用，不论是非曲直，只要不是秦国人就让离开，凡是做客卿的都加以驱逐。既然如此，那么这说明陛下看重女色、音乐、珠宝、美玉，而轻视人才了。这不是能用来统一天下控制诸侯的策略啊。

注释 1 昆山:亦称昆岗,在今新疆和田西北,以产玉闻名。 随、和之宝:即指随侯之珠,楚人卞和之玉。 明月:当时宝珠名。 太阿:《史记索隐》引《越绝书》曰:“楚王召欧冶子、干将作铁剑三,一曰干将,二曰莫邪,三曰太阿也。” 纤离:骏马名。 翠凤之旗:用翠凤羽毛装饰的旗子。 灵鼍(tuó)之鼓:用鼍皮蒙为鼓面。鼍,又名猪婆龙,皮厚,古人用以蒙鼓。 2 犀象:犀牛角、象牙。 玩好:供人赏玩、令人喜爱的器物。 郑、卫之女:古时认为郑、卫之女貌美,且能歌善舞。 駃騠(jué tí):宝马名。 丹青:指丹砂和青雘(huò),是古代提炼红色和青色的两种主要颜料。 3 下陈:指姬妾之类。 宛珠:宛地出产的珍珠。 傅玑之珥(ěr):装饰着小珍珠的耳饰。傅,通“附”,附着粘贴。玑,不圆的小珠。珥,妇女的耳饰。 阿缟:齐国东阿出产的白色丝织品。 随俗雅化:《史记索隐》:“谓闲雅变化而能随俗也。” 佳冶窈窕:指容貌身段之美。 赵女:泛指美女。古人认为“燕赵多佳人”。 4 瓮、缶(fǒu):皆盛水、酒之陶器,当时秦以此为打击乐器。 筝:秦国的一种弦乐器。 搏:拍打。 髀(bì):大腿。 5《郑》《卫》:此指郑国、卫国的民间音乐。《桑间》:桑间本为地名,在今河南濮阳南,此指这一带的地方音乐,以反映男女爱情为主要特征。 《昭》《虞》:为虞舜时之音乐。《昭》亦作《韶》。 《武》《象》:西周武王时的舞曲。 6 快意当前:为了当前心意畅快。 适观:愉悦官能。

臣闻地广者粟多,国大者人众,兵强则士勇。是以太山不让土壤,故能成其大;河海不择细流,故能就其深;王者不却众庶[1],故能明其德。是以地

我听说土地广阔的粮食多,国家面积大的人口众,武器锋锐士兵就勇敢。因此泰山不会排斥泥土,所以能成就它的大;河海不挑剔细小水流,所以能造就它这么深;称王的人不舍弃民众,所以能彰显他的仁德。因此国土不分四方内外,民

无四方，民无异国，四时充美，鬼神降福，此五帝、三王之所以无敌也。[2] 今乃弃黔首以资敌国，却宾客以业诸侯，使天下之士退而不敢西向，裹足不入秦，此所谓“借寇兵而赍盗粮”者也。[3]

夫物不产于秦，可宝者多；士不产于秦，而愿忠者众。今逐客以资敌国，损民以益仇，内自虚而外树怨于诸侯，求国无危，不可得也。

秦王乃除逐客之令，复李斯官，卒[4]用其计谋。官至廷尉[5]。二十余年，竟并天下，尊主为皇帝，以斯为丞相。夷郡县城，销其兵刃，示不复用。[6] 使秦无尺土之封，不立子弟为王、功臣为诸侯者，使后无战攻之患。

众不分本国他国，一年四季充足美满，鬼神降赐着福泽，这就是五帝、三王之所以没有敌手的原因。如今竟抛弃民众来资助敌国，拒绝宾客而使诸侯国成就事业，让天下的贤士却步而不敢奔向西方，拴住腿脚不进入秦国，这就是所说的“将武器借给贼寇并把粮食送给强盗”的做法啊！

物品不出产在秦国，值得珍爱的有很多；贤士不出生在秦国，愿意效忠的也有不少。如今驱逐客卿来资助敌国，损害民众来增强仇敌，使自己内部空虚而外部又和诸侯各国结怨，想求得国家没有危险，是不可能的。

秦王于是废除了驱逐客卿的命令，恢复了李斯的官职，最终采纳了他的计谋。李斯的官职升到了廷尉。二十多年，秦国终于兼并了天下，推尊国君做了皇帝，任命李斯做了丞相。铲除了郡县的城防设施，销毁了各地的兵器，表示不再使用。李斯使秦国没有分封一尺土地，不立皇帝的子弟做王，也不封功臣做诸侯，这都是为了让以后没有战争攻伐的祸患。

注释 1 众庶:老百姓。 2 地无四方:国土不分四方内外。 四时充美:四季风调雨顺,合乎自然规律。 3 业:成就。 借寇兵:借兵器给敌人。 赍盗粮:给盗贼送粮食。 4 卒:最终。 5 廷尉:官名,九卿之一,主管司法的最高长官。 6 夷:铲除,去掉。 城:城防设施。 销:销毁。

始皇三十四年,置酒咸阳宫,博士仆射周青臣等颂称始皇威德。[1]齐人淳于越进谏曰:"臣闻之,殷、周之王千余岁,封子弟功臣自为支辅。[2]今陛下有海内,而子弟为匹夫,卒有田常、六卿之患,臣无辅弼,何以相救哉?[3]事不师[4]古而能长久者,非所闻也。今青臣等又面谀以重[5]陛下过,非忠臣也。"

始皇三十四年,在咸阳宫摆设酒宴,博士仆射周青臣等人称颂始皇的武威盛德。齐国人淳于越劝谏说:"我听说殷、周两朝统治达一千多年,分封了子弟和功臣作为自己的辅翼。如今陛下享有天下,但子弟却是平民,如果突然发生了田常、六卿这一类祸患,没有辅佐的藩臣,靠谁来相救呢?办事不效法古代却能长久维持的国家,我没有听说过。如今周青臣又当面阿谀来加重陛下的过错,这不是忠臣。"

注释 1 始皇三十四年:即公元前213年。 博士:官名,秦时为皇帝的文学侍从人员,以备参谋顾问。 仆射(yè):官名,皇帝周围侍从人员之长。 2 淳于越:秦博士。 支辅:分支,辅佐。支,通"枝",与主干相对而言。 3 田常:齐国大夫,杀齐简公,拥立平公,自任相国。齐国田氏专权由此始。 六卿:指晋国范氏、中行氏、智氏、韩氏、魏氏、赵氏六家大夫。 弼(bì):辅佐。 4 师:学习,效法。 5 重:加重,助长。

始皇下其议丞相。丞相谬其说，绌其辞，乃上书曰：“古者天下散乱，莫能相一，是以诸侯并作，语皆道古以害今，饰虚言以乱实，人善其所私学，以非上所建立。[1]今陛下并有天下，别白黑而定一尊；而私学乃相与非法教之制，闻令下，即各以其私学议之，入则心非，出则巷议，非主以为名，异趣以为高，率群下以造谤。如此不禁，则主势降乎上，党与成乎下。禁之便。臣请诸有文学《诗》《书》百家语者，蠲除去之。[2]令到满三十日弗去，黥为城旦。所不去者，医药卜筮种树之书。若有欲学者，以吏为师。[3]”始皇可其议，收去《诗》《书》百家之语以愚百姓，使天下无以古非

始皇把这种议论交给丞相处理。丞相认为这个意见很荒谬，废弃他们的言辞，于是呈上奏书说：“古时候天下分散混乱，不能够做到彼此统一，因此诸侯并起，各种意见都称道古代来否定当今，以装饰虚夸的言辞来扰乱社会现实，人们都尊崇自己所主张的学说，用来非难朝廷所建立的法令制度。如今陛下统一了天下，分别了是非黑白并确定尊立一帝；但是私家学说就相互勾结来反对朝廷的法令教化制度，一听到政令下达，就各自以私家学说加以议论，入朝心中不满，走出家门就在街头巷尾纷纷议论，拿批评君主来建立名声，拿标新立异来自视高明，并带领着下层民众来制造诽谤。像这样的情势不加禁止，那么在上君主的威望要下降，在下党派的势力会形成。禁止私学有利。我请求凡是有文化典籍《诗》《书》一类以及诸子百家著作的，一律加以清除。命令到达满三十天不清除的，罚处黥刑并充任筑城劳役。不在清除之列的，是医药、占卜、种植、栽树方面的书。如果有要求学习法令的，以官吏为老师。”始皇批准了他的建议，没收了《诗》《书》和诸子百家著作，

今。明法度，定律令，皆以始皇起。同文书[4]。治离宫别馆[5]，周遍天下。明年，又巡狩，外攘四夷，斯皆有力焉。[6]

以便使民众愚昧无知，让天下的人无法用古代的事来批评当今朝廷。修明法制，制定律令，都从始皇开始。统一文字和书写方法。建筑离宫别馆，遍布全国各地。第二年，始皇又到各地去巡视，对外平定了四方部族，这些措施的实行，李斯出了不少力。

注释 1 谬其说：认为其说荒谬。 绌：通“黜”，贬斥，废弃。 道：称道。 善：喜爱，尊崇。 非：非难。 2 文学：文章学问，泛指所有的文化典籍。 百家语者：即指诸子百家之书。 蠲(juān)：免除，除去。 3 此语《秦始皇本纪》作“若欲有学法令，以吏为师”。多“法令”二字，当从。 4 同文书：统一文字和书写方法。 5 离宫别馆：京城以外供皇帝巡视和游览住宿的宫馆。 6 巡狩：巡视。 攘：排除，平定。《史记志疑》：“始皇三十五年无巡狩事，攘四夷亦不在是年。”

斯长男由为三川守，诸男皆尚[1]秦公主，女悉嫁秦诸公子。三川守李由告归咸阳，李斯置酒于家，百官长皆前为寿[2]，门廷车骑以千数。李斯喟然而叹曰：“嗟乎！吾闻之荀卿曰‘物禁大盛[3]’。夫斯乃上蔡布衣，闾巷之黔首，上不知其驽下，遂擢

李斯的长子李由做了三川郡守，其他各个儿子都娶了秦王室的公主做妻子，他的女儿也都嫁给秦王室的公子。三川郡守李由请假回到了咸阳，李斯在家中摆设酒宴，文武百官都前来祝贺，门前的车马多得要用千来数。李斯感慨地叹息着说：“唉呀！我听荀卿说过‘事物禁忌过于繁盛’。我李斯只不过是上蔡的一个平民，里弄中的一个普通百姓，皇上不知道我才能低下，就把我

至此。[4]当今人臣之位无居臣上者,可谓富贵极矣。物极则衰,吾未知所税驾[5]也!”

提拔到现在这个地位。当今做臣子的在职位上没有高出我的,我可称得上富贵到了极点。事物发展到极盛就会衰败,我不知自己日后是什么结局啊!”

注释 1 尚:仰攀婚姻。 2 寿:问候,祝贺。 3 物禁大盛:事物忌过于繁盛。即“物盛则衰”。 4 闾巷:里弄,民间。 驽下:才能低下。 5 税(tuō)驾:《史记索隐》:“税驾犹解驾,言休息也。李斯言己今日富贵已极,然未知向后吉凶止泊在何处也。”税,通“脱”。

始皇三十七年十月,行出游会稽,並海上,北抵琅邪。[1]丞相斯、中车府令赵高兼行[2]符玺令事,皆从。始皇有二十余子,长子扶苏以数直谏上,上使监兵上郡,蒙恬[3]为将。少子胡亥爱,请从,上许之。余子莫从。

其年七月,始皇帝至沙丘,病甚,令赵高为书赐公子扶苏曰:“以兵属蒙恬,与丧[4]会咸阳而葬。”书已封,未授使者,始皇崩。书及玺皆在赵高所,

始皇三十七年十月,巡视外出游历到会稽山,沿着海岸北上,抵达琅邪山。丞相李斯、中车府令兼着代理符玺令事务的赵高,都跟从着他。始皇有二十多个儿子,长子扶苏因为多次直言进谏,皇上派他到上郡做监军,蒙恬是上郡领兵的将军。小儿子胡亥受到始皇宠爱,请求从游,皇上答应了。其余的儿子没有跟从。

这年七月,始皇帝到了沙丘,病得特别厉害,命令赵高写了一封信赐给公子扶苏说:“把军队交给蒙恬,到咸阳主持丧事把我安葬。”信已经封好,还没有交给送信的使者,始皇就去世了。书信和印玺都在赵高那里,只有小儿子胡亥、丞

独子胡亥、丞相李斯、赵高及幸宦者五六人知始皇崩,余群臣皆莫知也。李斯以为上在外崩,无真太子,故秘之。[5]置始皇居辒辌车中,百官奏事、上食如故,宦者辄从辒辌车中可诸奏事。[6]

相李斯、赵高和宠幸的宦官五六个人知道始皇去世,其他的大臣都不知道。李斯认为皇上在京城外去世,没有正式确立太子,所以对这件事保密。他们把始皇的遗体置放在辒辌车中,文武百官呈奏政事、递上饮食一律照旧,宦官总是从辒辌车里面批复呈奏的各项政事。

注释 1 始皇三十七年:即公元前210年。 行(xíng,旧读xìng):巡视。 并(bàng):通"傍",依傍,紧挨,沿着。 琅邪(yá):秦置郡名,治所在今山东胶南西南。 2 行:代理。 3 蒙恬:秦朝著名将领。详见《蒙恬列传》。 4 与丧:参与丧事。此"与"有"主持"意。 5 真太子:正式确认的皇位继承人。 秘:保密。 6 可:批复。

赵高因留所赐扶苏玺书,而谓公子胡亥曰:"上崩,无诏封王诸子[1]而独赐长子书。长子至,即立为皇帝,而子无尺寸之地,为之柰何?"胡亥曰:"固也。吾闻之,明君知臣,明父知子。父捐命[2],不封诸子,何可言者!"赵高曰:"不然。方今天下之权,存亡在子与高及

赵高趁机扣留所要赐给扶苏的盖了皇帝印玺的书信,并对公子胡亥说:"皇上去世,没有诏书封各个儿子做王而只赐给长子一封信。长子到了京城,随即会被确立为皇帝,而您没有尺寸的封地,这将怎么办?"胡亥说:"本该是这样的。我听说,英明的国君了解臣下,英明的父亲了解儿子。父亲临终没有下令封各个儿子做王,这有什么可说的呢!"赵高说:"不是这样。

丞相耳，愿子图之。且夫臣人与见臣于人，制人与见制于人，岂可同日道哉！[3]”胡亥曰：“废兄而立弟，是不义也；不奉父诏而畏死，是不孝也；能薄而才谫，强因人之功，是不能也。[4]三者逆德，天下不服，身殆倾危，社稷不血食。”高曰：“臣闻汤、武[5]杀其主，天下称义焉，不为不忠。卫君杀其父，而卫国载其德，孔子著之，不为不孝。[6]夫大行不小谨，盛德不辞让，乡曲各有宜而百官不同功。[7]故顾小而忘大，后必有害；狐疑犹豫，后必有悔。断而敢行，鬼神避之，后有成功。愿子遂[8]之！”胡亥喟然叹曰：“今大行未发，丧礼未终，岂宜以此事干丞相哉！[9]”赵高曰：“时乎时乎，间[10]不

当今天下的大权和存亡取决于您和赵高以及丞相而已，希望您考虑一下。况且使别人臣服和被别人臣服，控制别人和被别人控制，难道可以同日而语吗？”胡亥说：“废除兄长而确立弟弟，这样做是不道义；不奉行父亲的遗诏而害怕死亡，这样做是不孝顺；能力微薄且才德浅陋，强行依仗别人扶持而登基，这样做是无能。三方面违背了道德，天下不会服从，我自身会危险倾败，国家还会灭亡。”赵高说：“我听说商汤、周武王杀了他们的国君，天下称赞他们在这方面道义，不算不忠诚。卫君杀了他的父亲，但卫国推重他的功德，孔子把这件事记在《春秋》里，不算不孝顺。凡要做大事业的人不能够谨小慎微，德高望重的人小事上不加辞让，乡间各有自己适宜的风俗，而百官各有自己处事的方式。所以只顾及小处而忘记了大业，以后一定会有祸害；像狐狸一样犹豫迟疑，将来一定会后悔。勇于决断并敢于行事，鬼神也会回避他，以后一定会取得成功。希望您听从我说的去做！”胡亥感慨地叹息说：“如今皇帝刚死还没有发丧，丧礼还没有结束，怎么好拿这件事来求丞相呢！”赵高说：“时光啊时

及谋！赢粮跃马，唯恐后时！[11]”

光啊，机会短暂来不及从容谋划！像背着干粮骑马赶路一样，只恐怕贻误了时机！”

注释 1 封王诸子：封诸子为王。 2 捐命：捐弃生命，即指人已死。 3 臣人：让别人做自己的臣下。 见臣于人：被别人当作臣下。 见制于人：被人控制。 同日道：同日而语，相提并论。 4 谫(jiǎn)：浅陋。 强因人之功：勉强去劫取别人的功业。 5 汤、武：指商汤王、周武王。 6 卫君杀其父：此事记载有出入，赵高篡改史实，附会己意。 载：通“戴”，感戴，推重。 7 大行不小谨：要成大事，不能谨小慎微。 盛德不辞让：德高望重之人不在小事上谦逊辞让。 乡曲各有宜：乡间各有自己适宜的风俗习惯。乡曲，乡里，乡间。 8 遂：成就，顺依。 9 大行：皇帝刚死。 干：求，麻烦。 10 间：时间，机会。 11 赢(yíng)：背，担。 后：耽误。

胡亥既然高之言，高曰：“不与丞相谋，恐事不能成，臣请为子与丞相谋之。”高乃谓丞相斯曰：“上崩，赐长子书，与丧会咸阳而立为嗣[1]。书未行，今上崩，未有知者也。所赐长子书及符玺皆在胡亥所，定太子在君侯[2]与高之口耳。事将何如？”斯曰：“安得[3]亡国之言！

胡亥同意了赵高的意见，赵高说：“不和丞相商量，恐怕事情不能成功，请允许我替您去和丞相商议这件事。”赵高就对丞相李斯说：“皇上去世，赐给长子一封信，要他在咸阳主持丧事并确立他做继承人。信还没有发出去，如今皇上去世了，还没有人知道。所赐给长子的书信以及印玺都在胡亥那里，确立谁做太子只在您和我一句话了。这事该怎么办？”李斯说：“怎么能说出如此亡国的话！这不是做臣子的所应当

此非人臣所当议也！”高曰：“君侯自料能孰与蒙恬？[4]功高孰与蒙恬？谋远不失孰与蒙恬？无怨于天下孰与蒙恬？长子旧[5]而信之孰与蒙恬？”斯曰：“此五者皆不及蒙恬，而君责之何深[6]也？”高曰：“高固内官之厮役也，幸得以刀笔之文进入秦宫，管事二十余年，未尝见秦免罢丞相功臣有封及二世者也，卒皆以诛亡。[7]皇帝二十余子，皆君之所知。长子刚毅而武勇，信人而奋士，即位必用蒙恬为丞相，君侯终不怀通侯之印归于乡里，明矣。[8]高受诏教习胡亥，使学以法事[9]数年矣，未尝见过失。慈仁笃厚，轻财重士，辩于心而诎于口，尽礼敬士，秦之诸子未有及此者，可以为嗣。[10]君计而定之。”斯曰：

商议的！”赵高说：“您估量自己的能力和蒙恬比谁强？功劳和蒙恬比谁高？深谋远虑和蒙恬比谁会没有错失？天下没有人怨恨蒙恬，您能比得上吗？蒙恬和长子有旧情并被他信任，您能比得上吗？”李斯说：“这五方面我都赶不上蒙恬，而你为什么对我责求得这样苛刻？”赵高说：“我赵高本来是做仆役的宦官，由于熟悉狱律条文有幸进入秦朝宫廷，掌管事务二十多年中，还没有见过秦朝被罢免的丞相和功臣的封爵有保持到儿辈的，他们最终都被诛杀。皇帝有二十多个儿子，您都是知道的。长子刚强坚毅而且英武勇敢，受到民众信赖又能激发士人奋勇效命，登了帝位一定会任用蒙恬做丞相，您最终不可能怀藏着通侯的印绶回到乡里去，这是明摆着的了。赵高接受诏命教育胡亥，让他学习法律之事有几年了，不曾见到他有过失。他慈祥仁爱诚实厚道，轻贱钱财看重贤士，内心是非明辨但言辞表达笨拙，竭尽礼仪尊敬士人，秦王的其他儿子还没有谁赶得上他的，他可以做继承人。您考虑一下决定吧。”李斯说：“您还是回

"君其反位[11]！斯奉主之诏，听天之命，何虑之可定也？"高曰："安可危也，危可安也。安危不定，何以贵圣[12]？"斯曰："斯，上蔡闾巷布衣也，上幸擢为丞相，封为通侯，子孙皆至尊位重禄者，故将以存亡安危属臣也。[13]岂可负哉！夫忠臣不避死而庶几[14]，孝子不勤劳而见危，人臣各守其职而已矣。君其勿复言，将令斯得罪。"高曰："盖闻圣人迁徙无常，就变而从时，见末而知本，观指而睹归。[15]物固有之，安得常法[16]哉！方今天下之权命悬于胡亥，高能得志[17]焉。且夫从外制中谓之惑，从下制上谓之贼。[18]故秋霜降者草花落，水摇动[19]者万物作，此必然之效也。君何见[20]之晚？"

到原位上去！我李斯承奉君主的遗诏，听从上天的安排，有什么可考虑和决定的呢？"赵高说："安全可能变得危险，危险可能变得安全。安全和危险都不能确定，凭什么称得上位贵而圣明？"李斯说："我李斯是上蔡里巷的一个平民，有幸被皇上提拔做丞相，封为通侯，儿子孙子地位尊贵而俸禄丰厚，皇上本来就将国家的存亡安危嘱托给我了。难道我可以辜负吗？作为忠臣就不能逃避死难而侥幸苟全性命，孝子不能由于过度操劳而危害健康，做臣子的只不过各自遵守相应的职分罢了。您不要再说了，再说将要让我李斯遭受罪过。"赵高说："我听说圣人善变而不遵从常规，顺应变化而跟随时代发展，观察苗头就能知道根本，审视趋向就能预测归宿。这是事物本来就有的面貌，哪里有什么固定不变的法则啊？如今天下的权力和命运掌握在胡亥手中，我能够实现自己的意愿。再说从外部来控制内部就叫作惑乱，从下面来制服上面就叫作反叛。所以秋霜一降落花草就会凋谢，冰雪一消融，万物就会萌芽，这是必然的效应。您的认识为什么这样迟钝？"李斯说："我听

斯曰:“吾闻晋易太子[21],三世不安;齐桓兄弟争位[22],身死为戮;纣杀亲戚[23],不听谏者,国为丘墟,遂危社稷:三者逆天,宗庙不血食。斯其犹人哉,安足为谋!”高曰:“上下合同[24],可以长久;中外若一,事无表里[25]。君听臣之计,即长有封侯,世世称孤,必有乔松之寿,孔墨之智。[26]今释此而不从,祸及子孙,足以为寒心[27]。善者因祸为福,君何处[28]焉?”斯乃仰天而叹,垂泪太息曰:“嗟乎!独遭乱世,既以不能死,安托命[29]哉!”于是斯乃听高。高乃报胡亥曰:“臣请奉太子之明命以报丞相,丞相斯敢不奉令!”

说晋国更换太子,三代不安定;齐桓公兄弟争夺君位,哥哥被杀死;纣王残杀自己的亲属,不听从进谏者的劝告,都城变成了废墟,国家遭遇危亡:这三件事都违背了天意,宗庙也得不到祭祀。我李斯还像个人吗,怎么可以进行这样的谋划?”赵高说:“上下同心协力,可以维持长久;内外配合一致,事情没有差错。您如果听从我的计策,就能长久获得封侯,世世称孤道寡,一定会有王子乔、赤松子一样的高寿,孔子、墨子一样的智慧。如今放弃这些而不依从,祸患会连及子孙,足以让您担惊受怕。善于处世的人是能够转祸为福的,您打算怎么对待呢?”李斯这才仰天叹息,流着眼泪感触地说:“唉呀!偏偏遭逢乱世,既然不能拿死去效忠,又到哪里去寄托我的命运呢?”于是李斯就听从了赵高。赵高就向胡亥报告说:“我承奉太子的明确意志去通报丞相,丞相李斯岂敢不遵奉命令!”

注释　**1** 嗣:继承人。　**2** 君侯:对封侯大臣的尊称。　**3** 安得:怎么能够。　**4** 能:才能。　孰与:放在两者之间表示谁更好、更强。　**5** 旧:

有旧情、旧交。 6 责之何深：为什么对我李斯要求得这样苛刻。责，指责，要求。之，指代李斯自己。深，苛刻。 7 内官：宦官。 厮役：仆役。 刀笔之文：指狱律条文。 有封及二世：保持封爵到儿辈。 8 信人：受到人民的信赖。 奋士：能使人奋勇效命。 通侯：秦名"彻侯"，秦代二十级爵位中最高一级，汉因避武帝刘彻之讳而改。 9 法事：有关法律之事。 10 笃(dǔ)厚：诚实厚道。 辩于心：明辨是非。 诎于口：言辞上笨拙。 11 反位：回归原位。 12 贵圣：位贵而圣明。 13 重禄：俸禄丰厚。 故：副词，本，本来。 14 庶几：众多中的极少数，即侥幸。 15 迁徙：迁移，引申为善变。 就变而从时：顺应变化而跟随时代发展。 观指而睹归：审视事物的趋向就能预料其结局。指，指向。归，归宿。 16 常法：固定不变的法则。 17 得志：得意。意指赵高本人能左右形势。 18 从外制中：居于外面的人制约朝廷内部。 惑：乱，作乱。 贼：反叛，叛乱。 19 水摇动：指春天冰雪溶解。 20 见：认识，开化。 21 晋易太子：指晋献公废太子申生立奚齐之事。 22 齐桓兄弟争位：指齐公子小白和异母弟公子纠争夺王位，后小白获胜，是为齐桓公。 23 纣杀亲戚：指纣王杀其叔父比干，囚其弟箕子事。 24 合同：同心协力。 25 事无表里：事情没有不一致的。表里，内外，引申为差错。 26 乔松之寿：像王子乔、赤松子那样长的寿命。王子乔、赤松子均为古代传说中的仙人。 孔墨：指孔子、墨子。 27 寒心：担惊受怕。 28 何处：怎么处理，打算怎么办。 29 安托命：托命于何处。

于是乃相与谋，诈为受始皇诏丞相立子胡亥为太子。更为书赐长子扶苏曰："朕巡天下，祷祠[1]名山诸神以延寿命。今扶苏与将军蒙

于是他们共同谋划，欺骗说接受了始皇给的诏书，让丞相确立小儿子胡亥做太子。另伪造一封信赐给长子扶苏说："我巡视天下，祈祷祭祀各个名山的神灵以便延长寿命。如今扶苏和将军蒙

恬将师数十万以屯边，十有余年矣，不能进而前，士卒多秏，无尺寸之功，乃反数上书直言诽谤我所为，以不得罢归[2]为太子，日夜怨望。扶苏为人子不孝，其赐剑以自裁！将军恬与扶苏居外，不匡正，宜知其谋。为人臣不忠，其赐死，以兵属裨将王离。”封其书以皇帝玺，遣胡亥客奉书赐扶苏于上郡。

恬率领军队几十万人驻守边境，十多年了，没有能前进一步，而士兵伤亡很多，毫无尺寸功劳，却反而多次上书直言诽谤我的所作所为，因为不能免除外职回到朝廷，日日夜夜心中怨恨。扶苏作为儿子不孝顺，赐剑自杀！将军蒙恬和扶苏居住在朝外，不纠正扶苏的过失，应该知道他的图谋。蒙恬作为臣子不忠诚，赐其自杀，把军队交给副将王离。”把信封好盖上皇帝印玺，派遣胡亥的亲信捧着信到上郡去赐给扶苏。

注释　1 祷祠：祈祷祭祀。　2 罢归：免掉在外的任职，回到朝廷。

使者至，发书，扶苏泣，入内舍，欲自杀。蒙恬止扶苏曰：“陛下居外，未立太子，使臣将三十万众守边，公子为监，此天下重任也。今一使者来，即自杀，安知其非诈？请复请，复请而后死，未暮也。”使者数趣[1]之。扶苏为人仁，谓蒙恬曰：“父而赐子死，尚安复请！”即

送信的使者到达，打开书信，扶苏哭泣，进入内室，想自杀。蒙恬止住扶苏说：“陛下居住在外，还没有确立太子，让我统领三十万兵众守御边境，公子做监军，这是天下的重任。如今一名使者来了，就自杀，怎么知道这当中不是欺诈？请您重新请示一下，重新请示以后再去死，也还不晚。”使者多次催促。扶苏为人仁慈，对蒙恬说：“父亲如果赐儿子死，哪里还需要重新

自杀。蒙恬不肯死,使者即以属吏[2],系于阳周。

请示?”就自杀了。蒙恬不肯自杀,使者就把他交给狱吏看管,囚禁在阳周。

使者还报,胡亥、斯、高大喜。至咸阳,发丧,太子立为二世皇帝。以赵高为郎中令,常侍中用事[3]。

使者返回报告,胡亥、李斯、赵高特别高兴。到了咸阳,发布丧事,太子继位做了二世皇帝。任命赵高做郎中令,经常侍奉在皇宫,手握大权。

注释 1 趣(cù):催促。 2 属吏:交给狱吏看管。 3 常侍中用事:经常在宫中侍奉皇帝,掌握大权。

二世燕居,乃召高与谋事,谓曰:“夫人生居世间也,譬犹骋六骥过决隙也。[1]吾既已临天下矣,欲悉耳目之所好,穷心志之所乐,以安宗庙而乐万姓,长有天下,终吾年寿,其道可乎?[2]”高曰:“此贤主之所能行也,而昏乱主之所禁也。臣请言之,不敢避斧钺之诛,愿陛下少留意焉。[3]夫沙丘之谋,诸公子及大臣皆疑焉,而诸公子尽帝兄,大臣又先

二世闲居着,就召来赵高同他商议事情,对赵高说:“一个人生在世上,就好比骑着六匹马驾的车从裂缝前飞奔而过。我既然已经君临天下,就想享受到耳目所喜好的一切,穷尽心志所能感受到的快乐,同时使国家安定,万民欢欣,长久统治天下,直到我年寿终了,这个想法能行得通吗?”赵高说:“这是贤明的君主所能实行的,而昏乱的君主所要禁止的。请允许我说明缘由,我不敢回避杀头的刑罚,希望陛下稍加留意。沙丘的谋划,各位公子和大臣们都产生了疑惑,而各位公子全都是您的兄长,大臣们又都是先帝所委任的。如今陛下刚刚继位,这一类人心中不痛快而

帝之所置[4]也。今陛下初立,此其属意怏怏皆不服,恐为变。[5]且蒙恬已死,蒙毅将兵居外,臣战战栗栗,唯恐不终。[6]且[7]陛下安得为此乐乎?”二世曰:“为之柰何?”赵高曰:“严法而刻刑,令有罪者相坐诛,至收族,灭大臣而远骨肉;[8]贫者富之,贱者贵之。尽除去先帝之故臣,更置陛下之所亲信者近之。此则阴德归陛下,害除而奸谋塞,群臣莫不被润泽,蒙厚德,陛下则高枕肆志宠乐矣。[9]计莫出于此。”二世然高之言,乃更为法律。于是群臣诸公子有罪,辄下高,令鞠治之。[10]杀大臣蒙毅等。公子十二人僇死咸阳市,十公主矺[11]死于杜,财物入于县官。相连坐者不可胜数。

都不顺服,恐怕会发生变乱。而且蒙恬已经死去,蒙毅领着军队驻扎在外面,我整日提心吊胆,唯恐不得好死。陛下怎么能享受乐事呢?”二世说:“这该怎么办?”赵高说:“采用严厉的法制苛刻的刑罚,让有罪的人互相牵连被诛杀,直至收捕他们的全族,灭掉大臣们并疏远自己的兄弟子侄;让贫穷的人富起来,让卑贱的人高贵起来。把先帝时留下来的老臣尽数铲除,重新委任您所亲信的人在自己身边。如果这样,那么他们会暗中感激您的恩德来归附您,祸害除去了,奸诈的图谋被杜绝,各个臣子没有谁得不到您的恩泽,都蒙受您的厚德,这样陛下就可以高枕无忧而肆意享乐了。主意没有比这个更好的了。”二世认为赵高的话说得对,就重新制订一套法律。于是便认定群臣和各位公子有罪,并交给赵高,让他审讯判决。杀了大臣蒙毅等人。将十二位公子杀死在咸阳集市,在杜县把十位公主分裂肢体,把这些人的财物都没入朝廷。相互牵连被治罪的人多得数也数不清。

注释 1 燕居:闲居。燕,通“宴”,安也。 六骥:此指六匹宝马所驾之车。 决隙:裂缝。 2 悉:全部满足。 以:作用同“而”,表并列,意即“同时”。 3 斧钺:本指两种兵器,此泛指刑罚、杀戮。 少:稍微。 4 置:委任。 5 属:类。 怏怏:心中不快。 6 蒙毅:蒙恬之弟。此处记载与《蒙恬列传》所记有出入。 不终:不得善终。 7 且:前词后置法,本当在上句“臣”字下。 8 相坐:互相牵连治罪。 收族:收捕其全族而杀之。 9 此:指被胡亥提拔亲近的人。 宠:骄纵,任情。 10 下:下达,交给。 鞠治:审讯定罪。鞠,通“鞫”,审讯。 11 矺(zhé):同“磔”,古代分裂肢体之酷刑。

公子高欲奔,恐收族,乃上书曰:“先帝无恙时,臣入则赐食,出则乘舆。[1]御府[2]之衣,臣得赐之;中厩[3]之宝马,臣得赐之。臣当从死而不能,为人子不孝,为人臣不忠。不忠者无名以立于世,臣请从死,愿葬郦山之足。唯上幸哀怜之。”书上,胡亥大悦,召赵高而示之,曰:“此可谓急[4]乎?”赵高曰:“人臣当[5]忧死而不暇,何变之得谋!”胡亥可其书,赐钱十万以葬。

公子高想逃跑,担心全族会被收捕杀掉,就上书说:“先帝健在时,我入宫就被赐给饮食,出宫就让乘车。皇宫内府的衣物,我可以得到赏赐;宫中畜棚的宝马,我可以得到赏赐。我应当跟从先帝去死但没有做到,作为儿子不孝顺,作为臣子不忠诚。不忠诚的人没有理由活在世上,我请求跟随先帝去死,希望把我葬在郦山脚下。求皇上哀怜我。”书奏呈上,胡亥特别高兴,召来赵高把奏书给他看,说:“这可以称得上是走投无路了?”赵高说:“臣子们倘若连考虑怎么死都来不及,怎么还能考虑发动变乱呢?”胡亥批准了他的上书,赐给十万钱予以安葬。

注释 1 无恙(yàng):无病。此指生前。 舆:车。 2 御府:皇宫内的府库。 3 中厩:皇宫内的马棚。 4 急:急促,走投无路。 5 当:相当于“倘”,倘若,表示假设。

法令诛罚日益刻深,群臣人人自危,欲畔者众。又作阿房之宫,治直道、驰道,赋敛愈重,戍徭无已。[1]于是楚戍卒陈胜、吴广等乃作乱,起于山东,杰俊相立,自置为侯王,叛秦,兵至鸿门而却。[2]李斯数欲请间[3]谏,二世不许。而二世责问李斯曰:“吾有私议而有所闻于韩子也,曰‘尧之有天下也,堂高三尺,采椽不斫,茅茨不翦,虽逆旅之宿不勤于此矣。[4]冬日鹿裘,夏日葛衣,粢粝之食,藜藿之羹,饭土匦,啜土铏,虽监门之养不觳于此矣。[5]禹凿龙

法令杀罚一日比一日苛刻严峻,群臣中人人自危,想反叛的人很多。二世又建造阿房宫,修筑直道、驰道,国内赋税越来越重,兵役徭役没完没了。于是从楚地征来戍边的士卒陈胜、吴广等人就发动叛乱,在崤山以东地区起事,英雄豪杰纷纷建立各自的队伍,自立为侯、王,背叛秦王朝,起义军攻到鸿门就退却了。李斯多次想找机会进谏,二世不允许。二世责问李斯说:“我有点个人看法是从韩非子那里听来的,他说‘尧帝有了天下,堂基只有三尺高,柞树椽子也没有砍削,屋顶盖的茅草也没有修剪,即使是迎接旅客休息的馆舍的条件也不比这里苦。冬日穿鹿皮裘衣,夏日穿葛麻粗衣,豆类粗米的饭食,藜叶豆叶的汤汁,用土陶碗吃饭,土陶盆喝汤,即使是守门人的生活也不比这里简陋。大禹开凿龙门,沟通大夏一带,疏通了九州的河流,修筑了湖泽的堤防,开导淤积不流的水流向大海,但他自己大腿上没有

门，通大夏，疏九河，曲九防，决渟水致之海，而股无胈，胫无毛，手足胼胝，面目黎黑，遂以死于外，葬于会稽，臣虏之劳不烈于此矣’。[6]然则夫所贵于有天下者，岂欲苦形劳神，身处逆旅之宿，口食监门之养，手持臣虏之作哉？[7]此不肖人之所勉也，非贤者之所务也。[8]彼贤人之有天下也，专用天下[9]适己而已矣，此所以贵于有天下也。夫所谓贤人者，必能安天下而治万民，今身且不能利，将恶能治天下哉！[10]故吾愿赐志广欲[11]，长享天下而无害，为之柰何？”李斯子由为三川守，群盗吴广等西略地，过去[12]弗能禁。章邯以破逐广等兵，使者覆案三川相属，诮让斯居三公位，如何令盗如此。[13]李斯恐惧，重爵禄，不知所

白肉，小腿上没有肤毛，手脚都长起了厚茧，面目漆黑，最终因此死在外边，安葬在会稽山，奴仆的劳苦也没有超过他的’。这样说起来，那么尊贵到统治着整个天下的人，难道是想使身体困苦而精神疲劳，自己住在迎接旅客休息的馆舍，口里吃着守门人食用的饭菜，手中操持着奴仆的劳作吗？这是没有出息的人所努力从事的，并不是贤能的人所致力追求的。那些贤能的人之所以要占有天下，不过是专门拿天下来满足自己的欲望而已，这就是把占有天下看得很高贵的原因。要说所谓的贤人，一定能够安定天下并治理万民，如今自身尚且不能获得好处，那将如何去治理天下呢？所以我希望随心所欲，长久地享有天下而没有祸害，这该怎么办？”李斯的儿子李由做了三川郡守，起义军首领吴广等向西攻取时，李由未能阻挡。章邯已经打败赶走了吴广等人的军队，使者接连不断地来到三川郡进行追究，还责备李斯，说他处在三公的职位，怎么让起义军这样猖狂。李斯感到害怕，又看重爵位俸禄，不能想出什

出[14],乃阿二世意,欲求容,以书对曰:

么办法,就阿谀二世的心意,想求得宽容,上书回答说:

注释 1 阿房(ē páng)之宫:即阿房宫,旧址在今陕西西安。 直道:开通的从九原(今内蒙古包头西)到甘泉(今陕西淳化西北)的大道。 驰道:供皇帝行走的大道。 2 吴广:字叔,秦末农民起义军首领。 鸿门:内史中邑名,在今陕西西安临潼区东北。 却:退却,败退。 3 请间(jiàn):请求单独接见。间,间隙,机会。 4 私议:个人看法。 韩子:指韩非。 堂高三尺:殿堂的基地高三尺。 采:木名,即"栎",又名"柞树"。 斫(zhuó):砍削,修饰。 茅茨:屋顶上盖的茅草。 翦:剪裁,修葺。 逆旅:迎接旅客。逆,迎。 勤:苦。 5 葛:麻布。 粢(zī):谷类之总称。 粝(lì):粗米。 藜:植物名,嫩叶可食。 藿(huò):豆叶。 饭土匦(guǐ):用陶制的食器吃饭。土匦,用陶土制的食器。匦,"簋"的古字。 土铏(xíng):陶土制的盛汤的器皿。 监门之养:守门人的生活。 觳(què):薄,简陋。 6 大夏:《史记正义》引《括地志》云:"大夏,今并州、晋阳及汾、绛等州是。"即今山西西南部。 疏九河:疏通了九州之河。 曲九防:为九州境内之湖泽修起了堤防。曲,沿着湖泽曲折地修筑。 决:开通,疏导。 渟(tíng)水:淤积不流之水。 胈(bá):白肉。 胫(jìng):小腿。 胼胝(pián zhī):手脚掌上的厚皮,俗所谓"老茧"。 臣虏:奴仆。 烈:剧,超过。 7 苦形劳神:身体困苦精神疲劳。 逆旅之宿:迎接旅客歇息的地方。 臣虏之作:奴仆之劳作。 8 勉:努力从事。 务:致力于,追求。 9 专用天下:专门以天下。 10 利:得到好处,有所享受。 恶(wū):怎么。 11 赐志广欲:随心所欲,为所欲为。赐,他本为"肆",放纵。 12 过去:经过离开,往来。 13 以:通"已",已经。 覆案:检查,追究。 相属:相连。 诮(qiào)让:责备。 三公:秦时以丞相、太尉、御史大夫为三公。 14 所出:出什么主意。

夫贤主者，必且能全道而行督责之术者也。[1]督责之，则臣不敢不竭能以徇[2]其主矣。此臣主之分定，上下之义明，则天下贤不肖莫敢不尽力竭任以徇其君矣。是故主独制于天下而无所制[3]也。能穷乐之极[4]矣，贤明之主也，可不察焉！

贤明的君主，一定都能完满地掌握为君之道而推行督责的办法。实行督责，那么臣子不敢不竭尽才能来为他的君主效命。这样君臣的职分确定了，上下的道义原则分明了，那么天下不论贤能不贤能的人，没有谁敢不尽力履行职责来效力于他的君主了。因此君主独自控制天下而不受任何限制。能够达到享乐的极限，贤明的君主呀，能不看清这一点吗？

注释　1 全道：完满地掌握为君之道。　督责：《史记索隐》："督者，察也。察其罪，责之以刑罚也。"　2 徇：服务，效命。　3 无所制：不受任何限制。　4 穷乐之极：达到享乐的极限。

故《申子》曰"有天下而不恣睢，命之曰以天下为桎梏"者，无他焉，不能督责，而顾以其身劳于天下之民，若尧、禹然，故谓之"桎梏"也。[1]夫不能修申、韩之明术，行督责之道，专以天下自适也，而徒务苦形劳神，以身徇百姓，则是黔首之役，非畜天下

所以《申子》说"占有天下而不纵情享乐，叫作把天下当作镣铐"，没有别的，就是不能实行督责，而只顾用自身去替天下民众劳作，像尧帝、大禹一样，所以把它叫"镣铐"啊。不能修习申不害、韩非的高明办法，推行督责的主张，专门用天下来使自己达到欢悦，却只知劳神苦形，为百姓服务，那么这样做是普通民众的仆役，不是一个统治天下的帝王，哪里高贵呢？让人家为自己

者也，何足贵哉！[2]夫以人徇己，则己贵而人贱；以己徇人，则己贱而人贵。故徇人者贱，而人所徇者贵，自古及今，未有不然者也。凡古之所为尊贤者，为其贵也；而所为恶不肖者，为其贱也。而尧、禹以身徇天下者也，因[3]随而尊之，则亦失所为尊贤之心矣！夫可谓大缪[4]矣。谓之为“桎梏”，不亦宜乎？不能督责之过也。

效命，那么自己高贵人家卑贱；拿自己为别人效命，那么自己卑贱别人高贵。所以替别人效命的人卑贱，而为别人所效命的人高贵，从古到今，没有不是这样的。大凡古代所以要尊崇贤能的人，是因为他高贵；而所以要厌恶不贤能的人，是因为他卑贱。而尧帝、大禹拿自身来为天下服务，若因循世俗而尊崇他们，那么也就失却了尊崇贤人的本意了！这可谓是大错特错。把它叫作“镣铐”，不也是很应该吗？这是不能实行督责导致的过错。

注释　1《申子》：书名，相传为战国时申不害著。　恣睢(zì suī)：放纵，任意妄为。　桎梏(zhì gù)：束缚犯人手脚的刑具，如今之脚镣、手铐。　顾：反，反而。　2 修：修习。　韩：指韩非。　役：仆役，奴隶。　畜：治理，统治。　3 因：因循。　4 缪：错误。

故《韩子》曰“慈母有败子而严家无格虏[1]”者，何也？则能罚之加焉[2]必也。故商君[3]之法，刑弃灰于道者。夫弃灰，薄罪也，而被[4]刑，重罚也。彼唯明主为能深督轻罪。夫

所以《韩非子》说“慈爱的母亲养育着败家子而严厉的家庭不会出现悍奴”，这是为什么呢？是因为一定会对败坏行为施加刑罚的缘故。所以商鞅的法令，对把灰尘抛弃在道路上的人要施加刑罚。抛落灰尘，是一种轻薄的罪行，却让他受刑，是一种严重处罚。只有那样的英明君

罪轻且督深，而况有重罪乎？故民不敢犯也。是故《韩子》曰“布帛寻常，庸人不释，铄金百溢，盗跖不搏”者，非庸人之心重，寻常之利深，而盗跖之欲浅也；[5]又不以盗跖之行[6]，为轻百镒之重也。搏必随手刑，则盗跖不搏百镒；而罚不必行也，则庸人不释寻常。是故城高五丈，而楼季[7]不轻犯也；泰山之高百仞，而跛牂牧其上。[8]夫楼季也而难五丈之限，岂跛牂也而易百仞之高哉？[9]峭堑[10]之势异也。明主圣王之所以能久处尊位，长执重势，而独擅天下之利者，非有异道也，能独断而审督责，必深罚，故天下不敢犯也。[11]今不务所以不犯，而事慈母之所以败子也，则亦不察于圣人之论

主才能够对犯轻薄罪行的人实行严厉的督责。罪行轻薄尚且受到严厉督责，更何况有重大罪行的呢？所以民众不敢犯罪。因此《韩非子》说“少量的布帛，一般人见到就会顺手拿走；百镒的美金，盗跖不会攫取”，并不是一般人的贪心重，少量的物品价值高，而盗跖的贪心轻；也不是因为盗跖有品行，会轻视百镒的重利。攫取了一定会受到刑罚，那么盗跖就不攫取百镒美金了；如果刑罚不坚决贯彻执行，那么一般人也就会顺手拿走少量的布帛了。因此城墙高达五丈，就是楼季也不敢轻易进犯；泰山的高度达到百仞，但是瘸腿羊能在山坡上放牧。楼季以登上五丈高的城墙为难，难道瘸腿羊以爬上百仞高的泰山为易吗？这是陡峭和平缓情势不相同的缘故。英明的君主、圣贤的帝王能够长久地处于尊贵的地位，永远掌握着巨大的权势，并独自垄断天下的利益的原因，不是有什么特殊的办法，而是由于能够独自决断并精于督责，坚决实行严厉的惩罚，所以天下人不敢违犯。如今不致力于防止犯罪发生，而去做慈母养育出败家子这样的事，那也是不能详察圣人的高

原文	译文
矣。[12]夫不能行圣人之术，则舍[13]为天下役何事哉？可不哀邪！	论。要是不能推行圣人的方法，那么除去替天下人当奴仆还能做什么呢？这岂不悲哀吗?!

注释 1 格虏：强悍而不服管教的奴隶。 2 焉：兼有介词加代词的功能，相当于"于之"。 3 商君：指商鞅。 4 被：受。 5 寻常：此指数量少。古制八尺为一寻，二寻为一常。 铄(shuò)金：美金。铄，通"烁"，光辉盛美之貌。 搏：攫取。 6 行：品行。 7 楼季：传说楼季能制止乱跑的马，能掀起翻倒的车子，是古代著名的大力士。 8 仞：古代长度单位，七尺（亦云八尺）为一仞。百仞，言其极高。 跛牂(zāng)：瘸腿羊。牂，同"牂"，母羊。 9 难：以……为难。 易：以……为容易。 10 峭堑(jiàn)：陡峭与平缓。堑，平缓，低平。 11 执重势：掌握巨大的权势。 异道：其他手段，途径。 审：细，严。 12 务：追求。 事：从事。 13 舍：舍弃，除了。

原文	译文
且夫俭节仁义之人立于朝，则荒肆之乐辍矣；[1]谏说论理之臣间于侧，则流漫之志诎矣；[2]烈士死节之行显于世，则淫康之虞废矣。[3]故明主能外此三者，而独操主术[4]以制听从之臣，而修其明法，故身尊而势重也。凡贤主者，必将能拂世磨俗，而废其所恶，立其所欲，故生则有	再说廉洁、忠贞、富于仁义的人在朝廷任职，那么荒淫放纵的音乐就会停止；进谏劝说高谈道理的人在身边干预，那么放荡不羁的情志就要收敛；刚烈之士死于气节的行为在社会上显扬，那么尽情享乐的欢娱就得放弃。所以英明的君主能排除这三种干扰，而独自操持君主的权术来制服听从的大臣，并建立严明的法制，所以自身尊贵并威势崇重。凡是贤明的国君，必定能够背逆世情改变风俗，废除他所厌恶

尊重之势，死则有贤明之谥也。[5]是以明君独断，故权不在臣也。然后能灭仁义之涂，掩驰说之口，困烈士之行，塞聪掩明，内独视听。[6]故外不可倾以仁义烈士之行，而内不可夺以谏说忿争之辩。[7]故能荦然独行恣睢之心而莫之敢逆。[8]若此然后可谓能明申、韩之术，而修商君之法。法修术明而天下乱者，未之闻也。故曰“王道约而易操[9]”也。唯明主为能行之。若此则谓督责之诚则臣无邪，臣无邪则天下安，天下安则主严尊，主严尊则督责必，督责必则所求得，所求得则国家富，国家富则君乐丰。[10]故督责之术设，则所欲无不得矣。群臣百姓救过不

的，树立他所喜爱的，所以生前就有尊贵崇重的威势，死后就有贤圣英明的谥号。因此英明的君主能独自决断，权力不会落入大臣手中。这样做了以后，能够断绝仁义的道路，堵塞游说之口，阻碍刚烈之士的行为，塞住双耳，蒙上眼睛，一切全由自己独断专行。所以在外不能用道德仁义和刚烈志士的行为来倾动他，在内不能拿进谏劝说和激烈争辩的言辞来改变他。因此能够卓异特出独自推行任情放纵的心志而没有谁敢于违抗。这样，然后才可以说是能够修明申不害、韩非的道术，并建立商鞅的法制。法制建立道术修明而天下混乱的，从来没有听说过。所以说“帝王统治的道术是简约而容易掌握的”。只有英明的君主才能推行。像这样就可说是真正实行了督责，那么臣下就不会有邪心；臣下没有邪心，那么天下就会安定；天下安定，那么君主就有了尊严；君主有了尊严，那么督责就会贯彻执行；督责能贯彻执行，所要求的就能得到；所要求的能够得到，那么国家就会富足；国家富足，那么君主就会逸乐丰裕。所以督责的方法建立起来，所要追求的没有什么不能得到。群臣和百姓补救自己

给[11],何变之敢图?若此则帝道备,而可谓能明君臣之术[12]矣。虽申、韩复生,不能加[13]也。

书奏,二世悦。于是行督责益严,税民[14]深者为明吏。二世曰:"若此则可谓能督责矣。"刑者相半于道[15],而死人日成积于市。杀人众者为忠臣。二世曰:"若此则可谓能督责矣。"

的过错还来不及,哪里还敢于图谋变乱?像这样就会使帝王的道术完备,这可以说得上是能明了君主驾驭臣下的方法了。即使是申不害、韩非重生,也不能超过了。

奏书呈上去,二世很高兴。于是推行督责更加严厉,向民众征税繁重的便是明智官吏。二世说:"像这样就可以说得上是能推行督责了。"在道路上行走的有一半人受过刑,而死人的尸体每日成堆躺在集市上。杀人多的便是忠臣。二世说:"像这样就可以说得上是能推行督责了。"

注释 1 荒肆:荒淫放纵。 辍(chuò):停止,中断。 2 间:中间,参与。 流漫:放荡不羁。 诎(qū):受压抑。 3 烈士:坚贞不屈的刚强之士。 死节:能为守节义而死之人。 淫康:尽情享乐。 虞:通"娱",欢娱。 4 主术:统治之权术。 5 拂(fú):抵触,违背。 磨:磨砺,改变。 6 驰说:游说。 聪:此指耳朵。 明:此指眼睛。 内独视听:即内视独听,一切决策全由自己确定。 7 倾:倾倒,改变。 夺:争夺,更改。 忿争:激烈争执。 8 荦(luò)然:卓绝的样子。 逆:违背。9 操:掌握。 10 诚:真正,确实。 乐丰:逸乐丰裕。 11 不给:来不及。 12 君臣之术:君主统治臣下的办法。 13 加:超过。 14 税民:向人民征税。 15 刑者相半于道:路上的行人中受过刑罚的占半数。

初，赵高为郎中令，所杀及报私怨众多，恐大臣入朝奏事毁恶[1]之，乃说二世曰："天子所以贵者，但以闻声，群臣莫得见其面，故号曰'朕[2]'。且陛下富于春秋[3]，未必尽通诸事，今坐朝廷，谴举有不当者，则见短于大臣，非所以示神明于天下也。且陛下深拱禁中，与臣及侍中习法者待事，事来有以揆之。[4]如此则大臣不敢奏疑事，天下称圣主矣。"二世用其计，乃不坐朝廷见大臣，居禁中。赵高常侍中用事，事皆决于赵高。

当初，赵高任郎中令，被他杀害并借以报私怨的人很多，恐怕大臣们进入朝廷呈奏政事时说他的坏话，就劝告二世说："天子之所以尊贵，只是因为能听到他的声音，群臣们谁也不能见到他的面，所以称为'朕'。而且陛下还非常年轻，心里没有能全部通晓各项事务，如今坐在朝廷上，惩罚奖赏一有不恰当，就会把短处暴露给大臣，这不是向天下显示神明的办法。况且陛下深居宫中，和我以及侍中中熟习法令的人等待着臣下奏事，有事情来就将其处理。这样，大臣们不敢呈奏疑惑之事，天下就会把您称为圣主了。"二世采用他的意见，就不坐在朝廷上接见大臣，住在宫里面。赵高常常侍奉在宫中，各项事务都由赵高决定。

注释　1 毁恶(wù)：因厌恶而诋毁，说人坏话。　2 朕：本意为征兆，表明事物发生前的一种预兆，不可见，不可闻。赵高取此来附会其说。3 富于春秋：指年纪轻，言未来时日尚多。　4 深拱禁中：深居宫中。拱，拱手，清闲无事。禁中，宫中，因有兵士禁防，故云禁中。　待事：等待着臣下奏事。　揆(kuí)：谋议，处理。

高闻李斯以为言[1]，乃见丞相曰："关东群盗多，今上急益发繇治阿房宫，聚狗马无用之物。[2]臣欲谏，为位贱。此真君侯之事，君何不谏？"李斯曰："固也，吾欲言之久矣。今时上不坐朝廷，上居深宫，吾有所言者，不可传也，欲见无间[3]。"赵高谓曰："君诚能谏，请为君侯上间语君。[4]"于是赵高待二世方燕乐[5]，妇女居前，使人告丞相："上方闲，可奏事。"丞相至宫门上谒[6]，如此者三。二世怒曰："吾常多闲日，丞相不来；吾方燕私，丞相辄来请事。丞相岂少[7]我哉？且固[8]我哉？"赵高因曰："如此殆[9]矣！夫沙丘之谋，丞相与焉[10]。今陛下已立为帝，而丞相贵不益，此其意亦望裂地而王矣。且陛下不问臣，

赵高听说李斯要以国事进言，就见丞相说："函谷关以东盗贼成群结队，如今皇上更加紧急地征发徭役修建阿房宫，聚集一些狗、马等无用之物。我想进谏，因为地位太卑贱。这才是您真正该做的事，您何不进谏？"李斯说："确实是这样，我想着要进言很久了。如今皇上不坐在朝廷听政，而住在深宫，我有想要说的话，不可能传给他，想见面又没有机会。"赵高对他说："您果真能进谏，请允许我替您暗中观察皇上有空闲的时候告诉您。"于是赵高等到二世正在饮宴玩乐、美女们在面前的时候，派人告诉丞相："皇上现在正空闲，可以奏事。"丞相来到宫门求见，接连三次都是这样。二世发怒说："我平常有空闲的日子，丞相不来；我正在饮宴玩乐，丞相就来请示奏事。丞相难道轻视我吗？还是认为我鄙陋？"赵高趁机说："像这样就危险了！沙丘的谋划，丞相参与了。如今陛下已经继位做皇帝，但丞相的地位没有提高，这说明他心里也盼望分封土地去称王啊。而且陛下不问我，我不敢说。丞相的长子李

臣不敢言。丞相长男李由为三川守，楚盗陈胜等皆丞相傍县之子，以故楚盗公行，过三川，城守不肯击。[11]高闻其文书相往来，未得其审[12]，故未敢以闻。且丞相居外，权重于陛下。”二世以为然，欲案丞相，恐其不审，乃使人案验三川守与盗通状。[13]李斯闻之。

由做三川郡守，楚国盗贼陈胜等人都是丞相邻县的人，由于这个缘故楚地盗贼公然横行，经过三川郡，李由只据城防守不肯出击。我听说他们之间有文书互相往来，没有得到准确情况，所以还不敢向您报告。况且丞相居住在外面，威权比陛下还重。”二世认为赵高说得对，想审讯惩办丞相，又担心情况不准确，就派人去调查三川郡守和盗贼互通的情况。李斯听说了这件事。

注释　1 以为言：以国事进言。参照《秦始皇本纪》，国事当指欲谏停止修筑阿房宫一事。　2 繇：通“徭”，徭役。　狗马：指供玩好之物。　3 间：空隙，机会。　4 候：暗中观察。　语：告诉。　5 燕乐：饮宴玩乐。　6 上谒：交上请求接见的名帖。谒，名帖，犹今之名片。　7 少：轻视，瞧不起。　8 固：鄙陋，鄙视。　9 殆(dài)：危险。　10 与(yù)焉：参与其事。焉，兼有介词加代词的功能，相当于“于之”。　11 傍：临近，旁边。　城守：据城防守。　12 审：确实情况。　13 案：审讯法办。　案验：调查。　状：情况。

是时二世在甘泉，方作觳抵优俳之观。[1]李斯不得见，因上书言赵高之短曰：“臣闻之，臣疑[2]其君，无不危国；妾疑其

当时二世在甘泉宫，正在观看摔跤、说唱和滑稽表演。李斯不能和他相见，因而上书揭发赵高的短处说：“我听说臣子的地位可比国君的，没有不危害国家的；姬妾的地位可比丈夫的，没有不危害家庭的。如今有大

夫，无不危家。今有大臣于陛下擅利擅害，与陛下无异，此甚不便。昔者司城子罕相宋，身行刑罚，以威行之，期年遂劫其君。[3]田常为简公臣，爵列无敌于国，私家之富与公家均，布惠施德，下得百姓，上得群臣，阴取齐国，杀宰予[4]于庭，即弑简公于朝，遂有齐国。此天下所明知也。今高有邪佚之志，危反之行，如子罕相宋也；[5]私家之富，若田氏之于齐也。兼行田常、子罕之逆道而劫陛下之威信，其志若韩玘为韩安相[6]也。陛下不图，臣恐其为变也。”二世曰：“何哉？夫高，故宦人也，然不为安肆志，不以危易心，洁行修善，自使至此，以忠得进，以信守位，朕实贤之，而君疑之，何也？[7]且朕少失先人，

臣在陛下面前专权擅行赏罚，和陛下没有什么两样，这是特别不利的。从前司马子罕做宋国的丞相，亲身掌握刑罚大权，用威权行事，经过一年就劫持了他的国君。田常做齐简公的大臣，爵位等级在国内没有人能同他相比，私家的财富和王室一样多，他布施恩惠，下得百姓爱戴，上得群臣拥护，暗中夺取了齐国的大权，在朝廷上杀死了宰予，随即在厅堂弑杀了简公，于是占有了齐国。这些事是天下人都清楚了解的。如今赵高有着邪恶的心志和险诈反叛的行为，就好像是子罕当宋国丞相一样；私家的富裕程度，就像是田常在齐国那样。同时使用田常、子罕的反叛方式而又劫持了陛下的威信，他的心态就好像韩玘做韩安的宰相一样。陛下不考虑解决，我恐怕他会发动变乱。”二世说：“这是什么话？要说赵高，原来是个宦官，然而他不因为环境安乐而放肆欲为，不因为危难而改变忠心，品行廉洁，修养善德，自己通过努力达到现在的地位，因为忠诚得到重用，因为信实坚守职位，我确实认为他贤能，而您怀疑他，是为什么呢？而且我刚

无所识知，不习治民，而君又老，恐与天下绝矣。[8] 朕非属[9]赵君，当谁任哉？且赵君为人精廉强力[10]，下知人情，上能适朕。君其勿疑。”李斯曰：“不然。夫高，故贱人也，无识于理，贪欲无厌，求利不止，列势次主[11]，求欲无穷，臣故曰殆。”二世已前信赵高，恐李斯杀之，乃私告赵高。高曰：“丞相所患者独高，高已死，丞相即欲为田常所为。”于是二世曰：“其以李斯属郎中令[12]！”

刚失去父亲，对什么都不了解，不熟悉治理民众，而您又年老，我担心失去统治天下的权力啊。我不依托赵君，又当委任谁呢？况且赵君的为人精明廉洁强悍有力，对下了解民情，对上能顺适我的心意。您还是不要怀疑。”李斯说：“不是这样。赵高是个卑贱的人，不了解事理，贪婪的欲望永远也得不到满足，追求私利没有止境，地位权势仅次于国君，追求欲望没有穷尽，我因此说他危险。”二世在这以前已经信任了赵高，恐怕李斯会杀了他，就暗中把这些话告诉了赵高。赵高说：“丞相所忧虑的只有我赵高，我赵高如果死了，丞相就会想做田常曾做过的事。”于是二世说：“就将李斯交给您查办吧！”

注释　1 甘泉：即甘泉宫，秦在甘泉山上修筑的离宫。　觳(jué)抵：即角抵(dǐ)，角力戏，古代的摔跤表演。　优俳(pái)：以乐舞谐戏为业的艺人，此处代指他们的表演。优，戏谑，娱乐；亦指表演乐舞、杂戏的艺人。俳，杂戏，滑稽戏。　2 疑：通“拟”，比拟，即势均力敌。下文“疑”同此。　3 司城子罕相宋：疑有误。《韩非子·二柄》对此有记载，但据陈奇猷《韩非子集释》考证，司城子罕为战国中期人，姓乐名喜，字子罕，所弑之君为宋桓侯。　期(jī)年：一周年。　4 宰予：本为孔子弟子，字子我，并非田常所杀，此传与《田完世家》记载皆有误。田常所杀子我，名监止，齐国大臣。　5 邪佚：邪恶。佚，放纵。　危反：险诈，反叛。　6 韩玘(qǐ)为韩安相:此事记载亦有出入。据《韩世家》记载,韩玘又作韩姬、韩起,曾杀韩君悼公,但韩又无悼公。又云韩玘为昭侯时人,昭侯与韩王安相差一百余年。当是李斯时另有一韩玘,无从查考。 7 为安肆志:因为环境安乐而放肆欲为。 以危易心:因为危难而改变忠心。 8 少:刚刚。 先人:父亲。 绝:断绝联系,此指失去统治权力。 9 属(zhǔ):委托,交付。 10 精廉强力:精明廉洁强悍有力。 11 列势次主:地位权势仅次于君主。 12 属郎中令:交由郎中令查办。当时赵高为郎中令。

赵高案治李斯。李斯拘执束缚,居囹圄中,[1]仰天而叹曰:"嗟乎,悲夫!不道[2]之君,何可为计哉!昔者桀杀关龙逢[3],纣杀王子比干,吴王夫差杀伍子胥。此三臣者,岂不忠哉,然而不免于死,身死而所忠者非也。今吾智不及三子,而二世之无道过于桀、纣、夫差,吾以忠死,宜矣。且二世之治岂不乱哉!日者夷其兄弟而自立也,杀忠臣而贵贱人,作为阿房之宫,赋敛天下。[4]吾非不谏也,而不吾听也。凡古圣王,饮食有节,车器有

赵高要对李斯审讯定案。李斯被拘囚并带上刑具,关在监狱里,他仰头朝天叹息说:"唉呀,真可悲啊!无道的国君,怎么可以替他谋划呢!从前夏桀杀掉了关龙逢,商纣杀死了王子比干,吴王夫差杀死了伍子胥。这三位臣子,难道不忠诚吗?然而不免一死,他们的被杀说明所忠诚的是不应该去忠诚的人。如今我的智慧比不上这三位臣子,而二世的无道却超过了夏桀、商纣、吴王夫差,我由于忠诚而死,是应该的。况且二世这样治理国家,国家难道不会混乱吗?以前铲除了他的兄弟而自行继位,杀死忠臣并重用卑鄙的人,建造阿房宫,在天下横征暴敛。我不是没有进谏,而是他不听从我的意见啊。凡是古代的圣王,饮食耗费有一定的节制,车马

数，宫室有度，出令造事，加费而无益于民利者禁，故能长久治安。[5]今行逆于昆弟，不顾其咎；[6]侵杀忠臣，不思其殃；大为宫室，厚赋天下，不爱[7]其费：三者已行，天下不听。今反者已有天下之半矣，而心尚未寤也，而以赵高为佐，吾必见寇至咸阳，麋鹿游于朝也。[8]"

器物有一定的数量，宫室规模有一定的限度，制定法令、兴办事业，要增加费用而不能增加民众利益的要禁止，所以能够长治久安。如今背逆天理残杀自己的兄弟，不顾及自己的罪恶；迫害残杀忠臣，不考虑可能的祸患；大肆建造宫室，加重天下赋税，不吝惜耗费的钱财：三项措施施行以后，整个天下不再听从。如今反叛的人已经占到天下人数的一半了，但他还没有醒悟，并任用赵高进行辅佐，我一定会看见盗贼来到咸阳，麋鹿把朝廷当作嬉戏游玩的地方。"

注释　1 拘执束缚：被捉拿关押并上了刑具。　囹圄(líng yǔ)：监狱。　2 不道：无道。　3 关龙逄：夏桀时贤臣，因进谏而被杀。　4 日者：昔日，以前。　夷：铲除。　5 度：限度。　出令造事：制定法令，兴办事业。　6 昆弟：兄弟。　咎：罪恶。　7 爱：吝惜。　8 寤：醒悟。　麋鹿游于朝：此预言秦朝将灭亡。

于是二世乃使高案丞相狱[1]，治罪，责斯与子由谋反状，皆收捕宗族宾客。赵高治斯，榜掠千余，不胜痛，自诬服。[2]斯所以不死者，自负其辩，有功，实无反心，幸得上书自陈，

于是二世就派赵高审理丞相的案件，治他的罪，责问李斯和儿子李由谋反的情状，将他的家族和宾客都拘捕起来。赵高惩治李斯，拷打一千余次，李斯承受不了痛苦，胡说一通认了罪。李斯没有自杀，他自负能言善辩，有功劳，确实并无反叛之心，侥幸能够上书让自己陈说，希

幸二世之寤而赦之。[3]李斯乃从狱中上书曰："臣为丞相，治民三十余年矣。逮秦地之陕隘。[4]先王之时秦地不过千里，兵数十万。臣尽薄材，谨奉法令，阴行谋臣，资之金玉，使游说诸侯，阴修甲兵，饰政教，官斗士，尊功臣，盛其爵禄，故终以胁韩弱魏，破燕、赵，夷齐、楚，卒兼六国，虏其王，立秦为天子。[5]罪一矣。地非不广，又北逐胡、貉，南定百越，以见秦之强。罪二矣。尊大臣，盛其爵位，以固其亲。罪三矣。立社稷，修宗庙，以明主之贤。罪四矣。更克画，平斗斛度量，文章布之天下，以树秦之名[6]。罪五矣。治驰道，兴游观[7]，以见主之得意。罪六矣。缓刑罚，薄赋敛，以遂主得众之心，

望二世能够醒悟而赦免他。李斯就从监狱上书说："我担任丞相，治民理众三十多年了。我来到时秦国土地还很狭小。先王的时候，秦国的土地只不过一千里，兵众几十万人。我尽自己微薄的才能，谨慎遵奉法令，暗中派遣谋臣，资助他们金钱珠玉，让他们出使到诸侯各国，又暗地里整治军队和武器，修明政治教化，任用英勇善战的士兵做官，尊崇有功之臣，增加他们的爵位俸禄，所以最终能够胁迫韩国削弱魏国，打败燕国、赵国，平定了齐国、楚国，最后兼并了六国，俘虏了他们的国王，拥立秦王做了天子。这是第一条罪状。本来国土并不是不宽广，又在北边驱逐胡人、貉人，在南边平定了百越，因而显示出秦国的强大。这是第二条罪状。尊崇大臣，提高他们的爵位，用以巩固他们和天子的亲密关系。这是第三条罪状。确立社稷，修建宗庙，以便显示主上的贤明。这是第四条罪状。更改书写字体，统一度量衡和文字，向天下公布，来树立秦国的威名。这是第五条罪状。修筑驰道，兴建巡游之所，以表明君主的志得意满。这是第六条罪状。缓解刑罚，减轻赋税，

万民戴主,死而不忘。罪七矣。若斯之为臣者,罪足以死固久矣。上幸尽其能力,乃得至今,愿陛下察之![8]”书上,赵高使吏弃去不奏,曰:“囚安得上书!”

以满足主上赢得民众的心愿,万民拥戴主上,死了也不忘记恩德。这是第七条罪状。像我李斯这样的臣子,有罪值得去死本来就很久了。皇上宠幸我,使我发挥才能,才得以活到现在,希望陛下明察!”这封奏书交出后,赵高让官吏扔掉奏书,说:“囚犯怎么能上书!”

注释 1 狱:案件。 2 榜(péng)掠:拷打。榜,通“搒”,捶打。 胜:承受。 诬服:胡说一通认了罪。 3 不死:不自杀。 辩:口才。 幸:侥幸。 陈:陈述。 4 逮:当,到。 陕:同“狭”。 5 行:派遣。 饰:修,整治。 官斗士:任用英勇善战之士为官。 6 更克画:更改书写字体。克,通“刻”,刻镂。 斛(hú):古量器,十斗为一斛。 文章:文字。 7 游观:巡游之所。 8 幸:宠幸。 其:指李斯自己。

赵高使其客十余辈诈为御史、谒者、侍中,更往覆讯斯。[1]斯更以其实对,辄使人复榜之。后二世使人验斯,斯以为如前,终不敢更言,辞服[2]。奏当上[3],二世喜曰:“微赵君,几为丞相所卖。[4]”及二世所使案三川之守至,则项梁已击杀之。使

赵高派他的门客十多人谎称是御史、谒者、侍中等官员,轮番前去审讯李斯。李斯改变口供用实事对答,就让人重新拷打。后来二世派人去查验李斯的案件,李斯认为来人是和前几批一样,始终不敢改变口供,招供认罪。赵高把判决书进呈二世,他高兴地说:“如果没有赵君,差一点儿被丞相出卖了。”等到二世派出去三川郡调查郡守李由的人到达,那时项梁已把李由杀了。使者返回,正碰上

者来，会丞相下吏[5]，赵高皆妄为反辞。

丞相交付狱吏拘囚，赵高就胡乱编造了李由反叛的罪状。

注释 1 谒者：秦官名，郎中令属官，负责为皇帝收发、传达诏命。 往覆：翻来覆去，轮番交待。覆，翻转。 2 辞服：招供认罪。 3 奏当上：把判决书上报皇帝。奏，进呈。当，判罪，判决。 4 微：如果没有。 几：几乎，差一点儿。 5 下吏：交付狱吏拘囚。

二世二年七月，具斯五刑，论腰斩咸阳市。[1]斯出狱，与其中子俱执，顾谓其中子曰："吾欲与若[2]复牵黄犬俱出上蔡东门逐狡兔，岂可得乎！"遂父子相哭，而夷三族[3]。

二世二年七月，准备了处死李斯的五种方法，最终决定在咸阳街市上腰斩。李斯从狱中出来，和他的二儿子一同被押解，回过头来对他的二儿子说："我想同你再牵着黄狗一起走出上蔡的东门去追逐狡兔，又怎么办得到呢！"于是父子相对痛哭，被夷灭了三族。

注释 1 二世二年：即公元前208年。 具：准备。 五刑：五种处死的方法。 论：判处，决定。 2 若：你。 3 三族：指父母、兄弟、妻子。

李斯已死，二世拜赵高为中丞相，事无大小辄决于高。[1]高自知权重，乃献鹿，谓之马。二世问左右："此乃鹿也？"左右皆曰"马也"。二世惊，

李斯死去后，二世任命赵高做中丞相，事情不论大小都由赵高决定。赵高自己知道权势重了，就献给二世一匹鹿，称鹿为马。二世问左右侍从："这是鹿吧？"左右侍从都说"是马"。二世惊异，认为是自己头脑昏乱，就召来太卜官，让他占卦。太卜官说：

自以为惑，乃召太卜，令卦之。[2]太卜曰：“陛下春秋郊祀，奉宗庙鬼神，斋戒不明，故至于此。[3]可依盛德而明斋戒。”于是乃入上林斋戒。日游弋猎[4]，有行人入上林中，二世自射杀之。赵高教其女婿咸阳令阎乐劾不知何人贼杀人移上林。[5]高乃谏二世曰：“天子无故贼杀不辜人，此上帝之禁也，鬼神不享，天且降殃，当远避宫以禳之。[6]”二世乃出居望夷之宫[7]。

留三日，赵高诈诏卫士，令士皆素服持兵内乡[8]，入告二世曰：“山东群盗兵大至！”二世上观而见之，恐惧，高即因劫[9]令自杀。引玺而佩之，左右百官莫从；上殿，殿欲坏者三[10]。高自知天弗与，群臣弗许，乃召始皇弟[11]，授之玺。

“陛下每年两次在郊外祭祀上天，供奉宗庙鬼神，斋戒的事做得不虔诚，所以到了这个地步。可以像有盛德的君王那样再进行一次斋戒。”二世于是就进入上林苑进行斋戒。整日都游玩打猎，有一位行人进入上林苑中，二世亲自将他射死。赵高唆使他的女婿咸阳令阎乐在弹劾中说不知道是哪个贼人杀死了这个人后移尸到了上林苑。赵高就向二世进谏说：“天子无缘无故杀害了无辜的人，这是上帝禁止的，鬼神也不会享用祭祀，上天将降下灾祸，应当远离宫中躲避来祈求免灾。”二世就离开皇宫住到了望夷宫。

过了三天，赵高拿欺诈手段诏令卫士，让士兵都穿上起义军的农民服装拿着武器向望夷宫内跑，自己进宫报告二世说：“崤山以东地区各路盗贼的军队大批到达了！”二世登上台看见了，恐惧起来，赵高随即强制责令二世自杀。赵高把玉玺拿过来自己佩带上，左右侍从和百官没有谁听从他；他登上殿堂，殿堂好几次都像要坍塌似的。赵高自知上天不会给他帝位，群臣也不赞成，就把始皇的弟弟子婴召来，把玉玺授给他。

注释 1 中丞相:一说以丞相之职居宫中理政,故名;一说因赵高为中人(宦官),故称。 辄:总是。 2 惑:头脑昏乱。 太卜:官名,朝中掌管占卜之事。 3 春秋郊祀:古代帝王一年中于冬至、夏至日在郊外举行两次祭祀天地的活动。春秋,此指一年。 斋戒:古人在斋戒以前需不近女色,不饮酒,沐浴,清心,以示虔诚。 不明:不认真,不庄敬。 4 弋(yì)猎:射猎。或特指以绳系箭而射。 5 劾:弹劾,告发。 贼杀:残杀,杀害。贼,残害。 6 不享:不享用其祭祀。 禳(ráng):祈祷以求免灾。 7 望夷之宫:即望夷宫,秦宫名,旧址在今陕西泾阳东南。 8 素服:便服,老百姓穿的服装,以冒充农民起义军。 内乡:向宫内进发。乡,通"向"。 9 劫:威逼,强迫。 10 殿欲坏者三:宫殿多次要坍塌似的。 11 始皇弟:《秦始皇本纪》云:"子婴者,二世之兄子也。"故《史记索隐》刘氏云:"弟字误,当为'孙'。"

子婴即位,患之,乃称疾不听事,与宦者韩谈及其子[1]谋杀高。高上谒,请病[2],因召入,令韩谈刺杀之,夷其三族。

子婴立三月,沛公兵从武关入,至咸阳,群臣百官皆畔,不適[3]。子婴与妻子自系其颈以组[4],降轵道旁。沛公因以属吏[5]。项王至而斩之。遂以亡天下。

子婴即位,担心赵高再作乱,就称说有病不去处理政事,与宦官韩谈和自己的儿子一起商议要杀赵高。等到赵高前来拜见,问候疾病时,子婴乘机召他进宫,让韩谈把他杀了,并杀了赵高的三族。

子婴继位三个月,沛公的军队从武关进入关中,到达咸阳,文武百官都背叛秦王,没有进行抵抗。子婴和妻子、儿子一起用丝带缚住自己的脖子,在轵道旁边投降。沛公因而把他们交给官吏看管。项王到了以后把子婴斩杀了。秦国于是灭亡了。

注释 1 其子:子婴之子。 2 请病:探问病情。 3 適:通“敌”,抵抗。 4 自系其颈以组:用丝带缚着自己的脖子。组,丝带。这是古代服罪投降的形式。 5 属(zhǔ)吏:交付官吏治罪。

太史公曰:李斯以闾阎历诸侯,入事秦,因以瑕衅,以辅始皇,卒成帝业,斯为三公,可谓尊用矣。[1] 斯知六蓺之归,不务明政以补主上之缺,持爵禄之重,阿顺苟合,严威酷刑,听高邪说,废適立庶。[2] 诸侯已畔,斯乃欲谏争,不亦末[3]乎!人皆以斯极忠而被五刑死,察其本,乃与俗议之异。不然,斯之功且与周、召列矣。[4]

太史公说:李斯以一个平民的身份游历诸侯各国,入关侍奉秦国,把握时机,因而辅佐始皇,使其终于成就帝业,他被任为丞相,可以称得上位尊权重了。李斯了解六经的宗旨,不致力于修明政教来弥补主上的缺失,把持着尊贵的爵位,领着丰厚的俸禄,阿谀奉承苟且偷名,加强威权实施残酷刑罚,听从赵高的邪说,废嫡立庶。四方诸侯已经背叛,李斯才想劝谏,不是太晚了吗?人们都认为李斯是极其忠诚而被处以死刑的,考察事情的真相,和世俗所说是不相同的。不是这样的话,李斯的功绩将要和周公、召公并列了。

注释 1 闾阎:里巷之门。此指李斯出身平民。 尊用:被尊重且重用。 2 六蓺:即“六艺”,分别为《诗》《书》《礼》《乐》《易》《春秋》。 归:宗旨,旨趣。 明政:修明政教。 適:通“嫡”,嫡长子。 3 末:晚。 4 周:指周公姬旦。 召(shào):召公姬奭(shì)。

史记卷八十八

蒙恬列传第二十八

原文

蒙恬者,其先[1]齐人也。恬大父蒙骜,自齐事秦昭王,官至上卿。[2]秦庄襄王[3]元年,蒙骜为秦将,伐韩,取成皋、荥阳,作置三川郡。二年,蒙骜攻赵,取三十七城。始皇三年[4],蒙骜攻韩,取十三城。五年,蒙骜攻魏,取二十城,作置东郡。始皇七年,蒙骜卒。骜子曰武,武子曰恬。恬尝书狱典文学。[5]始皇二十三年,蒙武为秦裨将军[6],与王翦攻楚,大破之,杀项燕。二十四年,蒙武

译文

蒙恬,他的祖先是齐国人。蒙恬的祖父叫蒙骜,从齐国来到秦国侍奉秦昭王,官做到了上卿。秦庄襄王元年,蒙骜担任秦国的将领,攻打韩国,夺取了成皋、荥阳,在这里设置了三川郡。二年,蒙骜攻打赵国,夺取了三十七座城邑。秦始皇三年,蒙骜攻打韩国,夺取了十三座城邑。五年,蒙骜攻打魏国,夺取了二十座城邑,在这里设置了东郡。秦始皇七年,蒙骜去世。蒙骜的儿子叫蒙武,蒙武的儿子叫蒙恬。蒙恬曾经学习过刑法,掌管过狱讼的文书工作。秦始皇二十三年,蒙武担任秦国的副将,和王翦一起攻打楚国,大败楚军,杀死了项燕。二十四年,蒙武攻打楚国,

攻楚，虏楚王[7]。蒙恬弟毅。

俘虏了楚王。蒙恬的弟弟叫蒙毅。

注释 1 先：祖先。 2 大父：祖父。 事：侍奉，服侍。 秦昭王：即秦昭襄王，名稷，公元前307—前251年在位。 上卿：诸侯国的最高级大臣。 3 秦庄襄王：名子楚，公元前250—前247年在位。 4 始皇三年：即公元前244年。其时始皇尚为秦王。 5 书狱：书写狱词。此指学习刑狱法律。 典文学：担任审理狱讼的文书工作。典，担任，主管。 6 裨将军：次于主将的副将，或称偏将。 7 楚王：熊负刍，公元前228—前223年在位。

始皇二十六年，蒙恬因家世得为秦将，攻齐，大破之，拜为内史。[1]秦已并天下，乃使蒙恬将三十万众北逐戎狄，收河南。[2]筑长城，因地形，用制险塞，起临洮，至辽东，延袤万余里。[3]于是渡河，据阳山，逶蛇而北。[4]暴师于外十余年，居上郡。[5]是时蒙恬威振匈奴。始皇甚尊宠蒙氏，信任贤[6]之。而亲近蒙毅，位至上卿，出则参乘，入则御前。[7]恬任外事而毅常为内谋[8]，

秦始皇二十六年，蒙恬因为出身将门的关系，得以担任秦国的将领，攻打齐国，大败齐军，被任命为内史。当时秦朝已经兼并了天下，就派蒙恬率领三十万大军，向北驱逐戎狄，收复了黄河以南地区。修筑长城，根据地势来设立险要的关塞，从临洮开始，直到辽东，绵延一万余里。同时渡过黄河，占据阳山，逶迤向北延伸。军队冒着风雨霜雪屯扎在外十多年，驻守上郡。当时蒙恬的声名威震匈奴。秦始皇非常尊重宠信蒙氏兄弟，信任赏识他们。因而亲近蒙毅，让他官位达到上卿，外出时陪着皇帝同乘一辆车，在朝时侍奉在皇帝身边。蒙恬主持朝廷外的事务，而蒙毅常常为朝廷内政出谋划策，两人都被

名为忠信。故虽诸将相莫敢与之争焉。

称为忠信大臣。因此,其他将相不敢和他们俩竞争。

注释 1 拜:任命,授予。 内史:官名,治理京师的行政长官。 2 将:率领。 戎狄:古代泛指我国西北和北方的部族。戎,古族名,主要居住在西北地区。狄,古族名,主要居住在北方。 3 因:根据。 制:设立。 延袤(mào):绵延不断。袤,南北的长度。 4 河:黄河。 阳山:今河套西北的狼山,为阴山支脉。 逶蛇(wēi yí):亦作"逶迤""委佗""逶移",曲折行进的样子。 5 暴(pù)师:指军队在外,蒙受风雨霜露。 十余年:《史记志疑》认为,蒙恬从秦始皇三十二年率领三十万军队攻打匈奴,到三十七年去世,首尾仅六年。 6 贤:认为……贤能。 7 参乘:也作"骖乘",指陪乘的人。 御:侍奉。 8 内谋:在内政上参与谋划。

赵高者,诸赵疏远属也。[1] 赵高昆弟数人,皆生隐宫,其母被刑僇,世世卑贱。[2] 秦王闻高强力,通于狱法,举以为中车府令。[3] 高即私事公子胡亥,喻之决狱。[4] 高有大罪,秦王令蒙毅法治之。毅不敢阿法,当高罪死,除其宦籍。[5] 帝以高之敦[6] 于事也,赦之,复其官爵。

赵高是赵国王族中族系疏远的一员。赵高兄弟几人,都是出生在宦官家庭,他的母亲受过刑罚,世世代代地位卑贱。秦始皇听说赵高坚忍而有毅力,精通刑法,便提拔他担任中车府令。赵高私下侍奉公子胡亥,教他学习司法审判。赵高犯了大罪,秦始皇命令蒙毅依法来处治他。蒙毅不敢违背法律,判处赵高死刑,将他从宦官名籍中除去。秦始皇认为赵高办事认真,就赦免了他,恢复了他的官爵。

始皇欲游天下,道九

原,直抵甘泉,乃使蒙恬通道,自九原抵甘泉,堑山堙谷,千八百里。[7]道未就[8]。

秦始皇想游历天下,经由九原,直达甘泉,于是派蒙恬修通道路,从九原抵达甘泉,挖山填谷,长达一千八百里。道路没有修完。

注释 1 诸赵:指赵国王族赵氏的各支派。 疏远属:远房宗室。 2 昆弟:兄和弟。昆,兄。 隐宫:宫刑。受宫刑的人要隐居于阴暗温暖的密室养伤一段时间,故称。 刑僇(lù):刑罚。僇,通"戮"。赵高的父亲曾被处宫刑,母亲被罚充宫婢。其母后来与他人私通而生下赵高兄弟。 3 强力:坚忍而有毅力。 中车府令:官名,在宫中主管皇帝车马。 4 胡亥:即其后之秦二世,秦始皇少子,公元前210—前207年在位。 喻:教导。 5 阿:歪曲,违背。 当:判处。 6 敦:忠诚,认真。 7 九原:秦郡名,治所在今内蒙古包头西。 堑(qiàn):同"堑",挖掘。 堙:堵塞。 8 就:完成。

始皇三十七年冬,行出游会稽,并海上,北走琅邪。道病,使蒙毅还祷山川,未反。

秦始皇三十七年冬天,启程巡游会稽,沿海边北上,向北走到琅邪。途中患病,便派蒙毅回去祈祷山川神灵,蒙毅没有返回。

始皇至沙丘崩,秘之,群臣莫知。是时丞相李斯、公子胡亥、中车府令赵高常从。高雅[1]得幸于胡亥,欲立之,又怨蒙毅法治之而不为己也,因有贼心,乃

秦始皇到沙丘就去世了,但消息没有公开,大臣们都不知道。当时丞相李斯、公子胡亥、中车府令赵高时常跟随在始皇身边。赵高一向得到胡亥的宠幸,想拥立胡亥做太子,又怀恨蒙毅依法处治而没有救助自己,因而有了贼害之心,

与丞相李斯、公子胡亥阴谋，立胡亥为太子。太子已立，遣使者以罪赐公子扶苏、蒙恬死。扶苏已死，蒙恬疑而复请之。使者以蒙恬属吏，更置[2]。胡亥以李斯舍人为护军[3]。使者还报，胡亥已闻扶苏死，即欲释蒙恬。赵高恐蒙氏复贵而用事[4]，怨之。

他就和丞相李斯、公子胡亥秘密商量，拥立胡亥做太子。太子确立以后，就派使者捏造罪名让公子扶苏、蒙恬自杀。扶苏死后，蒙恬有点怀疑又请求申诉。使者把蒙恬交给断事官，派人接替了蒙恬的职务。胡亥用李斯的家臣担任护军。使者回来报告，胡亥听说扶苏已经死了，就想要释放蒙恬。赵高害怕蒙氏兄弟再次显贵而掌权，怨恨他们。

毅还至，赵高因为胡亥忠计，欲以灭蒙氏，乃言曰："臣闻先帝欲举贤立太子久矣，而毅谏曰'不可'。若知贤而俞弗立，则是不忠而惑主也。[5]以臣愚意，不若诛之。"胡亥听而系蒙毅于代。前已囚蒙恬于阳周。丧至咸阳，已葬，太子立为二世皇帝，而赵高亲近，日夜毁恶蒙氏，求其罪过，举劾之。[6]

蒙毅回到都城，赵高趁机装作为胡亥尽忠谋划，想要消灭蒙氏兄弟，就对胡亥说："我听说先帝想选拔贤能确立太子很久了，而蒙毅劝阻说'不可以'。他明知道您贤明却不拥立您，是不忠而迷惑先帝。按照我愚昧的想法，不如杀掉他。"胡亥听从了赵高的建议而将蒙毅囚禁在代县。在这之前，已经将蒙恬囚禁于阳周。秦始皇的灵柩回到咸阳，安葬完毕，太子胡亥继位做二世皇帝，最为亲近赵高，赵高日夜诽谤攻击蒙氏兄弟，寻找他们的罪状，检举弹劾他们。

注释　1 雅：一向。　2 更置：调换接替。　3 护军：监军，代替太子扶苏之职。 4 用事:掌权,执政。 5 若:其,他。 俞:通"愈",更加。 6 毁恶:诋毁诽谤。 举:检举。

子婴进谏曰:"臣闻故赵王迁杀其良臣李牧而用颜聚,燕王喜阴用荆轲之谋而倍秦之约,齐王建杀其故世忠臣而用后胜之议。此三君者,皆各以变古者失其国而殃及其身。今蒙氏,秦之大臣谋士也,而主欲一旦弃去之,臣窃以为不可。臣闻轻虑者不可以治国,独智者不可以存君。[1]诛杀忠臣而立无节行之人,是内使群臣不相信而外使斗士之意离也,臣窃以为不可。[2]"

子婴进言规谏说:"我听说从前赵王迁杀害他的贤臣李牧而任用颜聚,燕王喜暗中采用荆轲的计谋而违背了燕秦间的盟约,齐王建杀害了他前代的忠臣而采用后胜的建议。这三位国君,都是因为各自改变本国的旧规,导致国家灭亡,而且灾祸连及自身。如今蒙氏兄弟,是秦朝的大臣、谋士,而皇上想一日之间抛弃他们,我私下里认为不可以。我听说思虑轻率的人不可以治理国家,自以为是的人不可以保全君位。诛杀忠臣而任用没有操守德行的人,这样在内会使群臣不信任您,在外会使战士意志涣散,我私下认为不行。"

注释 1 轻虑:考虑轻率。 独智:独断专行,自以为是。 2 节行:节操品行。 斗士:战士。

胡亥不听。而遣御史曲宫乘传之代[1],令蒙毅曰:"先主欲立太子而卿难[2]之。今丞相以卿为不忠,罪及其

胡亥不听从。他派御史曲宫乘坐驿车到代县,命令蒙毅说:"先主想要确立太子而您却加以非难。如今丞相认为您不忠诚,罪过要

宗。朕不忍，乃赐卿死，亦甚幸矣。卿其图[3]之！”毅对曰：“以臣不能得先主之意，则臣少宦，顺幸没世，可谓知意矣。[4]以臣不知太子之能，则太子独从，周旋[5]天下，去诸公子绝远，臣无所疑矣。夫先主之举用太子，数年之积也，臣乃何言之敢谏，何虑之敢谋！非敢饰辞以避死也，为羞累先主之名，愿大夫为虑焉，使臣得死情实。[6]且夫顺成全者，道之所贵也；刑杀者，道之所卒也。昔者秦穆公杀三良而死，罪百里奚而非其罪也，故立号曰‘缪’。昭襄王杀武安君白起。楚平王杀伍奢。吴王夫差杀伍子胥。此四君者，皆为大失，而天下非之，以其君为不明，以是籍[7]于诸侯。故曰‘用道治者不杀无罪，而罚不加于无

连及您的宗族。我不忍心这样，就只有赐您一死，也算是万幸了。您好好考虑一下！”蒙毅回答说：“如果以我不能理解先帝的意思而加罪于我，那么我从年轻时开始做官，一直侍候先帝至死，没有受过指责，可见我是理解先帝的心意的。如果认为我不知道太子的才能，那么太子独自跟随先帝，周游天下，所受的宠爱，远非其他公子所能企及，我没有什么怀疑的地方。先帝选立太子，是考虑多年的结果，我又有什么话敢劝谏，又有什么计策敢谋划呢！我不敢粉饰言辞来逃避死罪，因为这会羞辱牵累先帝的名誉，希望大夫加以考虑，使我能死于应有的罪名。况且顺理成全，是道义所推重的；严刑诛杀，是道义所唾弃的。从前秦穆公杀死三位贤臣来殉葬，判处百里奚以不应得的罪名，所以谥号叫作‘缪’。秦昭襄王杀死武安君白起。楚平王杀死伍奢。吴王夫差杀死伍子胥。这四位君主都有大过失，所以天下人都责怪他们，认为他们作为国君不明察，因而在诸侯国间声名狼藉。所以说‘用道义治国的人不杀害无罪的臣民，而刑罚不施加

辜’。唯[8]大夫留心！”使者知胡亥之意，不听蒙毅之言，遂杀之。

在无罪的人身上’。希望大夫注意！”使者知道胡亥的意思，没有听蒙毅的话，就杀死了他。

注释 1 御史：官名。春秋战国时各国皆有御史，掌管文书和记事。秦代御史兼有弹劾纠察之权。 传(zhuàn)：指驿站的车马。 2 难(nàn)：非难，责难。 3 图：考虑。 4 先主：指秦始皇。 宦：做官。 顺幸：顺利，宠幸。 没(mò)世：终身，一生。 5 周旋：周游。 6 饰辞：托辞粉饰。 羞累：羞辱，连累。 情实：实情。 7 籍：通“藉”，狼藉，名声不好。 8 唯：希望。

二世又遣使者之阳周，令蒙恬曰：“君之过多矣，而卿弟毅有大罪，法及内史[1]。”恬曰：“自吾先人，及至子孙，积功信[2]于秦三世矣。今臣将兵三十余万，身虽囚系，其势足以倍畔，然自知必死而守义者，不敢辱先人之教，以不忘先主也[3]。昔周成王初立，未离襁褓，周公旦负王以朝，卒定天下。[4]及成王有病甚殆，公旦自揃其爪以沈于河，[5]曰：‘王未有

秦二世又派使者前往阳周，命令蒙恬说：“您的过错够多了，而您的弟弟蒙毅犯有大罪，依法牵连到你。”蒙恬说：“从我的先辈，直到子孙，在秦国建立功业得到信任已经三代了。如今我带着三十多万军队，自身虽然被囚禁着，但凭借我的势力我完全可以背叛，但自己明白一定要用死来坚守道义的原因，是不敢辱没先辈的教导，来表示不忘怀先帝啊。从前，周成王刚登位，还是一个幼儿，周公旦背着成王来接受群臣朝见，终于安定了天下。等到成王患病危在旦夕的时候，周公旦自己剪下指甲投入黄河，说：‘君王还未有识断的能力，是我姬旦掌管

识，是旦执事[6]。有罪殃，旦受其不祥。’乃书而藏之记府[7]，可谓信矣。及王能治国，有贼臣言：‘周公旦欲为乱久矣，王若不备，必有大事。’王乃大怒，周公旦走而奔于楚。成王观于记府，得周公旦沈书，乃流涕曰：‘孰谓周公旦欲为乱乎！’杀言之者而反[8]周公旦。故《周书》曰‘必参而伍之’。[9]今恬之宗，世无二心，而事卒如此，是必孽臣逆乱，内陵之道也。[10]夫成王失而复振[11]则卒昌；桀杀关龙逄，纣杀王子比干而不悔，身死则国亡。臣故曰过可振而谏可觉也。察于参伍，上圣[12]之法也。凡臣之言，非以求免于咎也，将以谏而死，愿陛下为万民思从道也。”使者曰：“臣受诏行法于将军，不敢以将军言闻于上

大事。如果有罪过，我姬旦承受那祸殃。’于是把祷辞记录下来，收藏在档案中，这可说是竭尽忠信了。到了周成王能够治理国家时，有奸臣说：‘周公旦想要作乱已经很久了，大王如果不加防备，一定会有大变故。’成王于是很恼怒，周公旦逃奔到楚国。成王在档案中查看，见到了周公旦投指甲入黄河的祷辞记录，就流着泪说：‘谁说周公旦想要作乱呢！’他杀掉了说那话的人而迎回周公旦。所以《周书》上说‘一定要多方咨询，多加考虑’。如今我蒙氏家族，世代忠于朝廷没有二心，而结局竟然是这样，这一定是奸臣犯上作乱，在内倾轧的结果。周成王虽然有过失而能补救，终于使周朝昌盛；夏桀杀死关龙逄，商纣杀死王子比干而不后悔，终于身死国亡。所以我认为犯有过失可以改正，听从劝谏可以觉醒。通过三番五次的咨询考虑来审查，这是圣明天子治国的法则。我说的所有这些话，并不是要企求免于罪责，而是准备为忠言直谏而牺牲，希望陛下为千万百姓考虑而遵循正确道路。”使者说：“我奉诏令来对将军执行刑

也。”蒙恬喟然太息曰:“我何罪于天,无过而死乎?”良久,徐曰:“恬罪固当死矣。起临洮属之辽东,城壍万余里,此其中不能无绝地脉哉?[13] 此乃恬之罪也。”乃吞药自杀。

法,不敢把将军的话转达给皇上。”蒙恬叹息说:“我对上天犯了什么罪,无罪却要死吗?”过了很久,他又慢慢地说:“我的罪过本来就该死了。起自临洮连接到辽东,筑城墙,挖壕沟,长达一万多里,这中间不可能没有截断地脉啊!这就是我的罪过。”于是蒙恬吞毒药自杀了。

注释 1 内史:指蒙恬。 2 功信:功劳,诚信。 3 倍畔:背叛。 4 周成王:名诵。周武王之子,即位时年幼,由叔父周公旦管理朝政。 襁褓:亦作“襁保”“强葆”,指背负婴儿用的宽带和包裹婴儿的被子。 5 殆:危险。 揃(jiǎn):剪断。 爪:手脚的指甲。 6 执事:掌管国家大事。 7 记府:收藏文书档案的地方。 8 反:同“返”,使动用法,召还。 9《周书》:指《逸周书》。为记述周朝史事的史书,因这些史事又是《尚书·周书》所不收的,故称《逸周书》。 参(sān)而伍之:多方咨询,反复考虑。参,同“三(叁)”。伍,通“五”。参、伍都作动词用。《史记索隐》:“参谓三卿,伍即五大夫,欲参伍更议。” 10 孽臣:奸臣,暗指赵高。 陵:侵犯,欺侮。 11 振:振作,补救。 12 上圣:最英明的天子。 13 属(zhǔ):连接。 城:城墙。 绝地脉:挖断地脉。据堪舆家的迷信说法,断绝地脉的人,要遭上天惩罚。

太史公曰:吾适北边,自直道归,行观蒙恬所为秦筑长城亭障[1],壍山堙谷,通直道,固轻百姓力矣。夫秦之初灭诸侯,天

太史公说:我到北部边境,从直道回来,沿途观看蒙恬为秦朝修筑的长城、堡垒,劈山填谷,连通直道,确实是肆意耗费民力、财力。当时秦国刚刚灭掉各诸侯国,天下人心还

下之心未定，痍伤者未瘳，而恬为名将，不以此时强谏，振百姓之急，养老存孤，务修众庶之和，而阿意兴功，此其兄弟遇诛，不亦宜乎？[2] 何乃罪地脉哉？

未安定，战争的创伤还没有痊愈，而蒙恬身为名将，不在这时极力进谏，救济百姓的急难，奉养老人，慰问孤儿，致力于维护百姓的和平生活，却迎合始皇的心意，大建工程，大肆征伐，这样看来，他们兄弟被诛杀，不也是应该么？怎么能怪罪地脉呢？

注释 1 亭障：亦作“亭嶂”，古代边塞要地设置的堡垒。 2 痍(yí)：受创伤。 瘳(chōu)：病愈。 强谏：极力劝谏。 振：“赈”的本字，振救，救济。 存：慰问。 阿：迎合，曲从。

史记卷八十九

张耳陈余列传第二十九

原文

张耳者，大梁[1]人也。其少时，及魏公子毋忌[2]为客。张耳尝亡命[3]游外黄。外黄富人女甚美，嫁庸奴，亡其夫去，抵父客。[4]父客素知张耳，乃谓女曰："必欲求贤夫，从张耳。"女听，乃卒为请决，嫁之张耳。[5]张耳是时脱身游，女家厚奉给张耳，张耳以故致千里客。[6]乃宦魏为外黄令。名由此益贤。陈余者，亦大梁人也，好儒术，数游赵苦陉。富人公乘氏以其

译文

张耳是大梁人。他年轻的时候，做了魏公子毋忌的门客。张耳曾经因犯罪隐姓埋名逃亡到外黄。外黄有位富人的女儿长得十分漂亮，却嫁给了一个愚笨的人，她逃离了丈夫，去到父亲旧时的朋友家中。父亲的朋友一向了解张耳，就对这女子说："你一定要找个贤能的丈夫的话，就跟着张耳。"这女子听从了，父亲的朋友代此女向其丈夫请求解除了婚姻关系，她嫁给了张耳。当时张耳已摆脱罪名广泛交游，女家供给张耳很丰厚的财物，张耳因此能够招致千里以外的宾客。于是张耳在魏国做官，当上了外黄的县令。他的贤良的名声也从此越来越高。陈余也是大梁人，喜爱儒家学说，曾经几次游历赵国苦陉。富翁公乘氏把自己

女妻之,亦知陈余非庸人也。余年少,父事张耳,两人相与为刎颈交。

的女儿嫁给了他,也知道陈余不是一般的人。陈余年纪轻,像对待父辈那样对待张耳,两人结成了生死之交。

注释 1 大梁:战国时魏国都城,秦置县,在今河南开封。 2 毋忌:亦作“无忌”。魏昭王的小儿子,魏安釐王的弟弟,被封为信陵君,战国四公子之一。 3 亡命:指削除名籍而逃亡在外。 4 庸奴:见识浅陋的人。 亡其夫:潜逃离开她的丈夫。 抵:至,到。 父客:父亲的朋友或宾客。 5 卒:终于。 请决:请求离婚。决,决绝。 6 脱身:指解除所犯罪过。 致:招致。

秦之灭大梁也,张耳家外黄。高祖为布衣时,尝数从张耳游,客数月。秦灭魏数岁,已闻此两人魏之名士也,购求[1]有得张耳千金,陈余五百金。张耳、陈余乃变名姓,俱之陈,为里监门[2]以自食。两人相对。里吏尝有过笞陈余,陈余欲起,张耳蹑之,使受笞。[3]吏去,张耳乃引陈余之桑下而数[4]之曰:“始吾与公言何如?今见小辱而欲死一吏乎?”

秦灭大梁的时候,张耳家在外黄。汉高祖做平民的时候,曾经几次跟张耳交游,做客几个月。秦国灭亡魏国几年后,早已听说这两个人是魏国的名士,于是悬赏通缉他们,有捉到张耳的可得到千金,捉到陈余的可得到五百金。张耳、陈余于是改名换姓,一同来到陈县,做乡里看门人来糊口。两人在里门相对而居。里中小吏曾经因为陈余有过错而鞭打他,陈余要起来反抗,张耳用脚踩着陈余,让他接受鞭打。小吏走了,张耳便拉着陈余到桑树下,责备他说:“当初我是怎么对你说的?如今受点小委屈就想跟一个小吏拼命吗?”陈余认为他说得对。

陈余然[5]之。秦诏书购求两人,两人亦反用门者以令里中。

秦朝颁布诏令悬赏捉拿他们俩,他们俩反而利用里门看守的身份来号令里中人捉拿张耳、陈余。

注释 1 购求:悬赏捉拿。 2 里监门:乡里看守大门的人。 3 笞(chī):用竹板打。 蹑:踩,踏。 4 数(shǔ):数落,责备。 5 然:是,对。意动用法。

陈涉起蕲,至入陈,兵数万。张耳、陈余上谒陈涉。涉及左右生平数闻张耳、陈余贤,未尝见,见即大喜。

陈涉在蕲县起兵,到进入陈县时,军队已有几万人。张耳、陈余求见陈涉。陈涉和他身边的人生平多次听说张耳、陈余贤能,只是未曾谋面,等到见到他们就十分高兴。

陈中豪杰父老乃说陈涉曰:"将军身被坚执锐[1],率士卒以诛暴秦,复立楚社稷,存亡继绝,功德宜为王。且夫监临[2]天下诸将,不为王不可,愿将军立为楚王也。"陈涉问此两人,两人对曰:"夫秦为无道,破人国家,灭人社稷,绝人后世,罢[3]百姓之力,尽百姓之财。将军瞋目张胆,出万死不

陈县的豪杰、父老便劝说陈涉道:"将军身披坚甲,手执利刃,率领士兵来讨伐残暴的秦朝,重建楚国江山,使灭亡了的国家得以复国,断绝了的后代得以延续,有这种功德应该称王。况且将军监督统管天下各部将领,不称王也不行,希望将军立为楚王。"陈涉就这件事请教张耳、陈余,两人回答说:"秦朝残暴无道,灭掉了别人的国家,毁坏了别人的社稷,断绝了别人的后代,消耗尽了百姓的劳力,搜刮尽了百姓的财产。将军怒目圆睁,放开胆量,不顾生死,替天下百姓讨伐残暴。如今刚到陈县

顾一生之计，为天下除残也。[4]今始至陈而王之，示天下私。愿将军毋王，急引兵而西，遣人立六国后，自为树党，为秦益敌也。[5]敌多则力分，与[6]众则兵强。如此野无交兵，县无守城，诛暴秦，据咸阳以令诸侯。诸侯亡而得立，以德服之，如此则帝业成矣。今独王陈，恐天下解[7]也。"陈涉不听，遂立为王。

就称王，向天下人显露出自己的私心。希望将军不要称王，赶紧带兵西进，派人立六国诸侯的后代做王，为自己树立党援，增加秦朝的敌人。敌人多，秦朝的力量就会分散；同盟多，自己的兵力就会强大。这样，原野上无须交战，县城里无人坚守，推翻暴虐的秦朝，占据咸阳来向诸侯发号施令。各诸侯国灭亡后又得以复国，用恩德来感召他们，这样统一大业就可以成功了。如今只是在陈县称王，恐怕天下诸侯会离心啊。"陈涉不听，自立为王。

注释　1 被(pī)坚执锐：身披坚甲，手执利器。被，通"披"。　2 监临：监督。　3 罢(pí)：通"疲"，使……疲困。　4 瞋(chēn)目张胆：怒目圆睁，毫不畏忌。　顾：顾念，考虑。　5 六国后：指已被秦国灭亡的齐、楚、燕、赵、韩、魏六国的后裔。　益：增加。　6 与：同盟者。　7 解：瓦解，涣散。

原文

陈余乃复说陈王曰："大王举梁、楚而西，务在入关，未及收河北也。[1]臣尝游赵，知其豪桀及地形，愿请奇兵北略赵地。[2]"于是陈王以故所善陈人武臣

译文

陈余便又劝导陈王说："大王从梁地、楚地兴兵西进，一心要进入关中，来不及收取黄河以北地区。我曾经游历赵国，熟悉那里的豪杰、地形，我请求带领一支军队，出其不意地向北攻占赵地。"于是陈王任命过去要好的陈县人武臣担任将军，

为将军，邵骚为护军，以张耳、陈余为左右校尉，予卒三千人，北略赵地。[3]

邵骚担任护军，张耳、陈余担任左右校尉，拨给军队三千人，向北攻占赵地。

注释 1 举：兴起，发动。 梁：指陈县。战国时属魏国，梁为魏的别称。 楚：指蕲县。战国时属楚国。 2 奇兵：出乎敌人意料的军队。 略：攻占。 3 护军：武官名，秦、汉时临时设置，负责调节各将领的关系。 校尉：武官名，职位略低于将军。

武臣等从白马渡河，至诸县，说其豪桀曰："秦为乱政虐刑以残贼天下，数十年矣。北有长城之役，南有五岭之戍，外内骚动，百姓罢敝，头会箕敛，以供军费，财匮力尽，民不聊生。[1]重之以苛法峻刑，使天下父子不相安。陈王奋臂为天下倡始，王楚之地，方二千里，莫不响应，家自为怒，人自为斗，各报其怨而攻其仇，县杀其令丞，郡杀其守尉。今已张大楚，王陈，使吴广、周文将卒百万西击秦。于此

武臣等人从白马津渡过黄河，到各县去，游说那里的豪杰说："秦朝施行暴政酷刑来残害天下百姓，已经几十年了。北方有修筑长城的劳役，南方有防守五岭的兵役，天下骚动不安，百姓疲困，赋役繁重，来供应军费开支，财力耗尽，民不聊生。加上苛法酷刑，使天下百姓不得安生。陈王振臂高呼，为天下首先举起义旗，在楚地称王，纵横两千里以内的地方，没有谁不响应，家家奋发，人人起来战斗，都来报自己的仇怨，各县杀死他们的县令、县丞，各郡杀死他们的郡守、郡尉。现在已经建立了大楚国，在陈县称王，派吴广、周文率领百万大军向西攻打秦军。在这个时候不来成就封侯的大业，不能算是人中豪杰。请各位试着考

时而不成封侯之业者,非人豪也。诸君试相与计之!夫天下同心[2]而苦秦久矣。因天下之力而攻无道之君,报父兄之怨而成割地有土之业,此士之一时也。[3]"豪桀皆然其言。乃行收兵[4],得数万人,号武臣为武信君。下赵十城,余皆城守,莫肯下。[5]

虑一下!天下之人都忍受秦朝苛政带来的痛苦很久了。依靠天下人的力量来反对无道的君主,报父兄的仇怨而成就封王封侯的大业,这是有识之士的一个难得的机会呀!"豪杰们都认为他们讲得对。于是一边行军一边扩充队伍,得到几万人,武臣被封为武信君。攻克赵地十座城邑,其余的都据城坚守,没能攻下。

注释 1 长城之役:秦始皇三十三年(前 214 年),征发三十万人北筑长城,绵延一万多里。百姓徭役不息,人力耗尽。 五岭之戍:秦始皇曾派五十万人防守五岭。五岭,即南岭,有大庾岭、越城岭、萌渚岭、都庞岭、骑田岭,在今湖南、江西、广东、广西交界处。 头会(kuài)箕敛:按人头收谷物,用箕装取所征的谷物,形容赋税苛刻繁重。 2 同心:共同感到。 3 无道之君:指秦二世皇帝。 割地有土:割据土地,即封王封侯。 时:时机。 4 行收兵:在行进中招收兵马,扩大队伍。 5 下:攻克。 城守:据城坚守。

乃引兵东北击范阳。范阳人蒯通说范阳令曰:"窃闻公之将死,故吊[1]。虽然,贺公得通而生。"范阳令曰:"何以吊之?"对曰:"秦法重,足下为范阳

武信君于是带兵向东北进攻范阳。范阳人蒯通劝说范阳县令道:"我私下听说您快要死了,所以来慰问您。虽然如此,但又祝贺您得到我而有了生路。"范阳令说:"为什么慰问我?"蒯通回答说:"秦朝法律严酷,您做范阳县令十年了,杀死

令十年矣，杀人之父，孤人之子，断人之足，黥人之首，不可胜数。[2]然而慈父孝子莫敢倳[3]刃公之腹中者，畏秦法耳。今天下大乱，秦法不施，然则慈父孝子且倳刃公之腹中以成其名，此臣之所以吊公也。今诸侯畔秦矣，武信君兵且至，而君坚守范阳，少年皆争杀君，下武信君。君急遣臣见武信君，可转祸为福，在今矣。”

人家的父亲，使人家的儿子成为孤儿，砍断人家的脚，黥刺人家的面额，这样的事数也数不完。可是慈父孝子们没有谁敢拿刀子捅您的腹部，因为害怕秦朝的法律而已。如今天下大乱，秦朝的法律无法施行，那么慈父孝子们就要拿刀子捅您的腹部来成就自己的名声，这是我之所以来慰问您的原因。如今诸侯已经反叛秦朝，武信君的军队快要到达，而您却坚守范阳城，年轻人都争着要杀您，要投降武信君。您赶紧派我去会见武信君，我可以将祸转化为福。”

注释　1 吊：慰问遭遇不幸的人。　2 孤：父死曰孤。此为使动用法，即使人家之子成为孤儿。　黥(qíng)：墨刑。在人面额上刺字涂墨。　3 倳(zì)：亦作“剚”。插入，刺入。

范阳令乃使蒯通见武信君曰：“足下必将战胜然后略地，攻得然后下城，臣窃以为过矣。诚听臣之计，可不攻而降城，不战而略地，传檄而千里定，可乎？”武信君曰：“何谓也？”蒯通

范阳县令便派蒯通去会见武信君，说：“您一定要打了胜仗然后占领地盘，攻破了守敌然后取得城邑，我私下里认为这样做不对。您果真能听从我的计策，可以不用攻打就降服城邑，不用战斗就夺取土地，发布檄文就能平定千里地区，可以吗？”武信君说：“您说的是什么意思？”蒯通说：“如今范阳县令本应当整顿军队来坚守作战

曰:“今范阳令宜整顿其士卒以守战者也,怯而畏死,贪而重富贵,故欲先天下降,畏君以为秦所置吏,诛杀如前十城也。然今范阳少年亦方[1]杀其令,自以城距君。君何不赍[2]臣侯印,拜范阳令,范阳令则以城下君,少年亦不敢杀其令。令范阳令乘朱轮华毂[3],使驱驰燕、赵郊。燕、赵郊见之,皆曰此范阳令,先下者也,即喜矣,燕、赵城可毋战而降也。此臣之所谓传檄而千里定者也。”武信君从其计,因使蒯通赐范阳令侯印。赵地闻之,不战以城下者三十余城。

的,但他胆怯怕死,贪恋并看重富贵,所以想率先投降,而又怕您认为他是秦朝所任用的官吏,像前面被攻下的十个城邑的官吏那样被诛杀。然而,现在范阳的年轻人也正想杀死他们的县令,自己据守城池来抵御您。您为什么不把侯印给我,让我带回去,委任范阳县令,范阳县令就会把县城献给您,那些年轻人也不敢杀他们的县令。再让范阳县令乘坐豪华的车辆,奔驰在燕地、赵地的原野。燕地、赵地的人们看见了,都说这是首先投降的范阳县令,就都会很高兴,燕地、赵地的城邑就可以不战而降了。这就是我所说的发布檄文就能平定千里之地的计策。”武信君听从了他的计策,便派蒯通赐给范阳县令侯印。赵地听到这个消息后,不交战而投降的城邑有三十多座。

注释 1 方:将要,正要。 2 赍(jī):以物送人,送给。 3 朱轮华毂:指豪华的坐车。毂,车轮中心的圆木,中有圆孔用来插轴。

至邯郸,张耳、陈余闻周章军入关,至戏却;又闻

到了邯郸,张耳、陈余听说周章的军队进入函谷关,到戏地败退下

诸将为陈王徇[1]地，多以谗毁得罪诛，怨陈王不用其策不以为将而以为校尉。乃说武臣曰："陈王起蕲，至陈而王，非必立六国后。将军今以三千人下赵数十城，独介居河北，不王无以填之。[2]且陈王听谗，还报，恐不脱于祸。又不如立其兄弟；不，即立赵后。将军毋失时，时间不容息[3]。"武臣乃听之，遂立为赵王。以陈余为大将军，张耳为右丞相，邵骚为左丞相。

使人报陈王，陈王大怒，欲尽族武臣等家，而发兵击赵。陈王相国房君谏曰[4]："秦未亡而诛武臣等家，此又生一秦也。不如因而贺之，使急引兵西击秦。"陈王然之，从其计，徙系武臣等家宫中，封张耳子敖为成都

来；又听说各路将领为陈王攻取土地，大多因为受到谗言诽谤而获罪被诛杀，又埋怨陈王不听从他俩的计策，不任命他们为将军而任命为校尉。于是劝导武臣说："陈王从蕲县起兵，到陈县而称王，看来不一定会封立六国的后代。将军如今用三千人降服了赵地几十座城池，独占了黄河以北地区，不称王便无法镇守这里。况且陈王听信谗言，如果回去报告，恐怕免不了灾祸。还不如拥立自己的兄弟为王；否则，就拥立赵国的后代。将军不要失去时机，时间不容拖延。"武臣便听从了他们的意见，于是登位做了赵王。他任命陈余为大将军，张耳为右丞相，邵骚为左丞相。

赵王派人报告陈王，陈王十分恼怒，要杀尽武臣等人的家族，并派兵攻打赵地。陈王的相国房君劝谏说："秦朝还没有灭亡就要诛杀武臣等人的家族，这等于又生出一个秦朝。不如趁机向他祝贺，让他们急速带兵向西去进攻秦军。"陈王认为讲得对，听从了他的计策，把武臣等人的家属迁来软禁在宫中，封张耳的儿子张敖为成都君。

陈王派使者去祝贺赵王，让他

君。

陈王使使者贺赵，令趣发兵西入关。张耳、陈余说武臣曰：“王王赵，非楚意，特以计贺王。[5]楚已灭秦，必加兵于赵。愿王毋西兵，北徇燕、代，南收河内以自广。赵南据大河，北有燕、代，楚虽胜秦，必不敢制赵。”赵王以为然，因不西兵，而使韩广略燕，李良略常山，张黡略上党。

赶快派兵向西进入关中。张耳、陈余劝导武臣说：“大王在赵地称王，不是楚国的本意，只是出于权宜之计来祝贺大王。楚国灭掉秦朝以后，一定会对赵国用兵。希望大王不要向西进兵，而是向北去攻占燕地、代郡，向南收取河内郡来扩充自己的地盘。赵国南部据有黄河，北方有燕地、代地，楚国即使战胜了秦朝，一定不敢来制服赵国。”赵王认为说得对，因而不向西进兵，而是派韩广去攻占燕地，李良去攻占常山郡，张黡去攻占上党郡。

注释　1 徇(xùn)：夺取。　2 介：独自。　填(zhèn)：通“镇”。　3 时间(jiàn)不容息：时间紧迫，不容许片刻拖延。间，间隔。息，呼吸。　4 相国：《陈涉世家》言陈王“以上蔡人房君蔡赐为上柱国”，故《史记索隐》认为“涉因楚有柱国之官，故以官蔡赐。盖其时草创，亦未置相国之官也”。　房君：陈涉的上柱国蔡赐的封号。　5 特：只是。　计：指权宜之计。

韩广至燕，燕人因立广为燕王。赵王乃与张耳、陈余北略地燕界。赵王间出[1]，为燕军所得。燕将囚之，欲与分赵地

韩广到了燕地，燕地人乘机立韩广做燕王。赵王于是和张耳、陈余向北进攻燕国边界。赵王微服出行，被燕军捉住了。燕国将领把他囚禁起来，想要和他平分赵国的领地，才放他回去。赵国的使者前去交涉，燕

半，乃归王。使者往，燕辄杀之以求地。张耳、陈余患之。有厮养卒谢其舍中曰[2]："吾为公[3]说燕，与赵王载归。"舍中皆笑曰："使者往十余辈，辄死，若何以能得王？"乃走燕壁[4]。燕将见之，问燕将曰："知臣何欲？"燕将曰："若欲得赵王耳。"曰："君知张耳、陈余何如人也？"燕将曰："贤人也。"曰："知其志何欲？"曰："欲得其王耳。"赵养卒乃笑曰："君未知此两人所欲也。夫武臣、张耳、陈余杖马棰下赵数十城，此亦各欲南面而王，岂欲为卿相终已邪？[5]夫臣与主岂可同日而道哉，顾其势初定，未敢参分而王，且以少长先立武臣为王，以持赵心。[6]今赵地已服，此两人亦欲分赵而王，时未可耳。今君乃囚赵王。此两人名为求赵王，实

人就杀死使者来要求割地。张耳、陈余对此很是忧虑。有个炊事兵向他同宿舍的伙伴告辞说："我要替赵国去游说燕国，和赵王一道乘车回来。"同宿舍的人都嘲笑他说："去了十多批使者，一去就死了，你凭什么能救回赵王？"他就跑到燕军军营。燕将看到他，他问燕将说："您知道我来干什么吗？"燕将说："你想救赵王罢了。"他说："您知道张耳、陈余是怎样的人物吗？"燕将说："是贤能的人。"他说："您知道他们的志向是什么吗？"燕将说："想要救他们的君王罢了。"赵国的炊事兵便笑着说："您还不知道这两个人的志向。武臣、张耳、陈余挥着马鞭降服了赵国几十座城邑，他们也各自想要南面称王，难道只想终生做卿相么？做臣子和做国君难道能相提并论吗？但考虑到局势刚刚平定，还不敢三分国土而称王，权且按年纪大小先立武臣为王，来安定赵地的人心。如今赵地已经顺服，这两人也想分赵地而称王，只是时机还未成熟罢了。现在您却囚禁赵王。这两人名义上是要救赵王，其实想让燕国杀死

欲燕杀之，此两人分赵自立。夫以一赵尚易燕，况以两贤王左提右挈，而责杀王之罪，灭燕易矣。[7]”燕将以为然，乃归赵王，养卒为御[8]而归。

他，这样，他们两人就可以平分赵地自立为王。仅仅一个赵国尚且轻视燕国，何况两位贤能的国君互相支持，来声讨燕国杀害赵王的罪行，灭亡燕国就容易了。”燕将认为他说得对，便归还了赵王，炊事兵替赵王驾车一同返回了。

注释　1 间出：微服而出。　2 厮养卒：一说为炊事兵。一说为勤务兵。　谢：告辞。　舍中：同宿舍中的人。　3 公：指张耳、陈余。　4 壁：军营的壁垒，引申为军营。　5 杖：执持。　马棰(chuí)：马鞭。　6 参(sān)：同“三(叁)”。　持：安定，稳住。　7 易：轻视。　左提右挈(qiè)：互相扶持。挈，提。　8 御：驾车。

李良已定常山，还报，赵王复使良略太原。至石邑，秦兵塞井陉，未能前。秦将诈称二世使人遗李良书，不封[1]，曰：“良尝事我得显幸。良诚能反赵为秦，赦良罪，贵良。”良得书，疑不信。乃还之邯郸，益请兵。未至，道逢赵王姊出饮，从百余骑。李良望见，以为王，伏谒道旁。王

李良已经平定了常山郡，回来报告，赵王又派李良去攻取太原郡。李良到石邑，秦军扼守井陉关，不能前进。秦将诈称秦二世派人送给李良一封信，没有封口，信中说：“李良曾经侍奉我而得以显贵。李良果真能叛赵归秦，就赦免李良的罪过，使他显贵。”李良收到来信，有点怀疑而不相信。他于是返回到邯郸，请求增加兵力。还没有到达邯郸，路上碰到赵王的姐姐外出宴饮，随从有一百多人。李良远远望见，以为是赵王，便跪在路旁拜见。赵王的姐姐喝醉了，不知道他是

姊醉，不知其将，使骑谢李良。李良素贵，起，惭其从官。从官有一人曰："天下畔秦，能者先立。且赵王素出将军下，今女儿乃不为将军下车，请追杀之。"李良已得秦书，固欲反赵，未决，因此怒，遣人追杀王姊道中，乃遂将其兵袭邯郸。邯郸不知，竟杀武臣、邵骚。赵人多为张耳、陈余耳目者，以故得脱出。收其兵，得数万人。客有说张耳曰："两君羁旅，而欲附赵，难；独立赵后，扶以义，可就功。[2]"乃求得赵歇，立为赵王，居信都。李良进兵击陈余，陈余败李良，李良走归章邯。

将军，派了一个骑士去答谢李良。李良向来显贵，起身以后，在随从官员面前感到很惭愧。有一个侍从官说："天下反叛秦朝，有能力的人先立为王。况且赵王的地位一向在将军以下，如今一个女儿家竟不给将军下车，请让我追上并杀了她。"李良已经收到秦二世的书信，本来想反叛赵国，犹豫未决，因此发怒，派人追上去将赵王的姐姐在路上杀死，于是率领军队袭击邯郸。邯郸方面不知道，李良竟然杀死了武臣、邵骚。赵国人有很多是张耳、陈余的耳目，因此他俩得以逃脱。他俩收集军队，得到几万人。有位门客对张耳劝道："您们两位都是外地人，而想要赵国人依附，是有困难的；只有立赵王室的后代，用正义去扶助他，才可以成就功业。"于是他们求访到赵歇，立他做赵王，迁居信都。李良进军攻打陈余，陈余打败了李良，李良逃跑归附了章邯。

注释　1 不封：《史记集解》张晏曰："欲其漏泄，君臣相疑。"　2 羁旅：寄居在外。羁，寄。旅，客人。　就：成就。

章邯引兵至邯郸，皆徙其民河内，夷其城郭。张耳与赵王歇走入钜鹿城，王离围之。陈余北收常山兵，得数万人，军钜鹿北。章邯军钜鹿南棘原，筑甬道属河，饷王离。[1]王离兵食多，急攻钜鹿。钜鹿城中食尽兵少，张耳数使人召前陈余，陈余自度兵少，不敌秦，不敢前。数月，张耳大怒，怨陈余，使张黡、陈泽往让陈余曰："始吾与公为刎颈交，今王与耳旦暮且死，而公拥兵数万，不肯相救，安在其相为死！苟必信，胡不赴秦军俱死？且有十一二相全。[2]"陈余曰："吾度前终不能救赵，徒[3]尽亡军。且余所以不俱死，欲为赵王、张君报秦。今必俱死，如以肉委饿虎，何益？"张黡、陈泽曰："事已急，要以

章邯带军队到邯郸，把那里的百姓都迁到河内一带，铲平了那里的城郭。张耳和赵王赵歇逃跑进入钜鹿城，王离包围了那里。陈余到北面收集了常山的兵力，得到几万人，驻军在钜鹿北面。章邯的军队驻扎在钜鹿南边的棘原，修筑甬道连接着漳河，向王离供应军粮。王离兵多粮足，猛烈攻打钜鹿城。钜鹿城内粮尽兵少，张耳几次派人叫陈余前来救援，陈余自己估计兵力不足，敌不过秦军，不敢向前。几个月后，张耳大怒，埋怨陈余，派张黡、陈泽前去责问陈余说："当初我和您结为生死之交，如今赵王和我早晚就要死掉，而您拥有几万军队，不肯相救，相互献身的行动在哪里呢？如果您信守诺言，为什么不冲向秦军跟我们一道去拼命呢？况且还有十分之一二获胜的希望。"陈余说："我估计前进终究不能救赵，只会使全军覆没。况且我之所以不一道拼命，是想为赵王、张君向秦朝报仇。现在一定要共同拼命，就像拿肉送给饿虎，有什么好处？"张黡、陈泽说："事情已经很危急了，关键是用共同拼命来建立信用，哪里管

俱死立信,安知后虑![4]”陈余曰:“吾死顾[5]以为无益。必如公言。”乃使五千人令张黡、陈泽先尝秦军,至皆没。[6]

得以后的事!”陈余说:“我死不要紧,但我仍认为这没有好处。我一定照你俩的话办。”陈余于是派了五千人,让张黡、陈泽带去先试着跟秦军交战,结果一去便全军覆没了。

注释 1 甬道:两边有夹墙的通道。 属(zhǔ):连接。 河:指漳河。 饷:供给军粮。 2 且:况且,何况。 十一二相全:十分之一二可以获胜的希望。 3 徒:只,但。 4 要:关键。 安:何,哪里。 5 顾:但。表轻微的转折语气。 6 尝:尝试,试一下。 没(mò):全军覆没。

当是时,燕、齐、楚闻赵急,皆来救。张敖亦北收代兵,得万余人,来,皆壁[1]余旁,未敢击秦。项羽兵数绝[2]章邯甬道,王离军乏食,项羽悉引兵渡河,遂破章邯。章邯引兵解[3],诸侯军乃敢击围钜鹿秦军,遂虏王离。涉间[4]自杀。卒[5]存钜鹿者,楚力也。

这时,燕王、齐王、楚王听到赵王告急,都来援救。张敖也到北面收集代郡的兵力,得到一万多人,前来这里,都驻扎在陈余军队的旁边,不敢进攻秦军。项羽的军队几次切断章邯的甬道,王离的军队缺乏粮食,项羽带领全部的军队渡过漳河,于是打败了章邯。章邯领兵溃退,诸侯的军队才敢进攻包围钜鹿的秦军,于是俘虏了王离。涉间自杀。钜鹿最终得以保全,是依靠楚王的力量。

注释 1 壁:本指营垒,此作动词,为扎营驻守。 2 绝:切断。 3 解:溃散,瓦解。 4 涉间:秦军副将。与王离带兵围钜鹿。 5 卒:终于,最终。

于是赵王歇、张耳乃得出钜鹿，谢诸侯。张耳与陈余相见，责让陈余以不肯救赵，及问张黡、陈泽所在。陈余怒曰："张黡、陈泽以必死责臣，臣使将五千人先尝秦军，皆没不出。"张耳不信，以为杀之，数问陈余。陈余怒曰："不意君之望[1]臣深也！岂以臣为重[2]去将哉？"乃脱解印绶，推予张耳。张耳亦愕不受。陈余起如厕。客有说张耳曰："臣闻'天与不取，反受其咎[3]'。今陈将军与君印，君不受，反天不祥。急取之！"张耳乃佩其印，收其麾下[4]。而陈余还，亦望张耳不让，遂趋出。张耳遂收其兵。陈余独与麾下所善数百人之河上泽中渔猎。由此陈余、张耳遂有郤。

赵王歇复居信都。张耳从项羽诸侯入关。汉元

这时赵王赵歇、张耳才得以出钜鹿城，答谢各路诸侯将领。张耳和陈余见了面，责怪陈余不肯援救赵王，并问到张黡、陈泽的下落。陈余发怒说："张黡、陈泽来一定要我去拼命，我让他们率领五千人先去试着进击秦军，结果全军覆没，没有一个人逃出来。"张耳不相信，认为是陈余杀掉了他们，几次追问陈余。陈余发怒说："没想到您对我怨恨这样深！难道您认为我舍不得放弃将军职位吗？"于是解下印信推给张耳。张耳愕然，不接受。陈余起身去上厕所。宾客中有人劝说张耳道："我听说'上天的赐予如果不接受，反而会遭到祸殃'。现在陈将军给您印信，您不接受，违反天意不吉利。赶快收下它！"张耳便收下了陈余的印信，接收其部下。陈余回来，也埋怨张耳没有让还印信，便快步走出去。张耳于是接收了他的军队。陈余只是和他部下亲信的几百人到黄河岸边的湖泽中捕鱼打猎。从此以后，陈余、张耳之间有了裂痕。

赵王赵歇又回到信都居住。张耳跟随项羽和诸侯进入关中。

年二月，项羽立诸侯王，张耳雅游[5]，人多为之言，项羽亦素数闻张耳贤，乃分赵立张耳为常山王，治信都。信都更名襄国。

汉元年二月，项羽分封诸侯王，张耳向来好交游，许多人替他说话，项羽也多次听说张耳贤能，便将赵国分出一部分土地封张耳做常山王，建都信都。信都改名叫襄国。

陈余客多说项羽曰："陈余、张耳一体有功于赵。"项羽以陈余不从入关，闻其在南皮，即以南皮旁三县以封之，而徙赵王歇王代。

陈余的宾客中很多人规劝项羽说："陈余、张耳都对赵国有功劳。"项羽认为陈余没有跟从他入关中，功劳不及张耳，听说他在南皮，就把南皮周围的三个县封给他，而把赵王赵歇改封为代王。

注释 1 望：怨恨。 2 重：重视，珍惜。 3 天与不取，反受其咎：语出《国语》。意为上天赐福给你，你如不接受，反而会遭殃。 4 麾(huī)下：部下。麾，大将的指挥旗帜。 5 雅游：素来好交游。雅，素来，一向。

张耳之国，陈余愈益怒，曰："张耳与余功等也，今张耳王，余独侯，此项羽不平。"及齐王田荣[1]畔楚，陈余乃使夏说说田荣曰："项羽为天下宰不平，尽王诸将善地，徙故王王恶地，今赵王乃居代！愿王假臣兵，请以南皮为捍蔽。[2]"田荣欲树党于赵以反楚，

张耳到了封国，陈余更加生气，说："张耳和我功劳相当，如今张耳封王，我只封侯，这是项羽不够公平。"等到齐王田荣反叛楚国，陈余便派夏说去向田荣游说道："项羽作为天下的主宰不够公平，把各位将领全都封在好地方做王，把旧有的王全都改封到坏地方，如今赵王就封到代县！希望您借给我兵力，我请求把南皮作为您的藩屏。"田荣想要在赵国树立党羽来反对楚国，

乃遣兵从陈余。陈余因悉[3]三县兵袭常山王张耳。张耳败走，念诸侯无可归者，曰："汉王与我有旧故[4]，而项羽又强，立我，我欲之楚。"甘公[5]曰："汉王之入关，五星聚东井[6]。东井者，秦分也。[7]先至必霸。楚虽强，后必属汉。"故耳走汉。汉王亦还定三秦，方围章邯废丘。张耳谒汉王，汉王厚遇之。

陈余已败张耳，皆复收赵地，迎赵王于代，复为赵王。赵王德[8]陈余，立以为代王。陈余为赵王弱，国初定，不之国，留傅[9]赵王，而使夏说以相国守代。

于是派兵跟随陈余。陈余便发动三个县的所有兵力袭击常山王张耳。张耳战败逃跑，考虑诸侯中没有可投奔的，说："汉王和我有旧交情，而项羽又强大，封我做王，我想到楚国去。"甘公说："汉王进入关中的时候，五星会合在井宿星区。井宿，其分野是秦国。首先到达秦地的一定会称霸诸侯。楚王虽然强大，以后一定会归属汉王。"所以张耳逃往汉。汉王也回军平定三秦，正在废丘围攻章邯。张耳去拜见汉王，汉王优厚地接待他。

陈余已经打败张耳，收复了赵国的全部土地，到代县去迎接赵王，让他再做赵王。赵王对陈余很感激，封他做代王。陈余因为赵王势力弱小，国家刚刚平定，便不去自己的封国，留下来辅佐赵王，而派夏说以相国的身份镇守代国。

注释 1 田荣：战国时齐国的王族。详见《田儋列传》。 2 假：借。 捍蔽：屏障。 3 悉：尽其所有。动词。 4 旧故：老交情。 5 甘公：当时的占星家。一说为战国时的天文学家甘德。 6 五星聚东井：金、木、水、火、土五大行星会聚于井宿星区，又称五星连珠，是天体运行周期性的现象。东井，井宿，二十八宿中南方七宿的第一宿。详见《天官书》。
7 东井者，秦分也：古代占星术认为，天与地的各个区域是一一对应的，某一区域天象的变化预示着相对应的地上区域的吉凶。就天上说,称分星;就地上说,称分野。井宿的分野是秦国,或者说秦国的分星是井宿。详见《天官书》。 8 德:感恩,感激。 9 傅:辅佐。

汉二年,东击楚,使使告赵,欲与俱。陈余曰:“汉杀张耳乃从。”于是汉王求人类[1]张耳者斩之,持其头遗陈余。陈余乃遣兵助汉。汉之败于彭城西,陈余亦复觉张耳不死,即背汉。

汉二年,汉王向东进攻楚王,派使者通报赵王,想和赵王一同出兵。陈余说:“汉王杀掉张耳,我就听从。”于是汉王找来一个相貌像张耳的人杀了,拿着他的头送给陈余。陈余便派兵协助汉王。汉王在彭城以西打了败仗,陈余也察觉到张耳没有死,就背叛了汉王。

汉三年,韩信已定魏地,遣张耳与韩信击破赵井陉,斩陈余泜水上,追杀赵王歇襄国。汉立张耳为赵王。汉五年,张耳薨,谥为景王。子敖嗣立为赵王。高祖长女鲁元公主为赵王敖后。

汉三年,韩信已经平定了魏地,派张耳和韩信在井陉打败了赵军,在泜水边杀死了陈余,追到襄国杀死了赵王赵歇。汉王封张耳做赵王。汉五年,张耳去世,谥号为景王。儿子张敖继位做了赵王。高祖的长女鲁元公主做了赵王张敖的王后。

汉七年,高祖从平城过赵,赵王朝夕袒韝蔽[2],自上食,礼甚卑,有子婿礼。高祖箕踞詈,甚慢易之。[3]赵相贯高、赵午等年六十余,

汉七年,高祖从平城路过赵国,赵王早晚脱去上衣,戴上袖套,亲自给高帝进献食物,礼节很谦卑,有做女婿一般的礼节。高祖伸开两腿而坐,责骂赵王,对他非常傲慢轻视。赵国国相贯高、赵午

故张耳客也。生平为气[4]，乃怒曰："吾王孱[5]王也！"说王曰："夫天下豪桀并起，能者先立。今王事高祖甚恭，而高祖无礼，请为王杀之！"张敖啮[6]其指出血，曰："君何言之误！且先人亡国，赖高祖得复国，德流子孙，秋豪[7]皆高祖力也。愿君无复出口。"贯高、赵午等十余人皆相谓曰："乃吾等非也。吾王长者，不倍德。且吾等义不辱，今怨高祖辱我王，故欲杀之，何乃污[8]王为乎？令事成归王，事败独身坐[9]耳。"

汉八年，上从东垣还，过赵，贯高等乃壁人柏人，要之置厕。[10]上过欲宿，心动，问曰："县名为何？"曰："柏人。""柏人者，迫于人也！"不宿而去。

等人都已六十多岁，是张耳旧时的门客。他们一辈子都刚烈使气，便发怒说："我们的王是个懦弱的王！"便规劝赵王说："天下豪杰一同起事，有能力的先称王。如今您侍奉皇上十分恭谨，而皇上却傲慢无礼，请让我们替您杀了他！"张敖咬破了自己的手指，流出血来，说："你们怎么说出这样错误的话！况且先父亡国，依靠皇上得以复国，恩德流传到子孙，这全部都是靠皇上的力量。希望你们不要再这么说。"贯高、赵午等十多人都互相说道："这是我们的不对。我们的王是忠厚的人，不肯背弃恩德。况且我们的原则是不受侮辱，如今怨恨皇上侮辱我王，所以想杀掉他，何必玷污我王呢？事情成功，功劳归于王；事情失败，我们自己承担罪责就行了。"

汉八年，皇上从东垣回来，经过赵国，贯高等人在柏人县馆舍的夹壁中隐藏武士，准备暗中劫持他。皇上经过那里想要留宿，忽然觉得心跳，便问："这个县叫什么名称？"有人回答说："叫柏人。""柏人就是被别人迫害啊！"便不留宿而离去。

注释 1 类:相像。 2 鞲(gōu)蔽:袖套。 3 箕踞:伸开两腿而坐,形状如簸箕。古人认为这是不恭之态。 慢易:轻慢,轻视。 4 为气:使气,逞意气。 5 孱(chán):懦弱,软弱。 6 啮(niè):咬。 7 秋豪:秋天动物所生的细毛,喻细微的事物。豪,通“毫”。 8 污:玷污,连累。 9 坐:承担罪责。 10 壁人:藏人于夹壁中。 要(yāo):通“邀”,拦截,截杀。 厕:通“侧”。

汉九年,贯高怨家知其谋,乃上变[1]告之。于是上皆并逮捕赵王、贯高等。十余人皆争自刭,贯高独怒骂曰:“谁令公为之?今王实无谋,而并捕王;公等皆死,谁白[2]王不反者!”乃轞车胶致,与王诣长安。[3]治张敖之罪。上乃诏赵群臣宾客有敢从王皆族。贯高与客孟舒等十余人,皆自髡钳,为王家奴,从来。[4]贯高至,对狱,曰:“独吾属[5]为之,王实不知。”吏治榜笞数千,刺剟,身无可击者,终不复言。[6]吕后[7]数言张王以鲁元公主故,

汉九年,贯高的仇家知道了他的阴谋,便上书告发他要变乱。当时皇上一并逮捕了赵王、贯高等人。同案的十多人都争着要刎颈自杀,只有贯高怒骂道:“谁让你们干的?如今赵王确实没有参与谋划,而一同被捕;你们都死了,谁来洗雪赵王不谋反的冤情?”便坐着密封的囚车,和赵王到长安。朝廷审判张敖。皇上向赵国的大臣和宾客们发下命令,凡有敢跟随赵王的都要灭族。贯高和门客孟舒等十多人,都自己剃光了头发,用铁圈套着脖子,作为赵王的家奴,跟随而来。贯高一到,出庭受审说:“只是我们这帮人干的,赵王确实不知道。”狱吏审讯时,鞭笞拷打了几千下,又用锥刺,贯高身体没有一处可再用刑了,最终不再说一句话。吕后几次说到赵王是鲁元公主的丈夫,不应当有这种事。皇上发怒说:“假使

不宜有此。上怒曰:“使张敖据天下,岂少而[8]女乎!”不听。廷尉[9]以贯高事辞闻,上曰:“壮士!谁知者,以私[10]问之。”中大夫泄公曰[11]:“臣之邑子[12],素知之。此固赵国立名义不侵为然诺者也。[13]”上使泄公持节问之箯舆前。[14]仰视曰:“泄公邪?”泄公劳苦如生平欢,与语,问张王果有计谋不。[15]高曰:“人情宁不各爱其父母妻子乎?今吾三族皆以论死,岂以王易吾亲哉![16]顾为王实不反,独吾等为之。”具道本指所以为者王不知状。[17]于是泄公入,具以报,上乃赦赵王。

张敖据有了天下,难道还会在乎你的女儿吗?”不听从吕后的话。廷尉把贯高的事实作为供词上报,皇上说:“真是壮士!谁了解他,凭私交问问他。”中大夫泄公说:“他是我的同乡,我向来了解他。他确实是赵国讲究名誉道义、不背弃自己诺言的人。”皇上派泄公手执符节到他舆床前询问他。贯高抬头望着泄公说:“您是泄公吗?”泄公殷勤慰问像老朋友一样,跟他交谈,问赵王果真参与谋划没有。贯高说:“人之常情,难道人们不爱自己的父母妻子吗?如今我家三族都已被判处死刑,难道要拿赵王的性命换我的亲人么!但赵王确实没有谋反,只是我们这些人干的。”他详细地说明了之所以这么干的本来目的,以及赵王不知情的原由。于是泄公入朝,把上述情况详细汇报给皇上,皇上便赦免了赵王。

注释 1 上变:上书报告紧急事变。 2 白:表白,洗雪。 3 轞(jiàn)车:同“槛车”,囚车。 胶致:密封押送。 诣:到,去。 4“贯高”至“从来”:《史记志疑》认为上文已说贯高与王槛车胶致长安了,而此处又言与客从来,当是衍文。 髡(kūn)钳:中国古代将犯人剃去头发并用铁圈束颈的刑罚。 5 属:侪辈,指同一类人。 6 榜笞:鞭笞拷打。 剟(duō):

刺,击。《汉书》作“热”,即灼,烧。 **7** 吕后:汉高祖皇后吕雉。 **8** 而:你。 **9** 廷尉:官名,掌管刑狱。九卿之一。 **10** 私:私情。 **11** 中大夫:官名,掌谏议,属郎中令。 泄公:汉官吏,名私。 **12** 邑子:同乡人。 **13** 名义:名誉和道义。 倿:辜负,背弃。 然诺:许诺,答应。 **14** 节:符节,古代使者所持的凭证。 箯(biān)舆:竹制的舆床。 **15** 劳苦:慰问辛苦。 不:同“否”。 **16** 以:通“已”。 论死:判处死刑。 易:交换。 **17** 具:全部,完全。 本指:原意。 状:情况,情形。

上贤贯高为人能立然诺,使泄公具告之,曰:“张王已出。”因赦贯高。贯高喜曰:“吾王审[1]出乎?”泄公曰:“然。”泄公曰:“上多[2]足下,故赦足下。”贯高曰:“所以不死一身,无余者,白张王不反也。今王已出,吾责已塞,死不恨矣。[3]且人臣有篡杀之名,何面目复事上哉!纵上不杀我,我不愧于心乎?”乃仰绝肮,遂死。[4]当此之时,名闻天下。

张敖已出,以尚[5]鲁元公主故,封为宣平侯。于是上贤张王诸客以钳奴从张王入关,无不为诸侯相、郡守

皇上赞赏贯高为人能守信用,让泄公将赦免赵王的情况详细告诉他,说:“张王已经被放出了。”因而赦免了贯高。贯高高兴地说:“我们大王果真放出了吗?”泄公说:“是的。”泄公说:“皇上称颂您,所以赦免您。”贯高说:“我之所以不让自己死去,没有别的原因,是为了洗雪张王不曾谋反的冤情。如今张王已经被放出,我的职责已完成了,死了就没有遗憾了。况且臣下有谋杀君主的罪名,还有什么脸面再侍奉皇上呢?纵使皇上不杀我,我内心不感到羞愧吗?”于是抬头割断了咽喉而死去。那时,贯高的名声传遍天下。

张敖已被放出,因为娶了鲁元公主的缘故,被封为宣平侯。

者。及孝惠、高后、文帝、孝景时,张王客子孙皆得为二千石。

张敖,高后六年薨。子偃为鲁元王。以母吕后女故,吕后封为鲁元王。元王弱,兄弟少,乃封张敖他姬子二人:寿为乐昌侯,侈为信都侯。高后崩,诸吕无道,大臣诛之,而废鲁元王及乐昌侯、信都侯。孝文帝即位,复封故鲁元王偃为南宫侯,续张氏。

当时皇上赏赐张王的许多门客,凡是自己套上铁圈作为家奴跟随张王进入关中的,没有不任职到诸侯相国、郡守的。到惠帝、高后、文帝、景帝的时候,张王门客的子孙们都做到了二千石级别的高官。

张敖在高后六年去世。儿子张偃就是鲁元王。因为张偃的母亲是吕后女儿的缘故,吕后封他做鲁元王。元王弱小,兄弟又少,便封张敖其他姬妾的两个儿子:张寿为乐昌侯,张侈为信都侯。高后死后,吕氏族人不守正道,大臣把他们诛杀了,并且废黜了鲁元王、乐昌侯和信都侯。文帝即位以后,又封原鲁元王张偃为南宫侯,延续张氏。

注释 1 审:确实,果然。 2 多:称赞,赞扬。 3 塞:满,尽。 恨:遗憾,遗恨。 4 绝:绝断,割断。 肮(háng):咽喉。 5 尚:娶皇帝的公主为妻称“尚”。

太史公曰:张耳、陈余,世传所称贤者;其宾客厮役[1],莫非天下俊桀,所居国无不取卿相者。然张耳、陈余始居约时,相然信以死,岂顾问哉。[2]

太史公说:张耳、陈余是世间称道的贤人;他们的宾客奴仆,没有不是天下的豪杰,在所处诸侯国没有不取得卿相职位的。可是张耳、陈余在当初贫贱时互相信任,誓同生死,哪里有什么顾虑和疑问呢?等到据有

及据国争权,卒相灭亡,何乡者相慕用之诚,后相倍之戾[3]也!岂非以势利交哉?名誉虽高,宾客虽盛,所由殆与太伯、延陵季子异矣。[4]

国土争夺权力的时候,终于互相残杀,为什么过去互相倾慕信任那样真诚,后来相互背叛又是那样凶猛呢?难道不是凭权势利益相交吗?名誉尽管很高,宾客尽管很多,但他们所走的道路恐怕和吴太伯、延陵季子大相径庭了。

注释 1 厮役:服劳役之人的通称。 2 居约时:所处贫贱时。约,贫。 相然信:互相信任。然信,即然诺。 顾问:顾虑,疑问。 3 戾(lì):暴,猛烈。 4 所由:所走的道路。 殆:大概,恐怕。

史记卷九十

魏豹彭越列传第三十

原文

魏豹者，故魏诸公子也。其兄魏咎，故魏时封为宁陵君。秦灭魏，迁咎为家人[1]。陈胜之起王也，咎往从之。陈王使魏人周市徇魏地，魏地已下，欲相与立周市为魏王。周市曰：“天下昏乱，忠臣乃见。今天下共畔秦，其义必立魏王后乃可。”齐、赵[2]使车各五十乘，立周市为魏王。市辞不受，迎魏咎于陈。五反[3]，陈王乃遣立咎为魏王。

章邯已破陈王，乃进兵击魏王于临济。魏王乃使

译文

魏豹是原魏国王族的公子。他的哥哥魏咎，当时在魏国被封为宁陵君。秦国灭亡魏国后，魏咎被贬斥为平民。陈胜起义称王，魏咎前去追随他。陈王派魏国人周市去掠取魏地，魏地归附后，大家想一起拥立周市做魏王。周市说：“天下混乱，才有忠臣显现。如今天下共同反叛秦朝，按道理要拥立魏王的后代才可以。”齐国、赵国各派出兵车五十辆，拥立周市做魏王。周市辞谢不接受，派人到陈县去迎接魏咎。往返五次，陈王才同意遣封魏咎并立他做魏王。

章邯打败了陈王，便进军临济攻打魏王。魏王于是派周市出使齐国、楚国请求援救。齐国、楚国派

周市出请救于齐、楚。齐、楚遣项它、田巴将兵随市救魏。章邯遂击破杀周市等军，围临济。咎为其民约降。约定，咎自烧杀。

遣项它、田巴带领军队随同周市去救魏国。章邯最终打败了周市等人的军队，杀死了周市，把临济包围起来。魏咎为了民众的安全请求投降。谈判完成，魏咎自焚而死。

魏豹亡走楚。楚怀王予魏豹数千人，复徇魏地。项羽已破秦，降章邯。豹下魏二十余城。立豹为魏王。豹引精兵从项羽入关。汉元年，项羽封诸侯，欲有梁地，乃徙魏王豹于河东，都平阳，为西魏王。

魏豹逃亡到楚国。楚怀王派给魏豹几千人，再去夺取魏地。项羽已经打败了秦军，降服了章邯。魏豹攻下了魏地二十多座城邑。项羽封魏豹为魏王。魏豹带领精兵跟随项羽进入关中。汉元年，项羽分封诸侯，自己想据有梁地，便将魏王魏豹迁徙到河东，建都平阳，称为西魏王。

注释　1 家人：庶人，平民。　2 齐、赵：陈胜起义后，各地纷纷响应，齐国田儋自立为齐王，陈胜部将武臣自立为赵王。　3 五反：五次往返请于陈胜。反，同“返”。

汉王还定三秦，渡临晋，魏王豹以国属焉，遂从击楚于彭城。汉败还，至荥阳，豹请归视亲病，至国，即绝河津畔汉。汉王闻魏豹反，方东忧楚，未及击，谓郦

汉王回师平定了三秦，在临晋渡过黄河，魏王魏豹将魏国归附汉王，于是跟随汉王到彭城攻打楚军。汉军兵败返回，到了荥阳，魏豹请求回去探望父母的病情，回国后，就封锁了黄河渡口反叛汉王。汉王听说魏豹反叛，正担心东边的

生曰："缓颊[1]往说魏豹，能下之，吾以万户封若。"郦生说豹。豹谢曰："人生一世间，如白驹过隙[2]耳。今汉王慢而侮人，骂詈[3]诸侯群臣如骂奴耳，非有上下礼节也，吾不忍复见也。"于是汉王遣韩信击虏豹于河东，传诣荥阳，以豹国为郡[4]。汉王令豹守荥阳。楚围之急，周苛[5]遂杀魏豹。

楚国，还来不及攻打魏国，便对郦生说："你去委婉劝说魏豹，能说服他，我赏你一万户的封邑。"郦生去劝说魏豹。魏豹辞谢说："人生一世，就像白马过缝隙一样快。如今汉王傲慢而且侮辱人，责骂诸侯群臣就像骂奴仆一样，没有上下级的礼节，我没有耐心再见他了。"于是汉王派韩信到河东攻打并俘虏了魏豹，用驿站的车辆将他送到荥阳，把魏豹的封土改设为郡。汉王命令魏豹防守荥阳。在楚军围攻紧急的时候，周苛便杀了魏豹。

注释　1 缓颊：缓言劝解，或代人讲情。　2 白驹过隙：比喻时光飞快流逝。白驹，骏马，亦指太阳。　3 詈(lì)：骂，责备。　4 以豹国为郡：在魏地设置河东、太原、上党三郡。　5 周苛：守荥阳的汉将。据《月表》，汉三年(前 204)八月，周苛杀魏豹。

彭越者，昌邑人也，字仲。常渔钜野泽中，为群盗。陈胜、项梁之起，少年或谓越曰："诸豪桀相立畔秦，仲可以来，亦效之。"彭越曰："两龙[1]方斗，且待之。"

居岁余，泽间少年相

彭越是昌邑人，字仲。他常在钜野泽中打鱼，和一伙人为盗。陈胜、项梁起事的时候，青年人中有人对彭越说："许多豪杰都自立旗号来反叛秦朝，你可以站出来，也照他们那样做。"彭越说："两条龙正在相斗，姑且等等看。"

过了一年多，泽中的青年聚集了一百多人，前去追随彭越，说："请

聚百余人,往从彭越,曰:“请仲为长。”越谢曰:“臣不愿与[2]诸君。”少年强请,乃许。与期旦日日出会,后期者斩。[3]旦日日出,十余人后,后者至日中。于是越谢曰:“臣老,诸君强以为长。今期而多后,不可尽诛,诛最后者一人。”令校长[4]斩之。皆笑曰:“何至是?请后不敢。”于是越乃引一人斩之,设坛祭,乃令徒属。徒属皆大惊,畏越,莫敢仰视。乃行略地,收诸侯散卒,得千余人。

你做首领。”彭越谢绝说:“我不愿跟你们结伙干。”青年们执意请求,彭越才答应。彭越跟他们约定第二天太阳出来时集合,迟到的要杀头。第二天太阳出来了,有十多人迟到,最迟的直到中午才来。当时彭越抱歉地说:“我年纪大,各位一定要推我做首领。如今约定时间而迟到的人那么多,不能都诛杀了,只杀最后到达的一个人。”命令校长杀掉那人。大伙都笑着说:“何至于此?以后不敢再迟到就是了。”这时彭越便拉出最后到达的那人杀了,设立土坛来祭祀,并向所属部下宣布军令。部属都非常惊恐,害怕彭越,不敢抬头看他。彭越于是领军出发攻略土地,收集诸侯逃散的士卒,得到一千多人。

沛公之从砀北击昌邑,彭越助之。昌邑未下,沛公引兵西。彭越亦将其众居钜野中,收魏散卒。项籍入关,王诸侯,还归,彭越众万余人毋所属。汉元年秋,齐王田荣畔项王,汉乃使人赐彭越将军印,

沛公从砀县向北攻打昌邑,彭越协助他。昌邑没有攻下,沛公带兵西进。彭越也带领他的部队留在钜野泽中,收集魏军的散兵游勇。项籍进入关中,分封诸侯王以后,返回国中,彭越部众一万多人无所归属。汉元年秋天,齐王田荣反叛项王,便派人赐给彭越将军印信,让他从济阴南下攻打楚王。楚王命令萧

使下济阴以击楚。楚命萧公角将兵击越，越大破楚军。汉王二年春，与魏王豹及诸侯东击楚，彭越将其兵三万余人归汉于外黄。汉王曰："彭将军收魏地得十余城，欲急立魏后。今西魏王豹亦魏王咎从弟也，真魏后。"乃拜彭越为魏相国，擅将其兵，略定梁地。

公角率领军队迎击彭越，彭越大败楚军。汉二年春天，汉王和魏王魏豹以及各诸侯向东攻打楚王，彭越率领他的军队三万多人在外黄归附了汉王。汉王说："彭将军攻占魏地取得十多个城邑，急切想要拥立魏国的后代。如今西魏王魏豹也是魏王魏咎的堂弟，是真正的魏国后代。"于是任命彭越为魏国相国，专掌兵权，平定魏地。

注释 1 两龙：指秦与陈胜。 2 与：结为党与。 3 旦日：明日。 后期：迟到。 4 校长：武官名，军中一校之长。

汉王之败彭城解而西也，彭越皆复亡其所下城，独将其兵北居河上。[1]汉王三年，彭越常往来为汉游兵，击楚，绝其后粮于梁地。汉四年冬，项王与汉王相距荥阳，彭越攻下睢阳、外黄十七城。项王闻之，乃使曹咎守成皋，自东收彭越所下城邑，皆复为楚。越将其兵北走穀城。汉五年秋[2]，项

汉王在彭城战败，军队溃散西退，彭越又全都失去了他所攻取的城邑，独自率领他的部队往北留在黄河北岸。汉三年，彭越经常往来穿梭作为汉军的游击部队，攻击楚军，在梁地截断楚军的后援粮草。汉四年冬天，项王和汉王在荥阳相持，彭越攻下了睢阳、外黄等十七座城邑。项王听到这个消息，便派曹咎驻守成皋，自己向东收复彭越所攻下的城邑，这些城邑又都回归楚国。彭越率领他的部队向

王之南走阳夏，彭越复下昌邑旁二十余城，得谷十余万斛，以给汉王食。

汉王败，使使召彭越并力击楚。越曰：“魏地初定，尚畏楚，未可去。”汉王追楚，为项籍所败固陵。乃谓留侯曰：“诸侯兵不从，为之柰何？”留侯曰：“齐王信之立，非君王之意，信亦不自坚。[3]彭越本定梁地，功多，始君王以魏豹故，拜彭越为魏相国。今豹死毋后，且越亦欲王，而君王不蚤定。与此两国约：即胜楚，睢阳以北至穀城，皆以王彭相国；从陈以东傅海，与齐王信。[4]齐王信家在楚，此其意欲复得故邑。君王能出捐此地许二人，二人今可致；即不能，事未可知也。”于是汉王乃发使使彭越，如留侯策。使者至，彭越乃悉引兵会垓下，遂破楚。项籍

北退到穀城。汉五年秋天，项王向南撤退到阳夏，彭越又攻下昌邑附近二十多座城邑，获得谷物十多万斛，供给汉王作军粮。

汉王打了败仗，派使者叫彭越合力攻打楚军。彭越说：“魏地刚刚平定，还害怕楚军，不能离开。”汉王追击楚军，被项籍在固陵打败。汉王便对留侯说：“诸侯的军队不听从，面对这种情况该怎么办？”留侯说：“立韩信做齐王，不是您的本意，韩信自己也觉得心里不踏实。彭越本来平定梁地，功劳最大，当初您因为魏豹的缘故，任命彭越做魏国相国。如今魏豹已死，又没有后代，况且彭越也想称王，而您不早决定。您可以和这两人约定：如果战胜楚国，从睢阳以北直到穀城，都用来封彭相国做王；从陈县以东到沿海地区，划给齐王韩信。齐王韩信的家乡在楚国，他的意思是想再得到自己的故乡。君王能够捐出这些地区许给他们两人，两人马上可以招来；如果不能，事情就难以预料了。”当时汉王便派使者出使彭越，按留侯的计策行事。使者一到，彭越就率领全部

已死。春,立彭越为梁王,都定陶。

军队会师垓下,终于打败了楚军。项籍已死。那年春天,封彭越为梁王,建都定陶。

注释 1"汉王之败"句:汉二年四月,刘邦乘项羽北进攻击的机会,突袭攻入楚都彭城。项羽随即回军反击刘邦,刘邦大败西逃,屯驻荥阳。详见《项羽本纪》《高祖本纪》。 2 秋:当作"冬"。 3"齐王信之立,非君王之意"句:据《淮阴侯列传》,刘邦并非真心要封韩信为齐王,而是出于权宜之计。 4 睢阳以北至穀城:相当于今河南东北部及山东西部地区。 从陈以东傅海:相当于今河南东部及山东西南部地区。傅,附,连接到。

六年,朝陈。九年,十年,皆来朝长安。

十年秋,陈豨反代地,高帝自往击,至邯郸,征兵梁王。梁王称病,使将将兵诣邯郸。高帝怒,使人让梁王。梁王恐,欲自往谢。其将扈辄曰:"王始不往,见让而往,往则为禽矣。不如遂发兵反。"梁王不听,称病。梁王怒其太仆,欲斩之。太仆亡走汉,告梁王与扈辄谋反。于是上使使掩[1]梁王,梁王不觉,捕梁王,囚之雒

六年,彭越到陈县朝见汉高帝。九年和十年,都来长安朝见。

十年秋天,陈豨在代地反叛,高帝亲自前去征讨,到达邯郸,向梁王征兵。梁王声称有病,派将领带兵到邯郸。高帝发怒,派人责备梁王。梁王害怕,想亲自去谢罪。他的部将扈辄说:"大王起初不去,被责备后才前去,这样去就会被捉拿了。不如就此起兵造反。"梁王没有听从,仍然称病。梁王恼怒他的太仆,想要杀掉他。太仆逃跑到高帝那里,告发梁王和扈辄谋反。于是皇上派使者偷袭梁王,梁王没有察觉,使者逮捕了梁王,将他囚禁在雒阳。主管官吏审查认为造

阳。有司治反形已具,请论如法。[2]上赦以为庶人,传处蜀青衣。西至郑,逢吕后从长安来,欲之雒阳,道见彭王。彭王为吕后泣涕,自言无罪,愿处故昌邑。吕后许诺,与俱东至雒阳。吕后白上曰:“彭王壮士,今徙之蜀,此自遗患,不如遂诛之。妾谨与俱来。”于是吕后乃令其舍人告彭越复谋反。廷尉王恬开奏请族之。上乃可,遂夷越宗族,国除。

反证据确凿,奏请依法判处。皇上赦免了他,降为平民,流放到蜀郡青衣县。彭王向西到达郑地,碰到吕后从长安过来,要到雒阳,在路上见到了彭王。彭王向吕后哭泣,说自己没有犯罪,希望流放到自己的故乡昌邑。吕后答应了,和他一道向东来到雒阳。吕后告诉皇上说:“彭越是一位壮士,如今流放到蜀地,这是给自己留下后患,不如杀了他。我和他一道来了。”这时,吕后就让彭越的家臣告发彭越再次谋反。廷尉王恬开上奏请求诛灭彭越家族。皇上便批准了,于是诛灭了彭越家族,将其封国废除。

注释 1 掩:偷袭。 2 反形已具:造反的证据确凿。 请论如法:奏请按法律规定判处。

太史公曰:魏豹、彭越虽故贱,然已席卷千里,南面称孤,喋血乘胜日有闻矣[1]。怀畔逆之意,乃败,不死而虏囚[2],身被刑戮,何哉?中材已上且羞其行[3],况王者

太史公说:魏豹、彭越虽然出身微贱,但是他们已经占有千里疆土,面南称王,踏着血迹乘胜前进,每天都能听到战胜的消息。然而内心怀有叛逆的意图,等到失败了,不杀身成名而甘当俘虏被囚禁,以致自身被诛杀,这是为什么呢?中等才智以上的人尚且为被俘囚禁而感到羞耻,何况是诸侯王呢?

乎！彼无异故，智略绝人，独患无身[4]耳。得摄尺寸之柄，其云蒸龙变，欲有所会其度，以故幽囚而不辞云。[5]

他们忍辱不死，没有别的原因，只是因为他们才智谋略超人，单单害怕性命不保罢了。只要掌握了微小的权力，天下形势发生变化，就会遇时奋起，想要施展自己的才干，因此被囚禁而不逃避。

注释 1 席卷：如卷席一般，比喻全部占有。 喋(dié)血：踏着血迹，比喻战斗激烈。 2 虏囚：被拘捕囚禁。 3 羞其行：指囚禁受辱。 4 独患无身：只是担心自身不存。 5 摄：掌有，握持。 尺寸之柄：比喻微小的权力。 云蒸龙变：云气兴起，神龙飞动，比喻英雄豪杰遇时奋起。 会其度：施展他们的才干。 云：语尾助词，无义。

史记卷九十一

黥布列传第三十一

原文

黥布[1]者，六人也，姓英氏。秦时为布衣[2]。少年，有客相之曰："当刑而王。[3]"及壮，坐法[4]黥。布欣然笑曰："人相我当刑而王，几是乎？[5]"人有闻者，共俳笑[6]之。布已论输丽山，丽山之徒数十万人，布皆与其徒长豪桀交通，乃率其曹偶，亡之江中为群盗。[7]

译文

黥布是六县人，本来姓英。在秦朝的时候是个平民。年轻的时候，有位客人替他看相后说："受刑之后封王。"到了壮年的时候，因触犯法律而受了黥刑。英布高兴地笑着说："有人替我看相后说我受刑之后封王，可能就是指这次吧？"听到英布这番话的人，都讥笑他。英布被判处到骊山去服劳役，在骊山服劳役的刑徒有几十万人，英布和刑徒中的头目、豪杰都有来往，于是率领他们这批人逃到长江一带，成了一群盗贼。

注释　1 黥布：本来姓英，后因犯法而受黥刑（用刀刺面后用墨染之），他便改姓黥。　2 布衣：平民。　3 相：看相，根据人的面貌看出他的命运。　当：承受。　4 坐法：犯法而获罪。坐，获罪。　5 几：大概。　是：指这次受黥刑。　6 俳(pái)笑：讥笑。俳，戏，嘲弄。　7 论：判罪。　输：

送。 丽山:亦作“郦山”“骊山”。 交通:交往。 曹偶:同类。曹,辈。偶,类。 江中:长江一带。江,长江。

陈胜之起也,布乃见番君,与其众叛秦,聚兵数千人。番君以其女妻[1]之。章邯之灭陈胜,破吕臣军,布乃引兵北击秦左右校,破之清波,引兵而东。[2]闻项梁定江东会稽,涉江而西。陈婴以项氏世为楚将,乃以兵属项梁,渡淮南,英布、蒲将军亦以兵属项梁。[3]

陈胜起义后,英布就去见番县令,同他的属下一起反叛秦朝,聚集了兵众几千人。番县令把自己的女儿嫁给英布为妻。章邯消灭陈胜以后,又打败了吕臣率领的起义军,于是英布带兵向北进攻秦军的左、右校尉,在清波打败秦军后,带兵向东。听说项梁平定了江东会稽,渡江向西进发。陈婴因为项家世代都做楚国将领,便率领部队归附项梁,通过淮南地区,英布、蒲将军也率领部队归附了项梁。

注释 1 妻:作动词用,嫁给某人为妻。 2 校:校尉。 清波:即青陂,秦地名,在今河南新蔡西南。 3 渡:渡河,引申为通过。 淮南:淮河以南、长江以北广大地区。

项梁涉淮而西,击景驹、秦嘉等,布常冠军[1]。项梁至薛,闻陈王定死,乃立楚怀王。项梁号为武信君,英布为当阳君。项梁败死定陶,怀王徙都彭城,

项梁渡过淮河向西进军,在进攻景驹、秦嘉等人的军队中,英布勇猛善战为全军之冠。项梁到薛县后,听到陈胜死了的确凿消息,便拥立熊心为楚怀王。项梁被封为武信君,英布被封为当阳君。项梁在定陶战败而死,怀王便迁都彭城,英布

诸将英布亦皆保聚彭城。当是时，秦急围赵，赵数使人请救。怀王使宋义为上将，范曾为末将，项籍为次将，英布、蒲将军皆为将军，悉属宋义，北救赵。及项籍杀宋义于河上，怀王因立籍为上将军，诸将皆属项籍。项籍使布先渡河击秦，布数有利，籍乃悉引兵涉河从之，遂破秦军，降章邯等。楚兵常胜，功冠诸侯。诸侯兵皆以服属楚者，以布数以少败众也。

和众将领也都聚集到彭城坚守。正当这个时候，秦军加紧围攻赵国，赵王频频派人请求援救。怀王任命宋义担任主将，范曾任末将，项籍任次将，英布、蒲将军任将军，全都归宋义统帅，向北去援救赵国。等到项籍在黄河岸边杀死宋义以后，怀王便任命项籍做上将军，各个将领都归项籍统帅。项籍派英布先渡过黄河去进攻秦军，英布多次获胜，项籍便率领全部人马过河跟随英布，终于打败秦军，使章邯等人投降。楚军总是打胜仗，功劳在各诸侯军之上。诸侯军队因此都来归属楚国的原因，是因为英布在作战中多次以少胜多。

项籍之引兵西至新安，又使布等夜击坑章邯秦卒二十余万人。至关，不得入，又使布等先从间道破关下军，遂得入，至咸阳。布常为军锋[2]。项王封诸将，立布为九江王，都六。[3]

项籍率军向西到达新安，又派英布等人在夜间袭击、活埋了章邯带领的二十多万秦朝降兵。他领军到了函谷关，不能进入，又派英布等人先从小路打败了守关的军队，才得以入关，进抵咸阳。英布总是担任全军的前锋。项王分封各个将领的时候，封英布为九江王，建都在六县。

注释　1 冠军：列于诸军首位，谓黥布骁勇为诸军之最。　2 军锋：军队的前锋。 3 九江:封国名,地当今安徽淮河以南,江苏长江以北等地区。《史记新证》陈直按:"《封泥考略》卷二有"南昌君布"封泥。文字为西汉初期物,疑黥布在九江王前之封号,而史失记载。"

汉元年四月,诸侯皆罢戏下,各就国。[1]项氏立怀王为义帝,徙都长沙,乃阴令九江王布等行[2]击之。其八月,布使将击义帝,追杀之郴县。

汉二年,齐王田荣畔楚,项王往击齐,征兵九江,九江王布称病不往,遣将将数千人行。汉之败楚彭城,布又称病不佐楚。项王由此怨布,数使使者诮让[3]召布,布愈恐,不敢往。项王方北忧齐、赵,西患汉,所与者独九江王,又多布材,欲亲用之,以故未击。[4]

汉元年四月,诸侯王都离开戏地,各自去到自己的封国。项籍尊立怀王为义帝,把帝都迁往长沙,却暗中命令九江王英布等在半道上除掉他。这年八月,英布派出将领谋害义帝,追到郴县杀死了他。

汉二年,齐王田荣反叛楚国,项王前去攻打齐国,向九江征兵,九江王英布称说自己有病不去出征,派遣将领统率几千人前往。汉军在彭城打败楚军,英布又称说自己有病不去帮助楚军。项王从此怨恨英布,多次派出使者谴责并征召英布,英布更加害怕,不敢前往。项王正担忧北方的齐、赵,西方的汉,所亲近的盟友只有九江王,又看重英布的才能,想拉拢利用他,因此没有攻打英布。

注释 1 汉元年:即公元前 206 年。 戏(huī)下:主帅大旗之下,文中指项王的大营。戏,通"麾",指挥军队的旗。 2 行(háng):道路。 3 诮让:谴责。诮,责备。让,指责。 4 与:联合,亲近。 多:赞许,看重。 亲:接近,引申为拉拢。

汉三年，汉王击楚，大战彭城，不利，出梁地[1]，至虞，谓左右曰："如彼等者，无足与计天下事。"谒者随何进曰："不审[2]陛下所谓。"汉王曰："孰能为我使淮南，令之发兵倍楚，留项王于齐数月，我之取天下可以百全。"随何曰："臣请使之。"乃与二十人俱，使淮南。至，因太宰主之，三日不得见。[3]随何因说太宰曰："王之不见何，必以楚为强，以汉为弱，此臣之所以为使。使何得见，言之而是邪，是大王所欲闻也；言之而非邪，使何等二十人伏斧质[4]淮南市，以明王倍汉而与楚也。"太宰乃言之王，王见之。随何曰："汉王使臣敬进书大王御[5]者，窃怪大王与楚何亲也。"淮南王曰："寡人北乡[6]而臣事之。"随何

汉三年，汉王进攻楚王，在彭城展开大战，失败后撤出梁境，到了虞县，对左右臣子说："像你们这班臣子，不值得一同谋议夺取天下的事。"谒者随何上前说："不清楚陛下说的是什么意思。"汉王说："谁能替我出使淮南，让英布起兵反叛楚，在齐境把项王拖几个月，我夺取天下就有百分之百的把握了。"随何说："请准许我出使淮南。"于是随何带领二十人出使淮南。到达以后，因为是太宰做内主，三天过去仍然不能见到英布。随何便游说太宰说："淮南王不接见我，必定是认为楚强大，汉弱小，这正是我出使淮南的原因。假使我能和王相见，谈论的问题是对的呢，那正是大王所想听的；谈论的问题要是不对呢，就在淮南市集上将我们二十个人用斧头剁死，来表明淮南王仇视汉而亲附楚的心迹。"太宰便把话转告给了淮南王，淮南王接见了随何。随何说："汉王派使臣我恭敬地进献书信给大王的驾前，我私下感到奇怪，大王和楚为什么这样亲近。"淮南王说："以臣子的身份面向北侍奉楚王。"随何说："大王和项王都同在

曰:“大王与项王俱列为诸侯,北乡而臣事之,必以楚为强,可以托国也。项王伐齐,身负板筑[7],以为士卒先;大王宜悉淮南之众,身自将之,为楚军前锋,今乃发四千人以助楚。夫北面而臣事人者,固若是乎?夫汉王战于彭城,项王未出齐也,大王宜骚淮南之兵渡淮,日夜会战彭城下,大王抚万人之众,无一人渡淮者,垂拱而观其孰胜。[8]夫托国于人者,固若是乎?大王提空名以乡楚,而欲厚自托,臣窃为大王不取也。然而大王不背楚者,以汉为弱也。夫楚兵虽强,天下负[9]之以不义之名,以其背盟约而杀义帝也。然而楚王恃战胜自强,汉王收诸侯,还守成皋、荥阳,下蜀、汉之粟,深沟壁垒,分卒守徼乘塞。[10]楚人还

诸侯之列,而以臣子的身份面向北侍奉他,必定是认为楚强大,可以把自己托付给他。那么,项王攻打齐,亲自背着建墙的板筑,身先士卒;大王就应该出动淮南的全部人马,亲自率领,做楚军的前锋,可是现在只派出四千人去帮助楚军。以臣子的身份面向北侍奉他人,应该像这样吗?汉王在彭城作战,项王没有离开齐境,大王应该将淮南的全部人马调过淮河,日夜会战于彭城下,大王拥有上万的人马,却没有派一个人渡过淮河,袖手旁观他们谁胜谁负。把自己托付给他人的人,应该像这样吗?大王挂着空名以臣子的身份侍奉楚王,却想保存实力依靠自己,我私下认为大王这种做法是不可取的。然而大王不反叛楚,就是认为汉弱小了。要说楚的军事力量虽然强大,但天下人让楚背上了不义的名声,因为项王违背盟约又杀害了义帝。然而楚王凭借征战的胜利自以为强大,汉王收服诸侯,还军坚守成皋、荥阳,运来蜀、汉两地的粮食,深挖沟河,加固营垒,分兵守卫边界要塞。楚还军,隔着梁地,深入敌国境内

兵，间[11]以梁地，深入敌国八九百里，欲战则不得，攻城则力不能，老弱转粮千里之外；楚兵至荥阳、成皋，汉坚守而不动，进则不得攻，退则不能解[12]。故曰楚兵不足恃[13]也。使楚胜汉，则诸侯自危惧而相救。夫楚之强，适足以致[14]天下之兵耳。故楚不如汉，其势易见也。今大王不与万全之汉而自托于危亡之楚，臣窃为大王惑之。臣非以淮南之兵足以亡楚也。夫大王发兵而倍楚，项王必留；留数月，汉之取天下可以万全。臣请与大王提剑而归汉，汉王必裂[15]地而封大王，又况淮南，淮南必大王有也。故汉王敬使使臣进愚计，愿大王之留意也。”淮南王曰：“请奉命。”阴许畔楚与汉，未敢泄也。

八九百里，想开战又不可能，攻城又军力不够，军粮还要靠年老体弱的人从千里以外转送来；楚军抵达荥阳、成皋，汉军坚守不出，楚军进又不能攻，退又不能脱身。所以说楚军是不能依靠的。假使楚打败汉，那么诸侯人人自危而互相援救。楚国的强大，恰恰招致诸侯各国以武力来与其对抗。所以说楚不如汉，这种形势很容易看出来。现在大王不亲附万无一失的汉，而让自己去依靠处于危亡境地的楚，我私下替大王感到疑惑。我不认为淮南的兵力足够灭亡楚。要是大王调发兵马反叛楚，项王必定被牵制住；只要拖住项王几个月，汉王夺取天下就绝对可以成功。我请求同大王提着宝剑归附汉王，汉王必定会割地分封大王，更何况淮南，肯定为大王所有。所以汉王恭敬地派遣我进献愚计，希望大王留意啊。”淮南王说：“请准许我遵奉命令。”他秘密答应反叛楚而亲附汉，没有敢泄露这一消息。

注释 1 梁地：指魏国境内。战国时魏国曾建都大梁，别称为梁。 2 审：

详知，明悉。 3 太宰：官职名，掌管膳食。 主：内主。 4 质：砧(zhēn)板，刑具。 5 御：御驾，对帝王表示尊敬之称谓。 6 北乡：谓面朝北，是古时臣子的站位朝向。乡，通“向”。 7 板筑：战时用来构筑营垒的器具。板，筑墙用的夹板。筑，捣实夹板内土的杵。 8 骚：通“扫”。“扫淮南之兵”，谓调动淮南全部兵力，如同扫地那样干净彻底。 抚：拥有，据有。 垂拱：垂衣拱手，谓无所事事，袖手旁观。 9 负：背负，文中作使动词用，使……负上。 10 徼(jiào)：边界。 乘(chéng)：登上。 塞(sài)：边防工事。 11 间(jiàn)：隔。 12 解：脱去。 13 恃：依靠，凭借。 14 致：招致。 15 裂：割裂。

楚使者在，方急责英布发兵，舍传舍[1]。随何直入，坐楚使者上坐，曰：“九江王已归汉，楚何以得发兵？”布愕然。楚使者起。何因说布曰：“事已构[2]，可遂杀楚使者，无使归，而疾走汉并力。”布曰：“如使者教，因起兵而击之耳。”于是杀使者，因起兵而攻楚。楚使项声、龙且攻淮南，项王留而攻下邑[3]。数月，龙且击淮南，破布军。布欲引兵走汉，恐楚王杀之，故间行与何俱归汉。[4]

楚国使者在英布那里，正急切地责求英布派兵，楚国使者住在传舍里。随何径直进去，坐在楚国使者的上位，说：“九江王已经归附汉，楚凭什么能够调派他的兵马？”英布大吃一惊。楚国使者离开座位。随何乘机劝英布说：“大事的局面已经形成，可以顺势杀死楚国使者，不要让他回去，我们赶快到汉去联合作战。”英布说：“按您的指教办，乘势起兵攻打楚吧。”于是杀死楚使者，趁机起兵攻打楚军。项王派项声、龙且进攻淮南，项王留下来攻打下邑。几个月后，龙且攻打淮南，击败了英布的军队。英布想带领军队跑到汉，恐怕项王来追杀他，所以同随何一起从小路秘密地逃到汉王那里。

注释 1 舍传舍:住在宾馆。 2 构:造成。 3 下邑:县名,在今安徽砀山。 4 走:奔跑。 间(jiàn)行:秘密地从小路走。

淮南王至,上方踞床洗,召布入见。[1] 布大怒,悔来,欲自杀。出就舍,帐御饮食从官如汉王居,布又大喜过望。[2] 于是乃使人入九江。楚已使项伯收九江兵,尽杀布妻子。布使者颇得故人幸臣,将众数千人归汉。汉益分布兵而与俱北,收兵至成皋。四年七月,立布为淮南王,与击项籍。

淮南王到了,汉王正跨腿坐在床上洗脚,召英布进去相见。英布大怒,后悔来到这里,想要自杀。退出后来到客舍,所用帷帐、器物、饮食、随从和汉王居处相同,英布又大喜过望。于是英布就派人进入九江。项王已派项伯收编了九江兵马,将英布的妻妾子女全部杀死了。英布的使者联络到许多老朋友、宠幸的部下,带领几千人回到汉。汉王增配兵马给英布,和他一起北上,沿路招兵到达成皋。四年七月,汉王封英布为淮南王,和他一起攻打项籍。

注释 1 床:坐、卧之器具。 洗:洗脚。据《史记·郦生陆贾列传》《汉书·高帝纪》,刘邦经常如此。这是不尊重人的习惯。 2《史记正义》:"高祖以布先分为王,恐其自尊大,故峻礼令布折服;已而美其帷帐,厚其饮食,多其从官,以悦其心:权道也。"

汉五年,布使人入九江,得数县。六年,布与刘贾入九江,诱大司马[1] 周殷,周殷反楚,遂举九江兵与汉击楚,

汉五年,英布派人进入九江,夺得几个县。六年,英布和刘贾进入九江,诱降大司马周殷,周殷反叛楚,就发动九江兵马和汉军联合攻打楚军,在垓下大败楚军。

破之垓下。

项籍死，天下定，上置酒。上折随何之功，谓何为腐儒，为天下安用腐儒[2]。随何跪曰："夫陛下引兵攻彭城，楚王未去齐也，陛下发步卒五万人，骑五千，能以取淮南乎？"上曰："不能。"随何曰："陛下使何与二十人使淮南，至，如陛下之意，是何之功贤[3]于步卒五万人骑五千也。然而陛下谓何腐儒，'为天下安用腐儒'，何也？"上曰："吾方图[4]子之功。"乃以随何为护军中尉[5]。布遂剖符[6]为淮南王，都六，九江、庐江、衡山、豫章郡皆属布。

七年，朝陈。八年，朝雒阳。九年，朝长安。

项籍死去，天下平定，皇上设置酒宴。皇上贬低随何的功劳，说随何是迂腐的儒生，打天下哪里用得着迂腐的儒生。随何跪着说："当陛下带兵攻打彭城，楚王没有离开齐境，陛下派出五万步兵，五千骑兵，能靠他们夺取淮南吗？"皇上说："不能。"随何说："陛下派我带领二十个人出使淮南，我到达后，实现了陛下的目的，这说明我的功劳胜过五万步兵、五千骑兵。然而陛下却说我是迂腐的儒生，'夺取天下哪里用得着迂腐的儒生'，这是为什么？"皇上说："我正在考虑你的功劳。"于是任命随何做护军中尉。英布因而通过剖分符信被封为淮南王，建都于六县，九江、庐江、衡山、豫章等郡都归属英布。

七年，英布到陈县朝见皇上。八年，到雒阳朝见皇上。九年，到长安朝见皇上。

注释　1 大司马：官职名，掌管军事。　2 腐儒：迂腐的儒士。　3 贤：多、胜过。　4 图：考虑。　5 护军中尉：协调各将领关系之武官职名。　6 剖符：符，分封功臣的凭证；剖符谓将此凭证一分为二，朝廷、功臣各执一半。

十一年,高后[1]诛淮阴侯,布因心恐。夏,汉诛梁王彭越,醢之,盛其醢遍赐诸侯。[2]至淮南,淮南王方猎,见醢,因大恐,阴令人部聚兵,候伺[3]旁郡警急。

布所幸姬疾,请就医,医家与中大夫贲赫对门,姬数如医家。[4]贲赫自以为侍中,乃厚馈遗[5],从姬饮医家。姬侍王,从容语次,誉赫长者也。[6]王怒曰:"汝安从知之?"具说状[7]。王疑其与乱[8]。赫恐,称病。王愈怒,欲捕赫。赫言变事,乘传诣长安。[9]布使人追,不及。赫至,上变,言布谋反有端,可先未发诛也。上读其书,语萧相国[10]。相国曰:"布不宜有此,恐仇怨妄[11]诬之。请系赫,使人微验[12]淮南王。"淮南

十一年,高后诛杀淮阴侯韩信,英布因此心怀恐惧。夏天,汉廷诛杀梁王彭越,并把他剁成肉酱,装起来分赐给诸侯。肉酱送到淮南,淮南王正在打猎,看到肉酱,特别恐惧,秘密派部下集结兵马,并派人侦察相邻郡县的动静。

英布宠爱的姬妾有病,请求去看病,医家同中大夫贲赫对门而居,妾多次到医家看病。贲赫认为自己是侍中,便送了厚礼给妾,并随妾在医家饮酒。妾在侍侯英布的时候,态度从容地谈到治病的经过,称赞贲赫是个忠厚诚实的人。淮南王发怒说:"你从哪里了解到他的?"妾便详细说了有关情况。淮南王怀疑妾和贲赫淫乱。贲赫害怕,便称说有病。淮南王更加恼怒,想逮捕贲赫。贲赫要告发淮南王图谋变乱,乘坐驿车去往长安。英布派人追赶,没有赶上。贲赫一到,上书报告紧急情况,说英布有谋反的苗头,可以在英布尚未发动叛乱之前诛杀他。皇上看了贲赫的上书,便告诉萧相国。萧相国说:"英布不应当有这等事,恐怕是仇人随意诬陷他。请将贲赫关押起来,再派人暗中调查淮南王。"淮南王英布见贲赫由于畏罪

王布见赫以罪亡，上变，固已疑其言国阴事；汉使又来，颇有所验，遂族赫家，发兵反。反书闻，上乃赦贲赫，以为将军。

逃亡，上书告发，本来就已经怀疑他报告了淮南国的秘密活动；朝廷使者又来，他的怀疑得以验证，便杀了贲赫全族老小，发兵反叛朝廷。英布反叛的消息传到朝廷后，皇上便赦免了贲赫，并任命他为将军。

注释 1 高后：刘邦之皇后吕雉，刘邦死后称高祖，吕后则称高后。 2 夏：当作“春”。 梁王彭越：彭越，刘邦之大将，因功封梁王。 醢：肉酱；把人剁成肉酱的刑，称醢。 3 候伺：侦察。 4 贲(féi)赫：淮南王臣僚，时任中大夫。 如：往。 5 馈遗：赠送。 6 从(cóng)容：安逸舒缓。 语次：交谈之间。 7 状：情况，过程。 8 乱：男女之间不正当性关系。 9 变：突发事件。 传：驿站车马。 10 萧相国：即萧何，时任相国(丞相)。 11 妄：随意，胡乱。 12 微验：暗中考察。

上召诸将问曰：“布反，为之柰何？”皆曰：“发兵击之，坑竖子耳，何能为乎！”汝阴侯滕公召故楚令尹问之。令尹曰：“是故当反。”滕公曰：“上裂地而王之，疏爵而贵之，南面而立万乘之主，其反何也？[1]”令尹曰：“往年杀彭越，前年杀韩信，此三人者，同功一体之人

皇上召集各位将领询问道：“英布反叛朝廷，该怎么办？”将领们都说：“派兵攻打他，活埋这小子算了，还能怎么办！”汝阴侯滕公召来原楚国令尹，向他问这件事。令尹说：“英布本应反叛。”滕公说：“皇上割地封他为王，分赏爵位使他显贵，立为万乘大国之王，他反叛朝廷是何原因？”令尹说：“去年杀了彭越，前年杀了韩信，英布和彭越、韩信这三个人，功劳相同，又同样是异姓封王。他怀疑灾祸将落到自己身上，所以

也。[2]自疑祸及身，故反耳。”滕公言之上曰：“臣客故楚令尹薛公者，其人有筹策之计，可问。”上乃召见问薛公。薛公对曰：“布反不足怪也。使布出于上计，山东非汉之有也；出于中计，胜败之数未可知也；出于下计，陛下安枕而卧矣。”上曰：“何谓上计？”令尹对曰：“东取吴，西取楚，并齐取鲁，传檄燕、赵，固守其所，山东非汉之有也。”“何谓中计？”“东取吴，西取楚，并韩取魏，据敖庾之粟，塞成皋之口，胜败之数未可知也。”“何谓下计？”“东取吴，西取下蔡，归重[3]于越，身归长沙，陛下安枕而卧，汉无事矣。”上曰：“是[4]计将安出？”令尹对曰：“出下计。”上曰：“何谓废上中计而出下计？”令尹曰：

反叛朝廷了。”滕公将此向皇上报告说：“我有一位门客薛公，曾是原楚国的令尹，这个人善于出谋划策，可以问一问。”皇上于是召见并询问薛公。薛公回答说：“英布反叛朝廷不值得奇怪。假使英布的行动计划是上策，山东一带就不再是汉朝廷所有的了；是中策，胜负的结局就不清楚了；是下策，陛下就可以安稳地垫上枕头睡觉了。”皇上问：“什么是上策？”薛公回答说：“向东夺取吴地，向西夺取楚地，并吞齐地，夺取鲁地，向燕、赵两地发布晓谕文书，坚固地守住这些地方，山东一带就不属于汉廷所有了。”皇上问：“什么是中策？”薛公回答说：“向东夺取吴地，向西夺取楚地，并吞韩地，夺取魏地，占据敖仓的粮食，封锁成皋的关口，胜负的结局就不清楚了。”皇上问：“什么是下策？”薛公回答说：“向东夺取吴地，向西夺取下蔡，将辎重财宝迁到越地，英布本人回到长沙，陛下就可以安稳地垫上枕头睡觉，汉廷不会有事的。”皇上问：“英布的行动将会是哪一策呢？”薛公回答说：“是下策。”皇上问：“英布的行动为什么会废掉上策、中策

"布故丽山之徒也,自致万乘之主,此皆为身,不顾后为百姓万世虑者也,故曰出下计。"上曰:"善。"封薛公千户。乃立皇子长[5]为淮南王。上遂发兵自将东击布。

而取下策呢?"薛公回答说:"英布原本是骊山的刑徒,自己努力当上了万乘大国之王,这些都是为自己,不是顾及后世和替百姓后代考虑的人,所以说英布的行动计划是下策。"皇上说:"好!"便封给薛公千户食邑。于是册立皇子刘长做淮南王。皇上就调动兵马亲自率领向东进击英布。

注释 1 疏爵:谓分封爵位。疏,分。 南面:诸侯王面朝南接受群臣朝拜,故称。 万乘:指较大的诸侯国。 2 往年杀彭越,前年杀韩信:《史记志疑》:"杀信、越并在十一年春,此语误。" 一体:谓身份相同。 3 重:国家重器,指贵重之物。 4 是:指英布。 5 皇子长:刘邦第七子刘长。

布之初反,谓其将曰:"上老矣,厌兵,必不能来。使诸将,诸将独患淮阴、彭越,今皆已死,余不足畏也。"故遂反。果如薛公筹之,东击荆[1],荆王刘贾走死富陵。尽劫其兵,渡淮击楚[2]。楚发兵与战徐、僮间,为三军,欲以相救为奇[3]。或说楚将曰:"布善用兵,民素畏之。且

英布开始谋反时,对他的将领说:"皇上老了,厌恶打仗,必定不能自己带兵来。派遣各位将领来,各位将领中我只怕淮阴侯韩信和彭越,现在他们二人都已经死了,其他将领不值得害怕。"所以就反叛了朝廷。果真如薛公预料的那样,英布向东攻打荆,荆王刘贾逃跑死在富陵。英布劫持了刘贾的全部兵马,渡过淮河攻打楚。楚派兵和英布在徐县、僮县之间作战,把全军分为三支部队,想靠三支部队相互支援的战法作为奇计。有人劝告楚将说:"英布善于用兵,百姓向来怕他。况且

兵法,诸侯战其地为散地[4]。今别为三,彼败吾一军,余皆走,安能相救!”不听。布果破其一军,其二军散走。

兵法说,诸侯在本土作战,该战场是散地。现在把全军分成三支部队,英布打败其中的一支部队,其余两支部队就都跑散了,怎么能做到互相援救呢!”楚将不听。英布果真打垮其中一支部队,其余两支部队四散逃跑了。

注释 1 荆:刘邦堂兄刘贾的封国,其封地即上文之“吴”,地当今安徽东南部、江苏西南部和浙江北部等地区。 2 楚:刘邦少弟刘交的封国,其封地当今山东南部、江苏北部一带地区,都彭城,即今江苏徐州。 3 奇:古时交战,以对阵相攻为正,以设计袭击为奇。 4 散地:在本国领地与外敌作战,一旦战败或形势不利,士兵容易逃散回家,故称本地战场为散地。

遂西,与上兵遇蕲西会甀[1]。布兵精甚,上乃壁庸城,望布军置陈如项籍军,上恶之[2]。与布相望见,遥谓布曰:“何苦而反?”布曰:“欲为帝耳。”上怒骂之,遂大战。布军败走,渡淮,数止战,不利,与百余人走江南。布故与番君婚,以故长沙哀王使人绐布,伪与亡,诱走越,故信而随之番阳[3]。番阳

英布就向西进军,和皇上的军队在蕲县西边的甀乡相遇。英布的兵马十分精锐,皇上便以庸城为营垒,远远望见英布排兵布阵如同项羽的军队,皇上心里厌恶。皇上和英布隔阵相望,远远地对英布说:“何苦要造反?”英布说:“想当皇帝罢了。”皇上怒骂英布,于是两军大战起来。英布的军队战败逃跑,渡过淮河,多次停下来交战,都打了败仗,他带着一百多人向江南逃去。英布原来同番县县令通婚,因此长沙哀王就派人欺骗英布,假意同他一起逃亡,引诱他逃往越地,英布相信并随同来到了番阳。番阳人在兹乡民众的田舍里杀死了英布,汉朝平

人杀布兹乡民田舍,遂灭黥布。

立皇子长为淮南王,封贲赫为期思侯,诸将率多以功封者[4]。

定了英布的叛军。

皇上封皇子刘长为淮南王,封贲赫为期思侯,许多将领因为平定英布的功劳受到封赏。

注释 1 会甀(zhuì):乡名,在今安徽宿州南。 2 壁:营垒。 庸城:地名,与甀相邻,在其北。 3 长沙哀王:指长沙王吴芮之子成王臣。 绐(dài):欺骗。 4 期思:县名,在今河南淮滨东南。 率(shuài)多:一般,大概。

太史公曰:英布者,其先岂《春秋》所见楚灭英、六,皋陶之后哉?[1]身被刑法,何其拔兴之暴也![2]项氏之所坑杀人以千万数,而布常为首虐[3]。功冠诸侯,用此得王,亦不免于身为世大僇。[4]祸之兴自爱姬殖,妒媢生患,竟以灭国![5]

太史公说:英布的祖先,难道是《春秋》中记载的被楚国灭亡的英、六两邑,这里分封的都是皋陶的后代吗?他受过黥刑,为什么兴起得这么迅速突然呢?项羽活埋的人要用千万来计算,而英布总是残暴的罪魁祸首。英布功劳超过了其他诸侯,因此得以受封为王,但也不能免除自身遭受人世间最大的耻辱。灾祸的兴起是由爱姬引起的,嫉妒产生祸患,最终使国家灭亡!

注释 1《春秋》:指孔子据鲁史所修的编年体史书。 英、六:皆古国名,皋陶的后代所封国,公元前622年为楚所灭。 2 拔:迅疾。 兴:兴起。 暴:突然。 3 虐:残暴。 4 用此:因此。 僇:耻辱。 5 殖:孳生。 妒媢:嫉妒。媢,亦妒也。 竟:最终。

史记卷九十二

淮阴侯列传第三十二

原文

淮阴侯韩信者，淮阴人也。始为布衣时，贫无行，不得推择为吏，又不能治生商贾[1]，常从人寄食饮，人多厌之者。常数从其下乡南昌亭长寄食，数月，亭长妻患之，乃晨炊蓐食。[2]食时信往，不为具[3]食。信亦知其意，怒，竟绝去。

信钓于城下，诸母漂，有一母见信饥，饭信，竟漂数十日。[4]信喜，谓漂母曰："吾必有以重报母。"母怒曰："大丈

译文

淮阴侯韩信是淮阴人。韩信还是平民的时候，家中贫困且品行不好，不能被推选去做小吏，又不会做生意来维持生计，常常去别人家蹭饭吃，许多人都讨厌他。他曾多次在下乡南昌亭长家寄食，几个月后，亭长的妻子对此感到头痛，就在天亮前早早做饭，在床上就把饭吃了。到吃饭时韩信去了，不给他准备饭食。韩信也知道她的意思，很生气，就再也不去她家了。

韩信在城墙下的河里钓鱼，有很多老太太在河里漂洗丝絮，一位老太太看见韩信饿着，就每日把饭食带给他吃，一直到几十天后漂洗丝絮结束。韩信很高兴，对漂洗的老太太说："我将来一定要重重地报答您老人家。"老太太生气着说："男子汉不能养活自

夫不能自食，吾哀王孙[5]而进食，岂望报乎！”

己，我只是哀怜少爷才送饭给你吃，哪里是希望你报答呢！

注释 1 治生商贾(gǔ)：以做买卖维持生计。 2 下乡：淮阴所属乡。 南昌：下乡一亭名。秦十里设一亭，置亭长一人。 晨炊蓐(rù)食：早上很早做饭，且端到床上吃掉。蓐，草垫子、草席。 3 具：准备。 4 母：对老年妇女的尊称，老太太。 漂(piǎo)：在水里冲洗丝絮。 竟：直到完结。 5 王孙：古时对年轻人的尊称，如同称“公子”“少爷”。

淮阴屠中少年有侮信者，曰：“若虽长大，好带刀剑，中情怯耳。”[1]众辱之曰：“信能死[2]，刺我；不能死，出我袴[3]下。”于是信孰视之，俯出袴下，蒲伏[4]。一市人皆笑信，以为怯。

淮阴城的屠户中有位年轻人侮辱韩信，说：“你虽然长得又高又大，喜欢佩带刀剑，内心却是胆怯的。”那人当众侮辱他说：“韩信你敢死，就用剑刺我；不敢死，就从我胯下爬过去。”于是韩信仔细地打量了这位年轻人一番，弯下身去，从他胯下爬了过去。整个集市上的人都讥笑韩信，认为他胆怯。

注释 1 屠：以宰杀牲畜为业的人，即屠户。 长(cháng)大：又高又大。 中情：内心。 2 能死：敢死，不怕死。 3 袴：通“胯”，两腿间。 4 孰：“熟”的古字，仔细，认真。 蒲伏：犹“匍匐”，爬行。

及项梁渡淮，信杖剑从之，居戏下，无所知名。项梁败，又属项羽，羽以为郎中[1]。数以策干项

等到项梁渡过淮水，韩信带着剑去依附他，在项梁麾下任职，谁也不知道还有他这个人。项梁失败，他又归属项羽，项羽任命他做郎中。他多

羽,羽不用。汉王之入蜀,信亡楚归汉,未得知名,为连敖。[2]坐法[3]当斩,其辈十三人皆已斩,次至信,信乃仰视,适见滕公,曰:"上不欲就[4]天下乎?何为斩壮士!"滕公奇其言,壮其貌,释而不斩。与语,大说之。言于上,上拜以为治粟都尉[5],上未之奇也。

次出计策求见项羽,项羽不采纳。汉王进入蜀地,韩信从楚王逃亡归顺汉王,还没有显名的机会,做了个连敖官。因为违法犯罪应当处斩,同一批的十三个人都已被斩杀,依次轮到韩信受斩,韩信于是抬头仰视,正好看见了滕公,说:"君上不是想成就天下大事吗?为什么要斩杀壮士?"滕公对他的言语感到惊奇,又看他的相貌威武雄壮,放了他不予处斩。滕公和他交谈,非常高兴。把他推荐给汉王,汉王委任他做治粟都尉,并没有觉得他有什么奇特之处。

注释 1 郎中:官名,负责宿卫君王之小官。 2 汉王:即刘邦。刘邦在参加反秦起义胜利后,被项羽分封为汉王,故称。 楚:此指项羽。项羽分封十八王时,封自己为西楚霸王,故时称楚。 连敖:官名,负责管理粮仓。 3 坐法:因违法而犯罪。 4 就:成就,得到。 5 治粟都尉:官名,负责管理军中粮饷。

信数与萧何语,何奇之。至南郑,诸将行道亡者数十人,信度何等已数言上,上不我用,即亡。何闻信亡,不及以闻,自追之。人有言上曰:"丞相何亡。"上大怒,如失左

韩信多次和萧何交谈,萧何认为他很奇特。到了南郑,各个将领在行军的路上逃跑的有几十人,韩信估计萧何等人已经把他的情况对汉王谈过,汉王不重用他,他也就逃跑了。萧何听说韩信逃跑后,来不及向汉王报告,自己就去追了。有人来告诉汉王说:"丞相萧何逃跑了。"汉王非常

右手。居一二日，何来谒上，上且怒且喜，骂何曰：“若亡，何也？”何曰：“臣不敢亡也，臣追亡者。”上曰：“若所追者谁？”何曰：“韩信也。”上复骂曰：“诸将亡者以十数，公无所追；追信，诈也。”何曰：“诸将易得耳。至如信者，国士无双。王必欲长王汉中，无所事信；[1]必欲争天下，非信无所与计事者。顾王策安所决耳。”王曰：“吾亦欲东耳，安能郁郁久居此乎？”何曰：“王计必欲东，能用信，信即留；不能用，信终亡耳。”王曰：“吾为公以为将[2]。”何曰：“虽为将，信必不留。”王曰：“以为大将。”何曰：“幸甚。”于是王欲召信拜之。何曰：“王素慢[3]无礼，今拜大将如呼小儿耳，此乃信

生气，就如同失去了左膀右臂。过了一两天，萧何来拜见汉王，汉王又生气又高兴，骂萧何说：“你逃跑，是为什么？”萧何说：“我不敢逃跑，我是去追逃跑的人。”汉王说：“你所追的是什么人？”萧何说：“是韩信。”汉王又骂着说：“各将领逃跑的也有几十个，你不去追；说追韩信，是说慌。”萧何说：“其他将领都是很容易得到的。至于韩信，国中的杰出人士除了他没有第二个。您必想长期在汉中称王，没有用得着韩信的地方；必想争夺整个天下，除了韩信再没有可以同您一道谋划的人了。只看您的策略是怎么决定罢了。”汉王说：“我也想向东去发展的，怎么能不得志地长久停留在这里呢？”萧何说：“您考虑一定要向东去发展，能用得上韩信，韩信就会留下来；不能重用韩信，韩信最终还是会逃跑的。”汉王说：“我看着您的面子任命他做将军。”萧何说：“即使做了将军，韩信也不会留下。”汉王说：“任命他做大将军。”萧何说：“非常荣幸。”于是汉王想把韩信召唤过来委任他。萧何说：“您向来对人傲慢无礼，如今要委任大将就像呼唤小孩子一样似的，这就是韩信要离去的原因呀。您

所以去也。王必欲拜之，择良日，斋戒，设坛场[4]，具礼，乃可耳。”王许之。诸将皆喜，人人各自以为得大将。至拜大将，乃韩信也，一军皆惊。

必想委任他，选择一个良辰吉日，先进行斋戒，设置一个坛场，举行完备的礼仪，才可以啊。”汉王答应了。各将领都很高兴，人人都认为自己会被委任做大将。到了委任大将的时候，一看原来是韩信，整个军队都感到惊讶。

注释

1 王(wàng)汉中：在汉中称王。　事：用。　2 吾为公以为将：我为了您而以他为大将。　3 素慢：一向傲慢。　4 坛场：举行典礼的场所。

信拜礼毕，上[1]坐。王曰：“丞相数言将军，将军何以教寡人计策？”信谢，因问王曰：“今东乡争权天下，岂非项王邪？”汉王曰：“然。”曰：“大王自料勇悍仁强孰与项王？”汉王默然良久，曰：“不如也。”信再拜贺[2]曰：“惟信亦为大王不如也。[3]然臣尝事之，请言项王之为人也。项王喑噁叱咤，千人皆废，然不

委任韩信做大将的礼仪结束，汉王坐下来。汉王说：“丞相多次谈到将军，将军拿什么计策来教导寡人？”韩信推辞一番，借此询问汉王说：“如今向东去要争夺天下大权的人，难道不是项王吗？”汉王说：“是。”韩信说：“大王自己预料在勇敢、凶悍、仁厚、强力方面和项王相比谁强？”汉王沉默了好久，说：“不如项王。”韩信拜了两拜加以赞许地说：“我韩信也认为大王不如他。然而我曾经侍奉过他，请允许我说说项王的为人。项王盛怒呵斥时，吓得千人都要偃伏，然而他不能信任贤将，这只不过是一种匹夫之勇罢了。项王待人恭敬有礼，慈爱关怀，说起话来非常

能任属贤将，此特匹夫之勇耳。[4]项王见人恭敬慈爱，言语呕呕，人有疾病，涕泣分食饮，至使人有功当封爵者，印刓敝，忍不能予，此所谓妇人之仁也。[5]项王虽霸天下而臣诸侯，不居关中而都彭城。有背义帝之约，而以亲爱王，诸侯不平。[6]诸侯之见项王迁逐义帝置江南[7]，亦皆归逐其主而自王善地。项王所过无不残灭者，天下多怨，百姓不亲附，特劫于威强耳。[8]名虽为霸，实失天下心。故曰其强易弱。今大王诚能反其道：任天下武勇，何所不诛！以天下城邑封功臣，何所不服！以义兵从思东归之士[9]，何所不散！且三秦王为秦将，将秦子弟数岁矣，所杀亡不可胜

温和，别人有了病痛，他会流着眼泪把自己的食物分给人家吃，但到了用人立功应当封给爵位的，封爵的印拿在手上都玩得没有棱角了，仍然不忍心授给人家，这是所说的妇人般的仁爱。项王虽然称霸天下而让诸侯们臣服自己，但他不住在关中而建都在彭城。又违背义帝订立的盟约，并且任用自己的亲信和所偏爱的人做王，诸侯们心中不平。诸侯们见到项王把义帝迁徙驱逐安置在江南，也都回去赶走了原来的君主而占据好地块自称为王。项王军队所经过的地方没有不被摧残毁灭的，这使天下很多人对他产生了怨恨，百姓不亲近归附他，他只不过是运用威势强力胁迫他们服从罢了。他名义上虽说是霸主，实际上失掉了天下人心。所以说他的强势容易转变为弱势。如今大王果真能反其道而行之：任用天下的英武勇猛的将士，没有什么敌人不可以诛杀！用天下的城邑来封赏有功的大臣，没有什么人才不来顺服！出动仁义之师并依靠想回到东方的士兵，没有什么势力不可以驱散！况且三位秦王原来都是秦将，统率秦地的子弟作战好几年了，被他们杀死加上逃

计，又欺其众降诸侯，至新安，项王诈坑秦降卒二十余万，唯独邯、欣、翳得脱，秦父兄怨此三人，痛入骨髓。今楚强以威王此三人，秦民莫爱也。大王之入武关，秋豪无所害，除秦苛法，与秦民约，法三章耳，秦民无不欲得大王王秦者。于诸侯之约，大王当王关中，关中民咸知之。大王失职入汉中，秦民无不恨者。[10] 今大王举而东，三秦可传檄[11]而定也。”于是汉王大喜，自以为得信晚。遂听信计，部署诸将所击。

亡的人多得数也数不清，又欺骗众多士兵投降诸侯，到达新安，项王用欺诈手段坑杀了秦朝投降的二十多万士兵，只有章邯、司马欣、董翳得以脱离灾难，秦地的父老兄弟怨恨这三个人，恨入骨髓。如今楚王凭借着威势，强行封这三个人做王，秦地民众没有谁会依附他们的。大王进入武关以后，秋毫都没有侵犯，废除了秦朝的苛法，和秦地民众相约，订立三条法律，秦地民众没有人不想让大王为秦王。在和诸侯的盟约中，大王应当做关中王，关中的民众都是了解的。大王失去了应有的职位进入汉中，秦地民众没有人不感到遗憾。如今大王发兵往东，三秦地区靠发布一道檄文就可以平定了。”于是汉王特别高兴，认为得到韩信太晚了。就听从韩信的计谋，部署给各个将领所要攻击的目标。

注释　1 上：指汉王刘邦。 2 贺：赞许。 3 惟：虽，即使。 为：认为。 4 喑噁(yīn wù)：发怒声。 叱咤(chì zhà)：怒斥声。 废：偃伏。 任属(zhǔ)：信任，托付。 特：只，只是。 5 呕(xū)呕：和悦的样子。 使人：任用人。 印刓敝：官印都摩弄坏了。刓，通“玩”，摩挲。 6 有：通“又”。 义帝之约：即诸将入关前，楚怀王曾和他们订立的“先入关中者王之”的盟约。义帝，即项梁拥立的楚怀王孙心，后项羽尊他为义帝。 以亲爱王：把自己的亲信和偏爱的人封为王。 7 迁逐义帝置江南：项羽分封诸侯后，将义帝迁居长沙郴县，中途又令吴芮、黥布将其杀害。 8 劫：胁迫。 强：勉强。 9 思东归之士：指刘邦在南郑时，从关东和关中带来的士兵。 10 失职：失去应得的官职和爵位。 恨：遗憾。 11 传檄：发布声讨的文书。

八月，汉王举兵东出陈仓，定三秦[1]。汉二年，出关，收魏、河南，韩、殷王皆降。[2]合齐、赵共击楚。[3]四月，至彭城，汉兵败散而还。信复收兵与汉王会荥阳，复击破楚京、索之间，以故楚兵卒不能西。

八月，汉王发兵经过陈仓向东进军，平定了三秦地区。汉二年，出函谷关，降服了魏王、河南王，韩王、殷王都来投降。会合齐王、赵王的兵力共同进击楚王。四月，到了彭城，汉王的军队失败溃散回来。韩信重新收集兵众在荥阳和汉王相会，再次在京县与索城一带打败楚军，因此楚军最终不能再往西进军。

注释 1 定三秦：公元前206年，刘邦采用韩信的计策，暗渡陈仓，击败雍王章邯，进入咸阳城，司马欣与董翳亦投降。 2 汉二年：即公元前205年。 关：函谷关。 魏：指后来起义自立为魏王的魏豹。 河南：指后来被项羽封为河南王的申阳。 韩：指后来被项羽封为韩王的郑昌。 殷：项羽所封的殷王司马卬。 3 齐：指齐王田荣。 赵：指被张耳、陈余封立为赵王的赵歇。

汉之败却彭城，塞王欣、翟王翳亡汉降楚，齐、赵亦反汉与楚和。六月，魏王豹谒归视亲疾，至国，即绝河关反汉，与楚

汉王在彭城退败，塞王司马欣、翟王董翳就逃走投降楚王，齐王、赵王也反叛汉王与楚王和好。六月，魏王魏豹请求回家探望生病的父母，到了封地国境，就封闭黄河西岸的蒲津关反叛汉王，与楚王相约和好。汉王

约和。[1]汉王使郦生说豹，不下。其八月，以信为左丞相[2]，击魏。魏王盛兵蒲坂，塞临晋，信乃益为疑兵，陈船欲度临晋，而伏兵从夏阳以木罂缻渡军，袭安邑。[3]魏王豹惊，引兵迎信，信遂虏豹，定魏为河东郡。汉王遣张耳与信俱，引兵东北击赵、代。后九月，破代兵，禽夏说阏与。[4]信之下魏破代，汉辄使人收其精兵，诣荥阳以距楚。

派出郦食其去游说魏豹，没有成功。这年八月，任命韩信做左丞相，出击魏王。魏王陈列众兵于蒲坂，堵住临晋渡口，韩信就增设更多的疑兵，摆好船只想要渡过临晋，但伏兵却从夏阳用木制的盆桶把军队偷偷渡过黄河，袭击安邑。魏王魏豹大惊，领兵迎击韩信。韩信因而俘虏了魏豹，平定魏地并设置为河东郡。汉王派遣张耳与韩信一道，领着军队往东北方向去进击赵王、代王。闰九月，他们打败了代兵，在阏与擒获了夏说。韩信攻下魏地击败代王，汉王就派人收集他的精兵，到荥阳去抵御楚王。

注释 1 谒归：请求回家。 河关：即蒲津关，亦名临晋关，在今陕西大荔黄河西岸。 2 左丞相：领兵之虚衔。 3 蒲坂：地名，在今山西永济西南蒲州镇，隔河与蒲津关相对。 木罂缻(yīng fǒu)：木盆、木桶一类。 4 后九月：汉承秦制，以十月为岁首，凡有闰月即置于年末，故有“后九月”，即闰九月。 禽：通“擒”。

信与张耳以兵数万，欲东下井陉击赵。赵王、成安君陈余闻汉且袭之也，聚兵井陉口，号称二十万。广武君李左车说成安

韩信和张耳带领几万士兵，想往东攻下井陉进击赵国。赵王和成安君陈余听说汉王将要袭击他们，就在井陉口聚集兵力，号称有二十万人。广武君李左车劝告成安君说：“听说汉将韩信渡过西河，俘

君曰:“闻汉将韩信涉西河,虏魏王,禽夏说,新喋血阏与,今乃辅以张耳,议欲下赵,此乘胜而去国远斗,其锋不可当。臣闻千里馈粮,士有饥色;樵苏后爨,师不宿饱。[1]今井陉之道,车不得方轨[2],骑不得成列,行数百里,其势粮食必在其后。愿足下假臣奇兵三万人,从间道绝其辎重;[3]足下深沟高垒,坚营勿与战。彼前不得斗,退不得还,吾奇兵绝其后,使野无所掠,不至十日,而两将之头可致于戏下。愿君留意臣之计。否,必为二子所禽矣。”成安君,儒者也,常称义兵不用诈谋奇计,曰:“吾闻兵法十则围之,倍则战。今韩信兵号数万,其实不过数千。能千里而袭我,亦已罢极。

虏了魏王,擒获了夏说,刚刚在阏与血战过,如今又加上张耳的辅佐,计议要攻下赵国,这是乘胜离开本土去到远方战斗,他的锋芒不可阻挡。我听说千里运送粮草,士兵会要挨饿;临时砍柴割草来做饭,军队就不能经常吃饱。如今井陉的道路,狭窄得不能两车并行,骑兵不能排成行列,行进几百里,运送的粮食一定在队伍的最后。希望您暂时拨给我三万名奇兵,抄偏僻小路去断绝敌军的粮草供应;您挖出深沟筑起高高的营垒,坚守营寨不和敌军交战。他们往前不能战斗,想退又不能回头,我的奇兵断绝了敌军的后路,让他们在野外也掠取不到食物,不到十天,这两位将领的头颅就可以送到您的帐下。希望您留意我的计策。否则,一定会被这两个人所擒获了。”成安君,是一位儒生,常常称说仁义之师不需要采用欺诈的计谋和奇妙的策略,说:“我听兵法上说有十倍于敌方的兵力就去包围他,有一倍的兵力就进行战斗。如今韩信的军队号称有几万人,其实不超过几千人。能够跋涉千里路程来袭击我,也已经极度疲劳了。如今像您说的那样回避不去正面迎击,以后再有

今如此避而不击，后有大者，何以加[4]之！则诸侯谓吾怯，而轻来伐我。”不听广武君策。广武君策不用。

更多的军队来犯，怎么去对付呢！那么诸侯也会说我们胆怯，并轻易地来讨伐我们了。”成安君不听从广武君的计策。广武君的计策没有被采用。

注释　1 馈:运送。　樵:砍柴。　苏:取草。　爨(cuàn):炊，做饭。　宿饱:常饱。宿，平素。　2 方轨:两车并行。方，本指两舟并行。轨，车子两轮间的距离，此指车。　3 假:借，暂时拨给。　间(jiàn)道:偏僻的或抄近的小道。　辎重:军需物资，此指粮草。　4 加:施加，对付。

韩信使人间视[1]，知其不用，还报，则大喜，乃敢引兵遂下。未至井陉口三十里，止舍[2]。夜半传发，选轻骑二千人，人持一赤帜，从间道萆山[3]而望赵军，诫曰:“赵见我走，必空壁[4]逐我，若疾入赵壁，拔赵帜，立汉赤帜。”令其裨将传飧[5]，曰:“今日破赵会食！”诸将皆莫信，详[6]应曰:“诺。”谓军吏曰:“赵已先据便地为壁，且彼未见吾大将旗鼓，未肯击前行，恐吾

韩信派人暗中窥探，得知他们不采用广武君的计策，回来报告，韩信听后特别高兴，才敢领兵迳直前行。还差三十里到井陉口，停下来驻扎。半夜传令出兵，选出轻捷精锐骑兵两千名，让每人拿一枝赤色旗帜，从偏僻小道上山，隐蔽在山上注视着赵军，告诫他们说:“赵军见到我方逃跑，一定倾其守营的军队来追赶我们，这时候你们飞快地进入赵军营垒，拔掉赵军的旗帜，竖起汉军的赤色旗帜。”命令副将传令开一顿小餐，说:“今天打败赵军后大会餐！”各个将领谁都不相信，假装答应说:“是。”对军中下级官吏说:“赵军已经先期占据有利地势筑了营垒，他们在还没有看见我方大将的旗帜和仪仗鼓吹

至阻[7]险而还。”信乃使万人先行，出，背水陈[8]。赵军望见而大笑。平旦[9]，信建大将之旗鼓，鼓行出井陉口，赵开壁击之，大战良久。于是信、张耳详弃鼓旗，走水上军。水上军开入之，复疾战。赵果空壁争汉鼓旗，逐韩信、张耳。韩信、张耳已入水上军，军皆殊死[10]战，不可败。信所出奇兵二千骑，共候赵空壁逐利，则驰入赵壁，皆拔赵旗，立汉赤帜二千。赵军已不胜，不能得信等，欲还归壁，壁皆汉赤帜，而大惊，以为汉皆已得赵王将矣，兵遂乱，遁[11]走，赵将虽斩之，不能禁也。于是汉兵夹击，大破虏赵军，斩成安君泜水[12]上，禽赵王歇。

时，是不肯攻击我军先头部队的。恐怕我们一到艰险的地方就得返回。”韩信就派一万人做先头部队，出了井陉口，背靠黄河摆开战斗行列。赵军望见以后就大笑起来。天刚亮，韩信竖起大将旗帜摆列仪仗鼓吹，吹打着走出井陉口，赵军打开营门出来迎击，双方大战了好长时间。这时，韩信、张耳假装丢弃旗鼓，逃往黄河岸边的列阵部队。列阵部队开放阵口放他们进去，重新和赵军激战。赵军果然倾巢出动来争夺汉军的鼓旗，追逐韩信、张耳。韩信、张耳进入岸边的列阵部队，士兵都拼死战斗，不能被打败。韩信所派出的两千轻骑兵，一起等候赵军倾巢出动追出来争夺战利时，就奔驰进入赵军营垒，把赵军的旗帜都拔下来，竖立起汉军的两千面赤色旗帜。赵军不能取胜，不能俘获韩信等人，就想回到营垒中去，看见营垒里都是汉军的赤色旗帜，大惊失色，认为汉军都已经俘获了赵王的将领，军队于是大乱，纷纷逃跑，赵将虽然要斩杀他们，也不能禁止。于是汉兵进行夹击，大败赵军，并俘虏了许多士兵，在泜水旁斩杀了成安君，擒获了赵王歇。

注释 1 间视:暗中窥探。 2 止舍:停止行军,驻扎下来。 3 萆山:隐蔽在山上。萆,通“蔽”。 4 空壁:倾巢出动使军营空虚。壁,军营。5 传飧(sūn):传令吃一点儿饭。飧,饭食。 6 详:通“佯”。下同。7 阻:艰阻。 8 陈:同“阵”,排开战斗队形。 9 平旦:太阳刚出地平线。10 殊死:决死,拼命。 11 遁:逃。 12 泜(chí)水:古水名,即今槐河,源出于今河北赞皇西南。

信乃令军中毋杀广武君,有能生得者购[1]千金。于是有缚广武君而致戏下者,信乃解其缚,东乡坐,西乡对,师事之。

韩信于是命令军中不要杀了广武君,有能将广武君活捉的奖赏千金。于是有人把广武君捆绑起来送到韩信帐下,韩信就给他解开绑绳,让他向东坐着,自己向西坐在对面,像对老师一样的侍奉他。

诸将效首虏[2],毕贺,因问信曰:“兵法右倍山陵,前左水泽,今者将军令臣等反背水陈,曰破赵会食,臣等不服。[3]然竟以胜,此何术也?”信曰:“此在兵法,顾诸君不察耳。兵法不曰‘陷之死地而后生,置之亡地而后存’?且信非得素拊循士大夫也,此所谓‘驱市人而

诸将领来呈献首级俘虏,并表示祝贺,乘机询问韩信说:“兵法中讲行军布阵要右面和背面靠山,前面和左面临水,这次将军命令我们反而要背着水布阵,说打败了赵军以后会餐,我们心里不服。然而最终取得了胜利,这是什么战术啊?”韩信说:“这也在兵法上,只是各位没有仔细考察罢了。兵法上不是讲到‘把战士陷入要受死之地然后才能活下来,把部队布置在灭亡之地然后才得以保存’吗?况且我韩信没有得到机会在平素训练将士,让他们听从指挥,这就是所说的‘驱赶着集市上的人来投入战斗’,当时的形势非把他们置

战之’，其势非置之死地，使人人自为战；[4] 今予之生地，皆走，宁尚可得而用之乎！”诸将皆服曰：“善。非臣所及也。”

于死亡的境地，让他们人人去顽强地为自己的生存而作战；现在如果把他们放在有生路的地方，都会逃跑了，难道还能够用得上他们吗？”诸将领都心服口服地说：“真是良策。不是我们所能赶得上的。”

注释 1 购：悬赏征求。 2 效首虏：呈献首级和俘虏。 3 兵法：指《孙子兵法》。 倍：通“背”。《孙子·行军篇》中云：“丘陵堤防，必处其阳，而右背之。”杜牧在注此篇时曾云：“太公曰：‘军必左川泽而右丘陵’。” 4 拊(fǔ)循：训练，调度。 士大夫：此指一般的将士。 市人：集市上的人，此喻为没有接受过训练的士兵。

于是信问广武君曰：“仆欲北攻燕，东伐齐，何若而有功？[1]”广武君辞谢曰：“臣闻败军之将，不可以言勇；亡国之大夫，不可以图存。今臣败亡之虏，何足以权[2]大事乎！”信曰：“仆闻之，百里奚居虞而虞亡，在秦而秦霸，非愚于虞而智于秦也，用与不用，听与不听也。诚令成安君听足下计，若信者亦已为禽矣。以不用足下，故信得

于是韩信询问广武君说：“我想往北去进攻燕国，向东去攻打齐国，怎样做才能成功？”广武君推辞说：“我听说败军的将领，不可以谈论勇敢；亡国的大夫，不可以谋划国家的生存。我是一个灭亡之国的大臣，怎么配得上议论战争的大事呢？”韩信说：“我听说，百里奚住在虞国，但虞国灭亡了；他在秦国，却使秦国称了霸。不是他住在虞国就愚蠢而到了秦国就有智慧了，是用他不用他、听从他不听从他的原因。假如成安君听从了您的计策，我韩信也已经被您擒获了。因为成安君不采纳您的意见，

侍耳。”因固问曰:“仆委心归计,愿足下勿辞。[3]”广武君曰:“臣闻智者千虑,必有一失;愚者千虑,必有一得。故曰‘狂夫之言,圣人择焉’。顾恐臣计未必足用,愿效愚忠。夫成安君有百战百胜之计,一旦而失之,军败鄗[4]下,身死泜上。今将军涉西河,虏魏王,禽夏说阏与,一举而下井陉,不终朝[5]破赵二十万众,诛成安君。名闻海内,威震天下,农夫莫不辍耕释耒,褕衣甘食,倾耳以待命者。[6]若此,将军之所长也。然而众劳卒罢,其实难用。今将军欲举倦弊之兵,顿之燕坚城之下,欲战恐久力不能拔,情见势屈,旷日粮竭,而弱燕不服,齐必距境以自强也。[7]燕齐相持而不

所以我得以侍奉您了。”韩信仍然询问说:“我倾心听从计策,希望您不要推辞。”广武君说:“我听说智慧的人千次谋划,必定会有一次失误;愚蠢的人千次谋划,必定会有一次收获。所以说‘狂夫发表的意见,圣人可从中选择’。只恐怕我的计策未必值得采纳,只愿献出我的愚忠。成安君本来有百战百胜的计策,一旦失误了,军队在鄗下被打败,自身也死在泜水旁。如今将军渡过了西河,俘虏了魏王,在阏与擒获了夏说,一出师就夺下了井陉,不到一个早晨就打败了赵军二十万人,诛杀了成安君。声名闻于海内,威势震动天下,农夫们感到振奋,没有谁不是停止耕作放下农具,吃好的,穿好的,侧着耳朵等待您的命令。这是将军的优势。然而民众劳苦士卒疲惫,实际上很难加以使用。如今将军欲出动疲倦困乏的兵士,驻扎在燕国坚固防守的城下,想开战又害怕时间拖久了不能将它攻下,实情显现,优势削弱,时日长久,粮食耗尽,而弱小的燕国不能降服,齐国必定在边境抗拒来增强自己。和燕国、齐国互相对峙不能攻下,那么刘、项双方谁胜谁负还是不

下，则刘项之权未有所分也。[8]若此者，将军所短也。臣愚，窃以为亦过矣。故善用兵者不以短击长，而以长击短。”韩信曰：“然则何由[9]？”广武君对曰：“方今为将军计，莫如案甲休兵，镇赵抚其孤，百里之内，牛酒日至，以飨士大夫醳兵，北首燕路，而后遣辩士奉咫尺之书，暴其所长于燕，燕必不敢不听从。[10]燕已从，使喧言者[11]东告齐，齐必从风而服，虽有智者，亦不知为齐计矣。如是，则天下事皆可图也。兵固有先声[12]而后实者，此之谓也。”韩信曰：“善。”从其策，发使使燕，燕从风而靡[13]。乃遣使报汉，因请立张耳为赵王，以镇抚其国。汉王许之，乃立张耳为赵王。

能分辨清楚。这是将军的劣势了。我愚蠢，私下认为攻燕代齐的想法也是一种失策啊。所以善于用兵的人不拿自己的劣势去攻击别人的优势，而应该拿自己的优势去攻击别人的劣势。”韩信说：“那么该采取什么办法呢？”广武君回答说：“现在替将军着想，不如按兵不动，停止军事行动，安定赵国，抚恤阵亡将士的遗孤，百里地界以内，每日送来牛和酒，用来宴请将士和犒劳兵众，面向北边摆出从大路上去进攻燕国的架势，然后派遣辩士带着短短的一封信，把汉之长处显现在燕国面前，燕国必定不敢不听从。燕国顺从后，再派出说客往东去通告齐国，齐国必定会闻风而降服，即使有睿智的人，也不知道怎样替齐国出主意了。这样去做，就可以谋划夺取整个天下了。作战本来就有先虚张声势而后采取实际行动的，说的就是这种情况。”韩信说：“好。”听从了他的计策，派出使者出使燕国，燕国闻风而降。于是派遣使者去禀报汉王，并请求立张耳为赵王，来镇抚赵国。汉王答应了，就封张耳为赵王。

注释 1 仆:自谦之辞。 何若:如何,怎样。 2 权:权衡,商议。 3 委心:倾心。 归计:听从计策。 4 鄗(hào):鄗县,古地名,在今河北柏乡北。 5 不终朝:不到一个早晨。终朝,早晨。 6 辍(chuò):停止。 耒(lěi):古代的一种农具,形似木叉。 褕(yú)衣甘食:漂亮的衣服,甘甜的食物。褕,美。 倾:侧。 7 倦弊(bì):疲倦困乏。 顿:停顿,驻扎。 情见势屈:实情显现,优势削弱。 距:通“拒”。 8 燕齐:即燕国、齐国。 刘项:即刘邦、项羽。 权:秤锤,此指胜负各占的比重。 9 由:遵循,采取。 10 案甲:屯兵不动。案,通“按”。 镇:安定。 牛酒:牛和酒。古代用作馈赠、犒劳、祭祀的物品。 飨:宴请。 醳(yì)兵:以酒食犒劳士兵。 首:向,对着。 咫(zhǐ):八寸。 暴(pù):显现。 11 喧言者:辩士。喧,通“谖”,欺诈。 12 声:造出声势。 13 从风而靡:听到风声,立刻投降。靡,倒下。

楚数使奇兵渡河击赵,赵王耳、韩信往来救赵,因行定赵城邑,发兵诣汉。楚方急围汉王于荥阳,汉王南出,之宛、叶间,得黥布,走入成皋,楚又复急围之。[1]六月,汉王出成皋,东渡河,独与滕公俱,从张耳军修武[2]。至,宿传舍[3]。晨自称汉使,驰入赵壁。张耳、韩信未起,即其卧内上夺其印符,以麾召诸将,易置

楚王多次派出奇兵渡过黄河攻击赵地,赵王张耳、韩信往来救援,并在行军中平定赵地城邑,派出兵众前去支援汉王。楚王正在荥阳紧紧地包围汉王,汉王向南突围,到达宛、叶一带,得到了黥布,奔入成皋,楚王又重新把他紧紧包围。六月,汉王从成皋突围,往东渡过黄河,和滕公一道,前往驻在修武的张耳军。到了以后,先住在客馆里。第二天早晨,自称是汉王的使者,驰马进入赵王的营垒。张耳、韩信还没有起床,汉王就在他们的卧室内夺取了他们的印信和兵符,用指挥旗召集诸将领,对将领的

之。[4]信、耳起，乃知汉王来，大惊。汉王夺两人军，即令张耳备守赵地，拜韩信为相国，收赵兵未发者击齐。

职位进行了调整。韩信、张耳起床，才知道汉王来了，大为震惊。汉王夺了他们两人的军队，立即命令张耳驻防在赵地，委任韩信做相国，收集赵地还没有发往荥阳去的兵士攻击齐国。

注释　1 宛(yuān)：古地名，在今河南南阳。　叶(shè)：古地名，在今河南叶县西南。　黥布：即英布。　成皋：古地名，在今河南荥阳汜水镇西。　2 修武：古地名，在今河南获嘉。　3 传(zhuàn)舍：客馆。　4 上：指汉王。　麾：指挥作战用的旗子。　易置：调动官职。

信引兵东，未渡平原，闻汉王使郦食其已说下齐，韩信欲止。[1]范阳辩士蒯通[2]说信曰："将军受诏击齐，而汉独发间使[3]下齐，宁有诏止将军乎？何以得毋行也！且郦生一士，伏轼掉三寸之舌，下齐七十余城，将军将数万众，岁余乃下赵五十余城，为将数岁，反不如一竖儒之功乎？[4]"于是信然之，从其计，遂渡河。齐已听郦生，即留

韩信领兵向东行进，还没有渡过平原津，听说汉王派郦食其已经通过游说夺下了齐国，韩信就想停止前进。范阳地方的辩士蒯通游说韩信说："将军接受诏令攻击齐国，而汉王又单独派一个密使去夺下齐国，难道有诏令叫将军停止前进吗？为什么不前进呢？况且郦生只是一名士人，坐着车子鼓弄三寸不烂之舌，夺下了齐国七十多座城邑，将军统率几万兵众，一年多才攻下赵国五十多座城，担任将军好几年，反倒不如一个鄙贱儒生的功劳吗？"韩信认为他说得对，听从他的计策，就渡过黄河。齐王已经听从了郦食其的游说，就留下他一起纵情饮酒，撤除了防备汉军的工

纵酒,罢[5]备汉守御。信因袭齐历下军,遂至临菑。[6]齐王田广以郦生卖己,乃亨之,而走高密,使使之楚请救。[7]韩信已定临菑,遂东追广至高密西。楚亦使龙且[8]将,号称二十万,救齐。

事。韩信乘机袭击齐国历城周围的部队,并到达了临菑。齐王田广认为郦食其出卖了自己,就烹杀了他,而逃跑到了高密,派出使者到楚王处请求援救。韩信已经平定了临菑,往东追击田广到达高密城西面。楚王也派出龙且率领兵马,号称二十万人,前来援救齐国。

注释 1 平原:即平原津,在今山东平原南。 郦食其(yì jī):刘邦之谋士,说齐归汉。 2 蒯通:原名蒯彻,为避汉武帝刘彻讳而改,原为齐范阳(今山东梁山西北)人,楚汉之争时期有名的辩士。 3 间使:密使。 4 伏轼:伏在车前的横木上,此即指坐着车子。 掉:摇,鼓弄。 竖儒:鄙贱儒生。 5 罢:撤除。 6 历:地名,在今山东济南。 临菑:古地名,在今山东淄博东北临菑故城。 7 亨(pēng):“烹”之本字,古代的一种酷刑,把人煮死。 高密:地名,在今山东高密西南。 8 龙且(jū):项羽的将领。

齐王广、龙且并军与信战,未合[1]。人或说龙且曰:“汉兵远斗穷战[2],其锋不可当。齐、楚自居其地战,兵易败散。不如深壁[3],令齐王使其信臣招所亡城,亡城闻其王在,楚来救,必反汉。汉

齐王田广、龙且两军联合和韩信作战,还没有开始交战。有人游说龙且说:“汉兵远来穷极全力作战,它的锋芒不可以阻挡。齐、楚两国处在自己的土地上交战,士兵容易失败溃散。不如深沟高垒坚守不战,让齐王派他的可靠臣子去招集已经亡失的城邑,失亡城邑中的民众听说他们的国王还活着,楚王又前来援救,必定会反叛汉

兵二千里客居，齐城皆反之，其势无所得食，可无战而降也。”龙且曰：“吾平生知韩信为人，易与[4]耳。且夫救齐不战而降之，吾何功？今战而胜之，齐之半可得，何为止！”遂战，与信夹潍水[5]陈。韩信乃夜令人为万余囊，满盛沙，壅水上流，引军半渡，击龙且，详不胜，还走。[6]龙且果喜曰：“固知信怯也。”遂追信渡水。信使人决壅囊，水大至，龙且军大半不得渡，即急击，杀龙且。龙且水东军[7]散走，齐王广亡去。信遂追北至城阳，皆虏楚卒。[8]

王。汉兵行进两千里住在客地，齐国的城邑又都反叛，情势发展使他不可能得到粮食，可不交战就降服他。”龙且说：“我平生知道韩信的为人，他是容易对付的。再说来援救齐国不经过战斗就降服了他，我有什么功劳？如今交战并战胜了他，齐国的一半土地就可以得到了，为什么要停止战斗？”于是决定开战，和韩信夹着潍水摆开阵式。韩信在夜晚做了一万多条口袋，在当中满满地装上沙土，把潍水上游堵塞住，带领一半军队渡过潍水，攻击龙且，又假装打不赢，从原路败退。龙且果然高兴地说：“我原本就知道韩信胆怯。”就追击韩信渡过潍水。韩信派人去决开堵塞的沙袋，巨大的水流一下子就冲了下来，龙且的军队一大半不能渡过来，汉军急速攻击，杀死了龙且。龙且在潍水东岸的军队也溃散逃跑，齐王田广逃亡离去了。韩信就追击败退的士兵到达了城阳，把楚军的士卒全部俘获了。

注释　1 合：交战。　2 穷战：极尽全力攻战。　3 深壁：深沟高垒，坚守不战。　4 易与：容易对付。　5 潍水：水名，南北走向，源于山东莒县西北潍山，北至昌邑东北入海。　6 壅：堵塞。　详：通“佯”。　还走:从原路败回。 7 水东军:留在潍水东岸的军队。 8 追北:追赶败退的士兵。北,败退。 城阳:古地名,在今山东菏泽东北。

汉四年[1],遂皆降平齐。使人言汉王曰:"齐伪诈多变,反覆之国也,南边楚,不为假王以镇之,其势不定。[2]愿为假王便。"当是时,楚方急围汉王于荥阳,韩信使者至,发[3]书,汉王大怒,骂曰:"吾困于此,旦暮望若[4]来佐我,乃欲自立为王!"张良、陈平蹑[5]汉王足,因附耳语曰:"汉方不利,宁能禁信之王乎?不如因而立,善遇[6]之,使自为守。不然,变[7]生。"汉王亦悟,因复骂曰:"大丈夫定诸侯,即为真王耳,何以假为!"乃遣张良往立信为齐王,征其兵击楚。

汉四年,韩信平定了整个齐地。他派人向汉王上书说:"齐国狡诈多变,是个反复无常的国家,南面和楚国临近,不设一个代理王来镇抚,它的局势不会稳定。我希望做个代理齐王,这样做有利。"这时,楚王正紧紧在荥阳包围着汉王,韩信派的使者到达,汉王打开并读了上书,大为恼怒,骂着说:"我被困在这里,早晚盼望你来辅助我,你却竟然想自立为王!"张良、陈平踩汉王的脚,并附在汉王的耳边告诉说:"汉军正处在不利的境地,难道能禁止韩信做王吗?不如乘机就封他,礼遇他,让他自己镇守齐国。不这样做的话,会发生变故。"汉王也醒悟过来,因而再次骂着说:"大丈夫平定了诸侯,要做就做真王,何必做什么代理王!"就派遣张良前往封韩信做齐王,征集他的兵力来攻打楚王。

注释 1 汉四年:即公元前203年。 2 边:接近,临近。 假王:王的代理人。 3 发:打开。 4 若:指韩信。 5 蹑(niè):踩。 6 遇:对待。 7 变:变故,指背叛。

楚已亡龙且，项王恐，使盱眙[1]人武涉往说齐王信曰："天下共苦秦久矣，相与勠力[2]击秦。秦已破，计功割地，分土而王之，以休士卒。今汉王复兴兵而东，侵人之分，夺人之地，已破三秦，引兵出关，收诸侯之兵以东击楚，其意非尽吞天下者不休，其不知厌足如是甚也。[3]且汉王不可必，身居项王掌握中数矣，项王怜而活之，然得脱，辄倍约，复击项王，其不可亲信如此。[4]今足下虽自以与汉王为厚交，为之尽力用兵，终为之所禽[5]矣。足下所以得须臾[6]至今者，以项王尚存也。当今二王之事，权[7]在足下。足下右投则汉王胜，左投则项王胜。[8]项王今日亡，则次取足下。足下与项王有故，何不反汉与楚连和，参

楚军已丧失了龙且，项王恐惧，派盱眙人武涉前去游说齐王韩信说："天下人共同遭受秦朝暴虐的痛苦已经很久了，所以相互协力攻击秦王朝。秦王朝已被打败，计议功劳划割土地，分得国土后在那里称王，来休养士卒。如今汉王又发兵往东，侵犯别人的职分，抢夺人家的封地，已经攻破三秦地区，又领兵走出函谷关，收集各个诸侯的兵力往东攻击楚王，他的目的是不全部吞并天下就不罢休，他不知满足达到了如此严重的程度。而且汉王是不可信赖的人，曾经他有好多次被项王握在了手掌中，项王出于怜悯让他活了下来，然而他只要能逃脱，就违背约定，重新攻击项王，他是如此不可亲近信任！如今您虽然自认为和汉王有深厚交情，替他用尽全力带兵打仗，但最终是会被他所擒获的。您能够活到今天，是由于项王还存在。当今刘、项二王的事，轻重的关键全在于您。您投向右方，那么汉王就会获胜；投向左方，那么项王就会获胜。项王今日灭亡了，那么汉王下一个要解决的就是您。您和项王有旧交，为何不反叛汉王和

分[9]天下王之？今释此时，而自必于汉以击楚，且为智者固[10]若此乎！”韩信谢曰：“臣事项王，官不过郎中，位不过执戟，言不听，画不用，故倍楚而归汉。[11]汉王授我上将军印，予我数万众，解衣衣我，推食食我，言听计用，故吾得以至于此。[12]夫人[13]深亲信我，我倍之不祥，虽死不易。幸[14]为信谢项王！”

楚王联合，将天下三分而自己来称王？如今放弃这个时机，而自己坚决信赖汉王来攻击楚王，作为一个明智的人该这样做吗？”韩信辞谢说：“我侍奉项王，官职不过是个郎中，地位不过是个执戟的卫士，项王不听从我的意见，不采用我的计谋，所以我背叛楚国而归顺汉王。汉王授给我上将军的印绶，拨给我几万兵众，解下自己的衣裳给我穿，分出自己的食物给我吃，听从我的意见采用我的计谋，所以我能够到达今天这个地位。汉王亲近信任我，我背叛他不吉祥，即使是死也不改变。希望替我辞谢项王！”

注释　1 盱眙(xū yí)：古地名，在今江苏盱眙东北。　2 勠(lù)力：合力。有时亦写作“戮力”。　3 分：职分，职掌范围内。　厌：满足。　4 不可必：不值得信赖。必，确信。　数(shuò)：多次。　倍：通“背”，下同。　5 禽：通“擒”。　6 须臾：片刻。此指延缓、残喘之意。　7 权：秤锤，砝码。比喻决定轻重的关键。　8 右投：指依附刘邦。　左投：指依附项羽。古代地理方向以西为右，以东为左，西为刘邦，东为项羽故云。　9 参(sān)：同“三(叁)”。　10 固：本来。　11 执戟：此与上句“郎中”为互文，即指低级官吏。　画：谋划。　12 解衣衣(yī yì)我：脱下衣服给我穿。　推食食(shí sì)我：让出食物叫我吃。　13 夫人：那个人。夫，指示代词。　14 幸：希望。

武涉已去，齐人蒯通知天下权在韩信，欲为奇策而感动之，以相人[1]说韩信曰：“仆尝受相人之术。”韩信曰：“先生相人如何？”对曰：“贵贱在于骨法，忧喜在于容色，成败在于决断，以此参之，万不失一。[2]”韩信曰：“善。先生相寡人何如？”对曰：“愿少间[3]。”信曰：“左右去矣。”通曰：“相君之面，不过封侯，又危不安；相君之背，贵乃不可言。[4]”韩信曰：“何谓也？”蒯通曰：“天下初发难也，俊雄豪桀建号壹呼，天下之士云合雾集，鱼鳞杂遝，熛至风起。[5]当此之时，忧在亡秦而已。今楚汉分争，使天下无罪之人肝胆涂地，父子暴骸骨于中野，不可胜数。[6]楚人起彭城，转斗逐北，至于荥阳，乘利席卷，威震天下。

武涉已经离去，齐地人蒯通知道掌握天下轻重的关键的是韩信，想找出一种奇妙的计策来感动他，就用给人看相的手法游说韩信说：“我曾经学习过给人看相的技艺。”韩信说：“先生给人看相怎么样？”蒯通回答说：“一个人的高贵卑贱在于骨骼，忧愁喜悦在于面色，成功失败在于决断，综合这三项给人看相，万无一失。”韩信说：“好。先生看我的相怎么样？”蒯通回答说：“希望其他人暂时回避一下。”韩信说：“左右的人员离去吧。”蒯通说：“看您的面相，不超过封侯，而且还有危险而不安全；看您的背相，高贵得不可言状。”韩信说：“怎么讲？”蒯通说：“天下刚开始向秦朝发难的时候，英雄豪杰建立名号一起呼应，天下的各种人士像云雾一样聚合起来，如同鱼鳞般又多又杂，火焰迸发，狂风骤起。这时，大家的忧虑只不过在于灭亡秦朝罢了。如今楚汉纷争，让天下没有罪过的人肝胆涂地，父子尸骨暴晒在旷野之中的情况，数也数不清。楚地人从彭城起兵，辗转战斗，追逐败兵，到达了荥阳，乘着胜利席卷而来，声威震动天

然兵困于京、索之间，迫西山[7]而不能进者，三年于此矣。汉王将数十万之众，距巩、雒，阻山河之险，一日数战，无尺寸之功，折北不救，败荥阳，伤成皋，遂走宛、叶之间，此所谓智勇俱困者也。[8]夫锐气挫于险塞，而粮食竭于内府，百姓罢极怨望，容容无所倚。[9]以臣料之，其势非天下之贤圣固不能息天下之祸。当今两主之命县[10]于足下。足下为汉则汉胜，与楚则楚胜。臣愿披腹心，输肝胆，效愚计，恐足下不能用也。[11]诚能听臣之计，莫若两利而俱存之，参分天下，鼎足而居，其势莫敢先动。[12]夫以足下之贤圣，有甲兵之众，据强齐，从燕、赵，出空虚之地而制其后，因民之欲，西乡为百姓请命，则天下风走而响应矣，孰敢不听！[13]割大弱

下。然而军队困在京、索一带，被西山所迫不能再前进，这样已经三年了。汉王统率几十万兵众，在巩县、雒阳抵御，凭着山河的险要，一日进行几场战斗，也没有尺寸的功劳，受挫败逃不能自救，在荥阳失败，在成皋受伤，于是逃跑到宛、叶之间，这就是所说的智慧和勇敢的人都一起受困顿了。让锐气在险塞面前受挫折，而仓库里的粮食也耗尽了，百姓们疲倦已极满怀怨恨，动荡不安无所依靠。凭我的预测，这样的形势，不是天下的贤圣人物，根本就不能平息天下的祸乱。当今这两位君主的命运悬在您的手里。您帮助汉王，那么汉王就胜利；和楚王结盟，那么楚王就胜利。我愿意披露腹心，献出肝胆，进献愚昧的计策，只恐怕您不会采用。您果真能听从我的计策，莫不如让两方都有利，使他们一齐保存下来，三分天下，鼎足而立，在这种形势下谁也不敢先动手。凭借您的贤圣，拥有众多的甲兵，占据强大的齐国，迫使燕、赵屈从，出兵到达刘、项双方之间的空虚地带并控制他们的后方，顺应民众的意愿，

强[14],以立诸侯,诸侯已立,天下服听而归德于齐。案齐之故,有胶、泗之地,怀诸侯以德,深拱揖让,则天下之君王相率而朝于齐矣。[15]盖闻天与弗取,反受其咎;时至不行,反受其殃。愿足下孰[16]虑之。”

向西替百姓请求保全性命,那么天下就会群起响应了,谁敢不听从!分割大的而削弱强的,用以分封诸侯,诸侯建立起来以后,天下就会顺服听命而把恩德归属给齐国。安抚齐国的故地,占有胶河和泗水流域,用恩德去怀柔诸侯,恭敬谦让,那么天下的君王就会相继而来朝拜齐国了。听说上天赐予而不收取,反而会受到惩罚;时机到来而不行动,反而会遭受祸殃。希望您仔细地考虑这件事。”

注释 1 相人:给人看相。 2 骨法:人体骨骼特征。 容色:面容,气色。 参:参酌。 3 愿少间:希望暂时回避一下,即屏退左右。间,空隙。 4 面:双关语,本为面部,暗指面向刘邦。 背:亦双关语,本为背部,暗指背叛刘邦。 5 建号壹呼:建立名号,一起呼应。 杂遝(tà):众多而杂乱。遝,通“沓”。 熛(biāo):迸发的火焰。 6 涂:稀泥,引申为涂抹。 暴(pù):晒。 中野:原野之中。 7 西山:泛指京、索西南的山地。 8 距:通“拒”,抵御,抵抗。 巩:古地名,在今河南巩义西南。 雒(luò):古地名,在今河南洛阳东北。汉尚火德,忌水,遂改东都洛阳为雒阳,三国以后复改为洛阳。 河:黄河。 折北不救:受挫折败逃不能自救。 智勇俱困:指刘邦、项羽两败俱伤。智,指刘邦。勇,指项羽。 9 内府:仓库。 容容:动荡不安的样子。 倚:凭恃,依靠。 10 县:同“悬”。 11 披:披露。 输:献出。 12 参:即“三(叁)”字。 鼎足:鼎有三条腿,即指三分天下。 13 西乡:指向西去制止楚、汉分争。乡,通“向”。 响应:像回音一样响应。响,回音。 14 割大弱强:分割大的、削弱强的诸侯国。 15 案:通“安”,安定,安抚。 故:旧有的。 胶、泗之地:胶河和泗水两河流域,泛指今山东一带。 怀:怀柔。 深拱揖让:

从容有礼，诚挚谦让。 **16** 孰："熟"的古字，仔细，周详。

韩信曰："汉王遇我甚厚，载我以其车，衣我以其衣，食我以其食。吾闻之，乘人之车者载人之患，衣人之衣者怀人之忧，食人之食者死人[1]之事，吾岂可以乡利倍义乎！"蒯生曰："足下自以为善汉王，欲建万世之业，臣窃以为误矣。始常山王、成安君为布衣时，相与为刎颈之交，后争张黡、陈泽之事，二人相怨。[2]常山王背项王，奉项婴[3]头而窜逃，归于汉王。汉王借兵而东下，杀成安君泜水之南，头足异处，卒为天下笑。此二人相与，天下至欢也。[4]然而卒相禽者，何也？患生于多欲而人心难测也。今足下欲行忠信以交于汉王，必不

韩信说："汉王对待我特别优厚，把他的车子给我坐，把他的衣服给我穿，把他的食物给我吃。我听说，坐了人家车子的要承担人家的患难，穿了人家衣服的要想着人家的忧虑，吃了人家食物的要为人家的事业去死，我难道可以图谋私利而背弃恩义吗？"蒯通说："您自己认为和汉王友好，想要建立流传万世的功业，我私下认为是错了。当初常山王、成安君都还是平民的时候，相互发誓要建立即使割断脖子也不反悔的生死交情，后来因为张黡和陈泽被杀的事发生争执，两人结怨。常山王背弃项王，捧着项婴的头逃窜，归顺到汉王名下。汉王借给他兵力向东进发，在泜水南岸杀死了成安君，使成安君头足分离，最终为天下人耻笑。这两个人结交，算是天下最要好的朋友，然而最终互相擒杀，是为什么呢？祸患产生于欲望多，且人心是很难预测的。如今您想通过奉行忠贞诚信来结交汉王，一定不可能比常山王、成安君的交情还要牢固，但所做的事大多比张黡、陈泽的事要大。所以我认为您

能固于二君之相与也，而事多大于张黡、陈泽。故臣以为足下必汉王之不危己，亦误矣。大夫种、范蠡存亡越，霸句践，立功成名而身死亡。[5]野兽已尽而猎狗亨[6]。夫以交友言之，则不如张耳之与成安君者也；以忠信言之，则不过大夫种、范蠡之于句践也。此二人者，足以观矣。愿足下深虑之。且臣闻勇略震主者身危，而功盖天下者不赏。臣请言大王功略：足下涉西河，虏魏王，禽夏说，引兵下井陉，诛成安君，徇赵，胁燕，定齐，南摧楚人之兵二十万，东杀龙且，西乡以报，此所谓功无二于天下，而略不世出[7]者也。今足下戴[8]震主之威，挟不赏之功，归楚，楚人不信；归汉，汉人震恐：足下欲持是安归乎？夫势在人臣之位而有震主之威，名高天

觉得汉王一定不会危害自己，也是错的。大夫种、范蠡使将要灭亡的越国保存了下来，使勾践称了霸，立了功，成了名，但却被杀或逃亡。野兽已经捕尽，那么猎狗就要被烹杀。如果按结交朋友来评说，那是不如张耳对于成安君；按忠贞诚信来评说，那是超不过大夫种、范蠡对于勾践。成安君、文种这两个人，很值得您借鉴。希望您深加考虑。况且我听说勇敢谋略震主的人自身很危险，而功劳业绩盖过了天下的人得不到奖赏。请允许我说说大王的功劳谋略：您渡过西河，俘虏了魏王，擒获了夏说，领着兵往东攻占了井陉，诛杀了成安君，略取了赵地，胁迫燕国顺从，平定了齐国，往南打败了楚军二十万人，又去东边杀死了龙且，再回到西边呈报战绩，这就是所说的功劳之大在天下再没有第二人，而谋略之高在当代不可能再出现。如今您拥有震主的威名，拥有不可奖赏的功绩，归附楚，楚人不相信；归附汉，汉人感到震惊恐惧：您想秉持着这些归附到哪里去呢？再说，从形势上看，处在做臣子的地位却有震主

下，窃为足下危之。”韩信谢曰：“先生且休矣，吾将念[9]之。”

的威权，名声比天下的人都高，我私下替您感到危惧。”韩信辞谢说：“先生暂且说到这里吧，我将考虑考虑。”

注释 1 死人：为人而死。 2 常山王：即张耳，曾被项王封为常山王。 刎颈之交：即使割断脖子也不反悔的生死交情。 张黡(yǎn)、陈泽之事：反秦起义后，张耳、陈余共同辅助赵歇为赵王。后张耳被秦将所围，陈余不敢救，张耳派其部将张黡、陈泽出城责陈余，陈余派五千人随此二人击秦军，结果全军覆没，张、陈二将被杀。张耳、陈余二人因此结仇。 3 项婴：项羽派到张耳处的使者。 4 相与：结交。 至欢：最要好的朋友。 5 霸句践：使勾践称霸。 死亡：杀死或逃亡。 6 亨：“烹”之本字。 7 略不世出：谋略非常高，在世上不会再出现。 8 戴：拥有……名声。 9 念：考虑。

后数日，蒯通复说曰：“夫听者事之候也，计者事之机也，听过计失而能久安者，鲜矣。[1]听不失一二者，不可乱以言；[2]计不失本末者，不可纷以辞。[3]夫随厮养之役者，失万乘之权；[4]守儋石之禄者，阙卿相之位。[5]故知者决之断也，疑者事之害也，审豪氂之小计，

过了几天，蒯通再次游说说：“听取意见就能了解事物发展变化的征候，计虑思考就能把握事情成败的时机，听取的意见有错误，计虑思考有失误，而能长久安全的，是很少的。听取意见一点儿也不失误的人，不可能用话语去迷惑他；计谋考虑周到全面的人，不可能用言辞去干扰他。要是安心做下贱差役的人，会失去当君王的权势；死守微薄俸禄的人，会失去卿相的高位。所以智慧可以使决定时果断，疑惑就是办事情的祸害，计较毫厘的小得失，丢弃了天下的大

遗天下之大数，智诚知之，决弗敢行者，百事之祸也。[6] 故曰‘猛虎之犹豫，不若蜂虿之致螫；[7] 骐骥之跼躅，不如驽马之安步；[8] 孟贲 [9] 之狐疑，不如庸夫之必至也；虽有舜禹之智，吟而不言，不如瘖聋之指麾也 [10]’。此言贵能行之。夫功者难成而易败，时者难得而易失也。‘时乎时，不再来。’愿足下详察之。”韩信犹豫不忍倍汉，又自以为功多，汉终不夺我齐，遂谢蒯通。[11] 蒯通说不听，已详 [12] 狂为巫。

事业，智谋上确实知道该怎么做，决定了却不敢付诸行动，是办一切事情的祸根。所以说‘猛虎要是犹豫不决，就不如黄蜂蝎子一类毒虫用毒刺刺人那样厉害；骐骥这样的良马徘徊不前，就不如劣马稳步行动那样有所前进；勇士孟贲狐疑不定，就不如庸夫实干那样一定能够达到目的；即使有虞舜夏禹一样的智谋，却闭口不说话，就不如哑巴聋子用手势比划那样能够表述’。这是说能够实行才是可贵的。事功很难成就却容易失败，时机很难得到却容易丢失。‘时机啊时机，不会再来。’希望您详细审察。”韩信犹豫迟疑，既不忍心背叛汉王，又自认为功劳很多，汉王最终不会夺取自己的齐国，就辞谢了蒯通。蒯通见游说的意见不被采纳，随后就假装疯癫去做了巫师。

注释　**1** 听：听取意见。　候：指事物变化发展的征候。　计：计虑思考。　机：指把握事情成败的时机。　鲜：少。　**2** 不失一二：一点儿也不失误。　乱：混乱，迷惑。　**3** 不失本末：周到，全面。　纷：纷扰。　**4** 随：顺适，安心。　厮养之役：下贱的差役。厮，砍柴。养，养马。　万乘之权：即当君王的权势。　**5** 儋石(dàn，旧读 shí)之禄：微薄的俸禄。儋，“担”的古字。石，古代重量单位，一百二十斤为一石。　阙：同“缺”，失去。　**6** 知：同“智”。　审：详察，计较。　豪氂：通“毫厘”。　大数：大计，大事。

7 虿(chài):蝎子一类的毒虫。 致螫(zhē,又读 shì):用毒刺刺人。螫,毒刺。 8 骐骥:良马。 跼躅(jú zhú):徘徊不前的样子。 驽马:劣马。 安步:稳步行走。 9 孟贲(bēn):古代勇士名。 10 吟(jìn):通"噤",闭口。 瘖(yīn):哑巴。 指麾:用手势比划。麾,同"挥"。 11 倍:通"背"。 谢:谢绝。 12 详:通"佯"。

汉王之困固陵,用张良计,召齐王信,遂将兵会垓下。[1]项羽已破,高祖袭夺齐王军。[2]汉五年正月,徙齐王信为楚王,都下邳。[3]

信至国[4],召所从食漂母,赐千金。及下乡南昌亭长,赐百钱,曰:"公,小人也,为德不卒[5]。"召辱己之少年令出胯下者以为楚中尉[6]。告诸将相曰:"此壮士也。方辱我时,我宁不能杀之邪?杀之无名[7],故忍而就于此。"

汉王被困在固陵,采用张良的计策,召唤齐王韩信,韩信就统领军队到垓下会师。项羽被打败,高祖出其不意地夺取了齐王的军权。汉五年正月,改封齐王韩信做楚王,建都在下邳。

韩信到了国都,召来曾经分给他饭吃的漂洗丝絮的老太太,赐给她一千斤黄金。等到召来下乡南昌亭亭长,赐给他一百钱,说:"您是位小人,做好事不能有始有终。"召来曾经侮辱过他让他从其两腿间爬过去的那位年轻人,任命他做楚国的中尉。他告诉各位将相说:"这是一位壮士。当初侮辱我的时候,我难道不能杀了他吗?杀了他没有意义,所以一直忍耐下来才达到今天的地位。"

注释 1 固陵:古地名,在今河南太康南。 垓(gāi)下:古地名,在今安徽固镇东北沱河南岸。 2 袭夺:出其不意地夺取。 军:此指军权。 3 汉五年:即公元前 202 年。 下邳:古地名,在今江苏睢宁北。 4 国:

指都城，即下邳。 5 为德不卒：做好事不能始终坚持。 6 中尉：官职名，掌管巡城捕盗。 7 无名：没有意义。

项王亡将钟离眛家在伊庐，素与信善。[1]项王死后，亡归信。汉王怨眛，闻其在楚，诏楚捕眛。信初之国，行县邑[2]，陈兵出入。汉六年，人有上书告楚王信反。高帝以陈平计，天子巡狩会诸侯，南方有云梦，发使告诸侯会陈[3]："吾将游云梦。"实欲袭信，信弗知。高祖且至楚，信欲发兵反，自度无罪，欲谒上，恐见禽。[4]人或说信曰："斩眛谒上，上必喜，无患。"信见眛计事。眛曰："汉所以不击取楚，以眛在公所。若欲捕我以自媚于汉，吾今日死，公亦随手亡矣。"乃骂信曰："公非长者[5]！"卒自刭。信持其首，谒高祖于陈。上令武士

项王的逃亡将领钟离眛的家在伊庐，一向和韩信友善。项王死了以后，他逃亡到韩信这里。汉王怨恨钟离眛，听说他在楚国，就诏令楚国捕捉钟离眛。韩信刚刚到达楚国，巡行视察下属各地，进进出出都陈列兵众。汉六年，有人上书告发楚王韩信谋反。高帝采纳陈平的计策，天子巡行视察的时候要会见诸侯，南方有个云梦泽，派出使者去告知诸侯到陈县聚会："我将要游览云梦泽。"实际是想出其不意地拘捕韩信，韩信不知道。高祖将要到达楚国，韩信想要发动军队反叛，自己估计并没有罪过，想要进见皇上，又恐怕被擒获。有人劝告韩信说："杀了钟离眛去进见皇上，皇上一定喜欢，不会有祸患。"韩信会见钟离眛商议这件事。钟离眛说："汉王之所以不来攻击夺取楚国，是因为我钟离眛在您这里。您想逮捕我去向汉王献媚，我今日死去，您也会随后灭亡的！"就骂韩信说："您不是一个德行高尚的人！"于是自刎身亡。

缚信,载后车[6]。信曰:"果若人言,'狡兔死,良狗亨;高鸟尽,良弓藏;敌国破,谋臣亡。'天下已定,我固当亨!"上曰:"人告公反。"遂械系[7]信。至雒阳,赦信罪,以为淮阴侯。

韩信带着他的首级,在陈县拜见高祖。皇上命令武士捆缚韩信,押在随行的副车上面。韩信说:"果然像人们所说,'狡兔死绝,良犬被烹;高鸟已尽,良弓收藏;敌国攻破,谋臣必亡'。天下已经平定,我是应当被烹杀!"皇上说:"有人告发您谋反。"就用刑具锁绑韩信。到了雒阳,皇上赦免韩信的罪过,改封他做淮阴侯。

注释 1 钟离眜(mò):项羽手下之名将,曾数困刘邦,垓下之战后改名潜逃。 伊庐:古地名,在今江苏灌云东北。 2 行县邑:巡行视察下属各地。 3 云梦:即云梦泽,在今洪湖、洞庭湖一带。 陈:即陈县,在今河南淮阳。 4 度(duó):考虑。 见:被。 禽:通"擒"。 5 长者:德行高尚的人。 6 后车:跟随皇帝出行的副车。 7 械系:用刑具锁绑。

信知汉王畏恶其能,常称病不朝从[1]。信由此日夜怨望,居常鞅鞅,羞与绛、灌等列。[2]信尝过[3]樊将军哙,哙跪拜送迎,言称臣,曰:"大王乃肯临[4]臣!"信出门,笑曰:"生乃与哙等为伍![5]"上常从容与信言诸将能不,各有差。[6]上

韩信知道汉王害怕并嫉妒他的才能,常常称说有病不参加朝会和随行侍从。韩信从此日夜怨恨,在家里常常闷闷不乐,认为和绛侯周勃、颍阴侯灌婴等人处在相同的地位是一种耻辱。韩信曾经探望过樊哙将军,樊哙跪拜着迎送,语言上称自己是臣子,说:"大王竟肯光临我臣子家中!"韩信出门后,笑着说:"一生竟和樊哙这般人为伍了!"皇上曾经闲暇无事时和韩信谈论各位将领的才能高下,认为互

问曰:“如我能将几何?”信曰:“陛下不过能将十万。”上曰:“于君何如?”曰:“臣多多而益善耳。”上笑曰:“多多益善,何为为我禽?”信曰:“陛下不能将兵,而善将将,此乃信之所以为陛下禽也。且陛下所谓天授,非人力也。”

相间有差别。皇上询问说:“像我能够统率多少人?”韩信说:“陛下只不过能够统率十万人。”皇上说:“那么你怎么样呢?”韩信说:“我是多多益善。”皇上笑着说:“既然多多益善,为什么又被我擒获呢?”韩信说:“陛下不能统率兵众,却能统率将领,这就是我韩信被陛下擒获的原因。而且陛下的才能是上天所授,不光是人自身力量决定的。”

注释 1 朝从:参加朝会和随行侍从。 2 鞅鞅:不高兴、不满意的样子。鞅,通“怏”。 羞:以……为耻。 绛:指绛侯周勃。 灌:指颍阴侯灌婴。 3 过:访,探望。 4 临:居高位而视下臣。 5 生:活着,一生。 乃:竟。 为伍:同列,共事。 6 常:通“尝”,曾经。 从容:闲暇无事。 不(fǒu):同“否”。 差:差别。

陈豨[1]拜为钜鹿守,辞于淮阴侯。淮阴侯挈其手,辟左右与之步于庭,[2]仰天叹曰:“子可与言乎?欲与子有言也。”豨曰:“唯将军令之。”淮阴侯曰:“公之所居,天下精兵处也;而公,陛下之信幸臣也。人言公之畔[3],陛下必不信;

陈豨被任命做钜鹿郡郡守,去向淮阴侯告辞。淮阴侯拉着他的手,避开左右侍从和他在庭院漫步,仰头朝天叹息说:“可以同你说些私话吗?有私话想跟你说。”陈豨说:“一切听从将军吩咐。”淮阴侯说:“你去驻守的地方,是天下精兵所处的地区;而你,又是陛下宠幸的大臣。有人来报告说你反叛,陛下一定不会相信;再来报告,陛下就会怀疑了;

再至，陛下乃疑矣；三至，必怒而自将。吾为公从中起[4]，天下可图也。”陈豨素知其能也，信之，曰：“谨奉教！”汉十年[5]，陈豨果反。上自将而往，信病不从。阴使人至豨所，曰：“弟[6]举兵，吾从此助公。”信乃谋与家臣夜诈诏赦诸官徒奴，欲发以袭吕后、太子。[7]部署已定，待豨报。其舍人得罪于信，信囚，欲杀之。舍人弟上变[8]，告信欲反状于吕后。吕后欲召，恐其党不就，乃与萧相国谋，诈令人从上所来，言豨已得死，列侯群臣皆贺。[9]相国给信曰：“虽疾，强入贺。”[10]信入，吕后使武士缚信，斩之长乐钟室[11]。信方斩，曰：“吾悔不用蒯通之计，乃为儿女子[12]所诈，岂非天哉！”遂夷[13]信三族。

第三次来报告，陛下必定会发怒并自己统兵前去平定。我替你从京城起事，天下可以图谋夺取了。”陈豨一向了解韩信的才能，相信他，说：“谨遵您的教导！”汉十年，陈豨果真反叛。皇上亲自统兵前往平定，韩信称说有病不随从。暗中派人到陈豨的驻地，说：“只管起兵，我从这里帮助你。”韩信就谋划和家臣们在夜晚谎称有诏书赦免在各个官署服役的罪犯和奴隶，想发动他们去袭击吕后、太子。部署停当，只等着陈豨的消息。他的一名家臣得罪了韩信，韩信把他囚禁起来，想杀了他。家臣的弟弟上书说有变乱发生，向吕后告发韩信想要反叛的情状。吕后想召唤韩信，怕他倘若不就范会坏事，就和相国萧何商量，让人假说从皇上那儿来，说陈豨已经获罪处死，列侯群臣都来祝贺。相国欺骗韩信说：“即使生病，也要强打精神进宫祝贺。”韩信进宫，吕后派武士把韩信捆绑起来，在长乐宫的钟室把他斩杀了。韩信被斩时，说：“我后悔不采纳蒯通的计谋，才被这小女人所欺骗，这难道不是天意吗？”于是诛灭了韩信的三族。

注释 1 陈豨:梁人,初从刘邦封列侯,为将军,后反叛被斩。详见《韩信卢绾列传》。 2 挈(qiè):携,拉着。 辟:通“避”。 3 畔:通“叛”。 4 从中起:从京城起事。 5 汉十年:即公元前197年。 6 弟:但,只管。 7 诸官徒奴:各官府里服苦役的罪犯和奴隶。 太子:即刘邦的儿子刘盈,后来的汉惠帝,为吕后吕雉所生。 8 上变:上书告发欲变之事。 9 党:通“倘”,倘若,万一。 已得死:捕获并且已经死了。 10 绐(dài):欺骗。 虽:即使。 强:勉强。 11 钟室:悬钟之室。 12 儿女子:小妇女。此指吕后。 13 夷:诛灭。

高祖已从豨军来,至,见信死,且喜且怜之,问:“信死亦何言?”吕后曰:“信言恨不用蒯通计。”高祖曰:“是齐辩士也。”乃诏齐捕蒯通。蒯通至,上曰:“若教淮阴侯反乎?”对曰:“然,臣固教之。竖子不用臣之策,故令自夷于此。如彼竖子用臣之计,陛下安得而夷之乎!”上怒曰:“亨之。”通曰:“嗟乎,冤哉亨也!”上曰:“若教韩信反,何冤?”对曰:“秦之纲绝而维弛,山东大扰,异姓并起,英俊乌集。[1]秦失

高祖已经从平定陈豨军队的前线回来,到了京城,看到韩信死去,又高兴又怜悯,问道:“韩信死前说过什么话吗?”吕后说:“韩信说悔恨不采纳蒯通的计谋。”高祖说:“这是位齐国的辩士。”就下诏齐国捕捉蒯通。蒯通到了,皇上说:“是您教唆淮阴侯谋反吗?”蒯通回答说:“是,我确实教导过他。这小子不采纳我的计策,所以自己被诛灭在这里。如果那小子采纳我的计策,陛下怎么能够把他杀了呢?”皇上发怒说:“我要烹杀了你。”蒯通说:“唉呀,冤枉啊被烹杀!”皇上说:“你教唆韩信谋反,有什么冤枉?”蒯通回答说:“秦朝的政权崩溃而法度废弛,崤山以东地区大乱,异姓诸侯同时崛起,英雄豪俊像乌鸦一样飞集。

其鹿[2],天下共逐之,于是高材疾足者先得焉。跖[3]之狗吠尧,尧非不仁,狗因吠非其主。当是时,臣唯独知韩信,非知陛下也。且天下锐精持锋欲为陛下所为者甚众,顾力不能耳。[4]又可尽亨之邪?”高帝曰:“置之。”乃释通之罪。

秦王朝失去了政权,天下人共同来争夺它,于是才智高强行动快捷的人率先得到了它。盗跖的狗狂吠帝尧,帝尧并非是不仁德,狗对着帝尧狂吠是由于帝尧不是它的主人。那时,我只知道有个韩信,并不知道有陛下。况且天下磨快武器拿着利剑想做陛下所做的事的人很多,只是他们的力量不能达到而已。又能把他们都烹杀了吗?”高帝说:“饶了他。”于是就免除了蒯通的罪过。

注释 1 纲绝而维弛:政权崩溃而法度废弛。纲,网上的大绳。维,系物的大绳。纲、维在此引申为政权、法度、纲纪等。 乌集:如乌鸦之飞集。 2 鹿:常用以比喻政权。 3 跖(zhí):相传为柳下惠之弟,故又名“柳下跖”,春秋时奴隶起义的领袖,被统治者诬为“盗跖”。 4 锐精持锋:磨快武器,拿着利剑。 顾:但,不过。

太史公曰:吾如[1]淮阴,淮阴人为余言,韩信虽为布衣时,其志与众异。其母死,贫无以葬,然乃行营[2]高敞地,令其旁可置万家。余视其母冢,良然[3]。假令韩信学道谦让,不伐己功,不矜

太史公说:我到淮阴,淮阴的人们对我说,韩信是平民的时候,他的志向就和别人不一样。他母亲死了,家中贫困无法安葬,他却四处寻找地势高而宽敞的墓地,让墓地的旁边可以安置万户人家。我去看了他母亲的坟地,的确是这样。假若让韩信学习道家功成身退的谦让精神,不夸耀自己的功劳,不显示自己的才能,

其能，则庶几哉，于汉家勋可以比周、召、太公之徒，后世血食矣。[4]不务出此，而天下已集，乃谋畔逆，夷灭宗族，不亦宜乎！[5]

那他就是贤者了，对于汉家朝廷，他的功勋可以和周公、召公、太公一班人相比拟，享受后代子孙杀牲的祭祀了。不用心在这方面下功夫，而在天下已经安定的时候，反而图谋叛逆，结果使宗族被诛灭，不是罪有应得吗？

注释　1 如：到，往。 2 行营：寻找，谋求。 3 良然：的确是这样。良，的确。 4 学道谦让：学习道家功成身退的谦让精神。 伐：夸耀，与下文"矜"同义。 庶几：指贤者。 周：周公姬旦。 召：召公姬奭。 太公：姜太公姜尚。 血食：享受后代子孙的祭祀。 5 务：致力于。 集：安定，和睦。

史记卷九十三

韩信卢绾列传第三十三

原文

韩王信者，故韩襄王孽孙也，长八尺五寸。[1]及项梁之立楚后怀王也，燕、齐、赵、魏皆已前王，唯韩无有后，故立韩诸公子横阳君成为韩王，欲以抚定韩故地。[2]项梁败死定陶[3]，成奔怀王。沛公引兵击阳城，使张良以韩司徒降下韩故地，得信，以为韩将，将其兵从沛公入武关。[4]

译文

韩王韩信，是原来韩襄王的庶孙，身高八尺五寸。到项梁拥立原楚王后代做怀王的时候，燕、齐、赵、魏各国在此以前都已经立了王，只有韩国国君没有嫡系后代，所以，分封韩国国君庶系公子横阳君成做韩王，想依靠他安抚百姓，占有原韩国的土地。项梁在定陶失败而死，韩成逃奔楚怀王。沛公带兵攻打阳城，派张良以韩国司徒的身份去降服韩国故地，得到了韩信，便任命他为韩国将军，带领他的部下跟随沛公进入武关。

注释　**1** 韩襄王：战国时韩国国君，姓韩名仓。　孽孙：非正妻所生庶子之子。　**2** 项梁：楚贵族后代，秦末，与其侄项羽在吴(今江苏苏州)

率众起义。 楚后怀王：项梁拥立战国楚怀王的孙子熊心为王，仍称怀王。 横阳君成：指韩成，因其曾被封为横阳君，故称。 抚定：安抚，占有。 韩故地：指今河南中部登封、郑州一带。 **3** 定陶：秦县名，在今山东菏泽定陶区西北。 **4** 沛公：刘邦在沛县（今江苏沛县）起兵反秦，其部下尊称他为沛公。 阳城：秦县名，在今河南方城东，一说在今河南登封东南。 张良：字子房，韩国贵族后代，韩亡于秦后，聚众反秦，后归附刘邦，成为重要谋臣。 司徒：官职名，掌管土地、户籍及赋役。 武关：关隘名，在今陕西商南东南。

沛公立为汉王，韩信从入汉中[1]，乃说汉王曰："项王王诸将近地，而王独远居此，此左迁也。[2]士卒皆山东人，跂而望归，及其锋东乡，可以争天下。[3]"汉王还定三秦，乃许信为韩王，先拜信为韩太尉，将兵略韩地。[4]

沛公被封为汉王，韩信跟着进入汉中，便游说汉王说："项王在近地分封了诸侯王，而您独居远地，这其实是降职呢。手下士兵都是崤山以东地区的人，踮起脚跟盼望回家，趁着士气高昂的机会，率领他们向东征伐，就能够夺取天下。"汉王回军平定了三秦地区，便许诺让韩信做韩王，先任命韩信做韩国太尉，率领兵马夺取韩国故地。

注释 **1** 汉中：秦时为郡，辖今陕西秦岭以南及湖北西北地区，首府南郑（今陕西汉中）。 **2** 王（wàng）：封……为王。 左迁：即降职。秦代尚左，故陈胜尚右，高祖亦以右为上。迁，徙官。 **3** 跂（qǐ）：踮起脚跟。 乡：通"向"。 **4** 三秦：项羽灭秦之后，将原秦朝关中地一分为三，并封秦降将章邯等三人为王，史称其地为"三秦"。 太尉：官职名，掌管全国军事。

项籍之封诸王皆就国，韩王成以不从无功，不遣就国，更以为列侯。[1]及闻汉遣韩信略韩地，乃令故项籍游吴时吴令郑昌为韩王以距汉。[2]汉二年[3]，韩信略定韩十余城。汉王至河南，韩信急击韩王昌阳城。昌降，汉王乃立韩信为韩王，常将韩兵从。三年，汉王出荥阳，韩王信、周苛等守荥阳。及楚败荥阳，信降楚，已而[4]得亡，复归汉，汉复立以为韩王，竟从击破项籍，天下定。五年春，遂与剖符为韩王，王颍川。[5]

项籍分封的诸侯王都到封国就职，因为韩王成不跟随项王，没有战功，项籍不让他到韩国就职，改封他为列侯。项籍听说汉王派韩信去夺取韩国土地，便让先前游历吴地时候的吴县县令郑昌做韩王来抵御汉军。汉二年，韩信攻占十多座韩国城邑。汉王到达河南，韩信在阳城向韩王郑昌发动猛攻。郑昌投降，汉王便立韩信做韩王，韩信经常率领韩军跟随汉王。三年，汉王离开荥阳城，韩王信、周苛等守卫荥阳。当楚军攻占荥阳城时，韩王信投降了楚军，不久得以逃出，重新归附汉王，汉王仍封他为韩王，最终一直跟随汉王打败项籍，平定了天下。五年春，汉王便和韩王信剖分符信封他做韩王，封地在颍川。

注释　**1** 就国：赴封国就任王职。　列侯：秦时爵位分为二十等，最高为列侯。汉继之。　**2** 吴令：吴县县令。　距：通“拒”。　**3** 汉二年：即公元前205年。　**4** 已而：不久。　**5** 剖符：分封诸侯时剖分符信以为凭证。　颍川：汉置郡名，其治所在阳翟，即今河南禹州。

明年春，上以韩信材武，所王北近巩、洛，南迫宛、叶，东有淮阳，皆天下劲兵处，乃诏徙韩王信王太原以北，备御胡，都晋阳。[1]信上书曰："国被边[2]，匈奴数入，晋阳去塞远，请治马邑。"上许之，信乃徙治马邑。秋，匈奴冒顿[3]大围信，信数使使胡求和解。汉发兵救之，疑信数间使，有二心，使人责让信。[4]信恐诛，因与匈奴约共攻汉，反，以马邑降胡，击太原。

第二年春天，皇上认为韩王信有勇有谋，给他的封地北近巩县、洛阳，南逼宛县、叶县，东边又是淮阳，都是天下精兵驻守之处，于是诏令韩王信以太原以北为封地，防御胡人，建都在晋阳。韩王信上书说："韩国国土紧靠边境地区，匈奴人多次入侵，晋阳离边境过远，请准许建都马邑。"皇上准许了，韩王信便迁都马邑。秋天，匈奴冒顿单于重兵包围韩王信，韩王信多次派使者出使匈奴谋求和平解决。汉朝廷派兵援救，怀疑韩王信多次派遣使者伺隙出使匈奴，有了二心，派人责备韩王信。韩信怕被诛杀，就和匈奴相约共同攻打汉朝，于是反叛，将马邑献给匈奴，并攻打太原。

注释　1 材武：才略勇武。　劲兵处：指兵家必争的战略要地，常聚有精兵。　2 被(pī)边：靠近边境。被，靠近，依傍。　3 冒顿(mò dú)：匈奴首领。　4 间(jiàn)使：指使人伺隙而单行。间，乘间。　让：责备。

七年冬，上自往击，破信军铜鞮[1]，斩其将王喜。信亡走匈奴。其将白土人曼丘臣、王黄等立赵苗裔赵利为王，复收信败散兵，而与信及冒顿谋攻汉。[2]

七年冬天，皇上亲自率军前往攻打，在铜鞮打垮了韩信的军队，杀了他的将军王喜。韩信逃奔匈奴。他的部将白土人曼丘臣、王黄等人拥立原赵王的后代赵利为王，重新收聚韩信败散的士卒，并和韩信、冒顿单于谋划攻打汉朝。匈奴

匈奴使左、右贤王[3]将万余骑与王黄等屯广武以南，至晋阳，与汉兵战，汉大破之，追至于离石，复破之[3]。匈奴复聚兵楼烦[4]西北，汉令车骑击破匈奴。匈奴常败走，汉乘胜追北，闻冒顿居代谷[5]，高皇帝居晋阳，使人视冒顿，还报曰“可击”。上遂至平城[6]。上出白登，匈奴骑围上，上乃使人厚遗阏氏。[7]阏氏乃说冒顿曰：“今得汉地，犹不能居；且两主不相厄[8]。”居七日，胡骑稍引去。[9]时天大雾，汉使人往来，胡不觉。护军中尉陈平言上曰：“胡者全兵，请令强弩傅两矢外向，徐行出围。”[10]入平城，汉救兵亦到，胡骑遂解去。汉亦罢兵归。韩信为匈奴将兵往来击边。

单于派左、右贤王率领一万多骑兵和王黄等人屯驻广武以南地区，到达晋阳时，和汉军交战，汉军把他们打得大败，追击到了离石，再次将他们打败。匈奴又在楼烦西北聚集军队，汉朝派遣战车、骑兵打败了匈奴。匈奴常常是打了败仗就逃跑，汉军乘胜追击败兵，听说冒顿单于驻扎在代、上谷一带，高皇帝就驻扎在晋阳，派人侦察冒顿的动静，侦察的人回来报告说“可以进攻”。皇上就进军到平城。皇上出城登上了白登山，匈奴骑兵包围了皇上，皇上就派人送很重的礼物给匈奴阏氏。阏氏便劝冒顿说：“即使夺取了汉朝的土地，还是不能在那儿居住；况且两国君主不应互相为难。”过了七天，匈奴骑兵逐渐撤退走了。当时的天气是大雾弥漫，汉朝派人往来平城和白登山之间，匈奴人都不曾发觉。护军中尉陈平对皇上说：“胡人只配有弓矛兵器而没带盾牌、铠甲，请命令所有强弩装上两支箭，箭头向外，慢慢地走出匈奴人的包围圈。”进入平城，汉军的救兵也赶到了，匈奴骑兵便撤围走了。汉军也收兵返回。韩信替匈奴带兵在边境地区往来攻打汉军。

注释 1 铜鞮(dī):汉县名,在今山西沁县南。 2 白土:汉县名,在今陕西神木西。 苗裔:家族中有血缘关系的后代子孙。 3 左、右贤王:匈奴单于之下统领东、西两部的首领。 4 楼烦:汉地名,在今山西宁武。 5 居代谷:"谷"上原有"上"字。王念孙《读书杂志·史记》:"衍'上'字。《汉书》作'居代谷'是也……是代谷与平城相近。若上谷,则去平城远矣。" 6 平城:汉县名,在今山西大同东北。 7 白登:山名,在平城东北。 阏氏(yān zhī):匈奴单于的正妻。 8 厄:为难,迫害。 9 稍:渐渐。 引去:退走。 10 陈平:刘邦重要谋臣。 全兵:《史记集解》引《汉书音义》曰:"言唯弓矛,无杂仗也。"杂仗,即盾、铠之类。 傅:通"附"。

汉十年,信令王黄等说误[1]陈豨。十一年春,故韩王信复与胡骑入居参合,距汉。[2]汉使柴将军[3]击之,遗信书曰:"陛下宽仁,诸侯虽有畔亡,而复归,辄复故位号,不诛也。大王所知。今王以败亡走胡,非有大罪,急自归!"韩王信报曰:"陛下擢仆起闾巷[4],南面称孤,此仆之幸也。荥阳之事,仆不能死,囚于项籍,此一罪也。及寇攻马邑,仆不能坚守,以城降之,此二罪也。今

汉十年,韩信命令王黄等人去游说以误导陈豨。十一年春天,原韩王信再次和匈奴骑兵侵入、进驻参合,抵抗汉军。汉派柴将军进攻他们,柴将军送信劝韩信,说:"陛下宽厚仁慈,有的诸侯虽然叛逃,而重新来归附的,都恢复原来的职位、封号,并不诛杀。大王是知道这些情况的。现在大王因为失败而逃亡到匈奴,并没有大罪,赶快自己主动返归!"韩王韩信写信回答说:"陛下将我从平民中提拔起来,面朝南坐做了王,这是我的幸事。荥阳之战,我不能守城至死,成了项籍的俘虏,这是第一条罪过。当敌寇攻打马邑,我不能坚守,带全城投降,这是第二条罪过。现在反而为寇,领兵同将

反为寇，将兵与将军争一旦[5]之命，此三罪也。夫种、蠡无一罪，身死亡；[6]今仆有三罪于陛下，而欲求活于世，此伍子胥所以偾于吴也。[7]今仆亡匿山谷间，旦暮乞贷蛮夷，仆之思归，如痿人[8]不忘起，盲者不忘视也，势不可耳。”遂战。柴将军屠参合，斩韩王信。

军您争战，这是第三条罪过。文种、范蠡没有一点罪过，有的被赐死，有的逃亡；如今我对陛下犯下了三大罪过，而想寻求活在世上，这是伍子胥在吴国被杀的原因。如今我逃亡躲避在山林深谷之间，早晚靠乞求蛮夷过活，我想回汉朝，就像瘫痪病人不忘要站立行走，盲人不忘要用眼看一样，只是形势不许可啊。”于是双方继续交战。柴将军屠毁了参合城，斩杀了韩王韩信。

注释　1 误：误导，妨害。　2 参合：县名，在今山西阳高南。　距：通“拒”。　3 柴将军：即柴武，刘邦的将领。　4 闾巷：平民所居街巷。　5 一旦：一时。　6 种：即文种，春秋末越国国君勾践的谋臣，为勾践兴越灭吴立有大功，后被勾践赐死。　蠡(lǐ)：即范蠡，勾践的谋臣，与文种一起兴越灭吴，吴亡后，退隐江湖。　7 伍子胥：春秋末吴国国君夫差谋臣，为吴国打败楚国立下大功，后被夫差赐死。　偾(fèn)：僵仆，倒毙。　8 痿(wěi)人：身体筋肉痿缩的病人，即风痹病。

信之入匈奴，与太子俱；及至颓当城[1]，生子，因名曰颓当。韩太子亦生子，命[2]曰婴。至孝文十四年[3]，颓当及婴率其众降汉。汉封颓

韩王信投奔匈奴的时候，是和他的太子一起同行的；当到颓当城后，韩王信又生了一个儿子，因而取名叫颓当。韩太子也生了一个儿子，取名叫婴。到孝文帝十四年，颓当和婴率领他们的人马投降汉朝。汉朝封颓当为弓高侯，封婴为襄城侯。吴、楚等诸侯

当为弓高侯，婴为襄城侯。[4] 吴楚军时，弓高侯功冠诸将[5]。传子至孙，孙无子，失侯。婴孙以不敬[6]失侯。颓当孽孙韩嫣，贵幸，名富显于当世。[7] 其弟说，再封，数称将军，卒为案道侯。子代，岁余坐法死。后岁余，说孙曾拜为龙頟侯，续说后。

国反叛的时候，朝廷派兵镇压，弓高侯的功劳在其他将领之上。颓当的侯位传到孙子，孙子没有儿子，侯位被取消了。婴的孙子因为犯了“不敬”的罪，失去了侯位。颓当的庶孙韩嫣，地位尊贵，得到皇上宠幸，名声和富贵在当世都很显赫。他的弟弟韩说，两次受封，多次被任命做将军，最终被封为案道侯。他的儿子继承侯位，一年多后因犯法被处死。又过了一年多，韩说的孙子被封为龙頟侯，延续着韩说这一支的血脉。

注释　1 颓(tuí)当城：城邑名，在今内蒙古察哈尔右翼后旗西北。　2 命：命名。　3 孝文十四年：当作“十六年”，即公元前164年。　4 弓高：县名，在今河北阜城南。　襄城：县名，即今河南襄城。　5 据《吴王濞列传》，弓高侯其时平定胶西王刘卬。　6 不敬：汉时定罪条令之一，指对皇帝、朝廷不敬重。　7 孽孙：“孙”当作“子”，孽子，即庶子(妾之子)。　韩嫣：汉武帝之幸臣。见《佞幸列传》。

卢绾者，丰人也，与高祖同里。[1] 卢绾亲与高祖太上皇相爱。[2] 及生男，高祖、卢绾同日生，里中持羊酒贺两家。及高祖、卢绾壮，俱学书，又相爱

卢绾是丰县人，和高祖刘邦是同乡。卢绾的父亲和刘邦的父亲互相要好。等到生孩子的时候，刘邦和卢绾同日出生，乡里邻居们抬着羊、酒祝贺两家。等到刘邦、卢绾长大以后，一块读书，很要好。乡里邻居们认为刘、卢两家父辈要好，儿子同日出生，

也。里中嘉两家亲相爱，生子同日，壮又相爱，复贺两家羊酒。高祖为布衣时，有吏事辟匿，卢绾常随出入上下。[3]及高祖初起沛[4]，卢绾以客从，入汉中为将军，常侍中。从东击项籍，以太尉常从，出入卧内，衣被饮食赏赐，群臣莫敢望。虽萧、曹等，特以事见礼，至其亲幸，莫及卢绾。[5]绾封为长安侯。长安，故咸阳也。

小孩长大后又要好，再次抬着羊、酒祝贺两家。高祖是平民时，因官府追拿而躲避起来，卢绾总是紧跟在他的左右保护他。当高祖在沛县刚刚起兵的时候，卢绾就以宾客的身份跟随刘邦，进入汉中当上了将军，经常随侍在刘邦身边。他往东去攻打项籍，以太尉的身份跟随刘邦，出入刘邦的卧室，所得衣被、饮食等赏赐很多，没有哪一个大臣敢和他相比。即使是萧何、曹参等人，只是因为职事而受到刘邦的礼遇，至于亲近、宠幸，没有哪个大臣比得上卢绾。卢绾被封为长安侯。长安，就是原来的咸阳。

注释　**1** 丰:汉邑名，今江苏丰县。　同里:同乡。　**2** 亲:父母亲。文中指卢绾之父亲。　太上皇:刘邦称皇帝后，尊其父为太上皇。　**3** 布衣:平民。　吏事:涉及官府的事，即被官府追拿。　辟:通“避”。　**4** 沛:汉县名，即今江苏沛县。　**5** 萧:即萧何，刘邦重要谋臣，后被任命为丞相，为汉的建立立下大功。　曹:曹参，刘邦反秦灭项的功臣，后接替萧何的丞相职位。

汉五年冬，以破项籍，乃使卢绾别将，与刘贾击临江王共尉，破之。[1]七月还，从击燕王臧荼[2]，臧荼

汉五年冬天，已经打败了项籍，便派卢绾另率一支军队，同刘贾一起进攻临江王共尉，打败了他。七月还军，跟随攻打燕王臧荼，

降。高祖已定天下，诸侯非刘氏而王者七人[3]。欲王卢绾，为群臣触望[4]。及虏臧荼，乃下诏诸将相列侯，择群臣有功者以为燕王。群臣知上欲王卢绾，皆言曰："太尉长安侯卢绾常从平定天下，功最多，可王燕。"诏许之。汉五年八月[5]，乃立卢绾为燕王。诸侯王得幸莫如燕王。

臧荼投降。高祖平定天下后，在诸侯中不是刘姓而被封王的共有七个人。高祖想封卢绾为诸侯王，大臣们因为不满产生了怨恨。等到俘虏了臧荼以后，就下诏给各位将相、列侯，让他们选择群臣中有功的人把他封为燕王。群臣知道皇上想封卢绾做王，都进言说："太尉长安侯卢绾跟着您平定天下，功劳最多，可以封为燕王。"刘邦下诏准许了。汉五年八月，就封卢绾做了燕王。在诸侯王中，没有谁像燕王那样得到宠幸。

注释 1 汉五年：公元前202年。 以：通"已"。 别将：单独领军。 刘贾：刘邦堂兄，受封为荆王。 共尉：项羽所封临江王共敖之子。共敖死，共尉继位为临江王。 2 臧荼：项羽所封燕王。楚汉战争中，归附刘邦，后又反叛。 3 七人：指楚王韩信、韩王韩信、长沙王吴芮、淮南王英布、梁王彭越、赵王张耳、燕王臧荼。 4 触(jué)望：因不满而怨恨。 5 汉五年八月："汉五年"三字衍，上文已言及。八月，当为"后九月"。

汉十一年秋[1]，陈豨反代地，高祖如邯郸击豨兵，燕王绾亦击其东北。当是时，陈豨使王黄求救匈奴。燕王绾亦使其臣张胜[2]于匈奴，言豨等军破。张胜至

汉十一年秋天，陈豨在代地反叛汉朝，高祖到邯郸去进击陈豨的军队，燕王卢绾也攻击陈豨的东北部。正当这个时候，陈豨派王黄向匈奴求救。燕王卢绾也派自己的谋臣张胜出使匈奴，说陈豨的军队已被打败。张胜到了匈奴，

胡,故燕王臧荼子衍出亡在胡,见张胜曰:“公所以重于燕者,以习胡事也。燕所以久存者,以诸侯数反,兵连不决也。今公为燕欲急灭豨等,豨等已尽,次亦至燕,公等亦且为虏矣。公何不令燕且缓[3]陈豨而与胡和?事宽[4],得长王燕;即有汉急,可以安国。”张胜以为然,乃私令匈奴助豨等击燕。燕王绾疑张胜与胡反,上书请族[5]张胜。胜还,具道所以为者。燕王寤,乃诈论它人,脱胜家属,使得为匈奴间,而阴使范齐之陈豨所,欲令久亡,连兵勿决。[6]

从前燕王臧荼的儿子臧衍正逃亡在匈奴,他见张胜说:“您之所以被燕王看重,是因为熟悉匈奴的事务。燕国之所以能长久存在,是因为诸侯多次反叛汉朝,战争连年不停。如今您替燕国出力想尽快消灭陈豨等人,陈豨等人消灭干净之后,其次就轮到燕国要灭亡了,你们也将成为俘虏了。您为什么不让燕国暂缓进攻陈豨而和匈奴和解?战事延缓了,您就能长久统治燕国;即使有汉朝造成的紧急情况,国也是安全的。”张胜认为臧衍说得对,便私下里叫匈奴帮助陈豨等人攻击燕军。燕王卢绾怀疑张胜和匈奴结盟反叛,向汉朝上书,请求诛灭张胜全族。张胜回到燕国后,详细报告了他这样做的原因。燕王醒悟过来,便另外处死一个人来欺骗汉朝,救下了张胜和他的家属,使得张胜能够成为匈奴的间谍,并且秘密派遣范齐到陈豨那里去,想让陈豨长期叛逃在外,使得连年战事得不到最终的解决。

注释 1 汉十一年秋:据《高祖本纪》陈豨反于十年九月。 2 张胜:卢绾谋臣,熟悉匈奴情况。 3 缓:暂缓进攻。 4 事宽:事态缓和。 5 族:灭族的酷刑。 6 寤:通“悟”。 论:定罪。 间:间谍。

汉十二年,东击黥布[1]。豨常将兵居代,汉使樊哙[2]击斩豨。其裨将降,言燕王绾使范齐通计谋于豨所。高祖使使召卢绾,绾称病。上又使辟阳侯审食其、御史大夫赵尧往迎燕王,因验问左右。[3]绾愈恐,闭匿,谓其幸臣曰:“非刘氏而王,独我与长沙[4]耳。往年春,汉族淮阴,夏,诛彭越,皆吕后计。今上病,属任吕后。吕后妇人,专欲以事诛异姓王者及大功臣。”乃遂称病不行。其左右皆亡匿。语颇泄,辟阳侯闻之,归具报上,上益怒。又得匈奴降者,降者言张胜亡在匈奴,为燕使。于是上曰:“卢绾果反矣!”使樊哙击燕。[5]燕王绾悉将其宫人家属骑数千居长城下,候伺,幸上病愈,自入谢。[6]四月,高祖崩,卢

汉十二年,向东进击黥布。陈豨经常率领军队驻在代地,汉朝派樊哙进攻并诛杀了陈豨。陈豨的副将投降汉军,说燕王卢绾派范齐到陈豨处勾结谋划。高祖派出使者去召卢绾,卢绾称病不来。皇上又派辟阳侯审食其、御史大夫赵尧前去迎接燕王,顺便向燕王的左右近臣查证。卢绾更加害怕,闭门躲藏不出,对他宠幸的臣子说:“不姓刘而为诸侯王的人,只有我和长沙王了。去年春天,汉朝族灭了淮阴侯,夏天又诛杀了彭越,都是吕后的计谋。如今皇上病了,把朝政大权托付给吕后。吕后是个妇道人家,一心只想借故诛杀异姓诸侯王和大功臣。”于是称说有病不往。他的左右近臣都逃走躲避起来了。卢绾所说的话泄露了不少,辟阳侯听说后,回到朝廷将情况全都汇报给皇上,皇上更加恼怒。又得到投降的匈奴人,降者说张胜逃亡在匈奴,做燕国的使者。因此,皇上说:“卢绾果真反叛了!”派樊哙攻打燕国。燕王卢绾带着全部宫人家属及数千骑兵停留在长城下,等待观望,希望皇上病愈以后,亲自入朝请罪。四月,高祖去

绾遂将其众亡入匈奴，匈奴以为东胡卢王。[7]绾为蛮夷所侵夺，常思复归。居岁余，死胡中。

世，卢绾便率领其众逃亡进入匈奴，匈奴任命他为东胡卢王。卢绾被蛮夷肆意欺压，财物也被抢夺，经常想回归汉朝。过了一年多，卢绾死于匈奴地。

注释 1 黥布：即英布，秦末举兵反秦，先归附项羽，后叛项羽归附刘邦。详见《黥布列传》。 2 樊哙：沛县人，先以屠狗为业，后从刘邦反秦，鸿门宴上曾救刘邦脱险，以战功封舞阳侯。 3 审食其(yì jī)：刘邦属下大臣，吕后的亲信。 赵尧：御史大夫周昌部属，后因献计安定刘邦幼子赵王有功，接任御史大夫。据《高祖本纪》及《张丞相列传》，无赵尧往迎燕王事。 4 长沙：指长沙王吴芮。 5 时使击燕者还有周勃。周勃，秦末跟随刘邦起义，军功卓著，后又为安定刘氏王朝立有大功，乃汉初重臣，封为绛侯。 6 幸：希望。 谢：认错请罪。 7 东胡卢王：《史记会注考证》顾炎武曰："封之为东胡王也。其姓卢，故称东胡卢王。"东胡，东北地区少数民族，因在匈奴之东而称东胡，后分为乌桓、鲜卑。

高后[1]时，卢绾妻子亡降汉，会高后病，不能见，舍燕邸，为欲置酒见之。高后竟崩，不得见。卢绾妻亦病死。

孝景中六年，卢绾孙他之，以东胡王降，封为亚谷侯。[2]

高后的时候，卢绾的妻妾和子女逃出匈奴归降汉朝，碰上高后生病，不能接见，就暂住在燕王官邸，高后想安排酒宴接见他们。高后竟去世了，没有能见面。卢绾的妻子也病死了。

孝景皇帝中六年，卢绾的孙子卢他之，以东胡王身份归降，被封为亚谷侯。

注释 1 高后:即吕后,刘邦庙号为高祖,此承“高”而称吕后为高后。2 孝景中六年:即公元前 144 年。《史记志疑》:“当作‘中五年’。”中,景帝在位期间,两次改元纪年,因此景帝纪年有“前某年”“中某年”和“后某年”之称。 亚谷:汉邑名,地当在河内郡。

陈豨者,宛朐[1]人也,不知始所以得从。及高祖七年冬,韩王信反,入匈奴,上至平城还,乃封豨为列侯,以赵相国将监赵、代边兵,边兵皆属焉。[2]

陈豨是宛朐人,不知当初跟随高祖的具体原因。到高祖七年冬天,韩王韩信反叛,进入匈奴,皇上到平城后回朝,便封豨为列侯,以赵相国的身份率领、监管赵国和代国的军队,边境守军都归他指挥。

注释 1 宛朐(qú):汉县名,在今山东菏泽西南。 2 乃封豨为列侯:《史记志疑》:“《功臣表》豨以特将,于前元年从起宛朐,何云不知始所从。其封侯在六年,何待七年还平城之时,当是汉五年秋破燕王臧荼还乃封耳。《汉传》仍《史》误。” 赵相国:赵,当为“代”之误,《史记·高祖本纪》《汉书·高帝纪》可证。 边兵:指驻守边境之士兵。据考,此“边”字为衍文。

豨常告归过赵,赵相周昌见豨宾客随之者千余乘,邯郸官舍皆满。[1]豨所以待宾客如布衣交,皆出客下[2]。豨还之[3]代,周昌乃求入见。见上,具言豨

陈豨曾经请假回家,路过赵国,赵国相国周昌看到跟随陈豨的宾客乘坐了一千多辆车,邯郸的官府客舍都住满了。陈豨用平民之间的礼仪和宾客交往,谦恭礼让、屈己待人。陈豨回到代国,周昌便请求入京朝见。见到皇上,详尽报告说陈

宾客盛甚，擅兵[4]于外数岁，恐有变。上乃令人覆案[5]豨客居代者财物诸不法事，多连引豨。豨恐，阴令客通使王黄、曼丘臣所。[6]及高祖十年七月，太上皇崩，使人召豨，豨称病甚。九月，遂与王黄等反，自立为代王，劫略[7]赵、代。

豨宾客众多，多年在外独掌军权，恐怕发生变乱。皇上便让人去查办居住在代国的陈豨的宾客在财物上的诸多不法行为，大多牵连到陈豨。陈豨害怕起来，秘密派宾客到王黄、曼丘臣的处所去建立联系。等到高祖十年七月，太上皇去世，皇上派人召见陈豨，陈豨回称病情严重。九月，陈豨和王黄等人反叛，自立为代国国王，劫掠赵、代两地。

注释 1 常：通“尝”，曾经。 告归：请假回家。 周昌：刘邦大臣，耿直敢言，为巩固太子地位立下大功，时为赵王国相。 乘：四马之车为乘。 2 出客下：《史记正义》：“言屈己礼之，不用富贵自尊大。” 3 之：往，到。 4 擅兵：独掌军权。 5 覆案：审查，查办。 6 王黄、曼丘臣：二人皆韩王信部将。 7 略：攻占，夺取。

上闻，乃赦赵、代吏人为豨所诖误[1]劫略者，皆赦之。上自往，至邯郸，喜曰：“豨不南据漳水，北守邯郸，知其无能为也。”赵相奏斩常山守、尉[2]，曰：“常山二十五城，豨反，亡其二十城。”上问曰：“守、尉反乎？”对曰：

皇上听说后，便赦免赵、代两国的官吏中受陈豨迷惑误导而参与劫掠的人。皇上亲自前往，到达邯郸，高兴地说：“陈豨不以南边的漳水为依靠，不守住北边的邯郸，可知他没有能力干什么事。”赵国相上奏诛斩常山郡的郡守和郡尉，说：“常山郡有二十五座城，陈豨反叛，失守了二十座城。”皇上问道：“郡守、郡尉反叛了吗？”回答说：“没有参与反叛。”皇上

"不反。"上曰:"是力不足也。"赦之,复以为常山守、尉。上问周昌曰:"赵亦有壮士可令将者乎?"对曰:"有四人。"四人谒,上谩骂曰:"竖子能为将乎?"[3]四人惭伏。上封之各千户,以为将。左右谏曰:"从入蜀、汉,伐楚,功未遍行[4],今此何功而封?"上曰:"非若[5]所知!陈豨反,邯郸以北皆豨有,吾以羽檄[6]征天下兵,未有至者,今唯独邯郸中兵耳。吾胡爱四千户封四人,不以慰赵子弟![7]"皆曰:"善。"于是上曰:"陈豨将谁?"曰:"王黄、曼丘臣,皆故贾人[8]。"上曰:"吾知之矣。"乃各以千金购[9]黄、臣等。

说:"这是力量不足的缘故。"于是赦免了他们,还是让他们担任常山郡的郡守、郡尉。皇上问周昌说:"赵国也有壮士能当将军的吗?"周昌回答说:"有四个人。"四个人拜见皇上,皇上侮骂他们说:"小子能当将军吗?"四人惭愧地拜伏于地。皇上分封给他们每人一千户的食邑,任命他们做将军。皇上身边的近臣规劝说:"跟随您进入蜀、汉,讨伐楚国,有许多功臣都还没有普遍行赏,如今这四人有什么功劳而受封赏?"皇上说:"不是你们懂得的!陈豨造反,邯郸以北都被陈豨占有了,我用加急公文征调全国的军队,没有来到的,现在只有邯郸城中的军队了。我为什么舍不得用四千户分封这四个人,不以此来安抚赵国的子弟!"身边的人都说:"好。"这时皇上说:"陈豨的将军是谁?"回答说:"王黄、曼丘臣,他们原来都是商人。"皇上说:"我知道解决的办法了。"于是皇上悬赏千金缉拿王黄、曼丘臣等人。

注释 1 诖误:贻误,连累。 2 守:郡的行政长官。 尉:郡的军事长官。 3 谒:拜见。 谩骂:辱骂。 竖子:小子。贱视人语。 4 功未遍行:将士立功,尚未普遍行赏。 5 若:你,你们。 6 羽檄:指插上羽毛的檄文。表示要加急传递。檄,发布命令、公告的公文。 7 胡:何。 爱:吝啬,舍不得。 8 贾(gǔ)人:商人。 9 购:悬赏通缉。

十一年冬,汉兵击斩陈豨将侯敞、王黄于曲逆下,破豨将张春于聊城,斩首万余。[1]太尉[2]勃入定太原、代地。十二月,上自击东垣[3],东垣不下,卒骂上;东垣降,卒骂者斩之,不骂者黥之[4]。更名东垣为真定。王黄、曼丘臣其麾下受购赏之,皆生得,以故陈豨军遂败。

上还至洛阳。上曰:"代居常山[5]北,赵乃从山南有之,远。"乃立子恒为代王,都中都,代、雁门皆属代。[6]

高祖十二年冬,樊哙军卒追斩豨于灵丘。

十一年冬天,汉军在曲逆城下杀死了陈豨属下的将军侯敞、王黄,在聊城打败了陈豨的将领张春,斩首一万多。太尉周勃率军前往进军并平定太原、代地。十二月,皇上亲自攻打东垣,东垣没能攻克,守城士兵辱骂皇上;东垣开城投降以后,骂过皇上的士兵被斩首,没有骂的士兵被宽宥了。将东垣改名为真定。王黄、曼丘臣,他们的部下接受了汉朝的悬赏,将二人活捉,因此陈豨的军队就溃败了。

皇上回到洛阳。皇上说:"代地在常山北边,赵国却从常山南边领有它,远了。"于是封皇子刘恒做代王,建都中都,代地、雁门都属代国管辖。

高祖十二年秋天,樊哙的军队追击并把陈豨斩杀在灵丘。

注释 1 侯敞、张春:二人皆陈豨将领。 王黄:二字衍,下文云"生得",是。 曲逆:汉县名,在今河北顺平东南。 2 太尉:官职名,主管全国军事。 3 东垣:汉县名,在今河北石家庄东北。 4 不骂者黥之:《史记会注考证》王念孙曰:“黥,当从《高祖纪》作‘原’,原之者,谓宥之也。若不骂者黥之,则人不免于罪矣。” 5 常山:原名恒山,因辟汉文帝刘恒讳即改名常山,是五岳中的北岳。 6 恒:刘恒,即后来的汉文帝。 中都:汉县名,在今山西平遥西南。

太史公曰:韩信、卢绾非素积德累善之世,徼一时权变,以诈力成功,遭汉初定,故得列地,南面称孤。[1]内见疑强大,外倚蛮貊[2]以为援,是以日疏自危,事穷智困,卒赴匈奴,岂不哀哉!陈豨,梁人,其少时数称慕魏公子;及将军守边,招致宾客而下士,名声过实。[3]周昌疑之,疵瑕颇起,惧祸及身,邪人进说,遂陷无道。[4]於戏[5]悲夫!夫计之生孰成败于人也深矣!

太史公说:韩信、卢绾不是出自累世积有善德的家庭,利用一时的机变,凭着欺骗、勇力成就了功业,适逢汉朝刚刚平定天下,所以能分得国土,南面称王。在国内因强大而遭到怀疑,向外又投靠蛮夷作为援助,因此与朝廷日渐疏远,自觉危险,事情恶化到极点,又智虑困窘,终于逃赴匈奴,难道不可悲吗?陈豨原来是魏地的人,他年轻的时候多次称赞、欣慕魏公子信陵君;等到率领军队守卫边境时,就招集宾客,礼贤下士,名声远远超过实际。周昌怀疑他,许多过失逐渐产生,由于害怕灾祸临头,奸邪小人进献妄说,于是陷入了大逆不道的境地。呜呼,可悲啊!谋略的成熟与否与成败,对一个人的影响是太大了啊!

注释 1 世:家世。 徼(yāo):求,取,引申为利用。 权变:机变,随机应变。 列地:即割地。列,“裂”的古字。 2 蛮貊(mò):即蛮夷。貊,古称东北地区少数民族。 3 梁人:陈豨是宛朐(今山东曹县西北)人,当时其地属于魏地,故称“梁人”。 魏公子:战国时魏国公子无忌,即信陵君,为人好养士,有门客数千人。 4 疵瑕:过失,毁责。 无道:指陈豨反叛汉廷。 5 於戏(wū hū):同“呜呼”。

史记卷九十四

田儋列传第三十四

原文

田儋者，狄人也，故齐王田氏族也。[1]儋从弟田荣，荣弟田横，皆豪，宗强，能得人。[2]

陈涉之初起王楚也，使周市略定魏地，北至狄，狄城守。[3]田儋详为缚其奴，从少年之廷，欲谒杀奴。[4]见狄令，因击杀令，而召豪吏子弟曰[5]："诸侯皆反秦自立，齐，古之建国[6]，儋，田氏，当王。"遂自立为齐王，发兵以击周市。周市军还去，田儋因率兵东略定齐地。

译文

田儋是狄县人，是从前齐王田氏家族的后代。田儋的堂弟叫田荣，田荣的弟弟叫田横，都是豪杰，宗族人多势大，能得到人们的拥护。

陈涉刚开始起兵在楚地称王的时候，派周市去夺取魏地，向北进抵狄县时，狄县据城固守。田儋假装捆着他的奴仆，使年轻人跟在他后面，到县衙去，要拜见县令，请求准许他诛杀奴仆。见到县令，他乘机击杀县令，而后召集有权势的官吏以及年轻人，说："各诸侯都已反叛秦朝自立为王，齐是古代受封建的诸侯国，我田儋，是田氏族人，应当称王。"于是自立为齐王，派兵攻打周市。周市军退走，田儋乘势率领军队向东去夺取齐地。

注释 1 狄:秦县名,在今山东高青东南。 齐王田氏:齐国原是姜姓国君的诸侯封国,春秋末年,大臣陈(即"田")氏夺取了齐国政权,并得到周天子承认。田儋(dān),即此"田"氏的后代。 2 从弟:堂弟。 宗强:宗族人多势大。 3 陈涉:名胜,字涉,反秦起义后自立为王,国号为"楚"。 周市(fú):陈涉的将领,后为陈涉所封魏国之相。 4 详:通"佯"。 从:使……跟从。 廷:县廷。 谒:进见。《史记集解》服虔曰:"古杀奴婢皆当告官。儋欲杀令,故诈缚奴而以谒也。" 5 豪吏:有权势的官吏。 子弟:指年轻人。 6 古之建国:古代因受封而建立的国家。

秦将章邯围魏王咎于临济,急。[1]魏王请救于齐,齐王田儋将兵救魏。章邯夜衔枚[2]击,大破齐、魏军,杀田儋于临济下。儋弟田荣收儋余兵东走东阿[3]。

齐人闻王田儋死,乃立故齐王建之弟田假为齐王,田角为相,田间为将,以距诸侯。[4]

秦军将领章邯将魏王咎围困于临济城中,十分危急。魏王请求齐国援救,齐王田儋统领军队救援魏王。章邯命令士兵口中衔枚,乘夜间突袭,把齐、魏两国军队打得大败,在临济城下杀死了田儋。田儋的弟弟田荣收集剩余兵士逃奔到东阿城。

齐国人听说国王田儋死了,便拥立从前齐国国王建的弟弟田假做齐王,田角做相国,田间做将军,率军抵御诸侯。

注释 1 章邯:秦军将领,投降项羽后,被封为雍王。楚汉战争中败于刘邦后自杀。 魏王咎:原魏国贵族,陈涉势力发展到魏地时,封他为魏王。 2 衔枚:枚,是形状像筷子的小棍,两端有绳,用来系在颈上。古代军旅、田役和丧礼时,将它横衔口中,以免发声误事。 3 东阿(ē):秦县名，在今山东阳谷东北。 4 齐王建：战国时齐国的最后一个国君。 田角、田间：皆为原齐国贵族。 距：通“拒”。

田荣之走东阿，章邯追围之。项梁闻田荣之急，乃引兵击破章邯军东阿下。[1]章邯走而西，项梁因追之。而田荣怒齐之立假，乃引兵归，击逐齐王假。假亡走楚。齐相角亡走赵；角弟田间前求救赵，因留不敢归。田荣乃立田儋子市为齐王，荣相[2]之，田横为将，平齐地。

项梁既追章邯，章邯兵益盛，项梁使使告赵、齐，发兵共击章邯。田荣曰：“使[3]楚杀田假，赵杀田角、田间，乃肯出兵。”楚怀王曰：“田假，与国之王，穷而归我，杀之不义。”[4]赵亦不杀田角、田间以市[5]于齐。齐曰：“蝮螫手则斩手，螫足则斩足。[6]何者？为害于身也。今田假、田角、田间于楚、

田荣逃亡东阿城，章邯追赶包围了他。项梁听说田荣危急的消息，便率军进攻章邯，在东阿城下将秦军打败。章邯向西逃跑，项梁乘势追赶他。但田荣很恼怒齐国人拥立田假为王，便率军回齐，攻击并赶走了齐王田假。田假逃亡到了楚国。齐相国田角逃亡到了赵国；田角弟弟田间此前到赵国求援，便留在赵国不敢回齐国。于是田荣拥立田儋之子田市做齐王，自己当相国，田横做将军，平定齐国。

项梁追击章邯，章邯兵力却日益强盛，项梁派出使者通知赵国、齐国，让他们出动军队共同攻打章邯。田荣说：“如果楚国杀死田假，赵国杀死田角、田间，齐国才肯出兵。”楚怀王说：“田假是友好国家的君王，走投无路来归附我，杀死他是不义的行为。”赵国也不肯把杀田角、田间作为让齐国出兵的交换条件。齐王说：“蝮蛇咬了手，就砍断手；咬了脚，就砍断脚。为什么？因为会危害全身啊。现在田

赵，非直手足戚也，何故不杀？[7]且秦复得志于天下，则龁龁用事者坟墓矣。[8]”楚、赵不听，齐亦怒，终不肯出兵。章邯果败杀项梁，破楚兵，楚兵东走，而章邯渡河围赵于钜鹿。项羽往救赵，由此怨田荣。

假、田角、田间对于楚国、赵国，并没有手足般的亲情，为什么不杀他们？况且秦国要是重新得志于天下，就会挖毁首先起兵反秦领袖们的祖坟呢。”楚、赵不听从齐王，齐王也恼怒楚、赵，始终不肯出兵。章邯果真打败并杀死了项梁，攻破了楚军，楚军向东逃跑，而章邯渡过黄河，在钜鹿包围了赵军。项羽前往救援赵国，从此怨恨田荣。

注释 1 项梁：原战国时楚国将军项燕之子，项羽叔父，陈涉首先起义反秦后，他和项羽在吴中起兵反秦。 引：带领，率领。 2 相：做……相国。 3 使：如果。 4 楚怀王：原战国时楚国怀王的孙子熊心。项梁起兵反秦后，拥立熊心为王，仍称怀王。据《项羽本纪》，此当为项梁语。 与国：友好之国。 穷：处境困迫。 5 市：交易。 6 蝮：蝮蛇，一种毒蛇。 螫(shì)：毒虫刺人。文中指蝮蛇以牙刺人。 7 非直：并非是。 戚：亲。 8 龁龁(yǐ hé)：侧齿咬。引申为毁伤。 用事者：首先起兵反秦者。《汉书》作“首用事者”可证。

项羽既存赵，降章邯等，西屠咸阳，灭秦而立侯王也，乃徙齐王田市更王胶东，治即墨。齐将田都从共救赵，因入关，故立都为齐王，治临淄。故齐王

项羽在保全赵国、降服章邯等人以后，向西进军，在咸阳城大规模屠杀，灭亡了秦国并分封诸侯王，于是迁徙齐王田市改为胶东王，建都即墨。齐国将领田都跟随项羽一起援救赵国，随着入关，所以封田都为齐王，建都临淄。从前齐王建的孙

建孙田安，项羽方渡河救赵，田安下济北数城，引兵降项羽，项羽立田安为济北王，治博阳。田荣以负项梁不肯出兵助楚、赵攻秦，故不得王；赵将陈余亦失职，不得王：二人俱怨项王。

项王既归，诸侯各就国，田荣使人将兵助陈余，令反赵地，而荣亦发兵以距击田都，田都亡走楚。田荣留齐王市，无令之胶东。市之左右曰："项王强暴，而王当之胶东，不就国，必危。"市惧，乃亡就国。田荣怒，追击杀齐王市于即墨，还攻杀济北王安。于是田荣乃自立为齐王，尽并三齐[1]之地。

项王闻之，大怒，乃北伐齐。齐王田荣兵败，走平原[2]，平原人杀荣。项王遂烧夷齐城郭，所过者尽

子田安，当项羽正渡过黄河援救赵国时，田安攻打下了济北的几座城邑，带领军队归降项羽，项羽便封田安为济北王，以博阳为治所。田荣因为辜负项梁，不肯派出兵员援助楚王、赵王进攻秦军，所以不能够封王；赵国将领陈余也因为失职不能封王：这两个人都怨恨项王。

项王归国以后，诸侯也各自去到封国，田荣派人率领军队帮助陈余，让他在赵地进行反叛，而田荣也出动军队抵抗、攻打田都，田都逃亡跑到楚国。田荣扣留住齐王市，不准他去胶东。齐王市的左右近臣对他说："项王强悍凶暴，而您应当去到胶东，不去就国君之位，必定危险。"齐王市害怕起来，于是逃亡到封国。田荣发怒，追着进击到即墨杀死了齐王市，回军又攻打杀死了济北王安。于是田荣便自立为齐王，将胶东、齐、济北等三个齐地封国都并吞了。

项王听说田荣并吞了三个齐地封国以后，非常恼怒，于是往北去攻打齐国。齐王田荣的军队被打败，逃亡到平原，平原人杀死了田荣。项王便烧毁铲平了齐国城池，所过

屠之。[3]齐人相聚畔之。[4]

荣弟横收齐散兵，得数万人，反击项羽于城阳。而汉王率诸侯败楚，入彭城。项羽闻之，乃醳齐而归，击汉于彭城，因连与汉战，相距荥阳。以故田横复得收齐城邑，立田荣子广为齐王，而横相之，专国政，政无巨细皆断于相。

之处，都要进行大规模的屠杀。齐国人结成团伙反叛项王。

田荣的弟弟田横收集齐国的散兵，得到几万人，在城阳反攻项羽。这时汉王率领诸侯打败了楚军，进入彭城。项羽听说以后，便放过齐国而回师，在彭城攻打汉军，于是项羽军和汉军持续作战，相互在荥阳抗拒。因此，田横重新得以收回齐国城邑，拥立田荣的儿子田广为齐王，而田横做齐王的相国，专擅朝政，国家政事不论大小都由相国决断处理。

注释　**1** 三齐：即上文之胶东、齐、济北三国。　**2** 平原：秦县名，在今山东平原南。　**3** 夷：削平，铲平。　城郭：内城和外城。　**4** 相聚：结成团体。　畔：通“叛”。

横定齐三年，汉王使郦生往说下齐王广及其相国横。横以为然，解其历下[1]军。汉将韩信引兵且东击齐。齐初使华无伤、田解军于历下以距汉，汉使至，乃罢守战备，纵酒，且遣使与汉平。[2]汉将韩信已平赵、

田横平定齐地三年，汉王派郦食其前往游说、招降齐王广和他的国相田横。田横认为郦生说得正确，撤除齐国历下城的守军。汉将韩信率领军队将要向东攻打齐国。齐国先前派华无伤和田解率军在历下城抵抗汉军，汉使者到达以后，便撤除了防守战备，纵情饮酒，而且派使者去和汉王讲和。汉军大将韩信平定赵、燕以后，采纳蒯通的计谋，渡过平原渡口，突袭打垮齐

燕，用蒯通计，度平原，袭破齐历下军，因入临淄。齐王广、相横怒，以郦生卖己，而亨[3]郦生。齐王广东走高密，相横走博阳[4]，守相田光走城阳，将军田既军于胶东。楚使龙且救齐，齐王与合军高密。汉将韩信与曹参破杀龙且，虏齐王广。汉将灌婴追得齐守相田光。[5]至博阳，而横闻齐王死，自立为齐王，还击婴，婴败横之军于嬴[6]下。田横亡走梁[7]，归彭越。彭越是时居梁地，中立，且为汉，且为楚。[8]韩信已杀龙且，因令曹参进兵破杀田既于胶东，使灌婴破杀齐将田吸于千乘。[9]韩信遂平齐，乞自立为齐假王[10]，汉因而立之。

国历下城军队，乘势进入临淄。齐王广、国相田横发怒，认为郦生出卖了自己，便烹死了郦生。齐王广向东逃跑到高密，相国田横逃跑到博阳县，代理国相田光逃到城阳，将军田既驻军在胶东。楚国派遣龙且援救齐国，齐王和龙且在高密将两处军队合在一起。汉军将领韩信和曹参打败并杀死了龙且，活捉了齐王田广。汉军将领灌婴追击并捉住齐国代理国相田光。韩信到达博阳县，而田横听说齐王死了，便自立为齐王，回军攻打灌婴，灌婴在嬴县城下打败田横的军队。田横逃亡到梁地，归附彭越。彭越这时驻军在梁地，保持中立，一边帮汉，一边帮楚。韩信杀死龙且以后，命令曹参率军前进到胶东打败并杀死了田既，派灌婴到千乘打败并杀死了齐将田吸。韩信于是平定了齐地，请求自立为代理齐王，汉朝顺着韩信的意思封他为齐王。

注释　1 历下：秦邑名，因城在历山之下故称。在今山东济南。　2 华无伤、田解：齐国将领。　平：讲和。　3 亨："烹"的本字。一种酷刑。　4 博阳：县名，在今山东泰安东南。　5 灌婴：刘邦的将领。　守相：守，官吏试职称“守”。此处是代理之意。 **6** 嬴:县名,在今山东莱芜西北。 **7** 梁:魏地,今河南开封一带。 **8** 且……且…… :一边……一边……。 **9** 田既、田吸:齐军将领。 千乘:秦县名,在今山东高青东北。 **10** 假王:代理王职。

后岁余,汉灭项籍,汉王立为皇帝,以彭越为梁王。田横惧诛,而与其徒属五百余人入海,居岛中。高帝闻之,以为田横兄弟本定齐,齐人贤者多附焉,今在海中,不收[1],后恐为乱,乃使使赦田横罪而召之。田横因谢[2]曰:“臣亨陛下之使郦生,今闻其弟郦商为汉将而贤,臣恐惧,不敢奉诏[3],请为庶人,守海岛中。”使还报,高皇帝乃诏卫尉郦商曰:“齐王田横即至,人马从者敢动摇者致族夷![4]”乃复使使持节[5]具告以诏商状,曰:“田横来,大者王,小者乃侯耳;不来,且举兵加诛焉。”田横乃与其客二人乘传诣雒阳。[6]

一年多以后,汉军灭亡了项籍,汉王被拥立做了皇帝,封彭越为梁王。田横害怕被杀,带着五百多部属进入海中,住在一个岛上。高帝听说这消息后,认为田横兄弟本已平定齐国,齐国有才德的人大多归附他们,如果让他们住在海岛上,不拘捕,以后恐怕生乱,便派使者赦免田横的罪,召他入朝。田横通过使者谢绝说:“我烹死过陛下的使者郦生,如今听说他的弟弟郦商是汉朝的将领,而且有才德,我害怕,不敢承奉皇上的诏令,请允许我当一个平民,住在海岛上。”使者回朝报告,高皇帝便下诏令给卫尉郦商说:“齐王田横如果来了,敢加害田横及其随行人员者,处以灭族之刑!”于是又派使者拿着符节将诏令郦商的事全都告诉田横,说:“田横入朝,大则可以封王,小则也会封侯;不来,将派兵进行讨伐。”田横于是带着两个门客乘坐驿车赶赴雒阳。

注释 1 收:拘捕。 2 谢:谢绝。 3 奉诏:接受皇帝命令。 4 即:如果。 族夷:灭尽全宗族之人。 5 节:符节。 6 传(zhuàn):驿站的马车。 诣:到。

未至三十里,至尸乡厩置[1],横谢使者曰:“人臣见天子当洗沐。”止留。谓其客曰:“横始与汉王俱南面称孤,今汉王为天子,而横乃为亡虏而北面事之,其耻固已甚矣。且吾亨人之兄,与其弟并肩而事其主,纵[2]彼畏天子之诏,不敢动我,我独不愧于心乎?且陛下所以欲见我者,不过欲一见吾面貌耳。今陛下在雒阳,今斩吾头,驰三十里间,形容尚未能败,犹可观也。[3]”遂自刭。令客奉其头,从使者驰奏之高帝。[4]高帝曰:“嗟乎,有以[5]也夫!起自布衣,兄弟三人更王,岂不贤乎哉!”为之流涕,而拜其二客为都尉,发卒二千人,以王者礼葬田横。

离目的地还有三十里的时候,到达尸乡驿站,田横抱歉地对使者说:“臣子见天子应当洗澡沐浴。”便停止赶路,住了下来。田横对他的门客说:“我田横起初和汉王都是南面称王,如今汉王做了天子,而我却成了逃亡的俘虏要北面侍奉他,这种耻辱本就已经很大了。况且我烹死他人的兄长,又和被烹人的弟弟并肩侍奉他的主子,即使他畏惧天子的诏令,不敢加害我,我难道不问心有愧吗?何况陛下之所以想见我,不过是想看一下我的相貌罢了。现在陛下在雒阳,现在砍下我的头,飞驰三十里路,面容还不会腐烂,还可看清我是什么样子。”于是自杀了。遗令门客捧着他的头,随使者飞驰进献给高帝。高帝曰:“唉呀,有原因啊!从平民兴起,兄弟三人相继做了王,难道不是贤能的人吗?”为他流下了眼泪,并任命田横的两个门客为都尉,派两千士兵,按诸侯王的礼仪安葬田横。

注释 1 尸乡:汉乡名,在今河南偃师西。 厩置:驿站。 2 纵:即使。 3 形容:面容。 败:坏,变质。 4 奉:捧着。 奏:进献。 5 以:原因。

既葬,二客穿其冢旁孔,皆自刭,下从之。[1]高帝闻之,乃大惊,以田横之客皆贤,"吾闻其余尚[2]五百人在海中",使使召之。至则闻田横死,亦皆自杀。于是乃知田横兄弟能得士也。

安葬田横后,两个门客在田坟墓旁挖了个坑,都自杀了,倒在坑中陪葬田横。高帝听说这件事,更是大吃一惊,认为田横的门客都很贤能,"我听说其余还有五百人在海岛上",派使者召他们进京。使者到后,宾客们听说田横死了,也都自杀而死。从这些事中更可以知道田横兄弟能得到士人的拥护。

注释 1 穿:挖。 冢(zhǒng):坟墓。 2 尚:还有。

太史公曰:甚矣蒯通之谋,乱齐骄淮阴,其卒亡此两人![1]蒯通者,善为长短说[2],论战国之权变,为八十一首。通善齐人安期生,安期生尝干[3]项羽,项羽不能用其策。已而项羽欲封此两人,两人终不肯受,亡去。田横之高节,宾客慕义而从横死,岂非至贤!

太史公说:蒯通的谋略厉害啊,扰乱了齐国,使淮阴侯骄傲起来,最终使田横、韩信两人身亡!蒯通这人,擅长纵横家的辩术,曾论述战国时代的权谋机变,写成八十一篇。蒯通和齐国人安期生友善,安期生曾替项羽出谋划策,项羽不能采用他的计谋。不久,项羽想给他们两人封官,两个人最终不肯接受,就逃走了。田横节操崇高,宾客们爱慕高义而为他殉葬,他难道不是特别贤能的人吗?我依据史实将他们的事迹记录在这里。善于作画

余因而列[4]焉。不无善画[5]者,莫能图,何哉?

的人许多,但没有人能给他们画出肖像,这是什么原因呢?

注释 1 淮阴:指淮阴侯韩信。 卒:最终。 2 长短说:纵横家的辩术。 3 干:为人出谋划策,以求取功名。 4 列:论列。 5 画:画成的肖像。

史记卷九十五

樊郦滕灌列传第三十五

原文

舞阳侯樊哙者，沛人也。[1]以屠狗为事，与高祖俱隐。[2]

译文

舞阳侯樊哙是沛县人。以杀狗卖肉为生，曾经和高祖一起隐藏于民间。

注释 1 舞阳：秦县名，在今河南舞阳西北。 樊哙：刘邦的开国功臣，受封为舞阳侯。 2 以屠狗为事：《史记正义》："时人食狗亦与羊豕同，故哙专屠以卖之。" 隐：藏匿。

初从高祖起丰[1]，攻下沛。高祖为沛公，以哙为舍人[2]。从攻胡陵、方与，还守丰，击泗水监[3]丰下，破之。复东定沛，破泗水守薛[4]西。与司马𡰱战砀东，却敌，斩首十五级，赐爵国大

起初，跟随高祖在丰地起兵，攻克了沛县。高祖被推为沛公，以樊哙为舍人。跟随高祖攻打胡陵、方与，回军守卫丰地，在丰城下攻击泗水郡监的军队，打败了他。又一次向东平定了沛县，在薛县西部打败了泗水郡守的军队。在砀县东部和司马𡰱交战，打退敌军，斩杀

夫。[5]常从沛公击章邯军濮阳，攻城先登，斩首二十三级，赐爵列大夫[6]。复常从，从攻城阳[7]，先登。下户牖，破李由军，斩首十六级，赐上间爵。[8]从攻围东郡守尉于成武，却敌，斩首十四级，捕虏十一人，赐爵五大夫[9]。从击秦军，出亳[10]南。河间守军于杠里，破之。[11]击破赵贲军开封北，以却敌先登，斩候一人，首六十八级，捕虏二十七人，赐爵卿[12]。从攻破杨熊军于曲遇。[13]攻宛陵，先登，斩首八级，捕虏四十四人，赐爵封号贤成[14]君。从攻长社、轘辕，绝河津，东攻秦军于尸，南攻秦军于犨。[15]破南阳守齮于阳城东，攻宛城，先登。[16]西至郦，以却敌，斩首二十四级，捕虏四十人，赐重封。[17]攻武关，至霸上，斩都尉[18]一人，首十级，

敌首十五级，被赐给国大夫爵位。经常跟随着沛公，沛公在濮阳攻打章邯率领的军队，攻克城池，率先登城，斩杀敌首二十三级，被赐给列大夫爵位。经常跟随沛公，随从攻打城阳，率先登城。夺取了户牖，打垮了李由率领的军队，斩杀敌首十六级，被赐给上间爵位。跟随沛公在成武围攻东郡郡守和郡尉，打退敌军，斩杀敌首十四级，活捉敌人十一人，被赐给五大夫爵位。跟随沛公攻打秦军，出兵亳县南部。河间郡守的军队驻在杠里，樊哙打垮了他们。在开封北部攻打、击败赵贲军队，因为打退敌军，率先登城，斩杀一名军侯，敌首六十八级，活捉二十七人，被赐给卿的爵位。跟随沛公在曲遇进攻打败杨熊率领的军队。攻打宛陵城，率先登城，斩杀敌首八级，活捉四十四人，被赐爵位和贤成君封号。跟随沛公攻打长社、轘辕，渡过黄河平阴津，往东在尸城进攻秦军，往南在犨城进攻秦军。在阳城东打败南阳郡守吕齮，进攻宛城，率先登城。往西到达郦县，因为打退敌军，斩杀敌首二十四级，活捉四十人，重加

捕虏百四十六人，降卒二千九百人。

封赏。进攻武关，到达霸上，斩杀都尉一名，敌首十级，活捉四十六人，收降敌兵二千九百人。

注释 1 丰：秦邑名，在今江苏丰县。 2 舍人：战国至汉初，王公贵人身边亲信的通称，后遂为私属官号。 3 监：郡监，主管监察。 4 薛：秦郡名，治所鲁县，在今山东曲阜。 5 司马卮(yí)：秦军将领。 砀(dàng)：秦郡名，治所睢阳，在今河南商丘西南。 国大夫：即官大夫，秦爵名，第六级。 6 列大夫：即公大夫，秦爵名，第七级。 7 城阳：秦县名，今山东鄄城县东南。 8 户牖(yǒu)：秦乡名，在今河南兰考东北。 李由：秦相李斯之子，时任三川郡(今河南西部)守。 上间爵：《汉书》作"上闻爵"，可能为"公乘"，秦爵名，第八级。 9 五大夫：秦爵名，第九级。 10 亳(bó)：秦邑名，地点不详。 11 河间：秦县名，在今河北献县北。 杠里：秦邑名，在今山东鄄城。 12 爵卿：二十等爵中自左庶长(第十级)至大庶长(第十八级)相当于卿。 13 杨熊：秦军将领。 曲遇(qǔ yóng)：邑名，在今河南中牟东。 14 贤成：美称。 15 长社：秦县名，在今河南长葛东北。 轘辕：山名，在今河南偃师东南。 河津：指平阴津，黄河渡口，在今河南孟津东北。 尸：尸乡，在今河南偃师西。 犨(chōu)：秦县名，在今河南鲁山东南。 16 南阳：秦郡名，地当今河南西南部，湖北西北部。治所宛县，今河南南阳。 齮：即吕齮。 阳城：县名，在今河南方城东。 宛城：即宛县城。 17 郦：秦县名，在今河南镇平东北。 重封：重加封赏。《史记索隐》："张晏云'益禄也'。臣瓒以为增封，义亦近是。而如淳曰'正爵名'，非也。小颜以为重封者，兼二号，盖为得也。" 18 都尉：将军之下的武将。

项羽在戏[1]下，欲攻沛公。沛公从百余骑因项伯面见项羽，谢

项羽驻军戏下，想攻打沛公。沛公带领一百多名骑兵，通过项伯的关系和项羽见面，向项羽道歉并说明没有封锁

无有闭关事。[2] 项羽既飨军士，中酒，亚父谋欲杀沛公，令项庄拔剑舞坐中，欲击沛公，项伯常屏蔽之。[3] 时独沛公与张良[4] 得入坐，樊哙在营外，闻事急，乃持铁盾入。到营，营卫止哙，哙直撞入，立帐下。项羽目[5] 之，问为谁。张良曰："沛公参乘[6] 樊哙。"项羽曰："壮士。"赐之卮酒彘肩。[7] 哙既饮酒，拔剑切肉食，尽之。项羽曰："能复饮乎？"哙曰："臣死且不辞，岂特[8] 卮酒乎！且沛公先入定咸阳，暴师霸上，以待大王。[9] 大王今日至，听小人之言，与沛公有隙，臣恐天下解，心疑大王也。[10]"项羽默然。沛公如厕，麾樊哙去。[11] 既出，沛公留车骑，独骑一马，与樊哙等四人步从，从间道[12] 山下归走霸上军，而使张良谢项羽。项羽亦因遂已，无诛

函谷关的事。项羽设宴款待军中将士，酒兴正浓的时候，亚父范增设计想杀害沛公，让项庄在座席间舞剑，想刺杀沛公，项伯总是掩护沛公。当时只有沛公和张良能够入席就座，樊哙在营帐外面，听说情况危急，便手持铁盾进入营帐。来到营帐前，守营卫士制止樊哙，樊哙撞开卫士径直闯入，站在帐下。项羽注视着他，问是什么人。张良说："是沛公的参乘樊哙。"项羽说："是一位壮士。"赏给他一卮酒和一个猪腿。樊哙喝完酒后，拔剑切肉吃，吃完了整个猪腿。项羽说："还能再喝酒吗？"樊哙说："我连死都不怕，难道还在乎一卮酒吗？况且沛公率先进入、平定咸阳，命令军队露宿在霸上，以便等待大王。大王今天到来，听了小人的话，和沛公之间产生嫌隙，我恐怕天下分崩瓦解，大家会心中怀疑大王啊。"项羽默不作声。沛公起身上厕所，示意樊哙一起离开。出了营帐以后，沛公留下随从的车骑，只骑了一匹马，让樊哙等四个人步行护卫，从山下捷径跑回霸上军营，而派张良留下来，替自己辞

沛公之心矣。[13] 是日微樊哙奔入营谯让项羽,沛公事几殆。[14]

别项羽。项羽也因为沛公表示顺从,打消了诛杀沛公的念头。这天如果没有樊哙冲进营帐责备项羽,沛公就十分危险了。

明日[15],项羽入屠咸阳。立沛公为汉王。汉王赐哙爵为列侯,号临武侯[16]。迁为郎中,从入汉中。[17]

第二天,项羽率军进入咸阳后屠杀了全城,封沛公为汉王。汉王赐给樊哙列侯的爵位,号为临武侯。樊哙晋升为郎中,跟随刘邦进入汉中。

注释 1 戏:古地名,在今陕西西安临潼区东北。 2 因:通过。 谢:道歉。 闭关:封锁函谷关,不让其他诸侯入关。 3 飨:以酒肉款待。 中酒:酒兴正浓之时。 亚父:次于父,项羽对谋臣范增的尊称。 屏蔽:像屏障一样保护。 4 张良:字子房,刘邦的谋臣。 5 目:注视,看。 6 参乘:即骖乘,车上陪乘的侍臣。 7 卮(zhī):圆底酒杯。 彘(zhì)肩:猪腿。 8 岂特:岂只。特,只。 9 暴(pù)师:指军队未进咸阳宫室,只在城外蒙受风霜雨露。暴,晒。 霸:霸水,古水名,发源于秦岭,流入渭河。 10 隙:双边关系不和。 解:分解,崩散。 11 如:往。 麾:同“挥”,指用手示意。 12 间道:捷径,小路。 13 遂:顺。 已:止。 14 微:如果没有。 谯让:责备。谯,一本作“诮”。 殆:危险。《史记志疑》引《读史漫录》曰:“此耳食也,项王本无杀沛公之心,直为范增从臾,及沛公一见,固已冰释。使羽真有杀沛公之心,虽百樊哙,徒膏斧钺,何益于汉。太史公好奇,大都抑扬太过。” 15 明日:第二天。《史记·项羽本纪》《汉书·项籍传》《樊哙传》均作“居数日”。 16 号临武侯:或说临武为侯国封地;或说临武为美称。据考,后说允当,可从。 17 迁:升职。 郎中:君王左右的侍从。

还定三秦，别击西丞白水北、雍轻车骑于雍南，破之。[1]从攻雍、斄[2]城，先登。击章平军好畤，攻城，先登陷阵，斩县令丞各一人，首十一级，虏二十人，迁郎中骑将。[3]从击秦车骑壤[4]东，却敌，迁为将军。攻赵贲，下郿、槐里、柳中、咸阳；灌废丘，最[5]。至栎阳，赐食邑杜之樊乡。[6]从攻项籍，屠煮枣。[7]击破王武、程处军于外黄[8]。攻邹、鲁、瑕丘、薛。[9]项羽败汉王于彭城，尽复取鲁、梁地[10]。哙还至荥阳，益食平阴[11]二千户。以将军守广武[12]一岁。项羽引而东，从高祖击项籍，下阳夏，虏楚周将军卒四千人。围项籍于陈，大破之。屠胡陵。

回军平定三秦地区，樊哙率领另一支军队在白水北部进攻西县县丞，在雍县南部进攻雍王章邯的轻便车骑兵，樊哙打败了他们。跟随汉王攻打雍县、斄城，率先登城。在好畤进攻章平的军队，攻城时率先登城，冲入敌阵，斩杀了县令、县丞各一人，敌首十一级，俘虏二十人，晋升为郎中骑将。跟随汉王在壤乡东部进攻秦军骑兵，打退敌军，晋升为将军。进攻赵贲的军队，攻克郿县、槐里、柳中、咸阳；引水淹灌废丘城，樊哙的军功第一。到达栎阳，汉王将杜县的樊乡赐给樊哙作为食邑。跟随汉王进攻项籍，血洗煮枣城。在外黄打败王武、程处的军队。攻打邹县、鲁县、瑕丘、薛县。项羽在彭城打败汉王，重新夺走鲁、梁一带的领地。樊哙回军到达荥阳，又增加了平阴县两千户作为食邑。以将军的身份守卫广武一年。项羽领兵东去，樊哙跟随汉王进攻项籍，攻克阳夏，俘虏了楚国周将军的四千士兵。在陈县包围住项籍，把楚军打得大败。血洗了胡陵城。

注释　1 西：秦县名，在今甘肃天水西南。　白水：古水名，今甘肃陇南武都区南部的白龙江。 雍:指三秦之一的雍王章邯。 2 斄(tái):县名,在今陕西武功西。 3 章平:章邯之子。 好畤(zhì):秦县名,在今陕西乾县东。 4 壤:秦乡名,在今陕西武功东南。 5 最:极点,此处指功劳最大、第一。 6 栎(yuè)阳:秦县名,在今陕西西安高陵区东北。 杜:秦县名,在今陕西西安东南。 樊乡:在杜县之南。 7 煮枣:秦邑名,在今山东东明南。在汉属济阴郡冤句。 8 外黄:秦县名,在今河南兰考东南。 9 邹:秦县名,在今山东邹城。 鲁:秦县名,在今山东曲阜。 瑕丘:县名,在今山东济宁兖州区北。 薛:县名,在今山东微山东北。 10 鲁、梁地:指原战国时鲁国、魏国的领地,即今山东西南部与河南东部一带。 11 平阴:秦县名,在今河南孟津东北。 12 广武:秦邑名,今河南荥阳东北,中有山涧将邑分为东、西。

项籍既死,汉王为帝,以哙坚守战有功,益食八百户。从高帝攻反燕王臧荼[1],虏荼,定燕地。楚王韩信[2]反,哙从至陈,取信,定楚。更赐爵列侯,与诸侯剖符,世世勿绝,食舞阳[3],号为舞阳侯,除前所食。以将军从高祖攻反韩王信于代。[4]自霍人以往至云中,与绛侯等共定之,益食千五百户。[5]因击陈豨与曼丘臣军,战襄

项籍死了以后,汉王做了皇帝,因为樊哙坚守和出战有功劳,增加食邑八百户。跟随高帝进攻反叛汉朝的燕王臧荼,俘虏了臧荼,平定了燕地。楚王韩信谋反,樊哙跟随高帝到达陈县,逮捕韩信而平定了楚地。高帝赐给列侯爵位,和诸侯剖分符信,让他们的爵位世世代代不断绝,樊哙以舞阳作为食邑,称号为舞阳侯,同时免去先前所得的食邑。以将军身份跟随高祖在代地进攻反叛汉朝的韩王韩信。从霍人一直打到云中,和绛侯等人共同平定代地,增加食邑一千五百户。因为进攻陈豨和曼丘臣的军队,在襄国

国,破柏人,先登,降定清河、常山凡二十七县,残东垣,迁为左丞相。[6]破得綦毋印[7]、尹潘军于无终、广昌。破豨别将胡人王黄[8]军于代南,因击韩信军于参合。军所将卒斩韩信,破豨胡骑横谷,斩将军赵既,虏代丞相冯梁、守孙奋、大将王黄、将军、太卜太仆解福等十人。[9]与诸将共定代乡邑七十三。其后燕王卢绾反,哙以相国击卢绾,破其丞相抵[10]蓟南,定燕地,凡县十八,乡邑五十一。益食邑千三百户,定食舞阳五千四百户。从[11]斩首百七十六级,虏二百八十八人。别破军七,下城五,定郡六,县五十二,得丞相一人,将军十二人,二千石已下至三百石十一人。[12]

交战,攻破柏人,率先登城,收降、平定了清河、常山共二十七个县,摧毁了东垣,晋升为左丞相。在无终、广昌等地打垮綦毋印、尹潘的军队,并俘虏了他们。在代南打垮了陈豨属下另一支匈奴将领王黄的军队,顺势在参合进击韩王信的军队。他部下的将士杀死了韩王信,在横谷打败陈豨的匈奴骑兵,杀死将军赵既,俘虏了代国丞相冯梁、郡守孙奋、大将王黄、将军、太卜太仆解福等十人。和诸将共同平定代国的乡邑七十三处。后来燕王卢绾反叛朝廷,樊哙以相国身份进攻卢绾,在蓟县南部打垮他的丞相抵,平定了燕地总共十八个县、五十一处乡邑。高祖给他增加食邑一千三百户,确定以舞阳五千四百户作为他的食邑。跟随高祖作战,斩杀敌首一百七十六级,俘虏二百八十八人。单独率军作战,打垮七支军队,攻克五座城邑,平定六个郡,五十二个县,捉到丞相一人,将军十二人,二千石以下至三百石的官员十一人。

注释 1 臧荼:秦末反秦将领,被项羽封为燕王,后叛楚附汉,仍为燕王。 2 韩信:刘邦主将,开国功臣,被刘邦封为楚王。此次被捉后,降为淮阴侯,后为吕后所杀。 3 食舞阳:以舞阳为食邑。 4 韩王信:战国时韩国韩襄王庶出孙子韩信。楚汉战争中,刘邦立韩信为韩王。高祖七年,韩王信反叛汉廷,投降匈奴。 代:汉郡名,治所在今河北蔚县东北。地当今山西大同以东、河北张家口以西一带。 5 霍人:汉县名,在今山西繁峙东北。 绛侯:即周勃,刘邦将领、开国功臣,封为绛侯,后平定诸吕之乱又立大功。 6 残:摧毁。《史记集解》:"张晏曰:'残,有所毁也。'瓒曰:'残谓多所杀伤也。'《孟子》曰:'贼义谓之残'。" 东垣:县名,在今河北石家庄东北。 7 綦(qí)毋卬(áng):綦毋,复姓。 8 王黄:陈豨将领。 9 横谷:汉地名,在今河北蔚县西北。 太卜:官名,为卜官之长。 太仆:官名,为君王掌管车马。 10 抵:人名,曾任燕国丞相。 11 从:指跟随高祖刘邦作战。 12 别:指独立率军作战。 石:量词,用于官员的年薪。汉制官俸分为十五等,二千石为三等,三百石为十一等。

哙以吕后女弟吕须为妇,生子伉,故其比诸将最亲。[1]

先黥布反时,高祖尝病甚,恶见人,卧禁中,诏户者[2]无得入群臣。群臣绛、灌等莫敢入。[3]十余日,哙乃排闼直入,大臣随之。[4]上独枕一宦者卧。哙等见上流涕曰:"始陛下与臣等起丰沛,定天

樊哙娶吕后的妹妹吕婆为妻,她生下儿子樊伉,因此樊哙比其他将领更亲近刘邦。

先前黥布反叛朝廷的时候,高祖曾经病得很重,厌恶接见人,躺在禁宫内,诏令把守宫门的官吏不准大臣进宫。绛侯、灌婴等大臣没有谁敢入宫。十几天以后,樊哙竟推开宫门径直入宫,大臣都跟随在他身后。皇上独自枕着一个宦官躺着。樊哙等人见到皇上,涕泪交流说:"当初陛下和臣子们在丰、沛起兵,平定天下,多么

下，何其壮也！今天下已定，又何惫也！且陛下病甚，大臣震恐，不见臣等计事，顾独与一宦者绝[5]乎？且陛下独不见赵高之事乎？”高帝笑而起。

豪迈啊！如今天下已经平定，又多么疲惫不堪啊！况且陛下病得很重，大臣们震惊恐惧，皇上不接见我们这些臣子计议大事，难道只想独自和一个宦官诀别吗？而且陛下难道没有见到赵高作乱的事吗？”高帝笑着起了床。

注释 1 女弟：妹妹。 吕须：亦作“吕媭”，下同。 2 户者：守卫宫门的官吏。 3 绛：指绛侯周勃。 灌：刘邦的将领灌婴。 4 排：推。 闼：宫中小门。 5 绝：死，此处作诀别。

其后卢绾反，高帝使哙以相国击燕。是时高帝病甚，人有恶哙党于吕氏，即上一日宫车晏驾，则哙欲以兵尽诛灭戚氏、赵王如意之属。[1]高帝闻之大怒，乃使陈平载绛侯代将，而即军中斩哙。陈平畏吕后，执哙诣长安[2]。至则高祖已崩，吕后释哙，使复爵邑。

此后，卢绾反叛朝廷，高帝派樊哙以相国身份攻打燕国。这时候高帝病得很重，有人在高帝面前诽谤樊哙已成了吕氏一帮的人，如果皇上一旦去世，那么樊哙就会带兵将戚夫人、赵王如意等一班人全部杀死。高帝听说后非常恼怒，便派陈平用车载着绛侯周勃去取代樊哙统领军队，并下令在军营中处死樊哙。陈平畏惧吕后，把樊哙押送到长安。到达长安的时候高祖已经逝世，吕后释放了樊哙，同时恢复了他的爵位和食邑。

注释 1 宫车晏驾：本指皇帝乘车上朝晚，引申为皇帝逝世的隐语。宫车，皇帝宫中所乘之车。晏，晚。 戚氏：刘邦的宠妃，其子赵王如意亦因相貌、性格与刘邦相似而得宠。 2 长安:西汉都城,今陕西西安西北。

孝惠[1]六年,樊哙卒,谥为武侯。子伉代侯。而伉母吕须亦为临光侯。高后时用事专权,大臣尽畏之。伉代侯九岁,高后崩。大臣诛诸吕、吕须媭属[2],因诛伉。舞阳侯中绝[3]数月。孝文帝既立,乃复封哙他庶子[4]市人为舞阳侯,复故爵邑。市人立二十九岁卒,谥为荒侯。子他广代侯。六岁,侯家舍人得罪他广,怨之,乃上书曰:“荒侯市人病不能为人[5],令其夫人与其弟乱而生他广,他广实非荒侯子,不当代后。”诏下吏。孝景中六年,他广夺侯为庶人,国除。[6]

孝惠帝六年,樊哙去世,谥号为武侯。他的儿子樊伉继承侯位。樊伉的母亲吕媭也被封为临光侯。高后在这个时候处理朝政独掌大权,大臣们全都畏惧她。樊伉继承侯位九年,高后逝世。大臣们诛杀各个吕氏家族的人、吕媭的亲属,因而连带诛杀了樊伉。舞阳侯爵位中断了几个月。孝文帝继位以后,又重新封樊哙另外一个庶出的儿子市人做舞阳侯,恢复原先的爵位和食邑。市人继承侯位二十九年后死去,谥号为荒侯。市人的儿子他广继承侯位。六年以后,舞阳侯家一位舍人得罪了他广,怨恨他,便上书皇上说:“荒侯市人有病,不能过夫妻生活,让他夫人和他的弟弟同房淫乱而生下了他广,他广其实不是荒侯的儿子,不应当继承侯位。”皇上下令将这件事交给官吏去处理。孝景帝中六年,他广被剥夺侯位,沦为平民,舞阳侯封国被撤除。

注释 1 孝惠:指汉惠帝刘盈,公元前195—前188年在位。 2 媭属:同“眷属”,亲属,家属。 3 中绝:中断。此指舞阳侯爵位空缺。4 庶子:妻所生长子外的其他儿子和妾所生之子,称庶子。 5 为人:为人道,即夫妻间性生活。 6 孝景中六年:即公元前144年。孝景,指景帝刘启。景帝在位时,曾三次改元,故以前、中、后称之。 庶人:平民。 国除:舞阳侯国被撤除。

曲周侯郦商者,高阳人。陈胜起时,商聚少年东西略人[1],得数千。沛公略地至陈留,六月余,商以将卒四千人属沛公于岐。[2]从攻长社,先登,赐爵封信成君。从沛公攻缑氏,绝河津,破秦军洛阳东。从攻下宛、穰,定十七县。别将攻旬关,定汉中。

项羽灭秦,立沛公为汉王。汉王赐商爵信成君,以将军为陇西都尉。别将定北地、上郡。破雍将军乌氏,周类军栒邑,苏驵军于泥阳。[3]赐食邑武成六千户。以陇西都尉从击项籍军五月,出钜野,与钟离眜战,疾斗,受梁相国印,益食邑四千

曲周侯郦商是高阳人。陈胜起兵的时候,郦商聚集一帮青年到处拉人入伍,得到几千人。沛公夺取地盘时到达陈留,六个多月后,郦商率领四千士兵到岐地归属沛公。跟随沛公攻打长社,率先登城,被赐给信成君的爵位封号。跟随沛公攻打缑氏,封锁黄河渡口,在洛阳东部打垮秦军。跟随沛公攻克宛县和穰县,平定了十七个县。郦商独自率军攻克了旬关,平定了汉中。

项羽灭亡了秦朝,分封沛公为汉王。汉王赐爵郦商为信成君,并让他以将军身份做陇西都尉。郦商独自率领将士平定北地、上郡。在乌氏打垮雍王章邯率领的军队,在栒邑打垮周类率领的军队,在泥阳打垮苏驵率领的军队。汉王将武成六千户赐给郦商作为食邑。他以陇西都尉身份跟随汉王进攻项籍的军队达五个月,出兵钜野,和钟离眜交战,因为在激烈的战斗中有功,被任为梁国相国,又增加食邑四千户。以梁国相国身

户。以梁相国将从击项羽二岁三月,攻胡陵。

份率军跟随汉王进攻项羽长达两年三个月,攻取了胡陵。

注释 1 略人:指强制性拉人入伍。 2 陈留:汉县名,在今河南开封东南。 岐:汉地名,约当今河南开封陈留镇旁。 3 雍:指雍王章邯。 乌氏:原作"焉氏",据景祐本、绍兴本等改。

项羽既已死,汉王为帝。其秋,燕王臧荼反,商以将军从击荼,战龙脱,先登陷阵,破荼军易下,却敌,迁为右丞相,赐爵列侯,与诸侯剖符,世世勿绝,食邑涿五千户,号曰涿侯。以右丞相别定上谷,因攻代,受赵相国印。以右丞相赵相国别与绛侯等定代、雁门,得代丞相程纵、守相郭同、将军已下至六百石十九人。还,以将军为太上皇[1]卫一岁七月。以右丞相击陈豨,残东垣。又以右丞相从高帝击黥布,攻其前拒,陷两陈,得以破布军。[2]更食曲周五千一百户,除前

项羽死了以后,汉王当上皇帝。这年秋天,燕王臧荼反叛朝廷,郦商以将军身份跟随皇上进攻臧荼,在龙脱交战时,率先登城,冲入敌阵,在易县附近打垮臧荼的军队,打退了敌军,晋升为右丞相,赐给列侯爵位,皇上和诸侯剖分符信,让他们世代相传,不断绝爵位,郦商得到涿县五千户作为食邑,称号为涿侯。郦商以右丞相的身份独自率军平定上谷,乘势进攻代郡,被任为赵国国相。他又以右丞相、赵相国身份率军和绛侯等人平定代郡、雁门郡,俘获代丞相程纵、守相郭同、将军以下将领至六百石级别官员十九人。回军以后,郦商以将军身份担任太上皇的卫官一年零七个月。他以右丞相身份进攻陈豨,摧毁了东垣。又以右丞相身份跟随高帝进攻黥布,攻打敌军

所食。凡别破军三，降定郡六，县七十三，得丞相、守相、大将各一人，小将二人，二千石已下至六百石十九人。

商事孝惠。高后时，商病，不治[3]。其子寄，字况，与吕禄善。及高后崩，大臣欲诛诸吕，吕禄为将军，军于北军，太尉勃不得入北军，于是乃使人劫郦商，令其子况绐吕禄，吕禄信之，故与出游，而太尉勃乃得入据北军，遂诛诸吕。[4]是岁商卒，谥为景侯。子寄代侯。天下称郦况卖交[5]也。

前线阵地，攻破两阵，因而能够打垮黥布的军队。皇上改封曲周五千一百户作为郦商的食邑，除去他以前的食邑。郦商的战功共计：独自率军打垮三支敌军，降服平定六个郡，七十三个县，俘获丞相、代理丞相、大将各一人，小将二人，二千石级别以下至六百石级别的官员十九人。

郦商在惠帝时做官。高后时，郦商得了病，不能处理政事。他的儿子名寄，字况，和吕禄是好朋友。到高后逝世时，大臣们想诛杀吕氏家族，吕禄担任将军，驻在北军营地，太尉周勃不能进入北军，于是便派人劫持郦商，让他的儿子郦况去欺骗吕禄，吕禄相信了郦况，因此和他出外游玩，使太尉周勃才能进入军营掌控北军，进而诛杀了吕氏家族。这年，郦商逝世，谥号为景侯。儿子郦寄继承了侯位。天下人都说郦况出卖朋友。

注释　1 太上皇：刘邦建国称皇帝后，尊称其父为太上皇。　2 前拒：军队的前阵。拒，方阵。　陈：“阵”的古字。　3 不治：不能治理官事。　4 劫：劫持。　绐：欺骗。　5 卖交：出卖朋友。

孝景前三年，吴、楚、齐、赵反，上以寄为将军，围赵城，十月不能下。[1]得俞侯栾布[2]自平齐来，乃下赵城，灭赵，王自杀，除国。孝景中二年，寄欲取平原君为夫人，景帝怒，下寄吏，有罪，夺侯。[3]景帝乃以商他子坚封为缪侯，续郦氏后。缪靖侯卒，子康侯遂成立。遂成卒，子怀侯世宗立。世宗卒，子侯终根立，为太常，坐法，国除。[4]

景帝前元三年，吴、楚、齐、赵等七国诸侯反叛朝廷，皇上任命郦寄为将军，围攻赵城，十个月不能攻克。俞侯栾布平定齐地后回军而来，得到他的帮助，才攻克赵城，灭了赵国，赵王自杀，赵国被撤除。景帝中元二年，郦寄想娶平原君做夫人，景帝发怒，将郦寄交法官处理，被判有罪，失去了侯位。景帝便封郦商的另一个儿子郦坚为缪侯，延续郦氏这一家族。缪靖侯逝世，他的儿子康侯遂成继承侯位。遂成逝世，其子怀侯世宗继承了侯位。世宗逝世，儿子终根继承了侯位，终根担任太常，因犯法而获罪，侯国被废除了。

注释　1 孝景前三年：前元三年，即公元前 154 年。　吴：诸侯国吴国，吴王刘濞。　楚：诸侯国楚国，楚王刘戊。　齐：原齐国领地有四个诸侯国：胶西王刘卬，胶东王刘雄渠、菑川王刘贤和济南王刘辟光。　赵：诸侯国赵国，赵王刘遂。此次叛乱，史称“七国之乱”。　2 栾布：文帝时担任燕国相国，景帝时被封为俞(shū)侯。　3 孝景中二年：中元二年，即公元前 148 年。　平原君：景帝王皇后之母臧儿，武帝时尊称她为平原君。　4 太常：汉九卿之一，掌管宗庙礼仪、选试博士等职。　坐法：指因触犯法律而获罪。坐，获罪。

汝阴侯夏侯[1]婴，沛人也。为沛厩司御。[2]每送使客还，过沛泗上亭，与高祖语，未尝不移日也。[3]婴已而试补县吏，与高祖相爱。高祖戏[4]而伤婴，人有告高祖。高祖时为亭长，重坐伤人，告故不伤婴，婴证之。[5]后狱覆，婴坐高祖系岁余，掠笞数百，终以是脱高祖。[6]

汝阴侯夏侯婴是沛县人。他担任沛县马房的司御。每次送使者客人返回，经过沛县泗水亭的时候，都和高祖交谈，没有不是谈上大半天的。不久，夏侯婴试用成了县吏，他和高祖要好。两人游戏时，高祖误伤了夏侯婴，有人告发高祖伤了人。高祖当时身任亭长，因为伤了人要加重治罪，高祖自己申诉并未伤害夏侯婴，夏侯婴也证实这一点。后来翻了案，夏侯婴因高祖这件事而坐了一年多的牢，被鞭笞挨了几百板子，终于因此帮高祖开脱了罪责。

注释　1 夏侯：复姓。　2 厩：马房。　司御：秦低级官吏名，职掌驾车送客。　3 泗上亭：即泗水亭，在今江苏沛县东。　移日：太阳移动，谓时间较长。　4 戏：摔跤之类的游戏。　5 亭长：秦时十里设一亭，置一亭长，是低级官吏。　重坐伤人：因为吏伤人而加重治罪。　告故：自告事故。　6 狱覆：翻案。　掠：拷打。

高祖之初与徒属欲攻沛也，婴时以县令史[1]为高祖使。上降沛一日，高祖为沛公，赐婴爵七大夫，以为太仆。[2]从攻胡陵，婴与萧何降泗水监平，平以胡陵降。赐婴爵五大

高祖当初和他的部属想攻打沛县，夏侯婴这时候以县令史的身份替高祖进行联络。就在高祖降服沛县的那一天，高祖做了沛公，赐给夏侯婴七大夫的爵位，任命他做太仆。夏侯婴跟随高祖进攻胡陵，他和萧何招降了泗水郡的郡监平，平带领胡陵全城投降了。高祖赐予夏侯婴

夫。从击秦军砀东，攻济阳，下户牖，破李由军雍丘下，以兵车趣攻战疾，赐爵执帛。常以太仆奉车从击章邯军东阿、濮阳下，以兵车趣攻战疾，破之，赐爵执珪。[3]复常奉车从击赵贲军开封，杨熊军曲遇。婴从捕虏六十八人，降卒八百五十人，得印一匮[4]。因复常奉车从击秦军雒阳东，以兵车趣攻战疾，赐爵封，转为滕公[5]。因复奉车从攻南阳，战于蓝田、芷阳，以兵车趣攻战疾，至霸上。项羽至，灭秦，立沛公为汉王。汉王赐婴爵列侯，号昭平侯，复为太仆，从入蜀、汉。

五大夫的爵位。夏侯婴跟随高祖在砀县东面进击秦军，攻打济阳，攻克了户牖，在雍丘城下打垮李由的军队，运用兵车急攻激战，被赐给执帛的爵位。他曾经以太仆的身份驾车跟随高祖在东阿、濮阳城下进击章邯的军队，运用兵车急攻激战，打垮了敌军，被赐给执珪的爵位。又曾经驾车跟随高祖在开封进击赵贲的军队，在曲遇进击杨熊的军队。夏侯婴跟随高祖作战，俘获俘虏六十八人，收降敌兵八百五十人，缴获一匣子官印。又因为曾经驾车跟随高祖在雒阳东面进击秦军，运用兵车急攻激战，被赐给封爵，转而称他为滕公。又驾车跟随高祖进攻南阳，在蓝田、芷阳交战，运用兵车急攻激战，到达霸上。项羽来到，灭亡了秦朝，分封沛公做了汉王。汉王赐给夏侯婴列侯爵位，称号为昭平侯。他再次担任太仆，跟随高祖进入蜀、汉中地区。

注释　**1** 县令史：县中掌管文书工作的小吏。　**2** 上：指刘邦。　一日：指刘邦降沛后的第一日。　七大夫：秦爵第七级。　**3** 奉车：驾车，御车。　执珪：楚国爵位名，级别最高。　**4** 匮(guì)：匣子。　**5** 滕公：《汉书》作“滕令”。

还定三秦，从击项籍。至彭城，项羽大破汉军。汉王败，不利，驰去。见孝惠、鲁元，载之。汉王急，马罢，虏在后，常蹶两儿欲弃之，婴常收，竟载之，徐行面雍树乃驰。[1]汉王怒，行欲斩婴者十余，卒得脱，而致孝惠、鲁元于丰。

汉王既至荥阳，收散兵，复振，赐婴食祈阳[2]。复常奉车从击项籍，追至陈，卒定楚，至鲁，益食兹氏。

汉王立为帝。其秋，燕王臧荼反，婴以太仆从击荼。明年，从至陈，取楚王信。更食汝阴，剖符世世勿绝。以太仆从击代，至武泉、云中，益食千户。因从击韩信军胡骑晋

回军平定三秦地区，夏侯婴跟随汉王进攻项籍。到达彭城，项羽把汉军打得大败。汉王战败，形势不利，乘车急驰逃跑。碰见孝惠和鲁元，让他俩上了车。汉王急于逃走，拉车的马已经疲惫，敌人又在后面，汉王总是用脚踢两个孩子，想抛弃他俩，夏侯婴总是把他俩拉在自己身边，始终载着他俩，慢慢赶车，看到两个小孩抱紧了自己后才让马飞跑起来。汉王恼怒，路上有十几次要杀死夏侯婴，最终得以逃脱，把孝惠和鲁元送到了丰县。

汉王到达荥阳以后，收聚散兵，重新振兴起来，将沂阳赐给夏侯婴作为食邑。夏侯婴一再驾车跟随汉王进攻项籍，追击到陈县，最终平定了楚地，到鲁地后，又增加兹氏为其食邑。

汉王登基称帝。这年秋天，燕王臧荼反叛朝廷，夏侯婴以太仆身份跟随皇上进攻臧荼。第二年，跟随皇上到达陈县，逮捕了楚王韩信。皇上将夏侯婴的食邑改为汝阴，剖符为凭，世代继承不断绝。他以太仆的身份跟随皇上攻打代地，到达武泉、云中，增加食邑一千户。继而跟随皇上进攻晋阳城旁韩信军中的匈奴骑兵，把敌军打得大败。追击败亡的逃敌到达平城，被匈奴军队包

阳旁，大破之。追北至平城，为胡所围，七日不得通。高帝使使厚遗阏氏，冒顿开围一角。高帝出欲驰，婴固徐行，弩皆持满外向，卒得脱。益食婴细阳千户。复以太仆从击胡骑句注北，大破之。以太仆击胡骑平城南，三陷陈，功为多，赐所夺邑五百户。以太仆击陈豨、黥布军，陷陈却敌，益食千户，定食汝阴六千九百户，除前所食。

围，七天都不能逃出包围。高帝派使者送了一份厚礼给匈奴单于王后阏氏，匈奴单于冒顿将包围圈撤开一个出口。高帝出围后就想急驰，夏侯婴坚持慢慢行车，士兵都拉满弓箭头向外，最终得以脱围。增加细阳一千户给夏侯婴作食邑。又以太仆身份跟随皇上在句注山北部进攻匈奴骑兵，把敌军打得大败。又以太仆身份在平城南部进攻匈奴骑兵，多次攻破敌阵，功劳比其他人多，皇上将所夺得城邑中的五百户赐给他作为食邑。以太仆身份进攻陈豨、黥布的军队，冲锋陷阵，击退敌军，增加了食邑一千户，最后确定以汝阴的六千九百户作为食邑，除去以前所有的食邑。

注释 1 罢：通“疲”。 蹶：踢。 面雍树：意谓大人拥抱着小孩，小孩抱着大人的脖子像是拥着树干。雍，通“拥”。《史记集解》苏林曰：“南方人谓抱小儿为‘雍树’。面者，大人以面首向临之，小儿抱大人颈似悬树也。”又，《史记会注考证》中井积德曰：“雍，盖地名，初仓皇奔逃，莫适往，望雍之树色，乃驰而趋之也。《灌婴传》云‘汉王遁而西还，军于雍丘’，然则所谓雍，指雍丘邪？”按：二说之外，尚有多说。 2 祈阳：“祈”，宜作“沂”。秦乡名，《汉书》作“沂阳”。

婴自上初起沛，常为太仆，竟高祖崩。以太仆事孝惠。孝惠帝及高后德婴之脱孝惠、鲁元于下邑之间也，乃赐婴县北第第一，曰“近我”，以尊异之。[1]孝惠帝崩，以太仆事高后。高后崩，代王之来，婴以太仆与东牟侯入清宫，废少帝，以天子法驾迎代王代邸，与大臣共立为孝文皇帝，复为太仆。[2]八岁卒，谥为文侯。子夷侯灶立，七年卒。子共侯赐立，三十一年卒。子侯颇尚平阳公主。[3]立十九岁，元鼎二年，坐与父御婢奸罪，自杀，国除。[4]

自从皇上在沛县起兵开始，夏侯婴总是担任太仆，一直到高祖去世。又以太仆身份侍奉惠帝。惠帝和高后都感激夏侯婴在下邑一带救过惠帝和鲁元，便把京城北阙住宅区第一等的住宅赏赐给夏侯婴，说是“离我近”，来表示尊重他，使他与众不同。惠帝去世以后，又以太仆身份侍奉高后。高后去世，代王来到京城，夏侯婴以太仆的身份和东牟侯入宫清除异己分子，废除少帝，用天子的车驾到代王官邸迎接代王，和大臣一起拥立代王为帝，又担任太仆职务。八年后去世，谥号为文侯。他的儿子夷侯夏侯灶继承侯位，七年后去世。儿子共侯夏侯赐继承侯位，三十一年后去世。儿子夏侯颇娶的是平阳公主。继位十九年时，即元鼎二年，因和父亲的侍婢通奸而犯了罪，自杀身死，侯国被废除。

注释 **1** 德：感激。　脱：脱离灾难，救。　下邑：县名，在今安徽砀山。　县(xiàn)：儒家说四海之内为九州，其一为畿内，天子所治。夏称县内，商、周称畿。后遂以“县”称天子所居京城。又按：《汉书》无“县”字。　北第：近北阙之第。北阙，古代宫殿北面的门楼，是臣子等候相见或上书奏事之处。后用为宫禁或朝廷的别称。第，住宅。　第一：指第一等。　**2** 代王：刘邦之子刘恒，始封代王，后被大臣迎立为帝。　东牟侯：

齐王刘肥之子刘兴居。 清宫:清理宫室,驱除原住宫内异己分子。 少帝:惠帝后宫妃嫔之子,始封常山王,后继位为帝。 法驾:皇帝的车驾。 **3** 尚:取公主为妻。 平阳公主:景帝刘启之女。《史记志疑》按:"孝景长女阳信公主,后为平阳公主者,乃武帝之姊王皇后所生。《汉书·夏侯婴传》云'主随外家姓,号孙公主',盖别一公主也。《汉书考异》曰'颇所尚之平阳公主,不知何帝女,马端临《帝系考》亦失书'。" **4** 元鼎二年:即公元前115年。元鼎,武帝刘彻的年号。武帝时,始以年号纪年。 御婢:侍奉的奴婢。

颍阴侯灌婴者,睢阳贩缯者也。高祖之为沛公,略地至雍丘下,章邯败杀项梁,而沛公还军于砀,婴初以中涓从,击破东郡尉于成武及秦军于杠里,疾斗,赐爵七大夫。从攻秦军亳南、开封、曲遇,战疾力,赐爵执帛,号宣陵君。从攻阳武以西至雒阳,破秦军尸北,北绝河津,南破南阳守齮阳城东,遂定南阳郡。西入武关,战于蓝田,疾力,至霸上,赐爵执珪,号昌文君。

沛公立为汉王,拜婴

颍阴侯灌婴是睢阳贩卖丝织品的商人。高祖做了沛公以后,夺取地盘来到雍丘一带,章邯打败并杀死了项梁,沛公回军来到砀县,灌婴最初是以中涓的身份跟随沛公,在成武打败东郡郡尉和在杠里打败秦军,奋力战斗,被赐给七大夫的爵位。跟随沛公在亳南、开封、曲遇等地进攻秦军,奋力激战,被赐给执帛的爵位,号称宣陵君。跟随沛公在阳武以西到雒阳一带进攻秦军,在尸乡北边打垮秦军,向北,切断了黄河渡口,向南,在阳城东边打垮南阳郡守齮,从而平定了南阳郡。往西进入武关,在蓝田交战,奋力急攻,到达霸上,被赐给执珪的爵位,号称昌文君。

沛公被分封做了汉王,任命灌

为郎中，从入汉中十月，拜为中谒者[1]。从还定三秦，下栎阳，降塞王[2]。还围章邯于废丘，未拔。从东出临晋关，击降殷王，定其地。[3]击项羽将龙且、魏相项他军定陶南，疾战，破之。赐婴爵列侯，号昌文侯，食杜平乡。[4]

婴做郎中，他跟随汉王进入汉中十个月后，被任命为中谒者。他又跟随汉王回军平定三秦地区，攻克栎阳，降服了塞王。又回军将章邯包围在废丘，未能攻克。他跟随汉王往东出兵临晋关，进攻殷王并降服了他，平定了他所管辖的地区。在定陶南部进攻项羽属下将领龙且、魏国丞相项他的军队，全力战斗，打垮了他们。汉王赐给灌婴列侯的爵位，号昌文侯，以杜县平乡为食邑。

注释　1 中谒者：官名，在皇帝身边负责传达诏谕。　2 塞王：即司马欣，原为秦军将领，投降项羽后被封为塞王。　3 临晋关：亦称蒲津关，在今陕西大荔黄河西岸。　殷王：即司马卬，灭秦之后，项羽封他为殷王。　4 杜：秦县名，在今陕西西安东南。　平乡：秦乡名，属杜县。

复以中谒者从降下砀，以至彭城。项羽击，大破汉王。汉王遁而西，婴从还，军于雍丘。王武、魏公申徒反，从击破之。攻下黄，西收兵，军于荥阳。[1]楚骑来众，汉王乃择军中可为骑将者，皆推故秦骑士重泉[2]人李必、

灌婴又以中谒者的身份跟随汉王降服了砀县，到达彭城。项羽来攻，把汉王打得大败。汉王向西逃跑，灌婴跟随汉王回军，驻军在雍丘。王武、魏公申徒反叛汉王，跟随汉王进攻，打垮了叛军。攻克外黄，西进收聚兵马，驻军在荥阳。楚国大批骑兵来攻，汉王便在军中挑选可以担任骑兵将领的人，大家都推举原来秦军骑士重泉人李必和骆甲，他们通晓骑兵战

骆甲习骑兵，今为校尉，可为骑将。汉王欲拜之，必、甲曰："臣故秦民，恐军不信臣，臣愿得大王左右善骑者傅[3]之。"灌婴虽少，然数力战，乃拜灌婴为中大夫，令李必、骆甲为左右校尉，将郎中骑兵击楚骑于荥阳东，大破之。[4]受诏别击楚军后，绝其饷道，起阳武至襄邑。击项羽之将项冠于鲁下，破之，所将卒斩右司马[5]、骑将各一人。击破柘公王武军于燕西，所将卒斩楼烦将五人、连尹一人。[6]击王武别将桓婴白马下，破之，所将卒斩都尉一人。以骑渡河南，送汉王到雒阳，使北迎相国韩信军于邯郸。还至敖仓，婴迁为御史大夫。

术，现任校尉，能担任骑军将领。汉王想委任他们，李必、骆甲说："我等原是秦朝的人，恐怕军士不信任我们，我们愿意辅佐大王身边臣子中一位善于骑射的人。"灌婴虽然年轻，但多次奋力战斗，便任命灌婴做中大夫，让李必、骆甲做左、右校尉，率领郎中骑兵在荥阳东部进攻楚国骑兵，把楚军打得大败。灌婴接受诏令独自进攻楚军后方，断绝楚军从阳武至襄邑之间的粮道。在鲁县附近进攻项羽属下将领项冠，打垮了楚军，灌婴率领的士兵杀死楚军右司马、骑兵将领各一人。在燕县西面打垮了柘县县令王武的军队，所率领的士兵杀死敌军楼烦将领五人、连尹一人。在白马附近进攻王武属下别部将领桓婴，打垮了敌军，所率领的士兵杀死敌军都尉一人。灌婴率领骑兵渡过黄河往南，送汉王到达雒阳，汉王派他往北到邯郸去迎接相国韩信的军队。回军到敖仓，灌婴晋升做御史大夫。

注释　1 魏公申徒：申徒原为秦将，投降汉王后被封为魏公。　下黄：攻克外黄县。下，攻克。黄，即外黄县。　2 重泉：秦县名，在今陕西蒲城东南。 3 傅:辅佐。 4 中大夫:职官等级名称,大夫分为上、中、下三级。 校尉:武官职名,低于将军。 郎中骑兵:此指宿卫君王的骑兵。 5 右司马:武官职名,低于校尉。 6 楼烦:县名,在今山西宁武。西北少数民族所居地,其人善骑射,故称军中善于骑射者为楼烦。此处楼烦将,不一定是楼烦人。 连尹:楚国职官名,主管射箭。

三年[1],以列侯食邑杜平乡。以御史大夫受诏将郎中骑兵东属相国韩信,击破齐军于历下,所将卒虏车骑将军华毋伤及将吏四十六人。降下临菑,得齐守相田光。追齐相田横至嬴、博,破其骑,所将卒斩骑将一人,生得骑将四人。攻下嬴、博,破齐将军田吸于千乘,所将卒斩吸。东从韩信攻龙且、留公旋于高密,卒斩龙且,生得右司马、连尹各一人,楼烦将十人,身生得亚将周兰。[2]

齐地已定,韩信自立为齐王,使婴别将击楚将公杲于鲁北,破之。转南,破薛郡长,身虏骑将一人。攻傅阳,

汉王三年,灌婴以列侯身份获得杜县平乡作为食邑。以御史大夫身份接受诏令率领郎中骑兵东进隶属相国韩信,在历下进攻打垮齐军,他所率领的士兵俘获齐国车骑将军华毋伤和将领、官吏四十六人。降服临菑,俘获齐代理丞相田光。追击齐相田横,到达嬴县、博县,打垮他的骑兵,灌婴率领的士兵杀死齐军骑将一人,活捉骑将四人。攻克嬴县、博县,在千乘打垮齐将军田吸,灌婴率领的士兵杀死了田吸。向东跟随韩信在高密进攻龙且、留公旋,斩杀了龙且,活捉右司马、连尹各一人,楼烦将十人,灌婴本人活捉敌军副将周兰。

齐地平定以后,韩信自立做了齐王,派灌婴独自率军在鲁北进攻楚将公杲,打垮了楚军。转战南征,打败薛郡郡守,亲自俘获

前至下相以东南僮、取虑、徐。度淮，尽降其城邑，至广陵。项羽使项声、薛公、郯公复定淮北。婴度淮北，击破项声、郯公下邳，斩薛公，下下邳，击破楚骑于平阳，遂降彭城，虏柱国项佗，降留、薛、沛、酂、萧、相。攻苦、谯，复得亚将周兰。与汉王会颐乡。从击项籍军于陈下，破之，所将卒斩楼烦将二人，虏骑将八人。赐益食邑二千五百户。

骑将一人。攻打傅阳，前进到下相东南的僮县、取虑、徐县等地。渡过淮河，降服那里的全部城邑，进军到广陵。项羽派项声、薛公、郯公重新平定了淮北。灌婴渡过淮河，在下邳打垮了项声、郯公，杀死薛公，攻克了下邳，在平阳打垮了楚军骑兵，于是降服了彭城，俘获了楚国柱国项佗，降服了留、薛、沛、酂、萧、相等县城邑。攻打苦县、谯县，又俘获了副将周兰。和汉王在颐乡会师。跟随汉王在陈县附近进攻项籍军队，打垮了楚军，灌婴率领的士兵杀死楼烦将两人，俘获骑将八人。汉王加封给灌婴两千五百户的食邑。

注释 1 三年：汉三年，即公元前204年。 2 公：县令称公。 旋：人名。 亚将：地位次于将军的副将。

项籍败垓下去也，婴以御史大夫受诏将车骑别追项籍至东城，破之。所将卒五人共斩项籍，皆赐爵列侯。降左右司马各一人，卒万二千人，尽得其军将吏。下东城、历阳。渡江，破吴郡[1]长吴下，得吴守，

项籍在垓下战败后逃跑了，灌婴以御史大夫身份接受诏令率领车骑部队另外追击项羽，直到东城，打垮了楚军。他率领的五位将士共同斩杀了项籍，都被赐给了列侯的爵位。降服左、右司马各一人，士兵一万两千人，俘获了楚军所有的将领和官吏。攻克了东城、历阳。渡过长江，在吴县附近打败吴郡郡

遂定吴、豫章、会稽郡。还定淮北,凡五十二县。

汉王立为皇帝,赐益婴邑三千户。其秋,以车骑将军从击破燕王臧荼。明年,从至陈,取楚王信。还,剖符,世世勿绝,食颍阴二千五百户,号曰颍阴侯。

以车骑将军从击反韩王信于代,至马邑,受诏别降楼烦以北六县,斩代左相,破胡骑于武泉北。复从击韩信胡骑晋阳下,所将卒斩胡白题[2]将一人。受诏并将燕、赵、齐、梁、楚车骑,击破胡骑于硰石。至平城,为胡所围,从还军东垣。

从击陈豨,受诏别攻豨丞相侯敞军曲逆下,破之,卒斩敞及特将[3]五人。降曲逆、卢奴、上曲阳、安国、安平。攻下东垣。

守,俘获了吴郡郡守,于是平定了吴、豫章、会稽等郡。回军平定淮北,共五十二个县。

汉王登基当皇帝后,加赐三千户作为灌婴的食邑。这年秋天,灌婴以车骑将军的身份跟随皇上进攻、打败了燕王臧荼。第二年,跟随皇上到陈县,逮捕了楚王韩信。回京后,皇上和他剖分符信,让他的爵位世世代代永不断绝,以颍阴两千五百户作为食邑,号称颍阴侯。

灌婴以车骑将军的身份跟随皇上到代地进攻反叛朝廷的韩王韩信,到达马邑,接受诏令独自降服楼烦以北六个县,斩杀代国左相,在武泉北部打垮匈奴骑兵。再次跟随皇上在晋阳附近进攻韩信的匈奴骑兵,他率领的士兵斩杀匈奴白题将领一人。他又受命率领燕、赵、齐、梁、楚等诸侯国车骑部队,在硰石打垮了匈奴骑兵。汉军到达平城,被匈奴军队包围,他跟随皇上回军到东垣。

灌婴跟随皇上进攻陈豨,接受诏令独自率军在曲逆附近进攻陈豨的丞相侯敞的军队,打垮了敌军,士兵斩杀了侯敞及其特将五人。降服了曲逆、卢奴、上曲阳、安国、安平等城。

黥布反,以车骑将军先出,攻布别将于相,破之,斩亚将楼烦将三人。又进击破布上柱国军及大司马军。又进破布别将肥诛[4]。婴身生得左司马一人,所将卒斩其小将十人,追北至淮上。益食二千五百户。布已破,高帝归,定令婴食颍阴五千户,除前所食邑。凡从得二千石二人,别破军十六,降城四十六,定国一,郡二,县五十二,得将军二人,柱国、相国各一人,二千石十人。

攻克了东垣。

黥布反叛朝廷,灌婴以车骑将军的身份首先出兵,在相县进攻黥布别部将领,打垮了敌军,斩杀副将、楼烦将三人。又进攻、打垮黥布的上柱国和大司马两支军队。又进攻、打垮黥布别部将领肥诛。灌婴亲自活捉左司马一人,所率领的士兵斩杀敌军小将十人,追击败军到了淮河沿岸。增加食邑两千五百户。黥布败亡以后,高帝回京,封给灌婴颍阴五千户为食邑,除去先前所赐的食邑。灌婴的战功总计:跟随皇上俘获两千石级别官员两人,独自率军打垮敌军十六次,降服城邑四十六座,平定一个诸侯国、两个郡、五十二个县,俘获将军两人,柱国、相国各一人,两千石级别官员十人。

注释 1 吴郡:陈直疑为项羽自置之郡,地当今江苏长江以南地区及长江以北之南通、海门等地,治所吴县,在今江苏苏州。 2 白题:匈奴部族名,其俗以白涂其额,故名白题。题,额。 3 特将:独当一面的将领。 4 肥诛:人名,别本作“铢”,《汉书》亦作“铢”。

婴自破布归,高帝崩,婴以列侯事孝惠帝及吕太后。太后崩,吕禄等以赵

打垮黥布后,灌婴回京,高帝去世,他以列侯身份接着侍奉惠帝和吕太后。太后去世,吕禄等人以

王自置为将军，军长安，为乱。齐哀王闻之，举兵西，且入诛不当为王者。上将军吕禄等闻之，乃遣婴为大将，将军往击之。婴行至荥阳，乃与绛侯等谋，因屯兵荥阳，风[1]齐王以诛吕氏事，齐兵止不前。绛侯等既诛诸吕，齐王罢兵归，婴亦罢兵自荥阳归，与绛侯、陈平共立代王为孝文皇帝。孝文皇帝于是益封婴三千户，赐黄金千斤，拜为太尉。

三岁，绛侯勃免相就国，婴为丞相，罢太尉官。是岁，匈奴大入北地、上郡。令丞相婴将骑八万五千往击匈奴。匈奴去，济北王反，诏乃罢婴之兵。后岁余，婴以丞相卒，谥曰懿侯。子平侯阿[2]代侯。二十八年卒，子彊代侯。十三年，彊有罪，绝二岁。元光三

赵王身份自行设置做了将军，驻军长安，图谋叛乱。齐哀王听说以后，发兵西进，将入京诛杀那些不应当做诸侯王的人。上将军吕禄等人听说了，便派灌婴担任大将，率领军队前往攻打齐哀王的军队。灌婴率军前进到荥阳，便和绛侯周勃等人谋划，乘势屯兵在荥阳，向齐哀王暗示将要诛杀吕氏兄弟的事，齐军便按兵不动了。绛侯等人诛灭了诸吕兄弟以后，齐王收兵回国，灌婴也就收兵从荥阳回京，和绛侯、陈平共同拥立代王为孝文皇帝。孝文皇帝便加封三千户给灌婴作为食邑，赏赐一千斤黄金，并任命他为太尉。

经过三年，绛侯周勃被免除丞相职务，回到自己封国去了，灌婴当上了丞相，撤销了太尉一职。这一年，匈奴大规模侵入北地、上郡。皇上令丞相灌婴率领八万五千骑兵前往攻打匈奴。匈奴撤退后，济北王反叛朝廷，皇上诏令撤回灌婴的军队。一年多以后，灌婴死在丞相任上，谥号为懿侯。他的儿子平侯阿继承了侯位。二十八年后，阿死去，儿子强继承了侯位。十三年后，强犯了罪，侯位中断了两年。元光三

年,天子封灌婴孙贤为临汝侯,续灌氏后,八岁,坐行赇[3]有罪,国除。

太史公曰:吾适丰沛,问其遗老,观故萧、曹、樊哙、滕公之家,及其素,异哉所闻!方其鼓刀屠狗卖缯之时,岂自知附骥之尾,垂名汉廷,德流子孙哉?[4]余与他广通,为言高祖功臣之兴时若此云。

年,天子封灌婴的孙子灌贤为临汝侯,延续灌氏的侯位,八年后,灌贤因行贿犯了罪,侯国被废除了。

太史公说:我到过丰、沛两地,访问那里的年老而又见多识广的人,参观萧何、曹参、樊哙、滕公等人的旧居,问询他们的生平往事,听到的内容真令人惊异!当他们操刀屠狗、贩卖丝织品的时候,难道自己会知道日后能依附骥尾,扬名于汉家朝廷,恩德传于后代子孙吗?我和他广有交往,他对我谈到高祖功臣兴起时候的情况,就如同这里所记述的。

注释 1 风(fěng):通"讽",微言劝告。 2 阿:据梁玉绳《史记志疑》,为"何"之讹。 3 行赇(qiú):行贿。 4 附骥之尾:骥,千里马。苍蝇附骥尾而至千里之远,比喻附于名人之后。 流:传递。

史记卷九十六

张丞相列传第三十六

原文

张丞相苍者，阳武人也。好书律历。秦时为御史，主柱下方书。[1]有罪，亡归。及沛公略地过阳武，苍以客从攻南阳。苍坐法当斩，解衣伏质，身长大，肥白如瓠，时王陵见而怪其美士，乃言沛公，赦勿斩。遂从西入武关，至咸阳。沛公立为汉王，入汉中，还定三秦。陈余击走常山王张耳，耳归汉，汉乃以张苍为常山守。从淮阴侯击赵，苍得陈余。赵地已平，

译文

丞相张苍是阳武人。他爱好图书、乐律、历法。秦朝的时候，他担任御史，在殿柱旁主管四方文书。后来他犯了罪，便逃亡回家。等到沛公夺取地盘经过阳武时，张苍以宾客身份跟随沛公攻打南阳。张苍因犯法被判处斩刑，脱去衣裳伏在砧上，他身体高大，丰满白晰如同幼嫩的瓠瓜一般，这时，王陵看见了他，对这位美男子感到惊奇，便向沛公说了此事，沛公赦免了张苍。于是他跟随沛公往西进入武关，到了咸阳。沛公被项羽封为汉王，进入汉中，回军平定了三秦地区。陈余攻打、赶跑了常山王张耳，张耳归附汉王，汉王便任命张苍为常山郡郡守。他跟随淮阴侯攻打赵国，张苍俘获了陈余。赵地平定以

汉王以苍为代相，备边寇。已而徙为赵相，相赵王耳。耳卒，相赵王敖。复徙相代王。燕王臧荼反，高祖往击之，苍以代相从攻臧荼有功，以六年中封为北平侯，食邑千二百户。

后，汉王任命张苍为代国相国，防备边境敌寇。不久转任赵国相国，辅佐赵王张耳。张耳死后，他又辅佐赵王张敖。又转而辅佐代王。燕王臧荼反叛朝廷，高祖前往攻打臧荼，张苍以代相身份跟随高祖攻打臧荼有功劳，在汉高祖六年中被封为北平侯，食邑一千二百户。

迁为计相[2]，一月，更以列侯为主计四岁。是时萧何为相国，而张苍乃自秦时为柱下史，明习天下图书计籍[3]。苍又善用算律历，故令苍以列侯居相府，领主[4]郡国上计者。黥布反亡，汉立皇子长为淮南王，而张苍相之。十四年，迁为御史大夫。

张苍晋职为计相，一个月后，改为以列侯身份担任主计四年。这时萧何担任相国，张苍在秦朝时曾任柱下史，十分熟悉全国图书、簿籍。张苍又精通计算、乐律、历法，因此命令张苍以列侯身份在相府办事，主管全国各郡和诸侯国向朝廷交纳的钱粮赋税。黥布反叛兵败身亡后，朝廷封皇子刘长为淮南王，张苍辅佐他。十四年以后，张苍晋升为御史大夫。

注释　1 御史：秦时御史与汉以后御史职掌不同，掌管史籍，记载时事为其职事。　主柱下方书：谓为柱下史，所掌管或说为方版文书，或说为四方文书，后说较为合理。柱下，所掌及侍立恒在殿柱之下，故名。
2 计相：汉代设在丞相属下分管各郡国向朝廷进贡及交纳赋税的簿籍的官员，由于张苍地位高，故尊称他为“计相”。　3 计籍：记录全国各地的出产以及向朝廷所交贡赋的簿籍。　4 领主：负责主持。领，有兼任某职之意。

周昌者,沛人也。其从兄曰周苛,秦时皆为泗水卒史。[1]及高祖起沛,击破泗水守监,于是周昌、周苛自卒史从沛公,沛公以周昌为职志,周苛为客。[2]从入关,破秦。沛公立为汉王,以周苛为御史大夫,周昌为中尉[3]。

汉王四年[4],楚围汉王荥阳急,汉王遁出去,而使周苛守荥阳城。楚破荥阳城,欲令周苛将。苛骂曰:“若趣[5]降汉王!不然,今为虏矣!”项羽怒,亨周苛。于是乃拜周昌为御史大夫。常从击破项籍。以六年中与萧、曹[6]等俱封:封周昌为汾阴[7]侯;周苛子周成以父死事,封为高景侯。

周昌是沛县人。他的堂兄叫周苛,秦时,他们都是泗水郡的官府属吏。等到高祖在沛县起兵,进攻、打垮泗水郡郡守、郡监时,周昌、周苛兄弟以官府属吏身份跟随沛公,沛公任命周昌做职志官,周苛在帐下为宾客。他们跟随沛公进关,打垮了秦军。沛公被封为汉王,任命周苛做御史大夫,周昌做中尉。

汉王四年,楚军将汉王围困于荥阳,情况危急,汉王逃出城离去,派周苛坚守荥阳城。楚军攻克荥阳城,项羽想任命周苛作为将领。周苛骂道:“你赶快投降汉王!不然的话,很快就要成为俘虏了!”项羽大怒,烹死了周苛。汉王于是任命周昌为御史大夫。周昌总是跟随汉王,汉军最终打败了楚军。在汉王六年,周昌和萧何、曹参等人一起受封:封周昌为汾阴侯;周苛的儿子周成因父亲为国事而死,被封为高景侯。

注释 1 从兄:堂兄。 卒史:官府属吏,秩百石。 2 守监:郡守,郡监。 职志:职掌徽标旗帜的官员。志,通“帜”。 3 中尉:武官名,职掌京城治安。 4 汉王四年:应为“三年”,即公元前204年。 5 趣(cù):

赶快,马上。 6 萧、曹:萧何、曹参。曹参亦刘邦开国功臣,继萧何后任丞相。 7 汾阴:汉县名,在今山西万荣西南。

昌为人强力[1],敢直言,自萧、曹等皆卑下之。昌尝燕时入奏事,高帝方拥戚姬[2],昌还走,高帝逐得,骑周昌项,问曰:"我何如主也?"昌仰曰:"陛下即桀纣[3]之主也。"于是上笑之,然尤惮周昌。及帝欲废太子,而立戚姬子如意为太子,大臣固争[4]之,莫能得;上以留侯策[5]即止。而周昌廷争之强,上问其说,昌为人吃[6],又盛怒,曰:"臣口不能言,然臣期期[7]知其不可。陛下虽欲废太子,臣期期不奉诏。"上欣然而笑。既罢,吕后侧耳于东箱[8]听,见周昌,为跪谢曰:"微君,太子几废。"

周昌为人性格刚强、有力,敢于直言,即使萧何、曹参这些元老也都要让他三分。周昌曾经在高帝闲暇的时候进入内廷奏报事情,高帝正抱着戚姬,周昌急忙往回走,高帝追上了他,骑在周昌脖子上问:"我是一位什么样的君主?"周昌仰头说:"陛下就是桀、纣之类的君主。"这时皇上笑起来,但特别敬畏周昌。当皇上想废去太子,更立戚姬之子如意做太子时,大臣们坚持谏诤,没有谁能说得动皇上;皇上因为留侯的计策才中止了这事。但周昌在朝廷上谏诤时最强硬,皇上问他理由,周昌为人口吃,又在气头上,说:"臣子我讲不出深奥的道理,但我期期知道这件事做不得。陛下即使想废去太子,我期期不接受诏令。"皇上欣然而笑了起来。罢朝之后,吕后在东厢侧着头听到这番对话,见了周昌,下跪表示感谢,说:"如果没有您,太子几乎被废除了。"

注释 1 强力:刚强,有力。 2 燕:通"宴"。安息,休闲。 戚姬:刘邦宠姬，其子即赵王如意，后均为吕后所害。 3 桀纣：夏、商末代的昏君。 4 争：通“诤”。直言规谏。 5 留侯策：留侯即张良，刘邦重要谋臣。张良使太子与当时有高名的四位隐士交往。刘邦见太子能得此四人辅佐，认为太子羽翼丰满，已不能废长立幼了。此即“留侯策”。 6 吃：口吃。 7 期(qī)期：因口吃而出现的发音重复音节。 8 东箱：即东厢。

是后戚姬子如意为赵王，年十岁，高祖忧即万岁之后不全也。[1]赵尧年少，为符玺御史[2]。赵人方与公[3]谓御史大夫周昌曰：“君之史赵尧，年虽少，然奇才也，君必异之，是且代君之位。[4]”周昌笑曰：“尧年少，刀笔吏[5]耳，何能至是乎！”居顷之[6]，赵尧侍高祖。高祖独心不乐，悲歌，群臣不知上之所以然。赵尧进请问曰：“陛下所为不乐，非为赵王年少而戚夫人与吕后有郤[7]邪？备[8]万岁之后而赵王不能自全乎？”高祖曰：“然。吾私忧之，不知所出。”尧曰：“陛下独宜

这以后，戚姬的儿子如意被封为赵王，年纪刚十岁，高祖担心自己死后赵王会丢性命。赵尧年纪很轻，担任符玺御史官职。赵地人方与公对御史大夫周昌说：“您的御史赵尧，年纪虽轻，但是一位奇才，您一定要特别对待他，这人将来会接替您的职位。”周昌笑着说：“赵尧年纪轻，只不过是一个文秘官员罢了，怎么能达到接替我职位的程度呢？”过了不多久，赵尧侍奉高祖。高祖心中不快，悲伤地唱着歌，大臣们不知道皇上为什么这样哀伤。赵尧上前请问道：“陛下之所以不高兴，莫不是因为赵王年轻，而戚夫人又和吕后有仇隙吗？考虑到您百年以后赵王不能保全性命吧？”高祖说：“对。我心里担忧，不知怎么办才好。”赵尧说：“陛下只应该为赵王设置一个地位高、性格刚强的相国，而且吕后、太子以及大臣们都一向敬畏这个人，

为赵王置贵强相[9],及吕后、太子、群臣素所敬惮乃可。”高祖曰:“然。吾念之欲如是,而群臣谁可者?”尧曰:“御史大夫周昌,其人坚忍质直,且自吕后、太子及大臣皆素敬惮之。[10]独昌可。”高祖曰:“善。”于是乃召周昌,谓曰:“吾欲固烦公,公强为我相赵王。”周昌泣曰:“臣初起从陛下,陛下独柰何中道而弃之于诸侯乎?”高祖曰:“吾极知其左迁[11],然吾私忧赵王,念非公无可者。公不得已强行!”于是徙御史大夫周昌为赵相。

这样才能保全赵王的性命。”高祖说:“对。我也是这样考虑的,但群臣中谁可以担当这个职任呢?”赵尧说:“御史大夫周昌这个人坚毅,有韧性,为人正直,而且吕后、太子以及大臣们都一向敬畏他。只有周昌能胜任。”高祖说:“好。”于是便召见周昌,对他说:“我想一定要麻烦您了,请您勉为其难替我辅佐赵王。”周昌哭泣着说:“我是刚起兵就追随陛下,陛下为什么半路上要把我抛弃给诸侯呢?”高祖说:“我非常清楚,这是降职,但我内心深处担忧赵王,考虑到除您之外,再无合适的人了。您就是不想去也请您勉强去。”于是调御史大夫周昌做赵国国相。

注释 1 即:如果。 万岁:此即死亡之讳言。 全:全身,保全性命。 2 符玺御史:掌管符节印章的官员。 3 方与公:方与,汉县名,在今山东鱼台西。公,或谓尊号,或谓县令。 4 史:文秘人员。 异之:特别看待。 5 刀笔吏:文秘官员。古人在竹简、木牍上写字,如需改动,要用刀刮削,故刀、笔皆书写工具。 6 居顷之:过了一些时间(指较短时间)。 7 郤:同“隙”,怨恨,仇隙。 8 备:考虑之意。 9 贵强相:贵,地位高。强,刚强。相,诸侯国君的相国。 10 坚忍:坚毅,能忍耐。 质直:正直。 11 左迁:降职。

既行久之，高祖持御史大夫印弄[1]之，曰：“谁可以为御史大夫者？”孰视赵尧，曰：“无以易[2]尧。”遂拜赵尧为御史大夫。尧亦前有军功食邑，及以御史大夫从击陈豨[3]有功，封为江邑侯。

高祖崩，吕太后使使召赵王，其相周昌令王称疾不行。使者三反，周昌固为不遣赵王。于是高后患之，乃使使召周昌。周昌至，谒高后，高后怒而骂周昌曰：“尔不知我之怨戚氏乎？而不遣赵王，何？”昌既征，高后使使召赵王，赵王果来。至长安月余，饮药而死。周昌因谢[4]病不朝见，三岁而死。

后五岁，高后闻御史大夫江邑侯赵尧高祖时定赵王如意之画，乃抵尧罪，以广阿侯任敖为御史大夫。[5]

周昌走了以后很久，高祖拿着御史大夫的官印把玩，说：“谁能够当御史大夫呢？”细看赵尧后，说：“没有谁可以胜过赵尧。”便任命赵尧做御史大夫。赵尧也因先前已有军功赏赐过食邑，还作为御史大夫跟随皇上进攻陈豨有功劳，被封为江邑侯。

高祖去世后，吕太后派使者召见赵王，赵王相国周昌叫赵王称说有病不要启行。使者往返三次，周昌坚决不让赵王动身。这时高后担忧起来，便派使者召见周昌。周昌到后，谒见高后，高后恼怒地责骂周昌说：“你不知道我恨戚氏吗？你不让赵王来，为什么？”周昌来了以后，高后派使者召见赵王，赵王果然来了。到长安一个多月，赵王喝毒药而死。周昌于是借口有病不入朝，三年以后去世了。

周昌死后五年，高后听说御史大夫江邑侯赵尧在高祖活着时制定了保全赵王如意的计策，便撤去赵尧官职、侯国，来抵偿他的罪过，任命广阿侯任敖为御史大夫。

注释 1 弄:把玩。 2 易:代,此为胜过之意。 3 陈豨:刘邦属下功臣,任代国相国,后反叛朝廷,兵败被杀。 4 谢:推辞。 5 后五岁:指周昌死后五年。 画:策划。 抵:当,抵偿。

任敖者,故沛狱吏。高祖尝辟吏,吏系吕后,遇之不谨[1]。任敖素善高祖,怒,击伤主吕后吏。及高祖初起,敖以客从,为御史,守丰二岁。高祖立为汉王,东击项籍,敖迁为上党守。陈豨反时,敖坚守,封为广阿侯,食千八百户。高后时为御史大夫。三岁免,以平阳侯曹窋为御史大夫。高后崩,不与大臣共诛吕禄等,免[2],以淮南相张苍为御史大夫。

苍与绛侯等尊立代王为孝文皇帝。四年,丞相灌婴卒,张苍为丞相。

自汉兴至孝文二十余年,会天下初定,将相公卿皆军吏。张苍为计相时,绪[3]正律历。以高祖十月

任敖在秦朝时是沛县狱吏。高祖曾经逃避官吏追捕,官吏抓到吕后,对她不恭敬。任敖和高祖一向很好,对此很恼怒,打伤了主管吕后狱事的官吏。到高祖开始起兵时,任敖以宾客身份跟随高祖反秦,担任御史一职,坚守丰邑两年。高祖被封为汉王,往东攻打项籍,任敖晋升做上党郡守。陈豨反叛汉朝时,任敖坚守,被封为广阿侯,食邑一千八百户。高后的时候他担任御史大夫。三年后,被免除了职务,任命平阳侯曹窋做御史大夫。高后去世,曹窋没有和大臣们共同诛杀吕禄等人,因此被免职,淮南国相张苍被任命为御史大夫。

张苍和绛侯周勃等人恭敬地拥立代王刘恒做孝文皇帝。四年后,丞相灌婴去世,张苍担任了丞相职务。

从汉朝建立到孝文帝已有二十多年时间,适逢天下初步安定,将相公卿等大臣都是军人出身。张苍担

始至霸上，因故秦时本以十月为岁首，弗革[4]。推五德之运，以为汉当水德之时，尚黑如故。[5]吹律[6]调乐，入之音声，及以比定律令。若百工，天下作程品。[7]至于为丞相，卒就之，故汉家言律历者，本之张苍。苍本好书，无所不观，无所不通，而尤善律历。

任计相的时候，反复推求，订正乐律、历法。因为高祖在十月初到霸上，秦朝原本以十月为一年之首，便承袭不变。推算五德运行的情况，认为汉朝正当水德，就像秦朝一样崇尚黑色。吹奏律管调整五音，谱定乐章，以此为基础来确定法律和条令。而且，还给各行各业制定了法式、标准。直到他就任丞相之职，才最终完成，因此汉朝谈论乐律、历法的人，都是根据张苍的成果。张苍喜爱读书，各种门类的书都看，都懂，但特别精通乐律、历法。

注释 1 谨:恭敬。 2 免:指曹窋(zhú)被免去御史大夫职位。 3 绪:反复推求，寻绎。 4 革:更改。 5 五德之运:战国时邹衍以金、木、水、火、土等五行相克来附会历代王朝的命运，汉初张苍等人即取此说。 尚:崇尚。 6 吹律:律，用竹管或金属管制作的定音、候气的仪器。吹律即吹奏律管以定音。 7 若:连词，而且。 程品:法式，标准。

张苍德[1]王陵。王陵者，安国[2]侯也。及苍贵，常父事王陵。陵死后，苍为丞相，洗沐[3]，常先朝陵夫人上食，然后敢归家。

张苍感激王陵救命之恩。王陵就是安国侯。等到张苍显贵时，他总是像对待父亲一样侍奉王陵。王陵死后，张苍担任丞相，每当沐浴休息时，总是首先朝拜王陵夫人，侍候她进餐，然后才敢回家。

苍为丞相十余年，鲁人公孙臣上书言汉土德

张苍担任丞相十多年以后，鲁地人公孙臣向皇帝上书，说汉朝正时,其符[4]有黄龙当见。诏下其议张苍,张苍以为非是,罢之。其后黄龙见成纪,于是文帝召公孙臣以为博士,草土德之历制度,更元年。[5]张丞相由此自绌[6],谢病称老。苍任人为中候,大为奸利,上以让苍,苍遂病免。[7]苍为丞相十五岁而免。孝景前五年[8],苍卒,谥为文侯。子康侯代,八年卒。子类代为侯,八年,坐临诸侯丧后就位不敬,国除。[9]

初,张苍父长不满五尺[10],及生苍,苍长八尺余,为侯、丞相。苍子复长。及孙类,长六尺余,坐法失侯。苍之免相后,老,口中无齿,食乳,女子为乳母。妻妾以百数,尝孕者不复幸[11]。苍年百有余岁而卒。

当土德时代,它的验证是将有黄龙出现。皇帝诏令将这一说法交张苍审查,张苍认为公孙臣的说法不对,把它丢到一边去了。后来黄龙出现在成纪县,于是文帝召见公孙臣,任命他做博士,起草有关土德的历法制度,重新以元年纪年。张丞相从此以后自我贬黜,推说自己年老多病。张苍曾推荐过一个人担任中候官职,这人用不正当手段大肆谋取私利,皇上因此指责张苍,张苍便因病免职。张苍当了十五年丞相后免职。孝景帝前元五年,张苍逝世,谥号为文侯。他的儿子张康继承了侯位,八年以后死去。张康的儿子张类继承了侯位,过了八年,由于犯了参加诸侯丧礼所站位置僭越不敬之罪,侯国被废除了。

当初,张苍的父亲身高还不到五尺,等到生下张苍时,张苍身高八尺多,当了侯、丞相。张苍的儿子身材又高。到孙子张类,身高只有六尺多,因犯法而失去了侯位。张苍免除丞相职务以后,年纪老了,口中没有了牙齿,吸食人乳,年轻女子做他的乳母。张苍的妻妾有上百,曾经怀孕过的,他都不再与她同房。张苍活到一百多岁才死去。

注释 1 德:感激。此指王陵曾救张苍免于死刑事。 2 安国:汉县名,在今河北安国东南。 3 洗沐:沐浴,当时官员五日上朝,一日沐浴,即休息。 4 符:符应,证明。 5 成纪:汉县名,在今甘肃通渭东北。 博士:掌管典籍的官员,备皇帝顾问。 更元年:重新以元年开始纪年。 6 绌:通“黜”,贬斥。 7 中候:掌管修治宫室的中层官吏。 让:责备。 8 孝景前五年:孝景帝曾三次起元纪年,前五年为前元五年,即公元前152年。 9 临(lìn):吊唁。 就位:所站列的位置。 10 五尺:汉时一尺约合今0.23米。 11 幸:封建时代称权贵亲临为幸,多用于帝王,亦用于高官。此指同房。

申屠丞相嘉者,梁人,以材官蹶张从高帝击项籍,迁为队率。[1]从击黥布军,为都尉[2]。孝惠时,为淮阳[3]守。孝文帝元年[4],举故吏士二千石从高皇帝者,悉以为关内侯,食邑二十四人,而申屠嘉食邑五百户。张苍已为丞相,嘉迁为御史大夫。张苍免相,孝文帝欲用皇后弟窦广国为丞相,曰:“恐天下以吾私[5]广国。”广国贤有行,故欲相之,念久之不可,而高帝时大臣又皆多死,余

申屠嘉丞相是梁县人,以武卒中勇猛的强弩射手身份跟随高帝进攻项籍,晋升做队长。跟随高帝进攻黥布的军队,担任都尉官职。孝惠帝的时候,担任淮阳郡守。孝文帝元年,提拔原来跟随高帝打天下的二千石级别的官吏,全都赐给关内侯的爵位,二十四人获得食邑,其中申屠嘉得到的食邑为五百户。张苍担任丞相后,申屠嘉升为御史大夫。张苍被免除丞相职位,孝文帝想任用皇后的弟弟窦广国当丞相,说:“恐怕天下人认为我偏爱广国。”窦广国能力强而且德行好,所以孝文帝想任命他当丞相,考虑了很久,还是觉得不可以这样做,而高帝时期的大臣又大多去世

见无可者，乃以御史大夫嘉为丞相，因故邑封为故安侯。[6]

了，其余还活着的又没有可任用的人，便任命御史大夫申屠嘉为丞相，以他原来的食邑封为故安侯。

注释 1 材官：武卒。 蹶张：以脚踏的弩。文中指操纵强弩的射手。 队率：队长。率，通“帅”。 2 都尉：地位次于将军之武官。 3 淮阳：汉郡名。治所陈县，在今河南淮阳。 4 孝文帝元年：即公元前179年。 5 私：偏爱。 6 余见：谓还活着的人。 故邑：指以前所食之邑。

嘉为人廉直，门不受私谒[1]。是时太中大夫邓通方隆爱幸，赏赐累巨万。文帝尝燕饮通家，其宠如是。是时丞相入朝，而通居上傍[2]，有怠慢之礼。丞相奏事毕，因言曰：“陛下爱幸臣，则富贵之；至于朝廷之礼，不可以不肃！”上曰：“君勿言，吾私之。”罢朝坐府中，嘉为檄召邓通诣丞相府，不来，且斩通。通恐，入言文帝。文帝曰：“汝第往，吾今使人召若。[3]”通至丞相府，免冠，徒跣，

申屠嘉为人清廉正直，在家中也不接受因私事而来的谒见请托。当时太中大夫邓通正是最得文帝的宠幸，赏赐给他的钱财累计有巨万。文帝曾经到邓通家中饮酒欢宴，他受到的宠爱到了这种程度。有一天，丞相入朝，邓通正在皇上身旁，在礼仪上，显得怠慢。丞相奏报事情完毕以后，便对皇上说：“陛下喜爱宠幸的臣子，就使他富贵好了；至于朝廷之上的礼仪，不可以不严肃对待！”皇上说：“请你不要说了，我宠幸他。”下朝以后，申屠嘉坐在府中，发出公文召唤邓通到丞相府中来，如果不来，将要斩杀邓通。邓通害怕起来，进宫告诉了文帝。文帝说：“你只管前往，我立刻就派人召见你。”邓通到了丞相府，脱下帽子，赤脚行走，叩头请罪。申屠嘉端坐不

顿首谢。[4]嘉坐自如[5],故不为礼,责曰:“夫朝廷者,高皇帝之朝廷也。通小臣,戏殿上,大不敬,当斩。吏今行斩之!”通顿首,首尽出血,不解[6]。文帝度丞相已困通,使使者持节召通,而谢丞相曰:“此吾弄臣,君释之。”[7]邓通既至,为[8]文帝泣曰:“丞相几杀臣。”

动,故意不予礼待,责备着说:“朝廷是高皇帝的朝廷。邓通只是一个小小臣子,在殿上不严肃,犯下大不敬的罪,应当处斩。执法官员马上要对你实施斩刑!”邓通不停叩头,头都叩出了血,不得豁免。文帝估计丞相已经让邓通困窘不堪,便派使者拿着皇上的符节召见邓通,并向丞相致歉说:“邓通是我狎玩的小臣,你放过他吧。”邓通到了宫中,对文帝哭诉说:“丞相几乎把我杀了。”

注释　**1** 私谒:因私事谒见请托。　**2** 傍:通“旁”。　**3** 第:只管。　今:即,立刻。　若:你。　**4** 徒跣(xiǎn):光脚走路以示谢罪。　顿首:周礼九拜之一,头叩地而拜。　**5** 自如:若无其事,仍持故态。　**6** 解:免除,解除,消除。　**7** 度:估计。　谢:致歉。　弄臣:帝王亲近狎玩的臣子。　**8** 为:对。

嘉为丞相五岁,孝文帝崩,孝景帝即位。二年,晁错为内史,贵幸用事,诸法令多所请变更,议以谪罚侵削诸侯。[1]而丞相嘉自绌所言不用,疾错。[2]错为内史,门东出,不便,更穿一门南出。南出者,太上皇庙堧垣[3]。

申屠嘉当丞相第五年时,孝文帝去世,孝景帝就皇帝之位。景帝二年,晁错担任了内史,地位显贵,得到皇上宠信,手握大权,请求皇上批准变更了许多法令制度,并建议通过处罚罪过的方式削弱诸侯的权势。丞相申屠嘉因为向皇上的进言不被采用而感到不自在,于是憎恨晁错。晁错当

嘉闻之，欲因此以法错擅穿宗庙垣为门，奏请诛错。错客有语错，错恐，夜入宫上谒，自归[4]景帝。至朝，丞相奏请诛内史错。景帝曰："错所穿非真庙垣，乃外堧垣，故他官[5]居其中，且又我使为之，错无罪。"罢朝，嘉谓长史曰："吾悔不先斩错，乃先请之，为错所卖。"[6]至舍，因呕血[7]而死。谥为节侯。子共侯蔑代，三年卒。子侯去病代，三十一年卒。子侯臾代，六岁，坐为九江太守受故官送有罪，国除。

内史，府门向东开，进出不方便，重新开了向南进出的门。南门正对太上皇庙的外墙。申屠嘉听说这事以后，想借机惩治晁错擅自在宗庙墙上打洞开门的罪，报请皇上诛杀晁错。有一位晁错的门客告诉晁错，晁错害怕，连夜进宫谒见皇上，承认自己破墙开门的过错，请求宽恕。到上朝时，丞相报请皇上诛杀内史晁错。景帝说："晁错打穿的墙不是真正的宗庙墙，只是宗庙的外墙，因此有一些散官居住在那里面，并且又是我指使他干的，晁错没有罪。"散朝以后，申屠嘉对自己属下的长史说："我真后悔不先诛晁错，却先去报请皇上批准，结果被晁错欺骗了。"回到家中，吐血身亡。其谥号为节侯。他的儿子共侯申屠蔑继承了侯位，三年后去世。申屠蔑的儿子申屠去病继承了侯位，三十一年后去世。申屠去病的儿子申屠臾继承了侯位，六年之后，因在九江太守任上接受原任官员送的财物而犯了法，侯国被废除了。

注释 **1** 二年：景帝前元二年，即公元前155年。 内史：京城行政长官。 谪罚：寻其罪过加以处罚。 **2** 绌：通"诎"，屈缩。 疾：憎恨。 **3** 堧(ruán)垣：指宫外的矮墙。堧，内外墙之间的空地。垣，墙。 **4** 自归：自己到景帝面前说明情况，请求宽恕。 **5** 他官：散官。 **6** 长史：西汉时三公等高官皆配置长史,作为助手,职位较高。　卖:欺骗。　7 呕血:吐血。

自申屠嘉死之后,景帝时开封侯陶青、桃侯刘舍为丞相。[1]及今上时,柏至侯许昌、平棘侯薛泽、武彊侯庄青翟、高陵侯赵周等为丞相。[2]皆以列侯继嗣,娖娖廉谨,为丞相备员而已,无所能发明功名有著于当世者。[3]

自从申屠嘉死了以后,景帝时有开封侯陶青、桃侯刘舍先后担任丞相。到当今皇上的时候,柏至侯许昌、平棘侯薛泽、武强侯庄青翟、高陵侯赵周等人先后担任丞相。他们都以列侯身份继任相位,谨慎小心而廉洁持重,当丞相只是充数罢了,没有能开拓性地干出一番事业,成就功名,可以著称于当世的。

注释　1 开封:汉县名,在今河南开封。　桃:汉县名,在今河北衡水西北。　2 今上:当今皇上,指汉武帝。　柏至:今地不详。　平棘:汉县名,在今河北赵县东南。　武彊:汉邑名,在今河南郑州东北。　高陵:汉县名,在今陕西三原东北。　3 娖娖:拘谨貌。　廉谨:洁身谨慎。　备员:充数。　发明:开拓创新。

太史公曰:张苍文学律历,为汉名相,而绌贾生、公孙臣等言正朔服色事而不遵,明用秦之《颛顼历》,何哉?[1]周昌,木强[2]人也。任敖以旧

太史公说:张苍精通文章学问、乐律、历法,是汉代的著名丞相,但他排斥贾谊、公孙臣等人所提出的历法和服饰颜色等方面的主张而不予采纳实行,明确采用秦朝的《颛顼历》,是什么原因呢?周昌是一位耿直倔强的人。任敖因为早年对吕后有恩德而被

德[3]用。申屠嘉可谓刚毅守节矣，然无术学[4]，殆与萧、曹、陈平异矣。

任用。申屠嘉可谓是刚毅而恪守节操，但缺乏智谋和识见，恐怕和萧何、曹参、陈平等人是不能等同的。

注释 1 正(zhēng)朔：正，一年的开始。朔，一月的开始。引申为历法。《颛顼(zhuān xū)历》：我国古代六历之一，制定于周朝末年。秦统一后颁用于全国。这一历法以十月为岁首。 2 木强(jiàng)：指性格耿直倔强如同木石。 3 旧德：早年的恩德。 4 术学：指智谋与识见。

孝武时丞相多甚，不记，莫录其行起居状略，且纪征和以来。[1]

有车丞相[2]，长陵人也。卒而有韦丞相代。韦丞相贤者，鲁人也。以读书术为吏，至大鸿胪[3]。有相工[4]相之，当至丞相。有男四人，使相工相之，至第二子，其名玄成。相工曰："此子贵，当封[5]。"韦丞相言曰："我即为丞相，有长子，是安从得之？"后竟为丞相，病死，而长子有罪论[6]，不得嗣，而立玄成。

孝武帝的时候丞相很多，不一一记述，也不记录他们的行为、起居情况，没有记录他们的行为起居的传记，只记征和年以后的丞相。

车丞相是长陵人。他去世后，就有韦丞相继任。韦丞相名贤，是鲁地人。他凭会读书写字当上了官吏，一直升到大鸿胪的高位。有一位相面的人替他看相，认为他可以当上丞相。韦丞相有四个儿子，他也让相面的人替他们看相，看到了第二个儿子，名叫玄成。相面的人说："这位公子是个贵人，日后当会受封为侯。"韦丞相说："我即为丞相，有长子继承侯位，这第二个儿子又从哪里得到侯位？"韦贤后来竟然当上了丞相，因病去世，而长子判定有罪，不能继承侯位，封立玄成为侯。玄成当时装疯，不肯继位，最终

玄成时佯狂,不肯立,竟立之,有让国之名。后坐骑至庙,不敬,有诏夺爵一级,为关内侯,失列侯,得食其故国邑。韦丞相卒,有魏丞相代。

还是继承了侯位,还有了让位的名声。后来玄成犯了骑马到孝惠帝庙前的罪,不恭敬,皇上下诏削夺一级爵位,降为关内侯,失掉了列侯爵位,依旧享有原来侯国的食邑。韦丞相去世后,魏丞相继任丞相职位。

注释 1 纪:通"记"。 征和:汉武帝的年号,公元前92—前89年。据《史记索隐》,本篇此段以下文字系西汉史学家褚少孙所补作。 2 车丞相:车千秋。 3 大鸿胪:主管接待宾客事务的高级官员。 4 相工:为人相面,言其吉凶前途的人。 5 封:指封侯。 6 论:判处。

魏丞相相者,济阴[1]人也。以文吏至丞相。其人好武,皆令诸吏带剑,带剑前奏事。或有不带剑者,当入奏事,至乃借剑而敢入奏事。其时京兆尹赵君,丞相奏以免罪,使人执魏丞相,欲求脱罪而不听。[2]复使人胁恐魏丞相,以夫人贼杀[3]侍婢事而私独奏请验之,发吏卒至丞相舍,捕奴婢笞击问之,实不以兵刃杀

魏丞相名相,是济阴人。他由一般文官而升到宰相。这个人喜好武术,命令属下官员都要佩剑,前来向他报告事情也要佩剑。有些官员没有佩剑,到了要报告事情时,向别人借剑佩上才敢上前报告。这时的京兆尹是赵君,魏丞相向皇上报告赵君犯了应当免除职位的罪过,赵君派人挟持魏丞相,想求他开脱自己的罪过,但魏丞相不理睬他。赵君又派人威胁吓唬魏丞相,将魏丞相夫人杀害侍婢的事私自报告给皇上,请求查实,并派官吏、士兵到丞相府,捉拿奴婢并用竹板拷问,事实上并不是用刀

也。而丞相司直繁君奏京兆尹赵君迫胁丞相，诬以夫人贼杀婢，发吏卒围捕丞相舍，不道；又得擅屏骑士事，赵京兆坐要斩。[4]又有使掾陈平等劾中尚书，疑以独擅劫事而坐之，大不敬，长史以下皆坐死，或下蚕室。[5]而魏丞相竟以丞相病死。子嗣。后坐骑至庙，不敬，有诏夺爵一级，为关内侯，失列侯，得食其故国邑。魏丞相卒，以御史大夫邴吉代。

剑杀害的。丞相司直繁君向皇上报告京兆尹赵君威逼丞相，诬告丞相夫人杀害侍婢，派兵包围搜捕丞相府，犯了不道的大罪；又调查出赵君擅自排斥骑士一事，京兆赵君犯法被处以腰斩之刑。又有丞相属吏陈平等人弹劾中尚书，怀疑他擅自劫持威胁丞相的事，也犯了大不敬的罪，长史以下的官员都因此案牵连被处死，或处以宫刑。而魏丞相最终病死在丞相职任上。他的儿子继承了侯位。后来因犯了乘马到达宗庙的不敬罪，皇帝下诏削夺一级爵位，降为关内侯，失去了列侯爵位，依旧享有原来侯国的食邑。魏丞相去世后，任命御史大夫邴吉继任丞相职位。

注释　**1** 济阴：汉郡名，治所定陶，在今山东菏泽定陶区西北。　**2** 京兆尹：汉三辅之一。秦朝设置内史官，主管京城。汉初沿袭秦制，景帝时分置左、右内史，武帝太初元年改右内史为京兆尹，下辖十二个县，其长官也称作京兆尹。　赵君：指赵广汉。　**3** 贼杀：杀害。贼亦即杀。**4** 要斩：即从腰部斩断。要，“腰”之古字。　**5** 使掾：丞相属下官吏。　中尚书：皇帝左右的文官，大臣奏章经尚书上达皇帝。　蚕室：受宫刑后所关的监狱。受宫刑即割去男性生殖器官，受刑人畏风，因此监狱中升火保温，以其似育蚕温室，故名蚕室。

邴丞相吉者，鲁国人也。以读书好法令至御史大夫。孝宣帝时，以有旧故[1]，封为列侯，而因为丞相。明于事，有大智，后世称之。以丞相病死。子显嗣。后坐骑至庙，不敬，有诏夺爵一级，失列侯，得食故国邑。显为吏至太仆，坐官秏乱[2]，身及子男有奸赃，免为庶人。

邴丞相名吉，是鲁国人。因为读书勤勉，精于法令，做官做到了御史大夫。孝宣帝的时候，因为邴吉过去有保护宣帝的大恩，宣帝封邴吉为列侯，因此当上了丞相。邴吉很明白事理，有大智慧，后世人称赞他。邴吉死在丞相任上。他的儿子邴显继承了侯位。后来邴显犯了乘马到宗庙的不敬之罪，皇帝下诏削夺一级爵位，他失去了列侯爵位，享有原侯国的食邑。邴显做官到太仆一职，因为他为官昏愦，自己和儿子都犯有贪赃枉法的罪，被免除官职成了平民。

邴丞相卒，黄丞相代。长安中有善相工田文者，与韦丞相、魏丞相、邴丞相微贱[3]时会于客家，田文言曰："今此三君者，皆丞相也。"其后三人竟更相代为丞相，何见之明也。

邴丞相死后，黄丞相继任丞相。长安城中有一位善于相面的人叫田文，有一天他和还没有发迹的韦丞相、魏丞相、邴丞相等相会于客人家中，田文说："今日在座的三位先生，日后都会当上丞相。"后来这三个人竟然先后做了丞相，田文的预见多么高明啊。

黄丞相霸者，淮阳人也。以读书为吏，至颍川太守。治颍川，以礼义条教喻告化之。犯法者，风[4]晓令自杀。化大行，名声闻。孝宣帝下制[5]曰："颍

黄丞相名霸，是淮阳人。他凭读书勤勉而当上官吏，一直升到颍川太守职位。他治理颍川，用礼义的条例教令来晓谕感化民众。有人犯法，他微言劝告，暗示犯法的人知

川太守霸，以宣布诏令治民，道不拾遗，男女异路，狱中无重囚。赐爵关内侯，黄金百斤。”征为京兆尹而至丞相，复以礼义为治。以丞相病死。子嗣，后为列侯。黄丞相卒，以御史大夫于定国代。于丞相已有《廷尉传》，在《张廷尉》语中。[6]于丞相去，御史大夫韦玄成代。

罪自杀。颍川教化得以普及，他的声名也远传四方。孝宣帝下达诏令说：“颍川太守黄霸，用宣布诏令的方式治理民众，道不拾遗，男女分开行走，狱中没有犯重罪的囚徒。赐给他关内侯的爵位和一百斤黄金。”黄霸被征调出任京兆尹，升到丞相，还是用礼义来治理民众。他因病死于丞相任上。他的儿子继承了关内侯的爵位，后来升为列侯。黄丞相死后，皇上任命御史大夫于定国接替相位。于丞相的事迹已有《廷尉传》记载，在《张释之冯唐列传》中。于丞相去职后，御史大夫韦玄成接任相位。

注释　1 旧故：旧，指过去有恩德。邴吉曾救过幼小的刘恂，使免于难。刘恂后继位为宣帝。　2 眊(mào)乱：昏愦，糊涂。眊，通“眊”，混乱，不明。3 微贱：地位低下。　4 风：通“讽”，微言劝告，暗示。　5 制：皇帝的命令。6 廷尉：官名，九卿之一，主管刑狱。　《张廷尉》：指《张释之冯唐列传》，但此传中并未提及于定国，当为误笔。

韦丞相玄成者，即前韦丞相子也。代父，后失列侯。其人少时好读书，明于《诗》《论语》。为吏至卫尉，徙为太子太傅。[1]御史大夫薛君[2]

韦丞相名玄成，是前任韦丞相的儿子。他继承父亲的爵位，后来失去了列侯爵位。这个人年轻的时候喜好读书，精熟《诗》《论语》。他当官从一般官吏升到卫尉，后来调任太子太傅。御史大夫薛君免职后，他当上了御史大夫。于丞相请求退职回家获准后，

免,为御史大夫。于丞相乞骸骨[3]免,而为丞相,因封故邑为扶阳侯。数年,病死。孝元帝亲临丧,赐赏甚厚。子嗣后。其治容容随世俗浮沈,而见谓谄巧。[4]而相工本谓之当为侯代父,而后失之;复自游宦[5]而起,至丞相。父子俱为丞相,世间美之,岂不命哉!相工其先知之。韦丞相卒,御史大夫匡衡代。

他当上了丞相,以他原来的食邑封为扶阳侯。几年以后,他因病死去。孝元帝亲自到他的灵前吊唁,赏赐的财物非常丰厚。他的儿子继承了爵位。他处理政事总是附和众人的意见,随社会上大的潮流而动,因此被认为是一个谄媚取巧的人。相面的人本来说他应当继承父亲的列侯爵位,但他后来失去了侯位;又凭自己的能力入仕为官,一直升到了丞相。父子二人都担任过丞相,社会上的人都称颂这件事,这难道不是命中注定的吗?相面的人事前就知道了。韦丞相去世,御史大夫匡衡接任了相位。

注释 1 卫尉:官名,九卿之一,掌管宫门警卫。 太子太傅:辅佐太子,使太子德义双修的官员。 2 薛君:指薛广德。 3 乞骸骨:官员申请退休的婉辞。 4 容容:附和众人,不持异见。 见谓:被认为是。 5 游宦:离家在外做官。

丞相匡衡者,东海[1]人也。好读书,从博士受《诗》。家贫,衡佣作[2]以给食饮。才下,数射策[3]不中,至九,乃中丙科。其经以不中科故明习。补平原文

匡丞相名衡,是东海人。他喜好读书,跟随博士学习《诗》。家里贫穷,匡衡靠替人家做佣工才能维持自己的日常生活。他的才能不高,多次策试都没有被选取,直到第九次应试,才中了丙科。因为多次考试没被选取,他对经学才得以了解

学卒史。[4]数年,郡不尊敬。御史征之,以补百石属荐为郎,而补博士,拜为太子少傅[5],而事孝元帝。孝元好《诗》,而迁为光禄勋,居殿中为师,授教左右,而县官坐其旁听,甚善之,日以尊贵。[6]御史大夫郑弘坐事免,而匡君为御史大夫。岁余,韦丞相死,匡君代为丞相,封乐安[7]侯。以十年之间,不出长安城门而至丞相,岂非遇时而命也哉!

和熟习。他担任了平原郡的候补文学卒史。干了几年,郡中没人尊敬他。御史调他去候补百石级的官员并推荐他为郎官,又候补博士,被任命为太子少傅,侍奉孝元帝。孝元帝喜好《诗》,匡衡因此晋升为光禄勋,在宫中当老师,教授皇帝的左右侍臣,皇帝就坐在旁边听他讲授,认为他讲得非常好,于是他日益显贵起来。御史大夫郑弘因犯罪而被免职,匡衡担任了御史大夫。一年多以后,韦丞相死去,匡衡接任了丞相职位,被封为乐安侯。在十年之内,匡衡没有走出过长安城,而官做到了丞相,难道不是遇到了机会,并且是命中注定的吗?

注释　1 东海:汉郡名,治所郯县,在今山东郯城西北。　2 佣作:出卖劳力,为人打工。　3 射策:汉时取士的一种考试。主试者将试题写在简策上,应试者随意取答,主试者按试题难易程度和答案内容定优劣,甲为上,乙次之,丙又次之。射,猜测。　4 补:候补。　平原:汉郡名,治所平原,在今山东平原南。　5 太子少傅:太子太傅的助手。　6 光禄勋:官名,居于宫中,掌领宿卫侍从。　县官:指皇帝。　7 乐安:汉县名,在今山东博兴东北。

太史公曰[1]:深惟士之游宦所以至封侯者,微甚。然多至御史大夫即去者。诸为大夫而丞相次也,其心冀幸丞相物故也。[2]或乃阴私相毁害,欲代之。然守之日久不得,或为之日少而得之,至于封侯,真命也夫!御史大夫郑君[3]守之数年不得,匡君居之未满岁,而韦丞相死,即代之矣,岂可以智巧得哉!多有贤圣之才,困厄不得者众甚也。

太史公说:我注意到士人入仕为官,能到列侯这一级的人很少。大多数人做到御史大夫便再也升不上去了。那些升到御史大夫亦即丞相副职的人,他们心里是希望丞相死去的。有的人甚至暗中毁伤丞相,想取而代之。但是有些人许多年守着御史大夫都没能当上丞相,有些人只做了很少时日的御史大夫就当上了丞相,以至于被封为列侯,真是命中注定啊!御史大夫郑弘守任现职有好几年,也没能当上丞相,匡衡为御史大夫不到一年,韦丞相死了,就接任了相位,这难道是能用智谋巧计得到的吗?有圣贤才能的人有许多,但因官运不济而没有当上丞相的非常多啊。

注释 1 太史公曰:一本无此四字。《史记索隐》按:"此论匡衡已来事,则后人所述也,而亦称'太史公',其序述浅陋,一何诬也!"又,《史记志疑》于此补作,指为"皆后人妄续",其评议可参阅。 2 次:指丞相的副职。 冀幸:希望。 物故:死亡。 3 郑君:即郑弘。

史记卷九十七

郦生陆贾列传第三十七

原文

郦生食其者,陈留高阳人也。[1]好读书,家贫落魄,无以为衣食业,为里监门吏。[2]然县中贤豪不敢役,县中皆谓之狂生[3]。

译文

郦先生食其,是陈留县高阳乡人。喜好读书,家中贫穷且不得意,没有能从事可以供给衣食的职业,只做了个协助乡里管理治安的小吏。但是县里的贤士豪强不敢役使他,县里面的人都称他是放荡不羁的儒生。

注释 1 郦生食其(yì jī):即郦食其。生,对人的尊称,先生。 高阳:陈留境内一乡名,在今河南杞县西南。 2 落魄:同"落泊",穷困失意。 里监门吏:协助乡里管理治安的小吏。 3 狂生:放荡不羁的儒生。

及陈胜、项梁等起,诸将徇地过高阳者数十人,郦生闻其将皆握龊好苛礼自用,不能听大度之言,郦生

等到陈胜、项梁等人发动起义,诸位将领攻略土地经过高阳的有几十人,郦食其听说这些将领都气量狭小,喜好烦琐礼节还自以为是,不能度量宽宏地听取

乃深自藏匿。[1]后闻沛公将兵略地陈留郊，沛公麾下[2]骑士适郦生里中子也，沛公时时问邑中贤士豪俊。骑士归，郦生见，谓之曰："吾闻沛公慢而易人，多大略，此真吾所愿从游，莫为我先。[3]若见沛公，谓曰'臣里中有郦生，年六十余，长八尺，人皆谓之狂生，生自谓我非狂生'。"骑士曰："沛公不好儒，诸客冠儒冠来者，沛公辄解其冠，溲溺[4]其中。与人言，常大骂。未可以儒生说也。"郦生曰："弟[5]言之。"骑士从容言如郦生所诫者。[6]

意见，郦食其于是隐藏起来。后来听说沛公统领兵众攻略土地到了陈留县城郊，沛公部下的一位骑士正好是郦食其同乡的儿子，沛公时常向他询问乡邑中有没有贤士豪杰。骑士回家，郦食其见到他，对他说："我听说沛公傲慢并且轻视别人，多有大谋略，这样的人是我真正愿意结交的，没有谁能替我作介绍。你见到了沛公，对他说'我家乡中有个郦先生，六十多岁，八尺高，人们都说他是放荡不羁的儒生，这位先生自己说我不是放荡不羁的儒生'。"骑士说："沛公不喜欢儒生，客人戴着儒生帽子来的，沛公就取下他们的帽子，往里面撒尿，同人家说话，常常大骂。还是不要拿您是儒生来对他说。"郦食其说："只管去说。"骑士从容地将郦食其的话告诉了沛公。

注释 **1** 徇：攻略。 握龊(wò chuò)：今作"龌龊"，器量狭小。 苛礼：烦琐的礼节。 自用：自以为是。 大度：度量宽宏。 **2** 麾(huī)下：部下。麾，古代将领用以指挥军队的旗帜。 **3** 慢：傲慢。 易人：轻视人。 莫为我先：《史记索隐》："先谓先容。言无人为我作绍介也。" **4** 溲溺(sōu niào)：解小手。溲、溺同义。溺，此义今写作"尿"。 **5** 弟：但，只管。 **6** 从容：神情舒缓。 诫：告诉，嘱托。

沛公至高阳传舍[1]，使人召郦生。郦生至，入谒，沛公方倨床使两女子洗足，而见郦生。[2]郦生入，则长揖不拜，[3]曰："足下欲助秦攻诸侯乎？且欲率诸侯破秦也？"沛公骂曰："竖儒[4]！夫天下同苦秦久矣，故诸侯相率而攻秦，何谓助秦攻诸侯乎？"郦生曰："必聚徒合义兵诛无道秦，不宜倨见长者。"于是沛公辍洗，起摄衣，延郦生上坐，谢之。[5]郦生因言六国从[6]横时。沛公喜，赐郦生食，问曰："计将安出？"郦生曰："足下起纠合之众，收散乱之兵，不满万人，欲以径入强秦，此所谓探虎口者也。[7]夫陈留，天下之衝，四通五达之郊也，今其城又多积粟。[8]臣善其令，请得使之，令下[9]足下。即不听，足下举兵攻之，臣

沛公到了高阳的驿馆，派人召来郦食其。郦食其到了，入内进见，沛公正伸着腿坐在床上让两个女子给他洗脚，就这样接见郦食其。郦其食进去，也就行长揖礼而不跪拜，说："您是想帮助秦朝进攻诸侯呢？还是想率领诸侯去打败秦朝呢？"沛公骂着说："混蛋儒生！天下人共同经受秦朝暴虐的痛苦已有好久了，所以各路诸侯相继起兵来进攻秦王朝，你怎么说我是帮助秦朝进攻诸侯呢？"郦食其说："您定是要聚集徒众会合起义军去诛灭无道的秦朝，就不应该这样傲慢的接见长者。"于是沛公停止了洗脚，起身整理好衣服，延请郦食其上坐，向他道歉。郦食其乘机向沛公谈了对六国纵横时代形势发展的看法。沛公听了很高兴，赐给郦食其饭食，询问说："应该怎么做？"郦食其说："您起事是纠集了乌合之众，收服的是散乱兵众，不足一万人，欲领着这支队伍径直进入强大秦国的中心地带，这就是所谓的去探视虎口。要说陈留，是天下的要冲地带，四通五达的地区，如今这座城里又有很多积储的粮食。我和陈留的县令友好，

为内应。”于是遣郦生行,沛公引兵随之,遂下陈留。号郦食其为广野君。

郦生言其弟郦商,使将数千人从沛公西南略地。郦生常为说客,驰使诸侯。

请允许我能做您的使者去他那里,让他臣服于您。如果他不听从,您就出动军队进攻,我做内应。”沛公于是就派郦食其前行,自己带着兵跟随着,夺下了陈留。沛公赐给郦食其广野君的封号。

郦食其向沛公推荐了他的弟弟郦商,让郦商率领几千人跟从沛公往西南去攻略土地。郦食其常常作为说客,出使各诸侯国。

注释 1 传(zhuàn)舍:馆驿,旅店。 2 谒:请见,进见。 据:通“踞”,伸开腿坐着。 3 长揖:相见时,拱手自上而至极下以为礼。 拜:跪拜。 4 竖儒:鄙贱的儒生,骂人语。竖,小子。 5 摄:收拾,整理。 延:请。 6 从:通“纵”。 7 纠合:一作“乌合”,仓促之间聚合在一起。 径:直接,直往。 8 衢:交通要道。衢,同“冲(衝)”。 郊:地方。 9 下:臣服,投降。

汉三年秋[1],项羽击汉,拔荥阳,汉兵遁保巩、洛。楚人闻淮阴侯破赵,彭越数反梁地,则分兵救之。[2]淮阴方东击齐,汉王数困荥阳、成皋,计欲捐[3]成皋以东,屯巩、洛以拒楚。郦生因曰:“臣闻知天之天者[4],王事可成;不知天之天者,王事不可成。

汉三年秋天,项羽进击汉王,攻占了荥阳,汉兵逃遁据守巩县、洛阳一带。楚国人听说淮阴侯韩信攻破了赵国,彭越多次在梁地反叛,就分出兵力前去救援。淮阴侯正向东去攻击齐国,汉王多次被困在荥阳、成皋一带,计划放弃成皋以东,屯驻在巩县、洛阳一带来抵御楚国。郦食其乘机说:“我听说能知道要事中最重要的事情的人,王业的事就可以成功;不知道要事中最重要事情

王者以民人为天，而民人以食为天。夫敖仓，天下转输[5]久矣，臣闻其下乃有藏粟甚多。楚人拔荥阳，不坚守敖仓，乃引而东，令適卒[6]分守成皋，此乃天所以资汉也。方今楚易取而汉反却，自夺[7]其便，臣窃以为过矣。且两雄不俱立，楚汉久相持不决，百姓骚动，海内摇荡，农夫释耒，工女下机，天下之心未有所定也。[8]愿足下急复进兵，收取荥阳，据敖仓之粟，塞成皋之险，杜大行之道，距蜚狐之口，守白马之津，以示诸侯效实形制之势，则天下知所归矣。[9]方今燕、赵已定，唯齐未下。今田广据千里之齐，田间将二十万之众，军于历城，诸田宗强，负海，阻河

的人，王业的事不可以成功。做王的人把安定民众当作要事，而安定民众以占有粮食算最重要的事情。要说敖仓，成为天下运输的中心已经很久了，我听说那里储藏了特别多的粮食。楚国人攻占了荥阳，不坚守敖仓，就领兵向东去了，只派一些罪犯中被征发的士兵驻守成皋，这正是上天要来帮助汉王。当今楚国容易攻取，但汉王反而退却，失掉这样有利的条件，我私下认为是错误的。况且两个英雄不能同时存在，楚汉长久相持还没有决出胜负，百姓骚动不安，海内动荡不宁，农夫放弃耕种，女工走下织机，天下的人心还没有安定。希望您再次紧急进兵，去夺下荥阳，占据敖仓储藏的粮食，阻塞成皋的险要地带，堵住太行的交通要道，拒守蜚狐的陡峭关卡，守住白马的黄河渡口，以便向诸侯们显示您已取得了有利形势，那么天下就知道该归附谁了。当今燕、赵两地已经平定，只有齐国还没有攻下。如今田广占据千里的齐国，田间统率着二十万兵众，驻守在历城，田氏的各个宗族势力强大，背靠着大海，倚仗黄河、济水的天险，南面临近楚国，齐人又多变诈，您即使派遣几十万大军，也不可能在

济，南近楚，人多变诈，足下虽遣数十万师，未可以岁月破也。[10]臣请得奉明诏说齐王，使为汉而称东藩[11]。”上曰：“善。”

很短的岁月把它攻破。我请求能够奉您的诏令去游说齐王，让齐国归降而成为您在东方的藩国。”皇上说：“好。”

注释 **1** 汉三年：即公元前204年。 **2** 淮阴侯：连同下文“淮阴”，均指韩信。 彭越：秦末起义首领之一，楚汉战争中统兵三万人归属刘邦。 **3** 捐：放弃。 **4** 天之天者：要事中最重要者。天，仰赖以为生存者。下文“民人”，《汉书》无“人”字。 **5** 转输：运输。 **6** 適(zhé)卒：罪犯中被征发的士兵。適，通“谪”。 **7** 夺：丧失，失去。 **8** 耒(lěi)：古代的一种农具。 工女：女工。 **9** 杜：堵塞。 距：通“拒”，拒守。 效实：注重实效。 形制：据有利地形以制服对方。 **10** 田间：此处应为田解，齐王手下之将领。 田：齐国王族田氏。 负：背靠。 阻：倚仗。 河济：即黄河、济水。 **11** 东藩：东方之属国。

乃从其画，复守敖仓，而使郦生说齐王曰：“王知天下之所归乎？”王曰：“不知也。”曰：“王知天下之所归，则齐国可得而有也；若不知天下之所归，即齐国未可得保也。”齐王曰：“天下何所归？”曰：“归汉。”曰：“先生何以言之？”曰：“汉王与项王戮力[1]西面击秦，

于是汉王听从他的计策，重新据守敖仓，并派遣郦食其去游说齐王说：“您知道天下将要归附谁吗？”齐王说：“不知道。”郦食其说：“您知道天下将要归附谁，那么齐国就可能保全；如果您不知道天下将要归附谁，那么齐国就不可能保全。”齐王说：“天下将要归附谁？”郦食其说：“归附汉王。”齐王说：“先生根据什么这样说？”郦食其说：“汉王和项王并力向西进

约先入咸阳者王之。汉王先入咸阳，项王负约不与而王之汉中。项王迁杀义帝，汉王闻之，起蜀汉之兵击三秦，出关而责义帝之处，收天下之兵，立诸侯之后。[2]降城即以侯其将，得赂[3]即以分其士，与天下同其利，豪英贤才皆乐为之用。诸侯之兵四面而至，蜀汉之粟方船[4]而下。项王有倍约之名，杀义帝之负；[5]于人之功无所记，于人之罪无所忘；战胜而不得其赏，拔城而不得其封；非项氏莫得用事；为人刻印，刓[6]而不能授；攻城得赂，积而不能赏：天下畔[7]之，贤才怨之，而莫为之用。故天下之士归于汉王，可坐而策[8]也。夫汉王发蜀汉，定三秦；涉西河之外，援上党之兵；下井陉，诛成安君；破北魏[9]，举三十二

击秦朝，相约谁先进入咸阳谁就称王。汉王先进入咸阳，项王违背约定而把汉王封在汉中。项王迁徙并劫杀了义帝，汉王听说了，出动蜀汉的军队进击三秦地区，走出函谷关去责问项羽义帝之所在，收集天下的兵众，封立诸侯的后代。降服了城邑就用它封给战将为侯，获取的财物就把它分给士卒，和天下人共同享受战利，英雄豪杰贤能人才都愿意为他效力。诸侯的军队从四面来到，蜀汉的粮食用大船装载而下。项王有违背约定的名声，有杀害义帝的罪过；对于人家的功劳总不记得，对于别人的罪过一点也不忘；战争取胜而士卒得不到奖赏，攻占城邑而将领不得封侯；不是项氏的人没有谁能掌权；给人刻了印，在手中摩挲着而不愿授给人家；攻夺城邑获得财物，积聚起来不能封赏给别人：天下背叛他，贤才怨恨他，没有谁愿意为他效力。所以天下的士人都归附汉王，汉王可以安坐而驱使他们。再说汉王从蜀汉出兵，平定三秦地区；渡到西河的外面，得到了上党地区军队的增援；攻下井陉，诛杀了成安君；打败了西魏，夺

城：此蚩尤[10]之兵也，非人之力也，天之福也。今已据敖仓之粟，塞成皋之险，守白马之津，杜大行之阪，距蜚狐之口，天下后服者先亡矣。王疾先下汉王，齐国社稷可得而保也；不下汉王，危亡可立而待也。”田广以为然，乃听郦生，罢历下兵守战备，与郦生日纵酒。

取了三十二座城邑：这是如同战神蚩尤指使的军队，不是人的力量，是上天保佑的结果。如今汉王已经占有了敖仓的粮食，堵塞了成皋的险要，守御了白马渡口，杜绝了太行坂道，拒守在蜚孤关口，天下在后面归服汉王的要先灭亡了。您赶快臣服于汉王，齐国的社稷就能够保住了；不臣服于汉王，危亡的时刻马上就会来到。”田广认为他说得对，就听从郦食其，撤除了历下的防备，天天和郦食其纵情饮酒。

注释 1 戮力：合力，并力。 2 迁杀：迁徙途中杀害。 关：即函谷关。 处：处所。 3 赂：财物。 4 方船：并舟，泛指大船。 5 倍：通“背”。 负：辜，罪过。 6 刓：通“玩”，摩挲。 7 畔：通“叛”。 8 策：驱策，使用。 9 北魏：魏指魏豹之魏国，以在黄河西岸，故亦谓之“西魏”。 10 蚩尤：传说中东方九黎族的首领，据传共有兄弟八十一人，个个兽身人语，铜头铁额，其作战如同战神。

淮阴侯闻郦生伏轼下齐七十余城，乃夜度兵平原袭齐。[1]齐王田广闻汉兵至，以为郦生卖己，乃曰：“汝能止汉军，我活汝；不然，我将亨[2]汝！”郦生曰：“举大事

淮阴侯韩信听说郦食其凭着游说取得了齐国七十多座城邑，就在夜晚率领军队渡过平原津袭击齐国。齐王田广听说汉兵到达，认为是郦食其出卖了自己，就说：“你能阻止汉军，我让你活下来；不然的话，我将烹杀你！”郦食其说：

不细谨，盛德不辞让。[3]而公不为若更言！”齐王遂亨郦生，引兵东走。

“要办大事业的人不拘小节，有贤惠德性的人不怕责备。你老子不会为你更改承诺！”齐王于是烹了郦生，引兵向东败逃。

汉十二年[4]，曲周侯郦商以丞相将兵击黥布有功。高祖举列侯功臣，思郦食其。郦食其子疥数将兵，功未当侯，上以其父故，封疥为高梁[5]侯。后更食武遂[6]，嗣三世。元狩元年[7]中，武遂侯平坐诈诏衡山王取百斤金，当弃市，病死，国除也。

汉十二年，曲周侯郦商以丞相身份领兵攻击黥布而立功。高祖在分封列侯功臣的时候，想起了郦食其。郦食其的儿子郦疥多次领兵，按功劳还不当封侯，皇上因为他父亲的缘故，封郦疥为高梁侯。后来把食邑改在武遂县，延续了三代。元狩元年的时候，武遂侯由于谎称皇帝诏令夺取了衡山王的百斤黄金，事发，应当在街头被处死，后病死，封国被废除。

注释　1 伏轼：俯身于车前横木上。此指郦生凭着游说使齐投降。　度：通“渡”。　2 亨：“烹”之古字。　3 细谨：小节。　盛德：此指具有贤惠德性之人。　让：指责，责备。　4 汉十二年：即公元前195年。　5 高梁：郦疥之食邑名，在今山西临汾东北。　6 武遂：汉县名，在今河北武强西北。亦名武隧。　7 元狩元年：即公元前122年。元狩为汉武帝的第四个年号。

陆贾者，楚人也。以客从高祖定天下，名为有口辩士，居左右，常使诸侯。

陆贾是楚国人。以宾客身份跟从高祖平定天下，成为当时很有口才能言善辩的说士，跟随高祖左右，常常出使诸侯。

及高祖时，中国[1]初

定，尉他平南越，因王之。高祖使陆贾赐尉他印为南越王。陆生至，尉他魋结箕倨见陆生。[2]陆生因进说他曰："足下中国人，亲戚昆弟坟墓在真定。今足下反天性，弃冠带[3]，欲以区区之越与天子抗衡为敌国，祸且及身矣。且夫秦失其政，诸侯豪桀[4]并起，唯汉王先入关，据咸阳。项羽倍约，自立为西楚霸王，诸侯皆属，可谓至强。然汉王起巴蜀，鞭笞天下，劫略诸侯，遂诛项羽灭之。[5]五年之间，海内平定，此非人力，天之所建也。天子闻君王王南越，不助天下诛暴逆，将相欲移兵而诛王，天子怜百姓新劳苦，故且休之，遣臣授君王印，剖符[6]通使。君王宜郊迎，北面称臣，乃

等到高祖做了皇帝，中原地区刚刚平定，尉他平定了南越，趁机在那里称王。高祖派陆贾赐给尉他印绶做南越王。陆贾到了，尉他梳着椎发结叉开两腿坐着接见陆贾。陆贾上前劝告尉他说："您本是中原人，亲戚兄弟的坟墓在真定。如今您违反了天性，抛弃中原的礼教风俗，想凭借小小的越地来和天子抗衡，与汉为敌，祸患将会降临到您身上了。再说秦朝政治败坏以后，诸侯豪强同时起兵，只有汉王率先进入武关，占据咸阳。项羽违背约定，封立自己做西楚霸王，诸侯都隶属于他，可以说得上最为强大。然而汉王从巴蜀起兵，转战天下，征服和驱使各个诸侯，诛杀了项羽，灭亡了楚国。五年之内，平定了天下，这不是人力的作用，是上天促成的。天子听说君王在南越称王，不协助天下诛灭暴逆势力，将相们就想率领军队来诛杀您，天子怜悯百姓刚刚经受过苦难，所以暂且休养生息，派遣我授给君王印绶，剖分符信通使往来。您本应当在郊外迎接，面向北称臣，却想凭借刚刚建立还没有安定下来的越国，在这里顽固抵御。汉朝果真听

欲以新造未集之越，屈强于此。[7]汉诚闻之，掘烧王先人冢，夷灭宗族，使一偏将[8]将十万众临越，则越杀王降汉，如反覆手耳。”

说了，会发掘并烧毁您的先人的坟墓，夷灭您的整个宗族，派出一名副将统率十万兵众来到越国，那么越人就会杀死您投降汉朝，这是极其容易的事。”

注释 1 中国：指中原。 2 魋结(zhuī jì)：即梳成椎形的发髻，当时南越一带的风俗。 箕倨：即箕踞，似簸箕状两腿叉开而坐。 3 冠带：本指帽和衣带，此指中原之礼教风俗。 4 桀：通“杰”。 5 鞭笞(chī)：鞭打。此指掌握和控制。 劫略：征服和驱使。 6 剖符：将符印一分为二，以示信用。 7 北面：面向北，即臣服。 集：通“辑”，安定。 屈强：同“倔强”，此指顽固。 8 偏将：副将。

于是尉他乃蹶然[1]起坐，谢陆生曰：“居蛮夷中久，殊失礼义。”因问陆生曰：“我孰与萧何、曹参、韩信贤？”陆生曰：“王似贤。”复曰：“我孰与皇帝贤？”陆生曰：“皇帝起丰沛[2]，讨暴秦，诛强楚，为天下兴利除害，继五帝三王之业，统理中国。中国之人以亿计，地方万里，居天下之膏腴，人众车

于是尉他迅速起身坐定，向陆生道歉说：“居住在蛮夷地区久了，就不注重礼义了。”因而询问陆生说：“我和萧何、曹参、韩信比谁贤能？”陆生说：“您似乎要贤能些。”尉他又问：“我和皇帝比谁贤明？”陆生说：“皇帝从丰、沛起事，讨伐暴虐的秦朝，诛灭强大的楚国，替天下兴利除害，继承了五帝三王的功业，统治着中国。中国的人口要以亿来计算，土地纵横万里，居处在天下肥沃的土地上，人民车马众多，万物殷实富足，政令出自一家，从天地始分以来

辈,万物殷富,政由一家,自天地剖泮未始有也。[3]今王众不过数十万,皆蛮夷,崎岖山海间,譬若汉一郡,王何乃比于汉!”尉他大笑曰:“吾不起[4]中国,故王此。使我居中国,何渠[5]不若汉?”乃大说[6]陆生,留与饮数月。曰:“越中无足与语,至生来,令我日闻所不闻。”赐陆生橐中装直千金,他送亦千金。[7]陆生卒拜尉他为南越王,令称臣奉汉约。归报,高祖大悦,拜贾为太中大夫[8]。

还未曾出现过这样的局面。如今您只不过几十万人,皆是蛮夷部族,居住在崎岖的山林河海之间,譬如是汉朝的一个郡,您怎么可以和汉朝相比呢!”尉他大笑着说:“我不能在中国发迹起家,所以在这里称王。让我居住在中国,怎么会比不上汉朝?”尉他因此非常喜欢陆生,留下来和他宴饮了好几个月。他说:“南越当地没有值得一同交谈的人,先生来到,让我每天都听到以前所没有听到的事理。”赐给陆生装满一口袋价值千金的珠宝,其他所赠送的财物亦有千金的价值。陆生终于封了尉他做南越王,让他向汉称臣并接受汉朝的约束。陆贾回朝廷禀报,高祖非常高兴,委任他做太中大夫。

注释 1 蹶(guì)然:急遽貌。 2 丰沛:丰,指丰邑(今江苏丰县)。沛,指沛县(今江苏沛县)。丰邑当时属沛县。 3 亿:此指十万。 膏腴:此指肥沃之土地。 辈(yú):同“舆”,众多。 剖泮(pàn):分开。 4 不起:在野,不出来作官。 5 何渠:又作“何遽”,如何。渠,通“讵”,难道。 6 说:通“悦”。 7 橐(tuó)中装:指用袋装的珠玉之宝。 直:通“值”,价值。 他送:送的其他物品。 8 太中大夫:官名,在皇帝左右掌议论。

陆生时时前说称《诗》《书》。高帝骂之曰:“乃公居马上而得之,安事《诗》《书》!”陆生曰:“居马上得之,宁可以马上治之乎?且汤武逆取而以顺守之,文武并用,长久之术也。[1]昔者吴王夫差、智伯[2]极武而亡;秦任刑法不变,卒灭赵氏[3]。乡使[4]秦已并天下,行仁义,法先圣,陛下安得而有之?”高帝不怿[5]而有惭色,乃谓陆生曰:“试为我著秦所以失天下,吾所以得之者何,及古成败之国。”陆生乃粗述存亡之征,凡著十二篇。每奏一篇,高帝未尝不称善,左右呼万岁,号其书曰《新语》[6]。

陆生经常向高祖进说时称述《诗》《书》。高帝骂他说:“你老子是骑在马背上取得天下的,哪里用得着《诗》《书》!”陆生说:“骑在马背上取得天下,难道可以骑在马背上治理天下吗?况且商汤、周武王用武力夺取天下并用仁义教化来巩固它,文武并用,才是长治久安的办法。从前吴王夫差、智伯穷极武力结果灭亡;秦朝一味使用严刑酷法不加变更,终于使赵氏政权灭亡了。假使秦朝在并吞天下以后,施行仁义教化,效法先代圣王,陛下怎么能夺取它的天下?”高帝不高兴并显出惭愧的神色,就对陆生说:“你尝试着替我著述秦朝是什么原因失掉了天下,我是什么原因取得了天下,以及古代成功失败的国家的经验教训。”陆生就粗略地记述国家存亡之征兆,总共撰著了十二篇。每奏上一篇,高帝总是称赞他写得精彩,辅佐的群臣也高呼万岁,他写的书被称作《新语》。

注释 1 逆:指武力。 文:指仁义教化。 术:途径,办法。 2 智伯:亦作“知伯”,晋六卿之一,曾与韩、赵、魏共同瓜分范氏、中行氏的土地,后又企图灭赵,反被赵灭。 3 赵氏:此指秦国。秦始皇祖先的一支曾被封于赵城，故姓赵。 4 乡使：假使。乡，通“向”。 5 怿：高兴。 6《新语》：《史记正义》引《七录》云“《新语》二卷，陆贾撰”也。

孝惠帝时，吕太后用事，欲王诸吕，畏大臣有口者[1]，陆生自度不能争之，乃病免家居。以好畤[2]田地善，可以家焉。有五男，乃出所使越得橐中装，卖千金，分其子，子二百金，令为生产[3]。陆生常安车驷马，从歌舞鼓琴瑟侍者十人，宝剑直百金[4]，谓其子曰：“与汝约：过汝，汝给吾人马酒食，极欲，十日而更。[5]所死家，得宝剑车骑侍从者。一岁中往来过他客，率不过再三过，数见不鲜。[6]无久慁公为也。[7]”

孝惠帝时，吕太后掌权，想封吕氏家族的人做王，害怕大臣中能言善辨、据理力争的人，陆生自己估计不能强争，就借病辞职闲居家中。由于好畤一带土地肥沃，就在这里建立家业。他有五个儿子，他就把出使南越时所获得装在袋中的珠宝拿出来，卖得千金，分给他的儿子，每个儿子二百金，让他们置办产业。陆生常常坐着四马拉着的小车，让十位能歌舞会弹琴瑟的侍者跟从，带着价值百金的宝剑，对他的儿子们说：“和你们相约：住到你们家，你们供给我人马的酒食费用，尽量满足我的要求，每十天换一家。死在哪一家，哪一家得到我的宝剑车骑以及侍从人员。一年里我还要到其他人家去做客，大概住在你们那里不过是两三次，经常见面就不新鲜。我不会长时间待在你们那里，免得你们厌烦我”。

注释 1 有口者：能言善辨、据理力争之人。 2 好畤(zhì)：汉县名，在今陕西乾县东北。 3 生产：生计，产业。 4 安车：用一马拉之，可以坐乘的小车。礼尊者则用四马。 直：通“值”。 5 过：此指“住到”。 给(jǐ)：供给。 6 率：大概。 再：二。 数(shuò)见不鲜：经常见就不新鲜。

7 无久：不会长时间。 慁(hùn)：厌烦，嫌弃。

吕太后时，王诸吕，诸吕擅权，欲劫少主[1]，危刘氏。右丞相陈平患之，力不能争，恐祸及己，常燕居[2]深念。陆生往请，直入坐，而陈丞相方深念，不时见陆生。[3]陆生曰："何念之深也？"陈平曰："生揣我何念？"陆生曰："足下位为上相[4]，食三万户侯，可谓极富贵无欲矣。然有忧念，不过患诸吕、少主耳。"陈平曰："然。为之柰何？"陆生曰："天下安，注意相；天下危，注意将。将相和调，则士务附[5]；士务附，天下虽有变，即权不分。[6]为社稷计，在两君掌握[7]耳。臣常欲谓太尉绛侯，绛侯与我戏，易吾言。[8]君何不交欢太尉，深相结？"

吕太后的时候，封吕氏家族的人做王，吕氏家族的人专断朝廷大权，想劫持年轻的君主，危害刘氏朝廷。右丞相陈平忧患这件事，凭个人力量又不能强争，害怕祸难连及自己，常常在家深思计策。陆生前往问候起居，径直走到座位上坐下，这时候陈丞相正在深思，没有立刻来接见陆生。陆生说："为什么思考得这么专注呢？"陈平说："先生猜测我思考什么？"陆生说："您的职位是上相，是有三万户食邑的列侯，可谓穷尽了富贵，不会再有物欲追求了。然而还有忧思，只不过是忧虑吕氏家族和年轻君主罢了。"陈平说："对。这该怎么办？"陆生说："天下安定，要注意丞相；天下危难，要注意大将。将相和睦协调，那么士人必定归附；士人必定归附，天下即使发生变乱，那么国家大权就不会分散。如何替社稷谋划，在两位手中掌握着。我常常想对太尉绛侯说这样的话，绛侯和我开玩笑，轻视我的意见。您何不和太尉交好，互相紧密团结？"于是他为陈平就如何对待吕氏家族谋划了几件事。

为陈平画吕氏数事。陈平用其计,乃以五百金为绛侯寿[9],厚具乐饮;太尉亦报如之。此两人深相结,则吕氏谋益衰。陈平乃以奴婢百人,车马五十乘,钱五百万,遗[10]陆生为饮食费。陆生以此游汉廷公卿间,名声藉[11]甚。

陈平采纳他的计谋,就拿出五百斤黄金为绛侯祝福,摆设丰厚酒席尽情地喝酒;太尉也像这样加以回报。这两个人互相紧密团结,那么吕氏家族的阴谋就更加难以实现了。陈平就将百名奴婢,五十辆车马,五百万钱,送给陆生作为饮食费用。陆生用这些钱财来结交朝廷的公卿,获得很大名声。

注释 1 少主:年轻的君主。刘邦死后,子惠帝刘盈继位,因年幼而吕后代理朝政,后刘盈死,立少帝,吕后临朝称制,不久又杀了少帝。 2 燕居:同“宴居”,退朝而处,闲居。 3 请:《汉书音义》曰:“请,若问起居。” 直入坐:径直坐在座位上。坐,通“座”。 不时:没有立刻。 4 上相:陈平原为左丞相,王陵被吕后免职后,升为右丞相。汉以右为尊,所以称右丞相为上相。 5 务附:一定归附。务,致力于。 6 虽:即使。 即:则,那么。 7 掌握:在手掌中握着。 8 绛侯:即周勃。 易:轻视。 9 寿:祝福。 10 遗(wèi):赠送。 11 藉(jí):意即“藉藉”,亦作“籍籍”,纷乱的样子。形容众口喧腾或名声很大。

及诛诸吕,立孝文帝[1],陆生颇有力焉。孝文帝即位,欲使人之南越。陈丞相等乃言陆生为太中大夫,往使尉他,令尉他去黄屋称制,令比诸侯,皆如意旨。[2]

在诛灭吕氏家族和拥立孝文皇帝中,陆生是出了很大力气的。孝文帝就天子之位,想派人出使南越。陈丞相等人就提议陆生担任太中大夫,派他出使到尉他那里,让尉他去掉称帝的一套仪制和命令,在地位上让他等同列侯,结果语在《南越》[3]语中。陆生竟以寿终。

他都按旨意办到了。这方面的内容记在《南越列传》中。陆生最后是自然死亡的。

注释 1 孝文帝:即汉文帝刘恒,公元前180—前157年在位。 2 黄屋:帝王的车盖,因由黄色丝绸所做,故名。 制:特指皇帝的命令。 比:等同,并列。 3《南越》:即《史记·南越列传》。

平原君[1]朱建者,楚人也。故尝为淮南王黥布相,有罪去,后复事黥布。布欲反时,问平原君,平原君止之,布不听而听梁父侯,遂反。[2]汉已诛布,闻平原君谏不与谋,得不诛。语在《黥布》[3]语中。

平原君朱建是楚国人。从前曾经担任过淮南王黥布的国相,因为有罪离去,后来再次侍奉黥布。黥布想反叛的时候,征求平原君的意见,平原君制止他,黥布不听从他的意见而按梁父侯的话去做,于是反叛。汉朝诛杀黥布后,听说平原君劝谏黥布不要谋反,没有参加预谋,他得以不被诛杀。有关事情记述在《黥布列传》中。

注释 1 平原君:朱建的封号。 2 止:反对,不同意。 梁父侯:《史记索隐》"史失名"。 3《黥布》:即《史记·黥布列传》。但此传中并未记载以上有关事情。

平原君为人辩有口,刻廉[1]刚直,家于长安。行不苟合,义不取容[2]。辟阳侯[3]行不正,得幸吕太后。时辟阳侯欲知[4]平

平原君为人善辩能据理力争,十分廉洁,刚强正直,居住在长安城。他行为上不苟且偷合,道义上不取悦于人。辟阳侯行为不端正,得到吕太后的宠幸。当时辟阳侯想

原君,平原君不肯见。及平原君母死,陆生素与平原君善,过之。平原君家贫,未有以发丧,方假贷服具[5],陆生令平原君发丧。陆生往见辟阳侯,贺曰:“平原君母死。”辟阳侯曰:“平原君母死,何乃贺我乎?”陆贾曰:“前日君侯欲知平原君,平原君义[6]不知君,以其母故。今其母死,君诚厚送丧,则彼为君死矣。”辟阳侯乃奉百金往税。[7]列侯贵人以辟阳侯故,往税凡五百金。

结交平原君,平原君不肯和他见面。等到平原君母亲死去,陆生向来和平原君友好,去拜访他。平原君家中贫穷,母亲死了没有能力发丧,正在借贷发丧用的服饰器具,陆生让平原君不必借贷,只管发丧。陆生前去会见辟阳侯,道贺说:“平原君母亲死了。”辟阳侯说:“平原君母亲死了,为什么竟要祝贺我呢?”陆贾说:“前些日子您想结交平原君,平原君坚持道义不和您结交,是因为他母亲在世的缘故。如今他母亲死了,您果真能送上厚重的丧礼,那么他就能替您去死了。”辟阳侯就捧着百斤黄金前往赠送丧礼。列侯和贵人们由于辟阳侯的缘故,前去送上的丧礼总共达五百斤黄金。

注释 1 刻廉:十分廉洁。 2 取容:讨好,取悦于人。 3 辟阳侯:即审食其,刘邦的同乡,吕后时官至左丞相。 4 知:结交。 5 服具:发丧用的服饰、器具。 6 义:坚持道义。 7 奉:捧。 税:以物赠人,此特指赠丧礼。

辟阳侯幸吕太后,人或毁[1]辟阳侯于孝惠帝,孝惠帝大怒,下吏,欲诛之。吕太后惭,不可以言。大臣多

辟阳侯受到吕太后宠爱,有人在孝惠帝面前说辟阳侯的坏话,孝惠帝大发脾气,将辟阳侯交给狱吏,想要诛杀他。吕太后惭愧,

害[2]辟阳侯行，欲遂诛之。辟阳侯急，因使人欲见平原君。平原君辞曰："狱[3]急，不敢见君。"乃求见孝惠幸臣闳籍孺[4]，说之曰："君所以得幸帝，天下莫不闻。[5]今辟阳侯幸太后而下吏，道路皆言君谗，欲杀之。今日辟阳侯诛，旦日太后含怒，亦诛君。何不肉袒[6]为辟阳侯言于帝？帝听君出辟阳侯，太后大欢。两主共幸君，君贵富益倍矣。"于是闳籍孺大恐，从其计，言帝，果出辟阳侯。辟阳侯之囚，欲见平原君，平原君不见辟阳侯，辟阳侯以为倍[7]己，大怒。及其成功出之，乃大惊。

吕太后崩，大臣诛诸吕，辟阳侯于诸吕至深，而卒不诛。计画所以全者，皆陆生、平原君之力也。

又不能出面说情。大臣中有很多人痛恨辟阳侯这种行为，也想把他诛杀掉。辟阳侯感到情况紧急，就派人去告诉平原君想和他见面。平原君推辞说："狱事紧急，不敢和您见面。"但他去求见孝惠帝的佞幸之臣闳孺，游说闳孺说："您能够受到皇帝宠幸的原因，天下人没有谁不知道。如今辟阳侯受到太后宠幸而被交给狱吏，道路上的人都说是您的毁谤，想杀了他。今日辟阳侯被诛，明日早上太后心怀怒气，也会诛杀您。何不袒露肩背在皇帝面前说话替辟阳侯请罪？皇帝听从您的意见放出辟阳侯，太后会非常高兴。两位君主一起宠幸您，您的富贵要加倍了。"于是闳孺非常害怕，听从他的计谋，对皇帝说了，果然放出了辟阳侯。辟阳侯被囚禁，想会见平原君，平原君不和辟阳侯见面，辟阳侯认为他背叛了自己，非常生气。等到辟阳侯成功地从狱中出来，才大吃一惊。

吕太后去世，大臣们诛杀吕氏家族的人，辟阳侯和吕氏家族交往最深，但没有被诛杀。出谋划策保全他的人，就是陆生、平原君。

注释 1 毁:说坏话。 2 害:痛恨。 3 狱:案情。 4 闳(hóng)籍孺:应为闳孺,惠帝时的佞幸之臣。据《佞幸列传》所载,高祖时有籍孺,孝惠时有闳孺,此合二名为一,故误。 5 所以:所,助词;以,介词。与它们后面的成分组成"所"字结构,在此意为"……的原因"。《佞幸列传》言籍、闳"此两人非有材能,徒以婉佞贵幸,与上卧起,公卿皆因关说"。 6 肉袒:袒露肩背,表示认罪。 7 倍:通"背"。

孝文帝时,淮南厉王杀辟阳侯,以诸吕故。文帝闻其客平原君为计策,使吏捕欲治。闻吏至门,平原君欲自杀。诸子及吏皆曰:"事未可知,何早自杀为?"平原君曰:"我死祸绝,不及而[1]身矣。"遂自刭。孝文帝闻而惜之,曰:"吾无意杀之。"乃召其子,拜为中大夫[2]。使匈奴,单于无礼,乃骂单于,遂死匈奴中。

孝文帝的时候,淮南厉王杀死了辟阳侯,是由于他和吕氏家族交往最深的缘故。文帝听说是淮南王的宾客平原君替他出的主意,派狱吏去捕捉想治平原君的罪。听说狱吏到了家门口,平原君想自杀。诸子以及属吏都说:"事情的结果还不可预料,为什么要这么早就自杀?"平原君说:"我死了祸患就绝了,不会连累到你们身上了。"就割脖子自杀了。孝文帝听说后感到惋惜,说:"我没想要杀他。"孝文帝于是召来他的儿子,将其任命为中大夫。中大夫被派去出使匈奴,单于悖慢无礼,他就大骂单于,最后死在匈奴。

注释 1 而:通"尔",你们。 2 中大夫:官名,备皇帝顾问。《史记索隐》本作"太中大夫"。

初,沛公引兵过陈留,郦

当初,沛公领着军队经过陈

生踵[1]军门上谒曰:"高阳贱民郦食其,窃闻沛公暴露[2],将兵助楚讨不义,敬劳从者,愿得望见,口画天下便事。"使者入通,沛公方洗,问使者曰:"何如人也?"使者对:"状貌类大儒,衣儒衣,冠侧注[3]。"沛公曰:"为我谢之,言我方以天下为事,未暇见儒人也。"使者出谢曰:"沛公敬谢先生,方以天下为事,未暇见儒人也。"郦生瞋目案剑叱使者曰[4]:"走!复入言沛公,吾高阳酒徒也,非儒人也。"使者惧而失谒,跪拾谒[5],还走,复入报曰:"客,天下壮士也,叱臣,臣恐,至失谒。曰'走!复入言,而公高阳酒徒也'。"沛公遽雪足杖矛曰:"延客入!"[6]

留,郦生跟到军营门口上前请求拜见说:"高阳乡的贱民郦食其,私下听说沛公日晒雨淋奔走于战场,统领兵众协助楚王征讨不义之人,敬请烦劳诸位随从人员,禀报一声,说我希望拜见,当面谋划天下大事。"使者进去通报,沛公正在洗脚,问使者说:"是个什么样的人?"使者回答:"神态相貌好像大儒生,穿着儒生衣服,戴着侧注帽子。"沛公说:"替我表示歉意,说我正在忙于夺取天下的事,没有闲工夫接见读书人。"使者出来道歉说:"沛公恭敬地向先生表示歉意,他正在忙于夺取天下的事,没有闲工夫接见读书人。"郦生瞪大眼睛,手按着剑把大声喝斥使者说:"跑回去!再次进去对沛公说,我是高阳的一个酒徒,不是读书人。"使者害怕得丢落了名帖,跪下拾起名帖,跑回去,又进去禀报说:"这位客人,是天下的壮士,叱责我,我害怕,以至于丢落了名帖。他说'跑!再次进去说,你老子是高阳的酒徒'。"沛公急速揩干脚,手拿着矛说:"请客人进来!"

注释 1 踵:跟随。 2 暴(pù)露:日晒雨淋。此引申指置身于外,奔走于战场。暴,“曝”的古字,晒。 3 侧注:《史记集解》徐广曰:“侧注冠一名高山冠,齐王所服,以赐谒者。” 4 瞋(chēn)目:愤怒时睁大眼睛。 案:通“按”。 5 谒:进见时用的名帖。 6 遽:急速。 雪:揩拭。 杖:持。

郦生入,揖沛公曰:“足下甚苦,暴衣露冠,将兵助楚讨不义,足下何不自喜[1]也?臣愿以事见,而曰‘吾方以天下为事,未暇见儒人也’。夫足下欲兴天下之大事而成天下之大功,而以目皮相[2],恐失天下之能士。且吾度[3]足下之智不如吾,勇又不如吾。若欲就天下而不相见,窃为足下失之。”沛公谢曰:“乡者[4]闻先生之容,今见先生之意矣。”乃延而坐之,问所以取天下者。郦生曰:“夫足下欲成大功,不如止陈留。陈留者,天下之据衢也,兵之会地也,积粟数千万石,城守甚坚。臣素善其令,愿为

郦生进来,拱手对沛公长揖说:“您非常辛苦,日晒雨淋奔走于战场,统领兵众协助楚王讨伐不义之人,您为什么不爱重这样的好时机呢?我愿意以商议大事来拜见,您却说‘我正在忙于夺取天下的事,没有闲功夫接见读书人’。要说您想建立天下的大事业并成就天下的大功劳,却从外表上来观察人,恐怕会失去天下有本领的人。况且我估计您的智谋不如我,勇敢不如我。假若想君临天下而不和我相见,我私下认为您失算了。”沛公道歉说:“刚才只听说先生的形状容貌,现在了解到先生的心意了。”就请他入座,询问夺取天下的策略。郦生说:“要说您想成就大功,不如驻军陈留。陈留是天下的要冲,兵家必争之地,积储有几千万石粮食,防御的城墙特别坚固。我一向和陈留的县令友善,愿意替您去游说他。他不听从我,我就替您杀了他,而夺取陈留。

足下说之。不听臣，臣请为足下杀之，而下陈留。足下将陈留之众，据陈留之城，而食其积粟，招天下之从兵[5]；从兵已成，足下横行天下，莫能有害足下者矣。”沛公曰：“敬闻命矣。”

您统领陈留的兵众，占据陈留的城邑，并食用那里的粮食，招募天下愿意来投靠您的军队；愿意投靠您的军队招募完成，您就可以横行天下，没有谁能危害您了。”沛公说：“我完全听从您的教导。”

注释 1 喜：喜爱，爱重。 2 以目皮相：用眼睛观察表面的东西。皮，表面。相，看，观察。 3 度(duó)：推测，考虑。 4 乡者：刚才。乡，通“向”。 5 从兵：指来投靠的军队。

于是郦生乃夜见陈留令，说之曰：“夫秦为无道而天下畔之，今足下与天下从则可以成大功。[1]今独为亡秦婴[2]城而坚守，臣窃为足下危之。”陈留令曰：“秦法至重也，不可以妄言，妄言者无类[3]，吾不可以应。先生所以教臣者，非臣之意也，愿勿复道。”郦生留宿卧，夜半时斩陈留令首，逾城而下报沛公。沛公引兵攻城，县[4]令首于长竿以示城上人，曰：“趣下，而令

于是郦生就在夜晚去见陈留县令，游说县令说：“秦朝暴虐无道因而天下背叛他，如今您和天下联合就可以成就大功业。如今您偏偏替要灭亡的秦朝坚守，我私下替您感到危险。”陈留县令说：“秦朝的法禁最严，不可以胡言乱语，胡言乱语的人会被灭族，我不能答应您。先生用来教导我的办法，不符合我的心意，希望不要再说。”郦生留宿睡下，半夜时斩杀了陈留县令，越过城墙下来报告沛公。沛公领着兵攻城，把县令的首级挂在长竿上展示给城上的人看，说：“赶紧投降，你们县令的头已经被斩了！

头已断矣![5]今后下者必先斩之!”于是陈留人见令已死,遂相率而下沛公。沛公舍陈留南城门上,因其库兵,食积粟,留出入三月,从兵以万数,遂入破秦。

晚投降的人必定会先被斩杀!”这时陈留人见到县令死了,就相继投降沛公。沛公驻扎在陈留南城门上,凭借这里府库的兵器,食用着积储的粮食,留下来进进出出有三个月,来投靠的军队有数万人,于是进入关中灭掉了秦朝。

注释 1 畔:通“叛”。 从:通“纵”,合纵,联合。 2 婴:围绕。 3 无类:不会遗留下后代,指会被灭族。 4 县:同“悬”。 5 趣:赶快。 而:通“尔”,你们。

太史公曰:世之传郦生书,多曰汉王已拔三秦,东击项籍而引军于巩、洛之间,郦生被[1]儒衣往说汉王。乃非也。自沛公未入关,与项羽别而至高阳,得郦生兄弟[2]。余读陆生《新语》书十二篇,固[3]当世之辩士。至平原君子与余善,是以得具[4]论之。

太史公说:世间所流传的有关郦生的书上,大多说汉王已经攻占了三秦地区,再向东去进击项籍而领兵驻扎在巩县、洛阳一带的时候,郦生才穿戴着儒士衣帽前往游说汉王。这个说法是不对的。在沛公还没有进入关中,和项羽分别来到高阳时,就得到了郦生兄弟。我读陆生的《新语》书十二篇,感得他确实是当代的雄辩之士。平原君的儿子和我友善,因而我能够详细地记述有关平原君的事。

注释 1 被:通“披”。 2 郦生兄弟:即郦食其及弟郦商。 3 固:确实。 4 具:详细。

史记卷九十八

傅靳蒯成列传第三十八

原文

阳陵侯傅宽，以魏五大夫骑将从，为舍人，起横阳。从攻安阳、杠里，击赵贲军于开封，及击杨熊曲遇、阳武，斩首十二级，赐爵卿。从至霸上。沛公立为汉王，汉王赐宽封号共德君。从入汉中，迁为右骑将。从定三秦，赐食邑雕阴。从击项籍，待怀，赐爵通德侯。从击项冠、周兰、龙且，所将卒斩骑将一人敖下，益食邑。

属淮阴，击破齐历下军，击田解。属相国参，残

译文

阳陵侯傅宽，以魏国五大夫骑兵将领的身份跟随沛公，当上舍人，起事于横阳。他跟随沛公攻打安阳、杠里等城，在开封进击赵贲的军队，在曲遇、阳武进击杨熊，斩杀敌首十二级，被赐给卿的爵位。又跟随沛公到了霸上。沛公被立为汉王后，封傅宽为共德君。他跟随汉王进入汉中，升任为右骑将。又跟随汉王平定三秦，汉王将雕阴赐给他作为食邑。又跟随汉王进攻项籍，在怀县待命，被赐给通德侯爵位。还跟随汉王进攻项冠、周兰、龙且的军队，所率领的士卒在敖下杀死敌军骑将一名，因此而增加了食邑。

傅宽曾隶属于淮阴侯韩信，打垮齐国驻在历下的军队，进击田解。

博，益食邑。因定齐地，剖符世世勿绝，封为阳陵侯，二千六百户，除前所食。为齐右丞相，备齐。五岁为齐相国。

四月，击陈豨，属太尉勃，以相国代丞相哙击豨。一月，徙为代相国，将屯。[1]二岁，为代丞相[2]，将屯。

孝惠五年[3]卒，谥为景侯。子顷侯精立，二十四年卒。子共侯则立，十二年卒。子侯偃立，三十一年，坐与淮南王谋反，死，国除。

后来隶属于相国曹参，摧毁了博县城，因此而增加了食邑。乘势平定齐地后，汉王和功臣剖分符信，让他们世世代代为侯永不断绝，傅宽被封为阳陵侯，食邑两千六百户，除去以前所拥有的食邑。傅宽任齐国右丞相，守备齐国。五年后，他担任了齐相国。

四月，傅宽进击陈豨，隶属于太尉周勃，以相国身份代替汉朝丞相樊哙进攻陈豨。第二年一月，调任做代国相国，率领军队屯守。两年后，出任代国丞相，仍然率领军队屯守。

孝惠帝五年时，傅宽去世，被谥为景侯。儿子顷侯傅精继承侯位，二十四年后去世。傅精的儿子共侯傅则继位，十二年后去世。傅则的儿子傅偃继位，三十一年时，犯下参与淮南王谋反的罪，处死，侯国被废除。

注释 1 代:汉时诸侯国代国。 将屯:率领军队屯守。勒兵而守曰屯。 2 代丞相:汉初诸王官属如秦朝，故代有丞相。 3 孝惠五年:即公元前190年。

信武侯靳歙，以中涓[1]从，起宛朐。攻济阳。破李由军。击秦军亳南、开封东北，斩骑千人将一人，首五十七

信武侯靳歙，以中涓身份跟随汉高帝，起事于宛朐。靳歙进攻济阳。又打垮了李由率领的秦军。在亳南、开封东北一带进击

级，捕虏七十三人，赐爵封号临平君。又战蓝田北，斩车司马二人，骑长一人，首二十八级，捕虏五十七人。至霸上。沛公立为汉王，赐歙爵建武侯，迁为骑都尉。

从定三秦。别西击章平军于陇西，破之，定陇西六县，所将卒斩车司马、候[2]各四人，骑长十二人。从东击楚，至彭城。汉军败还，保雍丘，去击反者王武等。略梁地，别将击邢说军菑南，破之，身得说都尉二人，司马、候十二人，降吏卒四千六百八十人。破楚军荥阳东。三年，赐食邑四千二百户。

别之河内，击赵将贲郝军朝歌，破之，所将卒得骑将二人，车马二百五十匹。从攻

秦军，斩杀统率千人的秦军骑兵将领一名，斩首五十七级，俘虏七十三人，被赏赐爵位，封号是临平君。又在蓝田北部作战中，斩杀敌军车司马两名，骑长一人，斩首二十八级，俘虏五十七人。到达霸上。沛公被立为汉王后，赐封靳歙为建武侯，升他任骑都尉。

靳歙跟随汉王平定三秦地区。他独自率领一支军队西进，在陇西郡进攻章平的军队，打垮了敌军，平定了陇西郡六个县，他所率领的士卒斩杀敌军车司马、候官各四名，骑长十二名。跟随汉王东进攻打楚军，到达彭城。汉军打了败仗，退守雍丘，后离开雍丘前去进击反叛的王武等人。汉军攻取梁地时，靳歙独自率军进攻菑南一带邢说的军队，打垮了敌军，他本人俘获了邢说的都尉两名，司马、候官十二名，收降敌军官吏士兵四千六百八十名。在荥阳东部打垮了楚军。三年，汉王赏赐给靳歙四千二百户的食邑。

靳歙独自率领一支军队到达河内，在朝歌进击赵将贲郝的军队，并打垮了敌军，他率领的士兵俘获敌军骑将两名，战车马两百五十匹。跟随汉王攻打安阳以东地区，到达棘蒲，攻克了七个县。独自率领军队打垮了赵军，

安阳以东，至棘蒲，下七县。别攻破赵军，得其将司马二人，候四人，降吏卒二千四百人。从攻下邯郸。别下平阳，身斩守相，所将卒斩兵守、郡守各一人，降邺。从攻朝歌、邯郸，及别击破赵军，降邯郸郡六县。还军敖仓，破项籍军成皋南，击绝楚饷道，起荥阳至襄邑。破项冠军鲁下。略地东至缯、郯、下邳，南至蕲、竹邑。击项悍济阳下。还击项籍陈下，破之。别定江陵，降江陵柱国、大司马以下八人，身得江陵王，生致之雒阳，因定南郡。从至陈，取楚王信[3]，剖符世世勿绝，定食四千六百户，号信武侯。

俘获了敌军司马两名，候官四人，收降官兵两千四百人。跟随汉王攻克了邯郸。独自率军攻克了平阳，亲自斩杀了赵国的代理相国，他所率领的士兵斩杀敌军兵守、郡守各一人，降服了邺县。跟随汉王攻打朝歌、邯郸，还独自率军打垮了赵军，降服了邯郸郡的六座县城。回军敖仓，在成皋南部打败了项羽的军队，率军进击并断绝了楚军从荥阳到襄邑的粮道。在鲁城边打垮项冠的军队。靳歙攻取的土地，东部到了缯县、郯县、下邳县，南部到了蕲县、竹邑县。在济阳城边进击楚国项悍。回军到陈县下攻打项籍，并打垮了他。又独自率军平定了江陵，降服了江陵高官柱国、大司马以下八名，亲手俘获了临江王共尉，并把他活着押送到了雒阳，因而平定了南郡。跟随汉王到达陈县，拘捕了楚王韩信，汉王和他剖分符信，让他世代袭封不加断绝，确定的食邑有四千六百户，封号是信武侯。

注释　1 中涓：帝王的侍从官。　2 候：官名，军中负责斥候、占卜吉凶的官。　3 楚王信：指淮阴侯韩信。韩信先封为楚王，后被汉高帝削爵为淮阴侯。

以骑都尉从击代，攻韩信平城下，还军东垣。有功，迁为车骑将军，并将梁、赵、齐、燕、楚车骑，别击陈豨丞相敞[1]，破之，因降曲逆。从击黥布有功，益封，定食五千三百户。凡斩首九十级，虏百三十二人；别破军十四，降城五十九，定郡、国各一，县二十三；得王、柱国各一人，二千石以下至五百石三十九人。

靳歙以骑都尉身份跟随高帝进击代王，在平城下攻打韩信，回军到东垣。因为有功，升迁为车骑将军，同时统领梁、赵、齐、燕、楚等国的车骑部队，独自率军进击陈豨的丞相侯敞，打垮了他，乘势降服了曲逆。跟随高帝进击黥布立下功劳，增加封邑，确定他的食邑为五千三百户。靳歙一共斩杀敌首九十级，俘虏一百三十二名；独自率军打败敌军十四次，降服城邑五十九座，平定郡、国各一处，县城二十三座；俘获敌军王、柱国等高官各一人，二千石以下至五百石级别的官员三十九名。

高后五年，歙卒，谥为肃侯。子亭代侯。二十一年，坐事国人过律，孝文后三年，夺侯，国除。[2]

高后五年，靳歙去世，谥号是肃侯。儿子靳亭继承了侯位。二十一年后，靳亭犯了役使民众超过规定的罪，于孝文帝后元三年被夺去侯位，封国被废除了。

注释 1 敞：即侯敞，陈豨自立为代王后，以侯敞为相。 2 事：役使。 过律：超过法律条文的规定。 孝文后三年：文帝后元三年，即公元前161年。

蒯成侯緤者，沛人也，姓周氏。常为高祖参乘，以舍人从起沛。至霸

蒯成侯緤是沛县人，姓周。他经常替高祖做负责警卫事务的参乘，以舍人身份跟随高祖在沛县起兵反秦。

上，西入蜀、汉，还定三秦，食邑池阳。东绝甬道，从出度平阴，遇淮阴侯兵襄国，军乍利乍不利，终无离上心。以緤为信武侯，食邑三千三百户。高祖十二年，以緤为蒯成侯，除前所食邑。

随后到达霸上，往西又进入蜀郡、汉中郡，回军平定三秦地区，被赐给池阳作为食邑。他曾率军东进截断敌军甬道，跟随高祖从平阴渡口过黄河，在襄国和淮阴侯的军队会师，作战有时胜利，有时失利，但周緤始终没有背离高祖的心思。高祖封周緤为信武侯，赐给三千三百户食邑。汉高祖十二年时，又封周緤为蒯成侯，除去以前所得的食邑。

上欲自击陈豨，蒯成侯泣曰："始秦攻破天下，未尝自行。今上常自行，是为无人可使者乎？"上以为"爱我"，赐入殿门不趋[1]，杀人不死。

皇上想亲自率军进击陈豨，蒯成侯哭着说："当初秦始皇进攻六国、兼并天下，没有亲自率军出征过。如今皇上经常亲自率军出征，这样做是因为没有人可以派遣吗？"皇上认为周緤是"衷心爱护我"，赏赐他进入殿门不必小步快走，杀死人不抵命的特权。

至孝文五年，緤以寿终，谥为贞侯。[2]子昌代侯，有罪，国除。至孝景中二年[3]，封緤子居代侯。至元鼎三年，居为太常，有罪，国除。[4]

到孝文帝五年时，周緤老死，谥号为贞侯。儿子周昌继承了侯位，后来犯了罪，侯国被废除。到孝景帝中元二年时，封周緤的儿子周居为侯。到元鼎三年时，周居担任了太常的官职，后来犯了罪，侯国被废除。

注释　1 趋：小步快走。古时臣子见君主应小步快行，以示敬意。
2 孝文五年：即文帝前元五年(前175)。　寿终：正常地老死。　3 孝景中二年：即景帝中元二年(前148)。　4 元鼎三年：即公元前114年。元鼎，汉武帝的年号。 太常：官名，掌管宗庙祭祀礼仪的官员。

太史公曰：阳陵侯傅宽、信武侯靳歙皆高爵，从高祖起山东[1]，攻项籍，诛杀名将，破军降城以十数，未尝困辱，此亦天授也。蒯成侯周緤操心坚正，身不见疑，上欲有所之，未尝不垂涕，此有伤心者然，可谓笃厚君子矣。[2]

太史公说：阳陵侯傅宽、信武侯靳歙爵位都很高，跟随高祖在崤山以东地区起兵，攻打项籍，诛杀敌军的有名将领，打垮敌军、迫降城邑数以十计，没有遭受挫折，这也是上天授予的啊。蒯成侯周緤为人有心志，坚贞正直，不被人怀疑，皇上想亲自征讨某地，他每次都会流下眼泪，这只有真正伤心悲痛的人才能做到，他可以称得上是一位真诚忠厚的君子啊。

注释 1 山东：泛指崤山以东的广大地区。 2 操心：所执持的心志。 笃厚：真诚忠厚。

史记卷九十九

刘敬叔孙通列传第三十九

原文

刘敬[1]者,齐人也。汉五年,戍陇西,过洛阳,高帝在焉。[2]娄敬脱挽辂,衣其羊裘,见齐人虞将军曰:“臣愿见上言便事。”[3]虞将军欲与之鲜衣[4],娄敬曰:“臣衣帛,衣帛见;衣褐,衣褐见:终不敢易衣。[5]”于是虞将军入言上。上召入见,赐食。

译文

刘敬是齐国人。汉五年,他到陇西去戍守边塞,经过洛阳,高帝正在那里。娄敬从身上摘下拉车的横木,穿着羊皮袄子,去见齐国人虞将军说:“我希望拜见皇上,向他进言有利于国家的一些事。”虞将军想给他鲜艳的衣服穿,娄敬说:“我要是穿上丝织衣服,就穿着丝织衣服去拜见;要是穿上了麻布衣服,就穿着麻布粗衣拜见:最终是不敢更换所穿着的衣服的。”于是虞将军进宫对皇上说了。皇上召唤娄敬进宫拜见,赐给他饭吃。

注释 **1** 刘敬:《史记索隐》:“敬本姓娄,《汉书》作‘娄敬’。高祖曰‘娄即刘也’,因姓刘耳。”《史记志疑》:“为敬、通立传,而不言两人所终,似疏。” **2** 汉五年:即公元前202年。 戍:戍守,驻防。 陇西:汉郡名,治所在今甘肃临洮。 3 挽辂(wǎn lù):备人牵引的拉车横木。挽,拉车,牵引。辂,绑在车辕上供拉车用的横木。 虞将军:汉初将领,生平不详。 4 鲜衣:鲜艳的衣服。 5 帛:丝织品的总称。 褐:粗布。

已而问娄敬,娄敬说曰:"陛下都洛阳,岂欲与周室比隆[1]哉?"上曰:"然。"娄敬曰:"陛下取天下与周室异。周之先自后稷,尧封之邰,积德累善十有余世。[2]公刘避桀居豳。[3]太王以狄伐故,去豳,杖马箠居岐,国人争随之。[4]及文王为西伯,断虞芮之讼,始受命,吕望、伯夷自海滨来归之。[5]武王伐纣,不期而会孟津[6]之上八百诸侯,皆曰纣可伐矣,遂灭殷。成王即位,周公之属傅相焉,乃营成周洛邑,以此为天下之中也,诸侯四方纳贡职,道里均矣,有德则易以王,无德则易以亡。[7]凡居此者,欲令[8]周务以德致人,不欲依阻险,令后世

随后皇上询问娄敬,娄敬劝告说:"陛下建都洛阳,难道是想和周王室比比兴盛吗?"皇上说:"是这样。"娄敬说:"陛下夺取天下的办法和周王室是不同的。周朝的祖先起自后稷,尧帝把他封在邰地,从此积累善德经历了十多代。公刘因为躲避夏桀的暴虐迁居到豳地。太王又由于有狄族侵犯的缘故,离开豳地,持着马鞭子居住在岐山一带,豳地的民众争着跟随他迁徙。等到文王成为了西方各部族的首领,感化平息了虞、芮两国的争执,就开始承受了天命,吕望、伯夷从海边上前来归附于他。武王讨伐商纣王,没有相约而到孟津来会盟的就有八百诸侯,大家都说纣王可以讨伐了,于是灭掉了殷朝。成王继承君位,周公等一班人都辅佐他,在洛邑营建了成周城,认为这里是天下的中心,诸侯各国从四方来交纳贡赋,道路的里程也都差不多远,

骄奢以虐民也。及周之盛时，天下和洽，四夷乡风慕义，怀德附离，而并事天子，不屯一卒，不战一士，八夷大国之民莫不宾服，效其贡职。[9] 及周之衰也，分而为两[10]，天下莫朝，周不能制也。非其德薄也，而形势[11]弱也。今陛下起丰沛，收卒三千人，以之径往而卷蜀汉，定三秦，与项羽战荥阳，争成皋之口，大战七十，小战四十，使天下之民肝脑涂地，父子暴骨中野，不可胜数，哭泣之声未绝，伤痍者未起，而欲比隆于成康之时，臣窃以为不侔也。[12] 且夫秦地被山带河，四塞以为固，卒然有急，百万之众可具也。[13] 因秦之故，资甚美膏腴之地，此所谓天府[14]者也。陛下入关而都之，

建立起德政就容易因此称王，没有建立起德政也容易就此灭亡。当时建都在这洛阳的用意，就是想像周朝那样以德政招徕民众，不想依恃险要的地势，使得后代骄纵奢侈来残虐民众。赶上周朝兴盛的时候，天下和睦融洽，四方部族闻风仰慕，欣羡周朝的道义德行，使有离心的人前来归附共同侍奉天子，没有派一兵屯驻，没有让一卒参战，八方部族大国的民众没有谁不来顺服，进献贡赋。等到周朝衰落了，分裂成为东西两个小国，天下没有谁来朝拜，周朝也不能控制他们。不是周朝的德行薄了，而是在权力转变的形势中它的地位削弱了。如今陛下从丰沛起事，收集士兵三千人，依靠他们径直前进从而席卷蜀汉地区，平定三秦，和项羽在荥阳交战，争夺成皋关口，经过七十次大战，四十次小战，使得天下的民众肝脑涂地，父子把骸骨暴露在旷野之中的多得数也数不清，号哭抽泣的声音从未断绝，受到创伤的人还没有医治好，却想和周朝成王、康王的时期比兴盛，我私下认为是不能相比的。再说秦地靠着山临着河，四周有险塞可以做为牢固的边防，如果突然间有急

山东虽乱,秦之故地可全而有也。夫与人斗,不扼其亢,拊其背,未能全其胜也。[15]今陛下入关而都,案[16]秦之故地,此亦扼天下之亢而拊其背也。”

高帝问群臣,群臣皆山东人,争言周王[17]数百年,秦二世即亡,不如都周。上疑未能决。及留侯明言入关便,即日车驾西都关中。

于是上曰:“本言都秦地者娄敬,‘娄’者乃‘刘’也。”赐姓刘氏,拜为郎中,号为奉春君[18]。

难,百万的兵众就可以征集齐备。它是秦的故地,有富饶肥沃的土地,这就是所说的天府。陛下进入关中并在这里建都,崤山以东的地区即便发生祸乱,秦国原有的地盘可以保全并占有。和别人搏斗,不扼住他的咽喉再敲打他的背部,不可能取得全胜。如今陛下进入关中,在这里建都,拥有秦国原有的地盘,这也就是扼住了天下的咽喉并敲打它的背部啊。”

高帝询问各位大臣,各位大臣都是崤山以东的人,争着说周朝统治了好几百年,秦朝两代就亡了国,不如建都在周的都城。皇上迟疑不定。等到留侯张良向皇上分析定都关中的好处,皇帝当日就乘着马车前往关中,在那里建都。

当时皇上说:“本来建议在秦地建都的是娄敬,‘娄’就是‘刘’啊。”赐他姓刘,任命他为郎中,称号为奉春君。

注释 1 隆:兴盛。 2 后稷:周部族始祖,姬姓,名弃。 邰(tái):西周地名,在今陕西武功西。 3 公刘:古代周王族的领袖,传为后稷的曾孙。 桀:夏朝末代国王。 豳(bīn):西周地名,在今陕西彬县西北。 4 太王:即古公亶父,周王族领袖,周文王的祖父。 狄:居住在今陕西北部一带的部族。 杖:持。 箠(chuí):鞭子。 岐:地名,在今陕西岐山西北。 5 西伯:西方各部族的首领。 断虞芮(ruì)之讼:周文王时,虞、芮两国争田,文王以自己国内民众谦让的行为感化了双方,促使双方平

息，并归附于周。虞，商时姬姓国，在今山西平陆北。芮，商时姬姓国，在今陕西大荔东南黄河西岸。 吕望：即姜尚、姜子牙。 伯夷：商末孤竹国（今河北卢龙东南，靠渤海）君王子，后投奔周文王。 6 孟津：古黄河渡口，在今河南孟津东。又作“盟津”。《史记志疑》：“此言武王会孟津遂伐殷，无还兵更举之事，与《本纪》《齐世家》异。” 7 成王：即周成王姬诵。 傅相：辅佐，帮助。 成周洛邑：周公辅佐成王时，营雒邑作为东都，地址在今河南洛阳东部。 贡职：即贡赋，土特产、珍宝及赋税。 道里：道路、里程。 8 令：使，让。 9 乡风：闻风仰慕。乡，通“向”。 怀德：为其德行所感召。 附离：即“附丽”，依附。 宾服：此指边远部队按时入贡，表示顺从。 效：进献。 10 分而为两：指战国末期，周王室分为东周和西周两个小国。 11 形势：指权力地位变化后所构成的新态势。12 痍(yí)：创伤。 成康：周成王、周康王时期。 侔(móu)：相等，等同。13 秦地：指秦朝立国建都的关中地带。 被山带河：靠着山，临着河。 卒(cù)然：突然。卒，同“猝”。 14 天府：天然的府库。 15 亢(gāng)：咽喉。 拊(fǔ)：敲，击。 16 案：据有，拥有。 17 王(wàng)：称王，统治。18 奉春君：《史记索隐》：“张晏云‘春为岁之始，以其首谋都关中，故号奉春君’。”

汉七年，韩王信反，高帝自往击之。[1]至晋阳[2]，闻信与匈奴欲共击汉，上大怒，使人使匈奴。匈奴匿其壮士肥牛马，但见老弱及羸[3]畜。使者十辈[4]来，皆言匈奴可击。上使刘敬复往使匈奴，还报曰：

汉七年，韩王韩信反叛，高帝亲自领兵前往攻击。到了晋阳，听说韩信和匈奴勾结准备共同进攻汉朝，皇上大为恼怒，派人出使匈奴。匈奴把他的壮士和肥壮的牛马都隐藏起来，只展现出一些老弱之人和瘦弱的牲畜。探听虚实的使者有十批回来，都说匈奴可以进攻。皇上派刘敬再次前去出使匈奴，他回来

“两国相击,此宜夸矜见所长。[5]今臣往,徒[6]见羸瘠老弱,此必欲见短,伏奇兵以争利。愚以为匈奴不可击也。”是时汉兵已逾句注,二十余万兵已业行。[7]上怒,骂刘敬曰:“齐虏[8]!以口舌得官,今乃妄言沮吾军。”械系敬广武。[9]遂往,至平城,匈奴果出奇兵围高帝白登,七日然后得解。[10]高帝至广武,赦敬,曰:“吾不用公言,以困平城。吾皆已斩前使十辈言可击者矣。”乃封敬二千户,为关内侯[11],号为建信侯。

禀报说:“两个国家相互攻击,这种情况下应该是夸耀自己并把优势显示出来。如今我前去匈奴,只见到瘦弱牲畜和老弱之人,这说明他一定想展现自己的不足,好埋伏奇兵来争取战斗的胜利。我认为匈奴不可去攻击。”这个时候汉朝军队已经越过了句注山,二十多万兵众已经出征。皇上发怒,骂刘敬说:“齐国的贱奴虏!凭着鼓动口舌得了官,如今却胡说八道来阻止我的军队。”他下令在广武把刘敬铐上拘囚起来。皇上于是领军出征,到达平城,匈奴果然出动奇兵把高帝包围在白登城,七天以后才脱离包围。高帝到了广武,赦免了刘敬,说:“我不采纳您的意见,因而被困在平城。我已经把前面出使的十批说匈奴可以进攻的人都已经斩了。”于是封给刘敬两千户食邑,封为关内侯,称为建信侯。

注释 1 汉七年:即公元年前200年。 韩王信:战国时韩襄王的后代,名信,在楚汉战争中刘邦立之为韩王,故名韩王信。 2 晋阳:西汉县名,太原郡治,在今山西太原西南。 3 羸(léi):瘦弱。 4 辈:批。 5 矜:夸耀。 见(xiàn):出现,显示。 6 徒:只,仅仅。 7 句(gōu)注:山名,在今山西代县西。 二十余万:《匈奴列传》作“三十二万”。 已业:即业已,已经。 8 齐虏:盖为当时之俗语。《货殖列传》有“齐人贱奴虏”之语。 9 械:木制的镣铐。 系:捉拿,拘囚。 广武:西汉县名,在今山西代县西南。 10 平城:县名,在今山西大同东北。 白登:邑名,在平城东北。 11 关内侯:秦汉时第十九级爵位,仅次于彻侯。

高帝罢平城归,韩王信亡入胡。当是时,冒顿为单于,兵强,控弦三十万,数苦北边。[1]上患之,问刘敬。刘敬曰:"天下初定,士卒罢[2]于兵,未可以武服也。冒顿杀父代立,妻群母,以力为威,未可以仁义说也。独可以计久远子孙为臣耳,然恐陛下不能为。"上曰:"诚可,何为不能!顾[3]为柰何?"刘敬对曰:"陛下诚能以適长公主妻之,厚奉遗之,彼知汉適女送厚,蛮夷必慕,以为阏氏,生子必为太子,代单于。[4]何者?贪汉重币[5]。陛下以岁时汉所余彼所鲜数问遗,因使辩士风谕以礼节。[6]冒顿在,固为子婿;

高帝从平城罢兵回到朝廷,韩王韩信逃亡进入匈奴。正当这个时候,冒顿做了单于,兵力强大,射手有三十万人,多次危害北部边境。皇上忧虑这件事,询问刘敬。刘敬说:"天下刚刚平定,士兵们被战争弄得十分疲惫,不可以动用武力去征服他。冒顿杀掉父亲自行继位,夺来各位后母做妻,凭借武力形成威势,不可以引用仁义去劝说他。只可以想出一种让他的子孙长久成为汉家臣子的办法,然而恐怕陛下不能办到。"皇上说:"假如可行,为什么不能去做!但看怎么个做法?"刘敬回答说:"陛下果真能够把嫡长公主嫁给冒顿做妻,把厚重的财物奉送给他,他知道是汉家的嫡女且奉送丰厚,蛮夷部族必定羡慕而以她为阏氏,她所生的儿子必定是太子,将来会替代单于。为什么呢?因为贪图汉家的宝贵财物。陛下每年按时节把汉家所剩余的而他们所缺少的财物多次进行慰问赠送,乘机派出善辩之士以礼节给他以暗示晓谕。冒顿活着,本来就是女婿;

死，则外孙为单于。岂尝闻外孙敢与大父抗礼者哉？[7]兵可无战以渐臣也。若陛下不能遣长公主，而令宗室及后宫诈称公主，彼亦知，不肯贵近，无益也。[8]”高帝曰：“善。”欲遣长公主。吕后日夜泣，曰：“妾[9]唯太子、一女，柰何弃之匈奴！”上竟不能遣长公主，而取家人子名为长公主，妻单于。[10]使刘敬往结和亲约。

他死了，那么外孙就是单于。哪里曾听说过外孙敢和外祖父在礼仪上平起平坐的呢？这样可以不通过战争而逐渐就让他臣服了。如果陛下不能派遣长公主，而让同族和后宫的女子谎称为公主，他们也会知道，就不肯让她尊贵而受亲近，这样做也无益。”高帝说：“好。”就想派长公主去和亲。吕后日夜抽泣，说：“我只有太子和一个女儿，怎么可以抛弃她远嫁到匈奴去呢！”皇上最终不能派遣长公主，因而以平民家纳入后宫服役的女子以长公主的名义，嫁给单于做妻。派出刘敬前往匈奴缔结和亲的盟约。

注释　1 冒顿(mò dú)：西汉初年匈奴单于，杀其父头曼自立。　控弦：拉弓。此指射手。　苦：指危害。　2 罢：通“疲”。　3 顾：表示斩折的连词，只是，但。　4 適：通“嫡”。　遗(wèi)：赠送。　阏氏(yān zhī)：匈奴王后的称号。　5 币：泛指财物。　6 鲜：缺少。　风：通“讽”，劝告，讽刺。　7 大父：外祖父。　抗礼：在礼仪上平起平坐。抗，对抗，相平等。　8 宗室：指皇家的同族。　后宫：指姬妾。　9 妾：此为女人的自谦之词。　10 竟：终于。　家人子：指民家女子选入后宫供役使还没名号的人。《匈奴列传》载为“奉宗室女公主为单于阏于”，与此有别。

刘敬从匈奴来，因言“匈奴河南白羊、楼烦王，

刘敬从匈奴出使回来，乘机提出“匈奴在黄河以南有白羊、楼烦

去长安近者七百里，轻骑一日一夜可以至秦中。[1]秦中新破，少民，地肥饶，可益实。夫诸侯初起时，非齐诸田，楚昭、屈、景莫能兴。[2]今陛下虽都关中，实少人。北近胡寇，东有六国之族，宗强，一日有变，陛下亦未得高枕而卧也。臣愿陛下徙齐诸田，楚昭、屈、景，燕、赵、韩、魏后，及豪桀名家居关中。[3]无事，可以备胡；诸侯有变，亦足率以东伐。此强本弱末之术也[4]”。上曰：“善。”乃使刘敬徙所言关中十余万口。

两个部落，距离长安近的只有七百里路程，轻骑兵一天一夜就可以到达秦中地区。秦中刚刚经受战争破坏，缺少民众，而土地肥沃，可以大量移民加以充实。各诸侯在刚刚起事的时候，不是齐国的各支田姓，楚国的昭姓、屈姓、景姓就不能发展起来。如今陛下虽然建都在关中，其实缺少人力。北部邻接匈奴敌寇，东部有六国的旧族，各个宗族的势力强大，一旦发生变乱，陛下也不能高枕无忧。我希望陛下把齐国各支田姓，楚国的昭姓、屈姓、景姓，燕、赵、韩、魏各国的后代，以及各地豪强和名望之家迁徙过来安置在关中地区。国内无事的时候，可以防备匈奴；诸侯国发生变乱，也足以率领他们往东去讨伐。这是加强中央朝廷削弱地方势力的策略啊”。皇上说：“好。”就派刘敬去把如他所建议的十多万人迁徙到了关中。

注释　**1** 河南：今黄河以南的河套地区。　白羊：匈奴部族名，在今黄河以南的河套地区。　楼烦：当时的一个部族，主要活动于今山西北部一带。　秦中：地区名，在今鄂尔多斯西北一带。　**2**《史记志疑》：“‘景’下缺‘怀’字，下同。”　**3**《史记索隐》：“小颜云‘今高陵、栎阳诸田，华阴、好畤诸景，及三辅诸屈、诸怀尚多，皆此时所徙也’。”　**4** 本：指中央权力。　末：指地方势力。

叔孙通者，薛[1]人也。秦时以文学征，待诏博士。[2]数岁，陈胜起山东，使者以闻，二世召博士诸儒生问曰："楚戍卒攻蕲入陈，于公如何？[3]"博士诸生三十余人前曰："人臣无将[4]，将即反，罪死无赦。愿陛下急发兵击之。"二世怒，作色[5]。叔孙通前曰："诸生言皆非也。夫天下合为一家，毁郡县城，铄[6]其兵，示天下不复用。且明主在其上，法令具于下，使人人奉职，四方辐辏[7]，安敢有反者！此特[8]群盗鼠窃狗盗耳，何足置之齿牙间。郡守尉今捕论[9]，何足忧。"二世喜曰："善。"尽问诸生，诸生或言反，或言盗。于是二世令御史案[10]诸生言反者下吏，非所宜言。诸言盗者皆罢之。乃赐叔孙通帛二十匹，衣

叔孙通是薛县人。在秦朝的时候因为文章博学被征召，被任命为博士。几年以后陈胜在崤山以东地区起事，使者把这个事件报告给朝廷，秦二世召集博士儒生们询问说："楚地征调戍边的士卒攻打蕲县进入陈县，对这件事各位怎么看？"博士以及儒生三十多人上前说："做臣子的不能有异心，有异心就会造反，这是死罪，不能赦免。希望陛下赶紧出动军队去进攻他们。"二世发怒，改变了脸色。叔孙通上前说："各位儒生说的话都不对。如今天下已经聚合统一成一家，摧毁了各地的城池，熔化了各种兵器，向天下显示不再动用它。况且在上面有英明的君主，在下面有完备的法令，使得人人都奉守职责，四方人心的向往像车辐条一样集中到朝廷，哪里有敢于反叛的人呢？这只不过是一群鼠窃狗盗的毛贼而已，哪里值得挂在齿牙间议论？各郡的守尉官如今正在捕捉定罪，哪里值得忧虑？"秦二世高兴地说："好。"他把各儒生全都问了个遍，有的说是反叛，有的说是偷盗。于是秦二世命令御史进行审查，把说是反叛的儒生交给狱吏，因

一袭[11],拜为博士。叔孙通已出宫,反[12]舍,诸生曰:“先生何言之谀也?”通曰:“公不知也,我几[13]不脱于虎口!”乃亡去,之薛,薛已降楚矣。及项梁[14]之薛,叔孙通从之。败于定陶,从怀王[15]。怀王为义帝[16],徙长沙,叔孙通留事项王。汉二年,汉王从五诸侯[17]入彭城,叔孙通降汉王。汉王败而西,因竟从汉。

为这不是他们应该说的话。把说是偷盗的都罢免了。秦二世赐给叔孙通二十四帛,一套衣服,任命他做博士。叔孙通出了宫以后,返回馆舍,各位儒生说:“先生说话为什么这样阿谀呢?”叔孙通说:“各位不知道,我几乎不能脱离虎口!”他于是逃掉了,到了薛县,薛县已经投降楚军了。等到项梁来到薛县,叔孙通就跟从着他。项梁在定陶败死,他又依附怀王。怀王做了义帝,要流徙到长沙去,叔孙通留下来侍奉项王。汉二年,汉王统领五位诸侯攻入彭城,叔孙通投降汉王。汉王失败向西逃去,他依附了汉王。

注释 1 薛:原为一县名,在今山东滕州南。秦始皇时改为郡名,治所在今山东曲阜。 2 文学:文章博学。 待诏:应皇帝征召随时待命,以备咨询顾问。 博士:学官名,秦时对精通经典、文学、数术等儒生皆立为博士,以备顾问。 3 蕲(qí):秦县名,在今安徽宿州东南。 陈:地名,当时为秦郡、县名,治所均在今河南淮阳。 4 将:想要叛乱。《史记集解》曰:“将谓逆乱也。《公羊传》曰‘君亲无将,将而必诛’。” 5 作色:改变了脸色。 6 铄(shuò):熔化金属。 7 辐辏:象车辐条一样聚集在一起。 8 特:只,仅仅。 9 捕论:捕捉定罪。 10 案:审问。 11 袭:一副,一套。 12 反:同“返”,返回。 13 几:几乎。 14 项梁:项羽之叔父。陈胜起义后,他与项羽一块起兵响应。 15 怀王:名熊心,为战国时楚怀王孙,项梁拥立他仍为怀王。 16 义帝:项羽定都彭城,自立为西楚霸王后,表面上尊怀王为义帝。 17 从五诸侯:使五位诸侯王跟随他。五诸侯为:常山王张耳,河南王申阳,韩王郑昌,魏王魏豹,殷王司马卬。

叔孙通儒服,汉王憎之;乃变其服,服短衣,楚制[1],汉王喜。

叔孙通之降汉,从儒生弟子百余人,然通无所言进,专言诸故群盗壮士进之。弟子皆窃骂曰:"事先生数岁,幸得从降汉,今不能进臣等,专言大猾[2],何也?"叔孙通闻之,乃谓曰:"汉王方蒙[3]矢石争天下,诸生宁能斗乎?故先言斩将搴[4]旗之士。诸生且待我,我不忘矣。"汉王拜叔孙通为博士,号稷嗣[5]君。

叔孙通穿着儒生服装,汉王厌恶它;他就改变自己的服装,穿上短衣,而且是按着楚地习俗缝制的,汉王很高兴。

叔孙通投降汉王,跟从他的儒生弟子有一百多人,然而叔孙通一个也没有推荐进用,专门推荐从前的许多偷盗人中的壮士加以进用。弟子们都暗中骂着说:"侍奉先生好几年,侥幸能够跟从投降汉王,如今不能进用我们这些人,专门推荐异常刁奸之人,是为什么?"叔孙通听到了,就对他们说:"汉王正在冒着箭头石块的袭击争夺天下,各位儒生难道能去参加战斗吗?所以先要推荐能够斩杀将领拔取敌旗的壮士。各位儒生暂且等待着我,我不会忘记你们的。"汉王任命叔孙通做博士,号稷嗣君。

注释 1 楚制:《史记索隐》:"孔文祥云'短衣便事,非儒者衣服。高祖楚人,故从其俗裁制'。"《史记新证》:"长沙战国楚墓中所出木俑,皆短衣持兵。又仰天湖出土楚竹简,有'楚智纕,皆有蔓足纕'之记载,足为促字省文,皆楚衣短促之证。" 2 大猾:异常刁奸之人。 3 蒙:冒着。 4 搴(qiān):拔取。 5 稷嗣:《史记集解》徐广曰:"盖言其德业足以继踪齐稷下之风流也。”

汉五年，已并天下，诸侯共尊汉王为皇帝于定陶，叔孙通就其仪号。[1]高帝悉去秦苛仪法，为简易。群臣饮酒争功，醉或妄呼，拔剑击柱，高帝患之。叔孙通知上益厌之也，说上曰：“夫儒者难与进取，可与守成。[2]臣愿征鲁诸生，与臣弟子共起朝仪。”高帝曰：“得无难乎？”叔孙通曰：“五帝异乐，三王不同礼。礼者，因时世人情为之节文[3]者也。故夏、殷、周之礼所因损益可知者，谓不相复也。臣愿颇采古礼与秦仪杂就之。”上曰：“可试为之，令易知，度吾所能行为之。[4]”

汉五年，已经并吞天下，诸侯们在定陶共同尊奉汉王做了皇帝，叔孙通拟就了这次登基的礼仪规范和名号。高帝把秦朝烦苛的仪制法度都废除了，只作了一些简便易行的规定。因而群臣们在朝廷饮酒时争论功劳，喝醉了就有人胡乱呼喊，拔出剑来砍击殿柱，高帝感到忧虑。叔孙通知道皇上日益厌恶这种情况，劝告皇上说：“要说儒生，难以和他们一道攻城掠地，但可以和他们一道守住王业。我希望征集鲁国的儒生，同我的弟子一起建立起朝廷仪制。”高帝说：“该不会太难吧？”叔孙通说：“五帝的乐曲互异，三王的礼制不同。礼，是根据时代人情而制定的行为规范。所以孔子说自己知道夏、殷、周三代的礼仪互有增减，就是说各朝的礼仪是不一样的。我愿意吸收一些古礼和秦朝的仪制而制定出一套适用于汉朝的礼仪。”皇上说：“可以试着去做，要让人容易明白，估计是我所能够实行的。”

注释　**1** 汉五年：即公元前202年。　仪号：礼仪规范及名号。 **2** 进取：

进军取城。 守成：巩固已经成就的王业。 **3** 节文：节制修饰。
4 度(duó)：考虑。 行为：实行，做得到。

于是叔孙通使征鲁诸生三十余人。鲁有两生不肯行，曰："公所事者且十主，皆面谀以得亲贵。今天下初定，死者未葬，伤者未起，又欲起礼乐。礼乐所由起[1]，积德百年而后可兴也。吾不忍为公所为。公所为不合古，吾不行。公往矣，无污我！"叔孙通笑曰："若真鄙儒也，不知时变。"

于是叔孙通被派去征集到鲁地的儒生三十多人。鲁地有两位儒生不肯随行，说："您所侍奉过的有将近十位君主，都是因为当面阿谀逢迎才能获得亲近尊贵的。如今天下刚刚平定，在战争中死了的人还没有安葬，受伤的人还没有治愈，您又想创制礼乐。从礼乐创制的原由看，积累德行达到百年，以后才可以使礼乐兴盛。我不忍心去做您要做的事。您要做的事不符合古义，我不跟您走。您走吧，不要玷辱了我！"叔孙通笑着说："你真是个鄙陋的儒生，不懂得时世的变化。"

遂与所征三十人西，及上左右为学者与其弟子百余人为绵蕞[2]野外。习之月余，叔孙通曰："上可试观。"上既观，使行礼，曰："吾能为此。"乃令群臣习肄，会十月。[3]

叔孙通就同所征集到的三十人往西，加上皇上左右有学问的侍从和他自己的弟子总共一百多人，在野外牵上绳索表示在宫殿中施礼的处所，用茅草竖立起表示尊卑地位的标识进行演练。操习了一个月，叔孙通说："皇上可试着去视察一下。"皇上去视察，让他们施行一遍礼仪，说："我能做到这些。"就命令群臣们去进行练习，准备着参加十月的朝会。

注释 1 所由起:兴起的原因。 2 绵蕞(zuì):一作“绵蕝”。引绳为绵,立表为蕞,用以习仪。绵,绳索,牵引绳索表示在宫殿施礼的处所。蕞用茅草等物立于地上,表明尊卑地位的标识。 3 习肄(yì):学习,练习。 会:指准备参加朝会。 十月:秦以十月为岁首,汉初承用之。

汉七年[1],长乐宫成,诸侯群臣皆朝十月。仪:先平明,谒者治礼,引以次入殿门,廷中陈车骑步卒卫宫,设兵张旗志。[2]传言“趋”[3]。殿下郎中侠陛,陛数百人。[4]功臣列侯诸将军军吏以次陈西方,东乡[5];文官丞相以下陈东方,西乡。大行设九宾,胪传。[6]于是皇帝辇出房,百官执职传警,引诸侯王以下至吏六百石以次奉贺。[7]自诸侯王以下莫不振恐[8]肃敬。至礼毕,复置法酒[9]。诸侍坐殿上皆伏抑首,以尊卑次起上寿[10]。觞[11]九行,谒者言“罢酒”。御史执法举不如仪者辄[12]引去。

汉七年,长乐宫落成,诸侯和群臣们都在十月行朝拜之礼。朝拜仪式是:在天刚亮以前,谒者开始主持礼仪,引领文武百官按次序进入殿门,廷中排列着战车、骑兵、步兵和宫廷卫士,摆设各式兵器,张挂各色旗帜。谒者传呼“趋”。宫殿下面有郎中官员排在台阶的两边,台阶上有好几百人。有功之臣、列侯,各位将军、军吏按次序排列在西边,面朝东;文职官员从丞相以下排列在东边,面朝西。大行令安排九个礼宾官员,从上往下传呼。于是皇帝坐着辇车走出宫房,百官手执旗帜传呼警备,引领诸侯王以下直到六百石爵位的官吏按次序向皇帝道贺。从诸侯王以下的文武百官没有谁不是畏威恐惧肃穆恭敬。直到朝礼进行完毕,又在朝廷上设置大型酒宴。各位奉侍坐在殿上的大臣都弯下腰低着头,按照尊卑次序起身上前向皇帝敬酒祝福。敬酒经过九巡,谒者传言“罢酒”。在

竟朝置酒，无敢谨哗[13]失礼者。于是高帝曰："吾乃今日知为皇帝之贵也。"乃拜叔孙通为太常[14]，赐金五百斤。

叔孙通因进曰："诸弟子儒生随臣久矣，与臣共为仪，愿陛下官之。"高帝悉以为郎。叔孙通出，皆以五百斤金赐诸生。诸生乃皆喜曰："叔孙生[15]诚圣人也，知当世之要务。"

酒宴进行中有御史负责执法，凡是举动不符合礼仪规范的就带他离开。直到朝廷置备的酒宴结束，没有一个大声说话喊叫违背礼节的人。大典结束以后高帝说："我今日才知道做皇帝的高贵啊！"就任命叔孙通为奉常，赐给他五百斤黄金。

叔孙通乘机进言说："我的弟子儒生们跟随我很久了，和我一起拟就了朝仪，希望陛下任命他们为官。"高帝把他们都任命为郎官。叔孙通出宫以后，把五百斤黄金全都赐给儒生。众儒生这才都高兴地说："叔孙先生果真是一位圣人，懂得当代的紧要事务。"

注释 1 汉七年：即公元前200年。 2 先平明：天刚亮之前。 谒者：官名，掌管宾赞事宜。 陈：排列。 志：通"帜"。 3 趋：小步快走。 4 侠：通"夹"，排在两边。 陛：台阶。 5 乡：通"向"。 6 大行：官名，汉初称典客，掌管交际礼仪。 九宾：九个礼宾官员。 胪(lú)传：对下传告。7 辇(niǎn)：殷周时为人推拉装载货物、军器的车子。秦汉以后特指皇帝、后妃乘坐的车子。 职：通"帜"。 传警：传呼警戒。 六百石(dàn，旧读 shí)：指享受六百石禄位的官吏。 8 振恐：震惊，恐惧。振，通"震"。 9 法酒：古代朝廷举行大礼时的酒宴。 10 寿：敬酒祝福。 11 觞(shāng)：本指酒器，此指饮酒。 12 辄：就。 13 谨哗：喧哗，大声说笑、叫喊。 14 太常：职官名，掌管宗庙礼仪。郭嵩焘《史记札记》按《汉书·百官表》："奉常，奉官，景帝中六年始更名太常。"是时无太常

名,《汉书》云拜通为“奉常”,是。 **15** 叔孙生:《史记新证》:“《汉旧仪》云:‘博士称先生。’故《史》《汉》叙事,或简称为先,或简称为生。”

汉九年,高帝徙叔孙通为太子太傅。[1]汉十二年,高祖欲以赵王如意易太子,[2]叔孙通谏上曰:“昔者晋献公以骊姬之故废太子,立奚齐,晋国乱者数十年,为天下笑。[3]秦以不蚤定扶苏,令赵高得以诈立胡亥,自使灭祀,此陛下所亲见。[4]今太子仁孝,天下皆闻之;吕后与陛下攻苦食啖,其可背哉![5]陛下必欲废適而立少,臣愿先伏诛,以颈血污地。[6]”高帝曰:“公罢矣,吾直[7]戏耳。”叔孙通曰:“太子天下本,本一摇天下振动,柰何以天下为戏!”高帝曰:“吾听公言。”及上置酒,见留侯所招客[8]从太子入见,上乃遂无易太子志矣。

汉九年,高帝升迁叔孙通做太子太傅。汉十二年,高祖想用赵王如意来更换太子,叔孙通劝谏皇上说:“从前晋献公因为宠幸骊姬的缘故废掉了太子,扶立了奚齐,晋国的公室混乱了几十年,被天下人耻笑。秦朝因为不预先确定扶苏做太子,让赵高能够运用欺诈手法扶立胡亥,使自己的宗族覆灭,这是陛下所亲身闻见的。如今太子仁爱慈孝,天下都已听说了;吕后和陛下共同克服了艰难,一块儿粗茶淡饭,怎么可以背弃她呢?陛下一定想废掉嫡长子而确立小儿子,我愿意先去受死,拿脖子里流出的血来染污地面。”高帝说:“您算了吧,我只不过是开玩笑罢了。”叔孙通说:“太子是天下的根基,根基一摇动,天下就会受到震荡,怎么可以拿天下开玩笑呢?”高帝说:“我听您的话。”等到皇上设置酒宴,见到留侯张良所招徕的四位长者随从太子进宫拜见,皇上这才没有更换太子的想法了。

注释 1 汉九年:即公元前198年。 太子太傅:官名,负责教导太子。 2 汉十二年:即公元前195年。 赵王如意:即被封为赵王的刘如意,为刘邦宠姬戚夫人所生。 3 晋献公:晋国国君,公元前677—前651年在位。 骊姬:晋献公的宠姬。 奚齐:晋献公的次子,骊姬所生。 4 蚤:通“早”。 扶苏:秦始皇长子。 灭祀:灭绝后代,无人祭祀。 5 啖:通“淡”。 其:又。作用跟“岂”差不多,但语气较缓和。 6 適:通“嫡”,嫡长子。 伏诛:受死。 7 直:只,只不过。 8 留侯所招客:即留侯张良后来招徕的四位长者:东园公、甪里先生、绮里季、夏黄公。

高帝崩,孝惠即位,乃谓叔孙生曰:“先帝园陵寝庙,群臣莫习。[1]”徙为太常,定宗庙仪法。及稍定汉诸仪法,皆叔孙生为太常所论箸也。[2]

孝惠帝为东朝长乐宫,及间往,数跸烦人,乃作复道,方筑武库南。[3]叔孙生奏事,因请间[4]曰:“陛下何自筑复道,高寝衣冠月出游高庙,高庙,汉太祖,奈何令后世子孙乘宗庙道上行哉?[5]”孝惠帝大惧,曰:“急坏之。”叔孙生曰:“人主无过举。

高帝去世,孝惠帝就皇帝之位,就对叔孙先生说:“祭祀先帝园陵和寝庙的礼仪,群臣们没有谁熟悉。”把他迁任太常,拟定宗庙祭祀的仪式法规。后来汉朝逐步拟定的各种礼仪法规,都是叔孙先生任太常时所论述撰著的。

孝惠帝由于要往东到长乐宫去朝见,以及进行小的谒见,多次清道禁行烦劳民众,就架设了一条空中通道,正筑到武库的南边。叔孙先生呈奏政事,乘机请求单独接见说:“陛下为什么自行决定每月从高帝的寝庙取出衣冠巡游到高庙去祭祀,在所经过的口道上修筑一条架空的通道呢?高庙是汉家始祖的宗庙,怎么可以让后世的子孙乘着车在宗庙祭祀所用的道路上面行进呢?”孝惠帝非常恐惧,说:“赶紧把它毁了。”叔孙先生说:“君主是

原文	译文
今已作，百姓皆知之，今坏此，则示有过举。愿陛下为原庙[6]渭北，衣冠月出游之，益广多宗庙，大孝之本也。”上乃诏有司立原庙。原庙起，以复道故。	没有过错举动的。如今已经修筑了，百姓们都知道了，如果把它毁坏了，那么就显示出有了过错的举动。希望陛下在渭水北岸再建另一座原庙。高祖的衣冠每月巡游，应当修建更多的宗庙，这是大孝之根本。”皇上于是下诏令有关部门重新建筑原庙。原庙的兴起，是由于修筑复道的缘故。

注释 1 园陵寝庙：古代皇帝的坟墓及祭祀、放置遗物的厅堂。园陵，皇帝的坟墓。寝，在庙之后，为皇帝生前之衣冠和遗物放置处。庙，在寝之前，为祭祀和接神之处。 习：熟悉。 2 稍：逐渐。 箸：同“著”。 3 东朝：惠帝所居未央宫在长安城西南角，太后所居长乐宫在长安城东南角，故为往东朝见。 间往：《史记索隐》“间往谓非时也”，即非大朝时的中间小谒见。 跸(bì)：帝王出行时开路清道，禁止人员通行。 复道：亦称阁道。阁楼之间以木架空的通道。 武库：储藏武器的仓库。 4 间：秘密或单独接见。 5 高寝：即高祖的寝庙。 衣冠月出游高庙：汉制规定，每月初一从先王的寝室取出他的衣冠游行到其祀庙，以此作为纪念。高庙，祭祀高祖的祀庙。 汉太祖：汉朝始祖。《史记集解》应劭曰：“月出高帝衣冠，备法驾，名曰游衣冠。”如淳曰：“《三辅黄图》高寝在高庙西，高祖衣冠藏在高寝，月出游于高庙，其道值所作复道下，故言乘宗庙道上行。” 6 原庙：正庙以外另立的别庙。

原文	译文
孝惠帝曾春出游离宫[1]，叔孙生曰：“古者有春尝果，方今樱桃孰，可献，愿陛下出，因取樱桃	孝惠帝曾经在春天到离宫去游玩，叔孙先生说：“古代有春天给祖先品尝鲜果的祭祀活动，眼下樱桃正成熟，可以进献，希望陛下出游时，

献宗庙。[2]”上乃许之。诸果献[3]由此兴。

顺便采些樱桃到宗庙进献。”皇上这就答应了。各种果品的进献由此兴起。

注释 1 离宫:古代帝王于正式宫殿之外另筑宫室,以供随时游玩居住,称之离宫。 2 春尝果:古代帝王最先享用春季成熟的果实并进献宗庙。 孰:“熟”的古字。 3 果献:在宗庙向祖先进献果品的典礼。

太史公曰:语曰“千金之裘,非一狐之腋也;台榭之榱[1],非一木之枝也;三代之际,非一士之智也”。信哉!夫高祖起微细[2],定海内,谋计用兵,可谓尽之矣。然而刘敬脱挽辂一说,建万世之安,智岂可专邪![3]叔孙通希世度务制礼,进退与时变化,卒为汉家儒宗。[4]“大直若诎,道固委蛇”,盖谓是乎?[5]

太史公说:古语说:“价值千金的裘皮衣,不是一只狐狸的腋下皮缝成的;台榭的木椽子,不是一棵树木的枝条构成的;夏、商、周三代的业绩,不是一个人的智谋造就的”。的确呀!高祖出身地位低下,平定了天下,谋划大计用兵作战,可以说是穷尽了智慧。然而刘敬解下拉车横木的一次游说,便建立了万代的安定局面,智谋难道可以独占吗?!叔孙通迎合世俗,估量情势制定礼仪,进退取舍随着时势变化,终于成了汉朝儒学的宗师。“最直的物品看起像是弯曲的,事物变化的法则本来就是曲折的”,大概说的就是这种情况吧?

注释 1 榭:建筑在高土台上的房屋。 榱(cuī):椽子。 2 微细:地位低下。 3 专:独有,独占。 邪:语气助词。 4 希世:迎合世俗。 度(duó):计算,考虑。 务:事务,事情。 5 诎:弯曲。 道:指规律、法则。 委蛇:同“逶迤”,迂曲,曲折前进。

史记卷一百

季布栾布列传第四十

原文

季布者,楚人也。为气任侠,有名于楚。[1]项籍使将兵,数窘汉王。及项羽灭,高祖购求[2]布千金,敢有舍匿,罪及三族。季布匿濮阳[3]周氏。周氏曰:"汉购将军急,迹[4]且至臣家,将军能听臣,臣敢献计;即不能,愿先自刭。"季布许之。乃髡钳季布,衣褐衣,置广柳车中,并与其家僮数十人,之鲁朱家所卖之。[5]朱家心知是季布,乃买而置之田[6]。诫其子曰:"田

译文

季布是楚地人。为人讲义气,具有任侠的品格,在楚地很有名声。项籍让他领兵作战,他曾几次把汉王逼入困境。等到项羽灭亡,高祖悬赏千金通缉季布,下令有敢于藏匿他的人,处以灭三族之罪。季布躲藏在濮阳周姓人家中。周姓人说:"汉朝悬赏捉拿将军很紧急,将要追踪到我家,将军能听从我的意见,我斗胆献出一计;如果不能,我情愿先行自杀。"季布同意了他的意见。他就给季布剃光头,脖子上套上铁箍,让穿着粗麻衣服,安置在运转的大车里面,连同刘家的其他奴仆一共几十人,送到鲁地朱家的住处卖掉。朱家心里明白他是季布,就买下来安排他到田地里参加耕作。朱家告诫自己

事听此奴,必与同食。”朱家乃乘轺车之洛阳,见汝阴侯滕公。[7]滕公留朱家饮数日。因谓滕公曰:“季布何大罪,而上求之急也?”滕公曰:“布数为项羽窘上,上怨之,故必欲得之。”朱家曰:“君视季布何如人也?”曰:“贤者也。”朱家曰:“臣各为其主用,季布为项籍用,职耳。项氏臣可尽诛邪?今上始得天下,独以己之私怨求一人,何示天下之不广[8]也!且以季布之贤而汉求之急如此,此不北走胡即南走越耳。夫忌壮士以资敌国,此伍子胥所以鞭荆平王之墓也。[9]君何不从容[10]为上言邪?”汝阴侯滕公心知朱家大侠,意[11]季布匿其所,乃许曰:“诺。”待间,果言如朱家指。[12]上

的儿子说:“田作的事要听从这个奴仆处置,一定要和他吃同样的饭食。”随后朱家乘着一匹马拉的轻便车到了洛阳,会见汝阴侯滕公。滕公留在朱家宴饮了好几日。朱家乘机对滕公说:“季布有什么大罪过,皇上却对他通缉得这么紧急呢?”滕公说:“季布多次替项羽把皇上逼入困境,皇上恼恨他,所以一定想捕获他。”朱家说:“您看季布是个什么样的人呢?”滕公说:“是一位贤者。”朱家说:“做臣子的都必须各为其主,季布为项籍卖力是他的职责。项家的臣子可以全都被诛杀吗?如今皇上刚刚得到天下,唯独因为自己的私人怨恨去追捕一个人,这是向天下显示出心胸何等的狭隘呀!再说凭借季布的贤能,汉家追捕得这样紧急,那他不北去投靠匈奴,也会往南去投靠越国了。要是忌恨一个壮士从而帮助了敌对国家,这就是伍子胥鞭笞楚平王尸体的原因啊。您有机会何不好好地和皇上谈谈呢?”汝阴侯滕公心里明白朱家是个大游侠,猜想季布就藏在他的家里,就答应说:“行。”等他得到了机会,果然把朱家的意思向皇上说了。皇上就赦免了季布。这时,社会上有

乃赦季布。当是时,诸公皆多季布能摧刚为柔,朱家亦以此名闻当世。[13] 季布召见,谢,上拜为郎中。[14]

名望的人都称赞季布能够摧刚为柔,朱家也因为调解了这件事而在当时出了名。季布被召见,向皇上请罪,皇上任命他做郎中。

注释 1 为气:讲究义气。 任侠:负气仗义,好打抱不平。 2 购求:悬赏通缉。 3 濮阳:汉地名,东郡治所,在今河南濮阳西南。 4 迹:追踪。 5 髡(kūn)钳:去其头发,以铁箍束颈。 广柳车:一说为运载棺柩的大车,以柳条编织为其车棚;一说为运转大车。 僮:奴仆。 朱家:鲁人,与刘邦同时,汉初著名的游侠。 6 田:指参加耕作。 7 轺(yáo)车:一马驾驶的轻便车。 滕公:即夏侯婴,秦末从刘邦起义,因功封为汝阴侯。又因曾任滕县县令,人称为滕公。 8 不广:心胸狭窄。广,开阔。 9 伍子胥:即伍员,其父、兄为楚平王所杀。后辅佐阖闾率吴军攻破楚都郢,掘平王墓,出其尸,鞭之三百。 荆平王:即楚平王,公元前528—前516年在位。 10 从容:舒缓悠闲。 11 意:料想,猜测。 12 待间:等待时机。 指:通“旨”,意旨。 13 多:赞赏。 摧刚为柔:《史记新证》:“《太史公自序》云:‘能摧刚作柔,卒为列臣。’”可证当时称季布本有此语,故太史公述之。 14 谢:谢罪。 郎中:近待之官。

孝惠时,为中郎将[1]。单于尝为书嫚吕后,不逊,吕后大怒,召诸将议之。[2] 上将军[3]樊哙曰:“臣愿得十万众,横行匈奴中。”诸将皆阿[4]吕后意,曰:“然”。季布曰:“樊哙可斩也!夫高

孝惠帝的时候,季布做了中郎将。匈奴单于曾经写信侮辱吕后,极不恭敬,吕后特别恼怒,召来各位将领商议此事。上将军樊哙说:“我愿意率领十万兵众去横扫匈奴。”各个将领都迎合吕后的心意,说:“对。”季布说:“樊哙当斩!高帝统领四十多万兵众,还

帝将兵四十余万众，困于平城，今哙柰何以十万众横行匈奴中？[5]面欺！且秦以事于胡[6]，陈胜等起。于今创痍未瘳，哙又面谀，欲摇动天下。[7]"是时殿上皆恐，太后罢朝，遂不复议击匈奴事。

在平城被围困，如今樊哙怎么可以凭借十万兵众去横扫匈奴呢？简直是当面欺君！况且秦朝由于对匈奴用兵，引发陈胜等人起事。如今在战争中受到创伤的人还没有恢复，樊哙又当面阿谀，是想动摇天下。"这时候宫殿上的人都恐惧起来，太后宣布罢朝，就不再议论出击匈奴的事了。

注释 1 中郎将：官名，负责侍卫皇帝。 2 嫚(màn)：侮辱。 逊：忠顺。 3 上将军：官名，位于将军之上。 4 阿(ē)：迎合。 5 四十余万众：《史记志疑》："'四'当作'三'。"此述季布语颇略，宜参《汉书》及《匈奴传》观之。 6 事于胡：对匈奴用兵。胡，此指匈奴。 7 痍(yí)：创伤。 瘳(chōu)：病好。

季布为河东守，孝文时，人有言其贤者，孝文召，欲以为御史大夫[1]。复有言其勇，使酒难近。[2]至，留邸[3]一月，见罢。季布因进曰："臣无功窃宠，待罪河东。[4]陛下无故召臣，此人必有以臣欺陛下者；今臣至，无所受事，罢去，此人必有以毁臣者。夫陛

季布担任河东郡守，孝文帝的时候，有人进言说他贤能，孝文帝召他来京城，想任命他做御史大夫。又有人进言说他勇敢，但是酗酒任性难以接近。他来到京城，在客馆留了一个月，才被召见，只说让他回河东郡。季布因此对文帝说："我没有功劳窃承恩宠，在河东郡任职。陛下无缘无故召来我，这一定是由于有人拿我来欺骗了陛下；如今我到了，没有接受任何事务，只是让我离去，这一定是

下以一人之誉而召臣，一人之毁而去臣，臣恐天下有识闻之有以窥陛下也。[5]”上默然惭，良久曰：“河东吾股肱[6]郡，故特召君耳。”布辞之官。[7]

由于有人毁谤了我。要说陛下由于一个人的称赞就召来我，一个人的毁谤又让我离去，我恐怕天下的有识之士会以此来窥测陛下的深浅。”皇上沉默感到惭愧，过了好久说：“河东如同我的腿和手臂，是非常重要的郡，所以特意召你来。”季布告辞回到原任官府。

注释　1 御史大夫：官名，三公之一，主管弹劾、纠察以及图籍秘书。　2 使酒：酗酒任性。　难近：难以接近。　3 邸：客馆。　4 窃宠：窃承恩宠。　待罪：指任职。旧时做官，不知哪一天会犯罪免去，故似在等待着时日而作此语。　5 有识：有识之士。　窥：洞察，观察。《史记集解》韦昭曰：“窥见陛下深浅也。”　6 股肱(gōng)：此指拱卫首都的地方。股，大腿。肱，手臂。　7 辞：告辞。　之官：到原任官府。

楚人曹丘生，辩士，数招权顾金钱。[1]事贵人赵同等，与窦长君善。[2]季布闻之，寄书谏窦长君曰：“吾闻曹丘生非长者，勿与通。”及曹丘生归，欲得书请季布。[3]窦长君曰：“季将军不说[4]足下，足下无往。”固请书，遂行。使人先发书，季布果大怒，待曹丘。曹丘至，即揖季布曰：“楚人谚曰‘得

楚地人曹丘生，是位辩说之士，多次以金钱借重权贵炫耀自己。他侍奉宦官赵同等人，和窦长君有交情。季布听说了，寄封信劝谏窦长君说：“我听说曹丘生不是一个有德行的厚道人，不要和他交往。”等到曹丘回来，曹丘就想让窦长君写封引荐信去进见季布。窦长君说：“季将军不喜欢您，您不要前往。”曹丘坚决请求并得到引荐信，就动身了。他让人先把引荐信发出去，季布果然大为恼怒，等着

黄金百，不如得季布一诺’，足下何以得此声于梁楚[5]间哉？且仆楚人，足下亦楚人也。仆游扬足下之名于天下，顾不重邪？[6]何足下距[7]仆之深也！”季布乃大说，引入，留数月，为上客，厚送之。季布名所以益闻者，曹丘扬之也。

曹丘。曹丘到了，就拱手行礼对季布说：“楚地人有谚语说‘得到百斤黄金，比不上得到季布一句诺言’，您为什么能够在梁、楚一带得到这样的声誉呢？况且我是楚地人，您也是楚地人。我在天下到处宣扬您的名声，这对您难道不重要吗？您为什么这样坚决地拒绝我呢！”季布于是非常高兴，引他入室，留住几个月，把他当作最尊贵的客人，送给了他厚重的礼物。季布的名声愈来愈大的原因，是由于曹丘的宣扬。

注释 **1** 招权：求权贵而依仗其势。 顾：通“雇”。赏酬。 **2** 贵人：宦官。 赵同：《史记集解》徐广曰：“《汉书》作‘赵谈’，司马迁以其父名谈，故改之。” 窦长君：汉文帝窦皇后的哥哥。 善：友善，有交情。 **3** 书：引荐信。 请：进见。 **4** 说：通“悦”。下文同。 **5** 梁楚：战国时魏、楚所在的地区。 **6** 仆：自称，谦词。 游扬：到处宣扬。 顾：反而，却。 **7** 距：通“拒”。

季布弟季心，气盖关中，遇人恭谨，为任侠，方数千里，士皆争为之死。尝杀人，亡之吴，从袁丝[1]匿。长事袁丝，弟畜灌夫、籍福之属。[2]尝为中司马，中尉郅都不敢不加礼。[3]少年多

季布的弟弟叫季心，勇气胜于关中所有的人，对待人恭敬谨慎，为人任侠，纵横几千里内，士人都争着替他去死。他曾经杀了人，逃亡到了吴地，藏在袁盎家。他像对待兄长一样地侍奉袁盎，像对待弟辈一样培育灌夫、籍福一班人。季心曾经担任中尉司马，中尉郅都不

时时窃借[4]其名以行。当是时，季心以勇，布以诺，著闻关中。

季布母弟丁公，为楚将。丁公为项羽逐窘高祖彭城西，短兵接，高祖急，顾丁公曰："两贤岂相厄[5]哉！"于是丁公引兵而还，汉王遂解去。及项王灭，丁公谒见高祖。高祖以丁公徇[6]军中："丁公为项王臣不忠，使项王失天下者，乃丁公也。"遂斩丁公，曰："使后世为人臣者无效丁公！"

敢不对他加以礼敬。有很多年轻人常常暗中假借他的名义到外面行事。这时，季心因为勇敢，季布因为重诺言，在关中名声显著。

季布的舅舅叫丁公，做了楚将。丁公替项羽作战时，在彭城西部使高祖处于困迫境地，短兵相接，高祖深感危急，回过头来对丁公说："两位贤人难道要互相加害吗？"于是丁公就领着兵退回去了，汉王因而得以解脱困境离去。等到项王灭亡了，丁公去进见高祖。高祖拿丁公在军中示众，说："丁公作为项王的臣子不忠诚，使得项王失掉了天下的人，就是丁公。"就斩杀了丁公，说："让后代做臣子的人不要仿效丁公！"

注释 1 袁丝：即袁盎，西汉大臣。 2 长事：象对待兄长一样侍奉。 弟：弟辈。 畜(xù)：养育，培育。 灌夫：西汉大臣，后为丞相田蚡所杀。 籍福：田蚡的门客。 3 中司马：官名，中尉下属的辅佐官员。当依《汉书》作"中尉司马"。 中尉：官名，掌管京师治安。 郅都：西汉大臣，以执法严峻闻名。 4 窃借：偷偷地假借。 5 厄：加难，危害。6 徇：巡视。

栾布者，梁人也。始梁王彭越为家人[1]时，尝与布游。穷困，赁佣于齐，为酒人保。[2]数岁，彭越去之巨野中为盗，而布为人所略卖，为奴于燕。为其家主报仇，燕将臧荼举以为都尉。臧荼后为燕王，以布为将。及臧荼反，汉击燕，虏布。梁王彭越闻之，乃言上，请赎布以为梁大夫。

使于齐，未还，汉召彭越，责以谋反，夷三族。已而枭彭越头于雒阳，下诏曰："有敢收视者，辄捕之。"布从齐还，奏事彭越头下，祠而哭之。吏捕布以闻。上召布，骂曰："若与彭越反邪？吾禁人勿收，若独祠而哭之，与越反明矣。趣亨之。[3]"方提趣汤，布顾曰[4]："愿一言而死。"上曰："何言？"布

栾布是梁地人。当初梁王彭越还在居家为民的时候，曾经和栾布交游。栾布家中穷困，在齐地被人雇佣，做酒家的仆役。过了几年，彭越到巨野泽中当强盗，而栾布被人劫持贩卖，在燕地做奴仆。后来他为了替自己的主人报仇投奔了燕将臧荼，臧荼提拔他担任了都尉。臧荼后来做了燕王，任命栾布做将军。等到臧荼反叛了，汉朝出击燕王，俘虏了栾布。梁王彭越听说了，就向皇上进言，请求赎回栾布，让他做了梁国的大夫。

栾布出使到了齐国，还没有返回，汉廷召来彭越，以谋反罪责备他，夷灭了三族。随后割下彭越的头挂在雒阳城门示众，下达诏令说："有敢于收殓和看顾彭越脑袋的，就逮捕他。"栾布从齐国回来，到彭越的头下奏报出使事务，并哭着祭祀了他。官吏拘捕栾布以后禀报给了皇上。皇上召见栾布，骂着说："你和彭越一起反叛吗？我禁止人收殓，你偏偏去祭祀他，哭他，这说明你想和彭越一起造反。赶快把他给烹杀了。"侍从们正要举起栾布投向热水，他回过头说："希望说一句话

曰："方上之困于彭城，败荥阳、成皋间，项王所以不能遂西，徒以彭王居梁地，与汉合从苦楚也。当是之时，彭王一顾[5]，与楚则汉破，与汉而楚破。且垓下之会，微[6]彭王，项氏不亡。天下已定，彭王剖符受封，亦欲传之万世。今陛下一征兵于梁，彭王病不行，而陛下疑以为反，反形未见，以苛小[7]案诛灭之，臣恐功臣人人自危也。今彭王已死，臣生不如死，请就亨。"于是上乃释布罪，拜为都尉。

再去死。"皇上说："要说什么话？"栾布说："当皇上被困在彭城，在荥阳、成皋一带打败仗的时候，项王不能因此向西进发的原因，是由于彭王处在梁地，和汉军联合牵制着楚军。这时，彭王稍微有所顾虑，联合楚军，那么汉军就要失败；联合汉军，那么楚军就要失败。况且垓下的会盟，要是没有彭王，项羽不会灭亡。天下已经平定，彭王剖分符信受到封赏，也是想让王位世代相传。如今陛下向梁国征集兵众，彭王有病不能前来，而陛下怀疑他要进行反叛，反叛的形迹没有显现，就拿一点儿小过来审问诛灭他，我怕功臣们会因此而人人自危了。如今彭王已经死去，我活下来还不如死了好，请让我就烹刑吧。"于是皇上就释放了栾布，任命他做都尉。

注释　1 家人：《史记索隐》："谓居家之人，无官职也。"　2 赁(lìn)佣：被人雇佣。　保：仆役。　3 趣：赶快。　亨："烹"之本字。　4 提：举起。　趣(qū)：趋向。　顾：回过头。　5 顾：此指投向一方。　6 微：如果不是。　7 苛小：指繁杂微细之事。

孝文时，为燕相，至将军[1]。布乃称曰："穷困不能辱身下志，非人

孝文帝的时候，栾布做了燕相，后来做了将军。栾布于是放出话说："穷困潦倒的时候不能降志辱身，不是

也；富贵不能快意，非贤也。”于是尝有德者厚报之，有怨者必以法灭之。吴楚反[2]时，以军功封俞侯，复为燕相。燕齐之间皆为栾布立社[3]，号曰栾公社。

好汉；富有显贵的时候不能称心快意，不是贤才。”于是对曾经给了自己恩德的人就厚重地报答他，对有仇怨的人一定动用法律去诛灭他。吴楚七国反叛的时候，由于对齐国作战有功被封为俞侯，再次担任了燕国丞相。燕齐一带都替栾布建了祠庙，将其称为栾公社。

景帝中五年薨。[4]子贲嗣，为太常，牺牲不如令，国除。[5]

景帝中元五年栾布去世。他的儿子栾贲继承侯位，做了太常，在祭祀时准备的牲畜不符合规定，侯国被废除。

注释 1 将军：武官名。 2 吴楚反：即公元前154年发生的“吴楚七国之乱”。 3 社：祠庙。 4 景帝中五年：即景帝中元五年，公元前145年。 薨(hōng)：古代诸侯或有爵位的大臣死去称薨。 5 牺牲：祭祀时用的牲畜。 国除：封国被废除。

太史公曰：以项羽之气，而季布以勇显于楚，身屦[1]军搴旗者数矣，可谓壮士。然至被刑戮，为人奴而不死，何其下也！彼必自负其材，故受辱而不羞，欲有所用其未足也，故终为汉名将。[2]贤者诚重其死。夫婢妾

太史公说：在项羽那么有勇气的人手下，而季布居然凭借勇力在楚军显名，亲身多次践踏敌军，拔取敌旗，可以说得上是壮士。然而到了遭受刑罚，替人家做奴仆而不肯去死，是何等的卑下啊！他一定是仰仗自己的才能，所以受到侮辱也不感到羞耻，想要发挥他还没有充分施展的才能，因此最终成了汉朝的名将。贤能的人确实很看重自己的死。再说奴婢、姬妾这

贱人感慨而自杀者，非能勇也，其计画无复[3]之耳。栾布哭彭越，趣汤如归者，彼诚知所处，不自重其死。虽往古烈士，何以加哉！

些低贱之人由于激愤就自杀了的，不能算是勇敢，因为他们觉得愿望是无法实现了。栾布痛哭彭越，趋赴汤镬如同回家一般，他真正知道自己做的事情的价值所在，就不会看重自己的死亡。即使是古代的壮烈之士，又怎么能超过他呢？！

注释　1 屦(jù)：践踏。　2 负：依仗。　未足：没有足够(发挥的才能)。3 复：《史记集解》徐广曰："复，一作'冀'。"希望，实现。

史记卷一百一

袁盎晁错列传第四十一

原文

袁盎者，楚人也，字丝。父故为群盗，徙处安陵。[1]高后时，盎尝为吕禄舍人。[2]及孝文帝即位，盎兄哙任盎为中郎。[3]

译文

袁盎是楚国人，字丝。他父亲从前是强盗，后来迁居到安陵县。高后的时候，袁盎曾经做过吕禄的家臣。到孝文帝即位，袁盎的兄长袁哙保举他做了中郎。

注释 1 故：从前。 安陵：汉县名，在今陕西咸阳东北。 2 吕禄：高后之侄，封赵王掌北军，高后去世，因叛乱被杀。 舍人：王公贵人的家臣。 3 任：保举。汉制，凡任职满三年的二千石以上官员，可保举儿子或同胞兄弟一人为郎。 中郎：官名，中郎将属官，担任宿卫侍从。

绛侯为丞相，朝罢趋出，意得甚。[1]上礼之恭，常自送之。袁盎进曰："陛下以丞相何如人？"上曰："社稷臣[2]。"盎曰："绛侯所谓功臣，非社稷

绛侯周勃做了丞相，上朝结束就快步出去，特别得意。皇上对待他在礼节上很恭敬，常常亲自送他。袁盎向皇上进言说："陛下认为丞相是什么样的

臣。社稷臣主在与[3]在，主亡与亡。方吕后时，诸吕用事，擅相王，刘氏不绝如带。[4]是时绛侯为太尉，主兵柄，弗能正。[5]吕后崩，大臣相与共畔[6]诸吕，太尉主兵，适会其成功，所谓功臣，非社稷臣。丞相如有骄主色。陛下谦让，臣主失礼，窃为陛下不取也。”后朝，上益庄[7]，丞相益畏。已而绛侯望[8]袁盎曰：“吾与而兄善，今儿廷毁我！”盎遂不谢。

及绛侯免相之国，国人上书告以为反，征系清室[9]，宗室诸公莫敢为言，唯袁盎明绛侯无罪。绛侯得释，盎颇有力。绛侯乃大与盎结交。

人？”皇上说：“是关系国家安危的重臣。”袁盎说：“绛侯是所谓的有功之臣，不是关系国家安危的重臣。关系国家安危的重臣，应该与君王同存亡。当吕后之时，吕氏家族的人掌权，擅自封王，刘氏家族的命脉像带子一样非常微细，几乎快要断绝。这个时候绛侯担任太尉，掌管兵权，不能进行匡正。吕后去世了，大臣们联合共同背叛吕氏家族的人，太尉负责领兵，恰好碰上这件事成功，所以我说他是有功之臣，不是关系国家安危的重臣。丞相似乎对主上显出骄傲的神色。陛下谦恭退让，君臣之间失却应有的礼仪，我私下认为不应该采取这种态度。”以后上朝，皇上更加庄严，丞相更加畏惧。随后绛侯怨恨袁盎说：“我和你兄长友善，如今孺子在朝廷上毁谤我！”袁盎也不给他谢罪。

等到绛侯免除丞相去到封国，封国内有人上书告发说他想谋反，于是皇上招他进京，将他拘囚在监狱中，皇室中的各个王公没有谁敢替他说话，只有袁盎向文帝说，绛侯没有罪过。绛侯能够释放，袁盎是出了很大力的。绛侯这才和袁盎结为好友。

注释 1 绛侯:周勃,平定诸吕有功。 趋:快走。 2 社稷臣:关系国家安危的栋梁之臣。 3 与:和他一起。命运相关之意。 4 用事:掌权。 不绝如带:像带子一样微细,几乎快要断绝。 5 太尉:官名,三公之一,全国最高军事首脑。 兵柄:兵权。 6 畔:通“叛”。 7 庄:严肃,庄重。 8 望:怨恨。 9 清室:囚系有罪官员的牢狱。《汉书》作“请室”,意为请罪之室。

淮南厉王朝,杀辟阳侯,居处骄甚。[1]袁盎谏曰:“诸侯大骄必生患,可適[2]削地。”上弗用。淮南王益横。及棘蒲侯柴武太子谋反事觉,治,连淮南王,淮南王征,上因迁之蜀,轞车传送。[3]袁盎时为中郎将[4],乃谏曰:“陛下素骄淮南王,弗稍禁,以至此,今又暴[5]摧折之。淮南王为人刚,如有遇雾露行道死,陛下竟为以天下之大弗能容,有杀弟之名,柰何?”上弗听,遂行之。

淮南厉王来朝,杀了辟阳侯审食其,待人接物特别骄横。袁盎进谏说:“诸侯王太骄纵,一定会发生祸患,应当惩戒并削减他的封地。”皇上不采纳这个意见。淮南王更加骄横。等到棘蒲侯柴武的太子图谋叛乱的事情发觉,追求查办,牵连到淮南王,淮南王被征召,皇上乘机把他贬谪到蜀地去,由囚车通过驿站递送。袁盎这时担任中郎将,就进谏说:“陛下一向放纵淮南王,不稍加禁止,以致他落到这个地步,如今又严厉惩治他。淮南王为人刚强,如果因为遭受雾气雨露在行进途中死去了,陛下最终会被人认为有这么大的天下而不能容人的人,还会有杀死弟弟的恶名,怎么办?”皇上不听从,还是让淮南王启程了。

注释 1 淮南厉王:即刘长,文帝之弟。厉,谥号。 辟阳侯:审食其(yì

jī)，吕后的宠臣。其被杀之事详见《淮南衡山列传》。辟阳，汉县名，在今河北衡水冀州区东南。 居处：指日常生活中的待人处事。 2 適(zhé)：通“谪”，谴责。 3 棘蒲侯：柴武的封号。柴武太子柴奇，谋反事详《淮南衡山列传》。 治：惩治，查办。 迁：贬谪。 轞(jiàn)车：囚车。 4 中郎将：官名，统领皇帝的侍卫人员。 5 暴：强劲。

淮南王至雍，病死，闻，上辍食，哭甚哀。[1]盎入，顿首[2]请罪。上曰：“以不用公言至此。”盎曰：“上自宽，此往事，岂可悔哉！且陛下有高世之行者三，此不足以毁名。”上曰：“吾高世行三者何事？”盎曰：“陛下居代时，太后尝病，三年，陛下不交睫，不解衣，汤药非陛下口所尝弗进。[3]夫曾参以布衣犹难之，今陛下亲以王者修之，过曾参孝远矣。[4]夫诸吕用事，大臣专制，然陛下从代乘六乘传驰不测之渊，虽贲育之勇不及陛下。[5]陛下至代邸[6]，西向让天子位者再，南面让天子位者

淮南王到达雍县，得病死了，事情奏知皇上，皇上停止进食，哭得特别悲哀。袁盎进宫，叩头请罪。皇上说：“我没有采纳你的意见，以致有此结果。”袁盎说：“皇上请宽心，这是已经过去的事，难道可以后悔吗？况且陛下有三种行为超出世人，这样就不足以毁坏名声。”皇上说：“我做过哪三件事超过世人？”袁盎说：“陛下住在代地的时候，太后曾经生病，三年时间，陛下不曾合眼，也不脱衣睡觉，汤药不经过陛下亲口尝过不能进用。要说就是曾参以一个平民的身份尚且很难做到，如今陛下以一个诸侯王的身份实行了，这超过曾参的孝顺很远了。再说吕氏兄弟掌权，大臣独断专行，然而陛下从代地驾着六匹马拉的车奔驰来到情势似不可预测的深渊一样的京城，即使是孟贲、夏育一样的勇敢也赶不上陛下。陛下到达代邸，

三。夫许由[7]一让，而陛下五以天下让，过许由四矣。且陛下迁淮南王，欲以苦其志，使改过，有司[8]卫不谨，故病死。”于是上乃解，曰：“将柰何？”盎曰：“淮南王有三子，唯在陛下耳。”于是文帝立其三子皆为王。盎由此名重朝廷。

面向西两次辞让天子之位，面向南又三次辞让天子之位。要说许由才有一次辞让，而陛下却五次加以辞让，超过许由四次了。而且陛下贬谪淮南王，是想通过这个办法劳苦他的心志，让其改正过错，负责传送的官员护卫不够谨慎，所以得病死了。”于是皇上才感到宽解，说：“那以后怎么办？”袁盎说：“淮南王有三个儿子，全看陛下的安排了。”于是文帝封他的三个儿子都做王。袁盎从此在朝廷名声大振。

注释　1 雍：汉县名，在今陕西凤翔南。　闻：指奏知皇帝。　辍(chuò)：停止。　2 顿首：叩头。　3 居代：指做代王。　交睫：谓睡寐。　4 曾参：春秋鲁人，孔子学生，以孝著称于世。　修：实行。　5 六乘传：六匹马拉的驿车。　贲育：孟贲、夏育，都是古代的勇士。　6 代邸：代王在京城的官邸，即住所。　7 许由：人名，相传尧曾想把天下让给他，他不接受。　8 有司：指负责的官员。

袁盎常引大体[1]慷慨。宦者赵同[2]以数幸，常害袁盎，袁盎患之。盎兄子种为常侍骑，持节夹乘，[3]说盎曰：“君与斗，廷辱之，使其毁不用。”孝文帝出，赵同参乘[4]，

袁盎时常在有关礼仪的规范问题上，慷慨激昂加以陈说。宦官赵同倚仗自己受到皇帝宠幸，总是忌恨袁盎，袁盎感到忧虑。袁盎兄长的儿子袁种担任常侍骑的官职，持着符节在皇帝左右护卫，劝袁盎说：“您和他相斗，在朝廷上羞辱他，让他的毁谤不起作用。”孝文帝出游，赵同陪同乘车，

袁盎伏车前曰："臣闻天子所与共六尺舆者，皆天下豪英。今汉虽乏人，陛下独柰何与刀锯余人[5]载！"于是上笑，下赵同。赵同泣下车。

袁盎伏在车的前面说："我听说和天子同乘高大车舆的人，都是天下的豪杰英雄。如今汉朝即便缺乏人才，陛下何至于和一个受过刀锯刑罚的人同坐一辆车呢？"于是皇上笑了，让赵同下车。赵同流着泪下车了。

注释 1 大体：指重要的礼仪规范。 2 赵同：本名赵谈，司马迁为避父司马谈名讳改。 3 常侍骑：官名，随侍皇帝的骑士。 节：符节。 夹乘：护卫在皇帝左右。 4 参乘：坐在车右的护卫。 5 刀锯余人：指宦官，因其受过宫刑。

文帝从霸陵上，欲西驰下峻阪[1]。袁盎骑，並车擥辔。[2]上曰："将军怯[3]邪？"盎曰："臣闻千金之子坐不垂堂，百金之子不骑衡，圣主不乘危而徼幸。[4]今陛下骋六騑，驰下峻山，如有马惊车败，陛下纵自轻，柰高庙、太后何？[5]"上乃止。

文帝从霸陵上山，想在西边的陡坡上奔驰下山。袁盎骑在马上，紧靠着皇帝的车子拉住马缰绳。皇上说："将军胆怯吗？"袁盎说："我听说家有千金的人不坐在屋檐下，家有百金的人不靠栏杆站着，圣明的君主不去冒险而企图侥幸成功。如今陛下驾着六匹如飞的马拉的车，奔驰着要下险峻的山坡，假若发生马受惊车毁坏的情况，陛下纵然不在乎自己，但怎么对得起高皇帝、薄太后呢？"皇上这才停止了。

注释 1 峻阪：陡坡。 2 並(bàng)：通"傍"，依靠，紧挨。 擥辔(lǎn

pèi)：拽住马缰绳。擥，同“揽”。 3 怯：胆怯，害怕。 4 不垂堂：不在屋檐下，避免檐瓦坠落砸伤。 骑衡：靠着栏杆，以免掉下跌死。 5 六騑(fēi)：指六匹马拉的车，奔驰如飞。騑，驾在车辕两旁的马，也称“骖”。 败：毁坏。 高庙、太后：指汉高祖、薄太后。

上幸上林，皇后、慎夫人从。[1]其在禁中，常同席坐。[2]及坐，郎署长布席，袁盎引却慎夫人坐。[3]慎夫人怒，不肯坐。上亦怒，起，入禁中。盎因前说曰：“臣闻尊卑有序则上下和。今陛下既已立后，慎夫人乃妾，妾主[4]岂可与同坐哉！适所以失尊卑矣。且陛下幸之，即厚赐之。陛下所以为慎夫人，适所以祸之。陛下独不见‘人彘’乎？[5]”于是上乃说，召语慎夫人。慎夫人赐盎金五十斤。

皇上驾临上林苑，窦皇后、慎夫人随从。她们在宫中的时候，常常是同席而坐。等到要入座，郎署的长官摆开坐席，袁盎把慎夫人的坐席拉着往后退了。慎夫人发怒，不肯就座。皇上也发怒，起身要进入宫中。袁盎乘机上前规劝说：“我听说等级尊卑有秩序，那么君臣上下就会和谐。如今陛下既然已经确立皇后，慎夫人只不过是个妾，妾和皇后难道可以一起坐在同一张席子上吗？这样做恰好是失去了尊卑的等级。况且陛下宠幸她，就多赏赐她东西。陛下用这种办法看起来是为了慎夫人，实则会害了她。陛下难道没有见过‘人彘’的事吗？”这时皇上才高兴起来，召来慎夫人，把这番话告诉她。慎夫人赐给袁盎五十斤黄金。

注释 1 幸：指帝王驾临。 皇后：窦皇后。 慎夫人：文帝宠妾。 2 禁中：宫中。 同席坐：指窦皇后与慎夫人同在一席上坐，而非特尊皇后让她独坐。 3 郎署：上林苑中负责侍卫的官署。 布：摆设，摆开。 引却:拉向后退。 4 主:指皇后。 5 独:难道。 人彘:指汉高祖宠妾戚夫人,后被吕后残害成为“人彘”。

然袁盎亦以数直谏,不得久居中,调为陇西都尉。[1]仁爱士卒,士卒皆争为死。迁为齐相[2]。徙为吴相[3],辞行,种谓盎曰:“吴王[4]骄日久,国多奸。今苟欲劾[5]治,彼不上书告君,即利剑刺君矣。南方卑湿,君能日饮,毋何,时说王曰毋反而已。[6]如此幸得脱。”盎用种之计,吴王厚遇盎。

然而袁盎也由于总爱直言进谏,导致不能长久在朝廷任职,被调任为陇西郡都尉。他对士卒仁慈爱护,士卒都争着去替他卖命。后升任齐王的国相。又改任吴王的国相,辞别启行时,袁种对袁盎说:“吴王一向骄纵,王国内有许多奸臣。如今您假若揭发罪状加以惩治,他们不是上书告发您,就是会用利剑刺杀您啊!南方低洼潮湿,您要是能每日饮酒,不去过问苛细事务,时常劝说吴王不要造反就行了。只有这样您才能侥幸脱离险境。”袁盎采纳袁种的计谋,吴王厚待袁盎。

注释 1 中:指朝廷。 陇西:汉郡名,地当今甘肃东南部,治所狄道,在今临洮。 都尉:官名,辅佐郡守,掌全郡军事。 2 齐相:齐国之国相。3 吴相:吴国之国相。 4 吴王:即刘濞。 5 劾(hé):揭发罪状。6 饮:饮酒。 毋何:不要过问苛细事务。何,问。

盎告归,道逢丞相申屠嘉,下车拜谒,丞相从车上谢袁盎。[1]袁盎还,愧其吏[2],乃之丞相舍上

袁盎告假回家,在路上遇见了丞相申屠嘉,下车拜见,丞相只从车上对袁盎致意。袁盎回来,在他的下级官吏面前感到羞愧,就到丞相官府递上名帖,请求进见丞相。丞相好长时

谒,求见丞相。丞相良久而见之。盎因跪曰:“愿请间[3]。”丞相曰:“使君所言公事,之曹与长史掾议,吾且奏之;即私邪,吾不受私语。[4]”袁盎即跪说曰:“君为丞相,自度孰与陈平、绛侯?[5]”丞相曰:“吾不如。”袁盎曰:“善,君即自谓不如。夫陈平、绛侯辅翼高帝,定天下,为将相,而诛诸吕,存刘氏;君乃为材官蹶张,迁为队率,积功至淮阳守,非有奇计攻城野战之功。[6]且陛下从代来,每朝,郎官上书疏,未尝不止辇[7]受其言。言不可用置之,言可受采之,未尝不称善。何也?则欲以致天下贤士大夫。上日闻所不闻,明所不知,日益圣智;君今自闭钳[8]天下之口而日益愚。夫以圣主责

间才出来接见他。袁盎因而跪着说:“我希望能和您单独谈话。”丞相说:“假使您所说的是公家的事,到官署同长史等属官计议,我将呈奏给皇上;如果要说私事,我不接受私下谈话。”袁盎随即跪着劝告说:“您担任丞相,自己估计和陈平、绛侯周勃相比怎么样?”丞相说:“我不如他们。”袁盎说:“好,您自己都说比不上他们。陈平、绛侯周勃辅佐护卫高帝,平定天下,担任将相,并且诛灭了吕氏兄弟,保存了刘氏朝廷;您只是一个脚蹋强弩的勇武士卒,升官做了队长,积累功劳当到了淮阳郡守,并不是有什么奇特计谋和攻城野战的大功劳。况且陛下从代国来京,每次出朝,郎官们呈上奏书,不曾有哪一次不停下车接受他们的意见。意见不能够采纳就放置起来,意见可以接受就加以采纳,而且没有一次不夸奖他们。为什么呢?那就是想用这种办法招徕天下的贤士大夫。皇上每日听到了以前没听说过的事,明白了以前所不了解的道理,因此日益圣明;您如今钳制天下人的口,则会日益愚昧。要是圣明的君主面对一个愚昧的丞相,您就要大祸临

愚相,君受祸不久矣。”丞相乃再拜曰:“嘉鄙野人,乃不知,将军幸教。[9]”引入与坐,为上客。

头了。”丞相这才再拜谢说:“我申屠嘉是个鄙陋粗野的人,不够聪明,承蒙将军教诲。”于是申屠嘉延请他进内室和他一起就座,把他奉为上宾。

注释 1 告归:告假回家。 申屠嘉:梁人,文帝时继张苍后为丞相。 2 愧其吏:在下属官吏面前感到羞愧。 3 请间:请求个别谈话。 4 使君:对奉命出使或外任的官员之尊称。 之:到,往。 曹:指官署。 长史:指丞相府的长史。 掾:属官的通称。 即:如果。 5 度:估计。 孰与:与……相比如何。 陈平:与绛侯周勃同为申屠嘉以前的丞相。 6 辅翼:辅佐护卫。 材官:勇武的士卒。 蹶(jué)张:能脚踢强弩使张开。 队率:队长。率,通“帅”。 淮阳:汉郡名,地辖今河南东部,治所陈县,在今河南淮阳。 7 辇(niǎn):皇帝、皇后所乘的车子。 8 闭钳:封闭,钳制。 9 鄙野:鄙陋粗野。 幸教:承蒙教诲。

盎素不好晁错,晁错所居坐,盎去;盎坐,错亦去:两人未尝同堂语。及孝文帝崩,孝景帝即位,晁错为御史大夫,使吏案袁盎受吴王财物,抵罪,诏赦以为庶人。[1]

吴楚反闻,晁错谓丞史[2]:“夫袁盎多受吴王金钱,专为蔽匿[3],言不反。

袁盎一向不喜欢晁错,晁错在什么地方坐着,袁盎就走开;袁盎在什么地方坐着,晁错也走开:两个人从来没有在一个屋里说过话。等到孝文帝去世,孝景帝即位,晁错担任御史大夫,派官吏去查办袁盎接受吴王财物的事,将其判罪入狱,景帝下诏赦免他,将他降为平民。

吴楚七国反叛,消息奏报给景帝,晁错对他下属的御史丞和御史说:“袁盎接受了吴王很多的金钱,专

今果反，欲请治盎宜知计谋。”丞史曰：“事未发，治之有绝[4]。今兵西乡[5]，治之何益！且袁盎不宜有谋[6]。”晁错犹与[7]未决。人有告袁盎者，袁盎恐，夜见窦婴，为言吴所以反者，愿至上前口对状[8]。窦婴入言上，上乃召袁盎入见。晁错在前，及盎请辟人赐间，错去，固恨甚。[9]袁盎具言吴所以反状，以错故，独急斩错以谢吴，吴兵乃可罢[10]。其语具在《吴事》[11]中。使袁盎为太常，窦婴为大将军。[12]两人素相与善。逮吴反，诸陵长者长安中贤大夫争附两人，车随者日数百乘。[13]

门替他隐瞒，说吴王不会反叛。如今果真反叛了，想请求皇上惩治袁盎，他应该知道吴王的计谋。”御史丞和御史说：“事情还没有发生，惩治他会制止吴王的谋反。如今军队已向西前进，惩治他有什么好处？况且袁盎不应该参与谋划。”晁错犹豫不决。有人告知了袁盎，袁盎害怕，连夜去见窦婴，对他说起吴王反叛的原因，并说自己愿意到皇上跟前当面对质。窦婴进宫对皇上禀报了，皇上就召袁盎进宫拜见。当时晁错在皇上面前，等到袁盎请求景帝让左右的人回避，晁错也恨恨不平地离开。袁盎详细地说明吴王反叛的原因，是由于晁错的缘故，只有立即斩杀晁错来向吴王认错，吴王的军队才可以撤去。他说的话全都记载在《吴王濞列传》中。景帝就让袁盎担任太常，窦婴担任大将军。两人一向友善。等到吴王反叛时，各帝陵地区德高望重的长者，以及长安城里贤能的大夫们争着去依附他们两个人，跟随着他们的车子每日有几百辆。

注释　1 御史大夫：官名，副丞相，三公之一。　案：查办，查究。　抵罪：给予同其罪以相应的惩处。　庶人：平民。　2 吴楚反：指景帝三年，即公元前154年的吴楚七国反叛。　丞史：指御史大夫属下的御史丞及御史。 3 蔽匿:隐瞒。 4 绝:指断绝吴王等的反叛心念。 5 乡:通“向”。 6 有谋:指有奸谋。 7 犹与:即犹豫。 8 口对状:当面对质。 9 辟:通“避”。 固:就,便。 10 罢:罢兵。 11《吴事》:指《吴王濞列传》。 12 太常:官名,掌宗庙礼仪兼选试博士,九卿之一。 大将军:将军的最高称号,职掌统兵征战。 13 逮:及,到。 诸陵:指长安附近的皇帝陵墓,如长陵、安陵、霸陵等。 附:依附。 乘:辆。

及晁错已诛,袁盎以太常使吴。吴王欲使将,不肯。欲杀之,使一都尉[1]以五百人围守盎军中。袁盎自其为吴相时,有从史尝盗爱盎侍儿,盎知之,弗泄,遇之如故。[2]人有告从史,言“君知尔与侍者通[3]”,乃亡归。袁盎驱自追之,遂以侍者赐之,复为从史。及袁盎使吴见守,从史适为守盎校尉司马,乃悉以其装赍置二石醇醪,会天寒,士卒饥渴,饮酒醉,西南陬卒皆卧,司马夜引袁盎起,[4]曰:“君可以去矣,吴王期旦日斩君。”盎弗信,曰:“公何为者?”司马曰:“臣故为从

等到晁错被诛杀以后,袁盎就以太常的身份出使吴国。吴王想任命他做将军,他不肯接受。于是,就想杀掉他,派出一名都尉率领五百人把袁盎围困在军队里面。袁盎在他担任吴相的时候,有一位侍从官曾经和他的婢女私通,袁盎知道了,没有泄露出去,还是同平常一样对待他。有人告诉侍从官,说“袁盎知道了你和他的婢女通奸”,这位侍从官就逃跑回家了。袁盎亲自驾车去追赶他,并且把婢女也赐给了他,重新让他当侍从官。待到袁盎出使吴国被围困,这位侍从官正好当了负责守卫袁盎的那个校尉的司马,他拿出全部的行装财物备办了两石美酒,碰上天气寒冷,守卫的士兵们又饥又渴,饮酒而醉,西南角上的士兵都醉倒了,司马连夜领袁盎起身,说:“您

史盗君侍儿者。”盎乃惊谢曰:“公幸有亲[5],吾不足以累公。”司马曰:“君弟去,臣亦且亡,辟吾亲,君何患![6]”乃以刀决张,道从醉卒隧直出。[7]司马与分背,袁盎解节毛怀之,杖,步行七八里,明,见梁骑,骑驰去,遂归报。[8]

要赶紧逃走,吴王决定明日要斩杀您。”袁盎不相信,说:“您是干什么的?”司马官说:“我就是从前和您的婢女私通的那个侍从官。”袁盎这才大惊并且感谢说:“你有父母,我不能连累你。”司马官说:“您只管逃走,我也将要逃亡,把我父母藏起来,您又何必担忧呢!”就割开营帐,引导袁盎从醉倒的士兵中间径直逃出了。二人分手后,袁盎解下做符节的牦牛尾怀藏着,拄着杖,步行了七八里路,天亮以后,见到了梁国的骑兵,就跟他们要了一匹马,骑着马奔驰而去,回到了朝廷,并报告了出使的情况。

注释 1 都尉:武官名,略次于将军。 2 从史:侍从官。 盗爱:偷偷喜欢,即私通。 侍儿:婢女。 3 通:通奸。 4 见守:被包围。 校尉司马:校尉属下掌军政、军需的官员。校尉,略次于将军的武官。 装赍(jī):携带的行装财物。 置:备办。 醇醪(láo):味厚的美酒。 陬(zōu):隅,角落。 5 亲:亲人,父母。 6 弟:但,只管。 辟:通“避”,藏匿。 7 决:割开。 张:通“帐”,军帐。 道:通“导”,引导。 隧:中间的道路。 8 分背:分别后背道而驰。 节毛:即节旄,八尺节上所饰的牦牛尾符信物。 怀:怀藏。 杖:节竿。 骑:备有鞍辔的马。

吴楚已破,上更以元王子平陆侯礼[1]为楚王,袁盎为楚相。尝上书有所言,不用。袁盎病免居家,与

吴楚叛乱被平定以后,皇上改封元王的儿子平陆侯刘礼做楚王,袁盎担任楚相。他曾经上书进言,没有被采纳。袁盎称病免官在家,

闾里浮沈，相随行，斗鸡走狗。[2] 雒阳剧孟尝过袁盎，盎善待之。[3] 安陵富人有谓盎曰："吾闻剧孟博徒[4]，将军何自通之？"盎曰："剧孟虽博徒，然母死，客送葬车千余乘，此亦有过人者。且缓急[5]人所有。夫一旦有急叩门，不以亲为解，不以存亡为辞，天下所望者，独季心、剧孟耳。[6] 今公常从数骑，一旦有缓急，宁足恃[7]乎！"骂富人，弗与通。诸公闻之，皆多[8]袁盎。

和乡里的人一起玩乐，相互随意行动，斗鸡走狗。雒阳的剧孟曾经拜访过袁盎，袁盎很友好地接待他。安陵有个富人对袁盎说："我听说剧孟是个博戏之徒，将军为什么要和他交往呢？"袁盎说："剧孟虽说是博戏之徒，但他母亲死后，来送葬的客人的车子有一千多辆，可见他有过人之处。况且危急的事人人都会遇到。假若一旦遇到急事去找人求助，不拿父母还活着来推诿，不以人不在做托辞，被天下人所信赖的，只有季心、剧孟而已。如今您总是有几个骑兵跟随，一旦有了危难，他们还靠得住吗？"袁盎痛骂富人，不再同他交往了。众人听说了，都称赞袁盎。

注释　1 平陆侯礼：刘礼，汉高祖同父少弟元王刘交之子，封平陆侯。平陆，汉邑名，在今河南尉氏东北。　2 闾里：乡里。　浮沈：随俗参加活动。　3 剧孟：汉初游侠。　过：拜访。　4 博徒：博戏之徒。　5 缓急：偏义复词，义在急，紧急，危急。　6 解：解脱，推诿。　存亡：指人在或不在，此用"亡"义，不在。　辞：托辞。　季心：季布的弟弟，为人任侠。7 恃：凭恃，依靠。　8 多：称赞。

袁盎虽家居，景帝时时使人问筹策[1]。梁王欲求为嗣，袁盎进说，

袁盎虽然住在家里，景帝还是常常派人去向他询问策略。梁孝王曾想让景帝立他为继承人，袁盎对景帝说

其后语塞。[2]梁王以此怨盎,曾使人刺盎。刺者至关中,问袁盎,诸君誉之皆不容口[3]。乃见袁盎曰:"臣受梁王金来刺君,君长者,不忍刺君。然后刺君者十余曹[4],备之!"袁盎心不乐,家又多怪,乃之棓生所问占。[5]还,梁刺客后曹辈果遮刺杀盎安陵郭门外。[6]

了一番话后,景帝就不提让他继承皇位的事了。梁孝王因此而怨恨袁盎,曾经派人去刺杀袁盎。刺客到了关中,询问袁盎的情况,被问到的人都对他赞不绝口。这位刺客见到袁盎就说:"我接受了梁王的金钱来刺杀您,您是一位德高望重的长者,我不忍心刺杀您。然而后面来刺杀您的还有十多批,您要小心防备!"袁盎心里不痛快,家中又老出怪事,就往棓生那里去占卜吉凶。回家的路上,走到安陵外城城门外的时候,被梁王再次派来的刺客阻拦并杀害了。

注释 1 筹策:计谋策略。 2 梁王:景帝弟弟梁孝王刘武。 嗣:指皇位继承人。 语塞:指"求为嗣"的想法被塞绝。 3 不容口:指赞不绝口。 4 曹:辈,批。 5 棓生:秦时贤士,善方术。 问占:占卜吉凶。 6 遮:阻拦。 郭门:外城的门。

晁错者,颍川[1]人也。学申商刑名于轵张恢先所,与雒阳宋孟及刘礼同师。[2]以文学为太常掌故。[3]

晁错是颍川人。曾经跟着轵县张恢先生学习申不害、商鞅的刑名学说,和雒阳的宋孟以及刘礼是同学。由于文章博学,他被任命做太常掌故。

注释 1 颍川:汉郡名,地当今河南中部。治所阳翟,在今河南禹州。 2 申商:申不害、商鞅。皆战国时法家人物。 刑名:亦作"形名",指循名贵实，明赏慎罚的学说。　所：居住地点。　**3** 文学：文章博学。　太常掌故：太常的属官。

错为人峭直刻深。[1]孝文帝时，天下无治《尚书》者，独闻济南伏生故秦博士，治《尚书》，年九十余，老不可征，乃诏太常使人往受之。[2]太常遣错受《尚书》伏生所。[3]还，因上便宜事[4]，以《书》称说。诏以为太子舍人、门大夫、家令[5]。以其辩得幸太子，太子家号曰“智囊”。数上书孝文时，言削诸侯事，及法令可更定者。书数十上，孝文不听，然奇其材，迁为中大夫[6]。当是时，太子善错计策，袁盎诸大功臣多不好错。

晁错为人严峻刚直苛刻酷烈。孝文帝的时候，天下缺乏研修《尚书》的人，只听说济南的伏生是秦朝的博士，研修《尚书》，年纪有九十多岁，不可能再征召他，就诏令太常派人前去伏生那里学习。太常派遣晁错到伏生那里学习《尚书》。他学成回来，乘着向皇上奏报便国宜民的事情，运用《尚书》称述其说。文帝下诏任命他做太子舍人、门大夫、家令。因为他善辩，深受太子赏识，太子家里称他为“足智多谋的人”。他多次给孝文帝上书，阐述削弱诸侯势力和修改法令的问题。奏书呈上了几十次，孝文帝不予采纳，但认为他很有才干，升任他做中大夫。这时，太子认为晁错的计谋策划很好，但像袁盎等各大功臣大多不喜欢晁错。

注释　**1** 峭直：严峻刚直。　刻深：苛刻酷烈。　**2** 治：研修。《尚书》：记录上古文献之书，儒家经典之一。　伏生：即伏胜，字子贱，济南人。　博士：学官名，掌古今史事以备顾问，典守书籍。　征：征召。　**3**《史记正义》卫宏《诏定古文尚书序》云：“征之，老不能行，遣太常掌故晁错往读之。年九十余,不能正言,言不可晓,使其女传言教错。齐人语多与颍川异,错所不知者凡十二三,略以其意属读而已也。” 4 便宜事:便国宜民之事。 5 太子舍人、门大夫、家令:均为太子属官。 6 中大夫:官名,掌议论,备顾问。

景帝即位,以错为内史[1]。错常数请间,言事辄听,宠幸倾九卿,法令多所更定。[2]丞相申屠嘉心弗便,力未有以伤[3]。内史府居太上庙堧中,门东出,不便,错乃穿两门南出,凿庙堧垣。[4]丞相嘉闻,大怒,欲因此过为奏请诛错。错闻之,即夜请间,具[5]为上言之。丞相奏事,因言错擅凿庙垣为门,请下廷尉[6]诛。上曰:“此非庙垣,乃堧中垣,不致于法。”丞相谢。罢朝,怒谓长史[7]曰:“吾当先斩以闻,乃先请,为儿所卖,固误。”丞相遂发病死。错以此愈贵。

景帝即位后,任命晁错做内史。晁错曾经多次请求单独议论政事,景帝总是听从他,对他的器重远远超过其他九卿官员,有很多法令都经过他更改修定。丞相申屠嘉心中不满意,却不能挫伤他。内史官府位于高祖父亲太上皇庙内外墙之间的空隙地带,大门朝东开,进出不方便,晁错就凿了两个门从南出入,凿坏了太上庙的外屋围墙。丞相申屠嘉听说了,非常恼怒,想借着这件事的过错奏报皇上,请求诛杀晁错。晁错听说了,连夜请求皇上单独接见,详细地对皇上把这件事说了。丞相奏报政事,乘机说到晁错擅自开凿了太上庙的外墙当门,请求把他交给廷尉诛杀。皇上说:“这不是庙的外墙,是庙外空地上的围墙,没有触犯到法令。”丞相只得认错。罢朝以后,他愤怒地对丞相府的长史说:“我应当先斩了晁错再去奏报给皇上知道,但是他却先去请求了,让这个小儿出卖了,实在是大错。”丞相气得发病而死。晁错因此更加显贵。

注释 1 内史:官名,掌治京师。 2 倾:压倒。 九卿:秦汉时中央行政部门的九种官职,奉常(后改称太常)、郎中令(光禄勋)、卫尉、太仆、宗正、少府、廷尉、典客、治粟内史(大司农)。 3 伤:伤害。 4 太上庙:高祖父太上皇庙。 堧(ruán):指内外墙之间的空地。 5 具:通“俱”,都,完全。 6 廷尉:官名,掌刑狱,九卿之一。 7 长史:官名,此指丞相所属的长史。

迁为御史大夫,请诸侯之罪过,削其地,收其枝郡。[1]奏上,上令公卿列侯宗室集议,莫敢难,独窦婴争之,由此与错有郤。[2]错所更令三十章,诸侯皆喧哗疾[3]晁错。错父闻之,从颍川来,谓错曰:“上初即位,公为政用事,侵削诸侯,别疏人骨肉,人口议多怨公者,何也?[4]晁错曰:“固也。不如此,天子不尊,宗庙不安。”错父曰:“刘氏安矣,而晁氏危矣,吾去公归矣!”遂饮药[5]死,曰:“吾不忍见祸及吾身。”死十余日,吴楚七国果反,以诛错为名。及窦婴、袁盎

晁错被提升为御史大夫,建议根据诸侯王的罪过,削灭他们的封地,把诸侯王国的边郡收归朝廷。奏书呈上,皇上让公卿大臣、列侯和皇族一起商议,没有谁敢提出责难,只有窦婴反对,从此窦婴和晁错之间有了隔阂。晁错更改的法令有三十章之多,诸侯王们吵闹着痛恨晁错。晁错的父亲听说了,从颍川来到京城,对晁错说:“皇上刚刚即位,你担任要职,侵害削弱各诸侯王国,疏远人家至亲的骨肉关系,人们口头议论中多有怨恨你的,为什么?”晁错说:“本该是这样。不这样,天子不会受到尊崇,国家不会得到安宁。”晁错父亲说:“刘氏安定了,而晁氏就危险了,我离开你回去了!”就饮毒药死了,说:“我不忍心见到灾祸降到我身上。”死后十几日,吴楚七国果然反叛,以诛杀晁错

进说,上令晁错衣朝衣斩东市。[6]

作为名义。等到窦婴、袁盎呈上意见,皇上就让晁错穿着朝服在东市处斩。

注释 1 削其地:《史记集解》:"徐广曰:'一云言景帝曰"诸侯或连数郡,非古之制,非久长策,不便,请削之",上令公卿云云。'" 枝郡:指诸侯王国之边郡。 2 公卿:三公九卿,亦泛指朝廷大臣。 列侯:最高级爵位。 宗室:皇族。 郤:通"隙",嫌隙,隔阂。 3 疾:痛恨。 4 公:当时之常用称呼。 骨肉:当时诸侯王均刘姓,故与天子为至亲。 5 药:毒药。 6 衣朝衣:穿着朝服。 东市:指刑场。因在长安之东市处死罪人而称。

晁错已死,谒者仆射[1]邓公为校尉,击吴楚军为将。还,上书言军事,谒见上。上问曰:"道军所来,闻晁错死,吴楚罢不?[2]"邓公曰:"吴王为反数十年矣,发怒削地,以诛错为名,其意非在错也。且臣恐天下之士噤[3]口,不敢复言也!"上曰:"何哉?"邓公曰:"夫晁错患诸侯强大不可制,故请削地以尊京师,万世之利也。计画始行,卒受大戮,内杜[4]忠臣

晁错死去,谒者仆射邓公原是校尉,出击吴楚反叛军队的时候担任将军。回到朝廷,呈上书奏谈论军事问题,进见皇上。皇上询问说:"从平定吴楚的军队中来,听说晁错死了,吴楚罢兵了没有?"邓公说:"吴王准备反叛几十年了,因为被削减了封地而发怒,拿诛杀晁错为名义,他的用意并不在晁错。而且我恐怕天下人士会从此闭上了嘴巴,不敢再讲话了!"皇上说:"为什么?"邓公说:"晁错忧患诸侯强大起事不可以控制,所以才请削减他们的封地以尊崇朝廷。这是万世的利益。计划刚刚开始实行,就遭杀戮的刑罚,这样,在内就堵塞了忠

之口，外为诸侯报仇，臣窃为陛下不取也。”于是景帝默然良久，曰：“公言善，吾亦恨[5]之。”乃拜邓公为城阳中尉。

臣的嘴巴，在外替诸侯王报了仇，我私下认为陛下这个做法是不足取的。”这时景帝沉默了好长时间，说：“您说得好，我也为此而后悔。”于是任命邓公做城阳国的中尉。

注释　1 谒者仆射(yè)：官名，掌管接待宾客和传达事务，属郎中令。2 道：由。　不(fǒu)：同“否”。　3 噤(jìn)：闭口不言。　4 杜：堵塞。5 恨：悔恨。

邓公，成固[1]人也，多奇计。建元中，上招贤良，公卿言邓公，时邓公免，起家为九卿。[2]一年，复谢病免归。其子章以修黄老[3]言显于诸公间。

邓公是成固县人，善于出奇计。建元年间，皇上招纳贤良的士人，公卿大臣推荐邓公，这时候邓公被免职了，就从家里起用直接担任了九卿官职。一年后，再次因病辞谢免官回家了。他儿子邓章由于研修黄老学说在朝廷大臣中很是显名。

注释　1 成固：汉县名，在今陕西城固东北。　2 建元：汉武帝年号，公元前140—前135年。　贤良：亦名贤良方正，举用人的途径之一。起家：从家中直接起用。　3 黄老：指以推崇黄帝、老子为主张的道家学说，是汉初主要的为政思想。

太史公曰：袁盎虽不好学，亦善傅会，仁心为质，引义慷慨。[1]遭孝文初立，资适逢世[2]。时以变易，

太史公说：袁盎虽然不好学，但善于结合时事发议论，他有仁爱之心，又能慷慨激昂地阐述大义。碰到孝文帝刚刚继位，他得以尽情发

及吴楚一说，说虽行哉，然复不遂。[3] 好声矜贤[4]，竟以名败。晁错为家令时，数言事不用；后擅权，多所变更。诸侯发难，不急匡救，欲报私仇，反以亡躯。[5] 语曰“变古乱常，不死则亡”，岂错等谓邪！[6]

挥才智。时代已经变更了，等到吴楚反叛时进上诛杀晁错的言论，言论虽然施行了，然而自己也不再被重用。喜好名声，自以为贤能，终于因为追求名声招来了祸患。晁错做太子家令的时候，多次谈论政事而不被采纳；后来掌权了，对很多法令进行了变更。诸侯发难了，不急于匡正挽救，却想报复私人怨仇，反而招来了杀身之祸。古语说“变更古制，扰乱常规，不是身死，就要逃亡”，难道说的是晁错这种人吗?!

注释　1 傅会：结合时事发议论。　质：本质。　2 资：才智。《史记集解》张宴曰：“资，才也。适值其世，得骋其才。”　3 以：通“已”。　变易：指文帝死，景帝立。一说指建议杀晁错事。　遂：进用。　4 矜(jīn)贤：自以为贤能。　5 匡救：匡正挽救。　欲报私仇：指正文所言欲告袁盎多受吴王金钱事。　6《汉书·论赞》有“晁错锐于为国远虑”“错虽不终，世哀其忠”语，较此处之评论要积极。引古语指责晁错“变古乱常”，似有违撰旨。